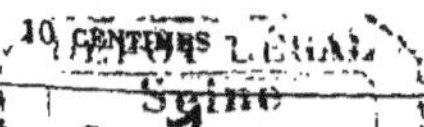

ŒUVRES ILLUSTRÉES DE CHAMPFLEURY

CHAMPFLEURY

LES BOURGEOIS DE MOLINCHART.

I

Visite d'un chevreuil à quelques bourgeois.

Il y a vingt ans, un chevreuil, poursuivi dans la plaine par des chasseurs, grimpa la montagne de Molinchart et traversa la ville. On en parle encore aujourd'hui.

Les grosses bêtes ne sont pas communes dans cette partie de la France. Quelquefois l'hiver, on entend parler d'un loup qui a été vu aux environs, mais le fait est rare.

Le chevreuil fit une entrée plus triomphale qu'un prince. Il se présenta à la porte de la ville au moment où le gardien de l'octroi était occupé à sonder une voiture de roulier. Comme la lourde voiture occupait tout le passage de la porte, le chevreuil fit un bond par-dessus la tête de l'employé, qui, stupéfait de ce bruit particulier, put à peine apercevoir les pattes de derrière de l'animal, au détour de la rue des Battoirs.

Devant la porte d'un marchand de tabac, on remarque une statuette de bois représentant un grenadier du temps de Louis XVI ; il a un habit bleu à revers rouges, des culottes blanches, de grandes guêtres noires. De son bonnet à poil sort une grosse tête impassible, fortement colorée, dont les yeux sont occupés à regarder une longue pipe que la bouche serre avec amour. Le grenadier de bois excite généralement l'admiration des gens de la campagne qui arrivent par cette porte de la ville. Le chevreuil ne daigna pas lever les yeux sur ce brillant grenadier qui fume la même pipe depuis une centaine d'années.

L'animal allait déboucher sur la place du marché qui conduit à la mairie, lorsque, pris de vertige il rebroussa tout à coup chemin. Ces maisons, ces boutiques ne ressemblaient guère à sa tranquille forêt de Saint-Landry, qui appartient à la couronne et où les princes de la famille royale ne pensent guère à chasser.

« Ah! le voilà! » s'écria l'employé de l'octroi, qui courut au chevreuil, une sonde à la main.

L'animal sentait la ville, et voulait reprendre le chemin des champs; mais déjà son entrée avait produit un effet immense. Tout un atelier de couturières était aux fenêtres; les boutiquiers sortaient de leurs boutiques.

Le chevreuil avait choisi la plus dangereuse rue de la ville, car elle compte trois hôtels de voyageurs : le Soleil-d'Or, le Griffon et l'Écu. Les trois aubergistes sortirent précipitamment, occupés de cet événement, les uns armés de couteaux, les autres de broches; mais ces rivaux, en se disputant d'avance la possession du chevreuil, firent que la bête eût le temps d'enfiler une ruelle qui conduit aux remparts de la ville.

On vit alors un curieux spectacle : les marmitons, les cuisiniers des divers hôtels coururent à la poursuite de l'animal, en deux bandes différentes, l'une redescendant vers la porte de la ville, dans la crainte que le chevreuil ne coupât brusquement la montagne, l'autre suivant à la piste. Derrière eux on entendait un bruit confus de voix qui criaient :

« Arrêtez-le !

— Il faut aller au bas de la montagne.

— Vous ne l'aurez pas! »

Les aubergistes gourmandaient leurs gens, donnaient des ordres, des contre-ordres, et ne savaient guère comment se terminerait l'affaire. Au cas où le chevreuil voudrait bien se laisser prendre, un combat était imminent entre les gens des trois hôtels rivaux.

Le Griffon fit des ouvertures au Soleil-d'Or, et l'Écu souscrivit aux conditions suivantes, c'est-à-dire que le chevreuil serait loyalement partagé en trois parts. Le Griffon réclama le filet et les rognons; le Soleil-d'Or prit un quartier moins estimé, moyennant l'abandon de la tête pour l'exposer en montre; l'Écu, qui était arrivé le dernier à la poursuite de la bête, se contenta de ce que ses rivaux voulaient bien lui laisser, c'est-à-dire des bas morceaux.

Cependant le chevreuil trompait les calculs de ses ennemis; après avoir respiré l'air du haut des remparts, haletant, effrayé des rumeurs sourdes qui le suivaient, sentant l'odeur de la cuisine comme tous les animaux qui ont l'instinct de l'abattoir, il ne retrouvait plus sa piste et détournait encore une fois les remparts : c'était vouloir faire une seconde entrée dans la ville. Il arriva ainsi sous la voûte obscure de la mairie, où de tout temps les polissons de la ville jouent aux billes; en apercevant l'animal qui se présentait inopinément, les enfants se crurent en présence d'une bête féroce, et prirent la fuite en poussant des cris de terreur.

Le chevreuil essaya de rebrousser chemin; mais à cent pas de lui, il aperçut les tabliers blancs des gens de cuisine qui le poursuivaient; alors il continua sa course vers la mairie, qui forme un terrain en pente, au pied duquel se trouve la vieille tour des Évêques. C'était un mercredi, jour de marché; il y avait plus de monde là que partout ailleurs. Le voisinage de la mairie, la grande rue amènent toujours quelques allants et venants. Avant de tomber sur l'étalage du marchand de faïence qui fait face à l'hôtel de ville, le chevreuil était signalé à l'attention du maître d'hôtel de la Tête-Noire, occupé habituellement sur le pas de sa porte à attendre les voyageurs.

Le maître d'hôtel appela son chef et lui montra le chevreuil, qui, dans un élan désespéré, était tombé sur les faïences et les avait brisées. Le chef de cuisine dépêcha ses aides, et ils s'occupèrent à barrer le chemin des vignes par où la bête pouvait encore s'échapper; mais les gens de l'hôtel de la Tête-Noire n'étaient pas assez nombreux pour barrer entièrement la rue. Un petit marmiton, qui tenta de s'opposer à la fuite du chevreuil, fut renversé dans le ruisseau; l'animal pouvait se croire encore échappé au feu de la cuisine, lorsqu'à l'extrémité de la rue il rencontra le commissaire de police, qui publiait un arrêté de la ville à son de caisse. Le bruit du tambour fut la perte du chevreuil, qui, éperdu, entra dans la boutique de M. Jajeot, marchand de mercerie et de jouets d'enfants.

En ce moment, l'épicier était en train de détailler un pain de sucre. Il apportait à cette occupation un soin considérable : c'était réellement plaisir que de le voir donner un petit coup sec de marteau et tailler des morceaux de sucre carrés avec l'habileté d'un ouvrier adroit. A chaque nouveau fragment, M. Jajeot semblait se sourire à lui-même et se complimenter en dedans; cela se devinait à un certain clignotement d'yeux et à un léger mouvement des lèvres en avant, à la suite de quoi M. Jajeot prenait délicatement son sucre du bout des doigts et l'arrangeait avec symétrie dans une sorte de montre tendue d'un papier bleu de ciel.

Quand la casse d'un certain nombre de morceaux de sucre avait produit quelques fragments sans importance, M. Jajeot prenait encore soin de les séparer de la poudre et de ranger ces fragments dans un bocal. C'est pendant que l'épicier enveloppait soigneusement sa poussière de sucre dans de grands cornets de papier, que le chevreuil entra et produisit un effet tel qu'il s'en voit peu dans les meilleurs mélodrames.

Le chevreuil s'embarrassa les pattes dans des petites charrettes d'enfants amoncelées par terre avec les jouets communs. M. Jajeot poussa un cri de terreur. Le chevreuil se releva et embarrassa ses bois dans les têtes de loup, les pelotes de ficelles, les balais accrochés au plafond. L'épicier prit son cornet de poudre de sucre et le brandit comme une lance : la poudre de sucre vola sur son comptoir. Les ramures empêtrées de pelotons de ficelles, le chevreuil agacé comme un taureau qui sent s'enfoncer dans son corps les mille flèches des *picadores*, se jeta au fond de la boutique, dans une montre qui contenait une trentaine de poupées de toutes les grandeurs, depuis la grande demoiselle habillée jusqu'à l'enfant dans le berceau. Un Turc tombant dans un sérail de Françaises eût témoigné moins de désirs ; car le chevreuil semblait les embrasser les unes après les autres.

M. Jajeot anéanti avait secoué le moulin à café pour s'en faire une arme ; mais ce moulin était fixé solidement au comptoir. L'épicier cherchait des armes et ne trouvait partout que des substances coloniales dont l'emploi comme machines de guerre constituait des frais énormes ; il mit la main sur des pièces fausses de six livres qui étaient clouées au comptoir. S'il avait osé, M. Jajeot eût jeté des gros sous à la tête du chevreuil, mais c'eût été casser de gaieté de cœur les glaces des montres. Cependant, à chaque seconde, le désastre augmentait. Au-dessus des poupées était le compartiment des maisons, des fermes, des *ménages*, et chaque mouvement du chevreuil amenait un dégât nouveau dans les frêles boîtes de sapin.

Toute la boutique enfiévrée semblait atteinte de la danse de Saint-Guy.

C'étaient des pluies de polichinelles qui tombaient du plafond sur les tambours d'enfants ; les ballons décrochés faisaient des bonds considérables, atteignaient le chef de M. Jajeot ; tout était son et mouvement. Les chanterelles des petits violons rouges pleuraient, accrochées par le torrent des joujoux, semblable aux trombes de grenouilles qui effrayent les esprits ignorants.

Plus le bruit augmentait, plus le chevreuil effaré causait de dégâts ; il se démenait dans la boutique comme un parchemin sur des charbons. Peut-être, sous la verdure de sa tranquille forêt, avait-il entendu par hasard le son d'un violon de ménétrier, à la tête d'une noce ; qu'était-ce que cette musique en comparaison des aboiements des chiens à soufflets, des lapins jouant du tambour de basque, des grincements aigus des petits violons rouges, qui rendaient un dernier soupir sous ses bonds effrénés ?

La tempête dans les forêts a ses horreurs particulières quand le vent siffle cassant des branches, déracinant des arbres ; mais le rebondissement des ballons, des balles de gomme, la cascade de billes ; ces poupées éventrées dont le son coulait ; ces polichinelles aux abois qui agitaient leurs petits membres en demandant grâce ; ces *ménages* dont toute la batterie de cuisine était mise au pillage comme par des barbares, ces sucreries gluantes sur lesquelles les pattes du chevreuil glissaient, non jamais la nature, dans ses tourmentes, n'avait autant troublé un pauvre animal.

L'épicier voulait crier, appeler au secours ; mais sa langue était collée à son palais. Quand tout à coup le chef de l'hôtel de la Tête-Noire entra dans la boutique, un énorme couteau à la main, à ce spectacle, M. Jajeot ferma les yeux, car il avait horreur du sang, et l'idée de voir convertir sa boutique en abattoir fit qu'il pensa se trouver mal. Mais le chevreuil flairant un ennemi dangereux, disparut subitement dans le corridor du fond, qui mène à la chambre à coucher de l'épicier.

M. Jajeot eut alors un horrible cauchemar.

Derrière le chef de la Tête-Noire étaient accourus les marmitons, les gens de l'hôtel, criant :

« Par ici, par ici ! »

Au dehors, une foule immense collée aux vitres de la devanture, montrait l'épicier du doigt, faisait de grands gestes et criait :

« Il est chez M. Jajeot. »

Il se fit un mouvement dans la foule ; une seconde bande de marmitons traversa la boutique au galop. C'était le Soleil-d'Or.

« Où est le chevreuil ? » demanda un des poursuivants à l'épicier.

M. Jajeot, sans avoir conscience de ses gestes, montra du doigt son corridor. Une troisième bande entra plus tumultueuse que la seconde, et continua à fouler aux pieds les jouets étendus sur le plancher. C'était l'Écu. M. Jajeot fit un violent effort sur lui-même pour se lever, en apercevant au milieu de la foule qui entourait sa boutique le commissaire de police ; mais l'écharpe blanche du commissaire disparut tout d'un coup et se perdit dans la foule tumultueuse, qui criait :

« Voilà les bouchers. »

La nouvelle d'un animal dangereux avait couru par la ville, et les garçons d'une boucherie voisine étaient accourus au-devant du danger. Cinq grands gaillards, le tablier sanglant, traversèrent la boutique en suivant le chemin qu'avaient pris les marmitons. A tout moment la foule augmentait devant la boutique, et M. Jajeot crut son dernier jour venu quand entra une quatrième bande habillée de blanc et coiffée de bonnets de coton, qui n'était autre que les cuisiniers du Griffon. Postés en observation dans la montagne, on les avait prévenus que le chevreuil était entré définitivement dans la ville. M. Jajeot, dans son trouble, confondait les premiers avec les derniers, et ne pouvait comprendre comment des gens qu'il avait vus entrer dans sa maison pouvaient y revenir sans en être sortis.

Une douloureuse idée traversa le cerveau de l'épicier. Qu'étaient devenus ces quarante individus dont on n'entendait plus le bruit? Ils devaient être tous dans la chambre à coucher, plongeant leurs couteaux dans le corps du chevreuil. Et cette chambre, si calme jusqu'alors, était témoin d'un meurtre affreux !

En ce moment, la foule fit craquer les carreaux de la devanture, offrant à l'œil mille bonbons en bocaux, nombre de bouteilles de liqueurs fines et autres objets d'une valeur inappréciable et fragile.

Une fanfare joyeuse de cors de chasse éclata dans les airs.

L'émeute avec ses clairons sauvages, ses canons retentissants, ses fusillades lointaines, ses cris de mourants, ses bruits sourds de trains d'artillerie, ses chevaux au galop, n'aurait pas produit un plus sinistre effroi aux oreilles de M. Jajeot. Que pouvait être cette sonnerie de cuivre qui jamais ne troubla les calmes habitudes de Molinchart? Un subit reflux de la foule ne laissa nul répit à l'esprit inquiet du marchand de joujoux.

Cinq cavaliers en habits de cheval, dont deux tenaient en main des cors de chasse, s'avancèrent devant la boutique de M. Jajeot, qui fut tout étonné de ne pas voir les chevaux traverser sa boutique au galop. Rien ne pouvait le surprendre, ni le feu du ciel, ni les pluies de grenouilles, ni les sept plaies d'Égypte. A cette heure, rompu à toutes les émotions, sous le joug de l'hallucination, il ne faisait plus partie de la vie réelle; il n'habitait plus Molinchart, mais un enfer. La foule fit silence devant les cinq cavaliers, remarquables par leur tournure élégante, de riches costumes de chasse et une physionomie distinguée qui ne permettaient pas de les classer dans la bourgeoisie. Les deux sonneurs de trompe étaient deux cousins, chacun les nommait, messieurs de Vorges et de Jonquières, qui habitaient un château à trois lieues de Molinchart, près du village des Étouvelles.

Les cavaliers produisirent plus d'effet que les harangues du commissaire de police; la foule se recula et fit cercle autour des chevaux. La noblesse exerce encore un certain prestige sur la petite bourgeoisie; l'élégance des manières, la politesse froide de l'ancienne aristocratie, qui a laissé des traces d'hérédité dans le sang, font baisser la tête aux bourgeois, qui se sentent laids et communs devant les nobles, et pourtant s'en moquent à peine ceux-ci ont-ils tourné les talons.

Le comte de Vorges ayant demandé quelques explications sur le chevreuil, cent voix s'élevèrent dans la foule pour lui répondre.

« Messieurs, dit le comte à ses amis, veuillez garder un instant les chevaux? Je vais voir à chasser ces coquins qui s'acharnent tous après une belle bête. »

Le comte entra dans la boutique. L'aspect du ravage lui indiqua le chemin, car le chevreuil avait laissé partout des traces de son passage : c'étaient mille objets traînés par l'animal après lui, des plâtres qu'il avait détachés du mur en l'égratignant avec ses ramures.

« Ah! monsieur le comte, je suis ruiné, s'écria M. Jajeot, entrevoyant dans sa boutique une figure humaine.

— Où est passé le chevreuil? demanda le jeune homme.

— Par là, dit l'épicier.

— Voudriez-vous, monsieur, me montrer le chemin? »

M. Jajeot fit un signe de tête désespéré qui montrait sa profonde répugnance à suivre les traces de l'animal.

« Il n'est pas au premier? demanda le comte.

— Je ne sais.

— Ni à la cave? »

L'épicier secoua la tête. Désespérant d'en tirer de meilleurs renseignements, le comte prit le chemin du corridor et entra dans la chambre à coucher, où des traces de pas boueux, pointe en avant, annonçaient, comme une boussole, que la bande s'était dirigée par la fenêtre.

« Le chevreuil aura sauté par ici, » se dit le comte.

La fenêtre de la chambre à coucher de M. Jajeot donne sur une cour formant terrasse, qui dépend de la maison de l'avoué Creton du Coche. Sous la fenêtre de l'épicier, un appentis qui sert d'entrée à la cave, avait permis au chevreuil d'échapper, encore une fois, au corps armé des marmitons, des cuisiniers et des bouchers. Mais, malgré la légèreté et la souplesse de ses membres, le chevreuil avait troué le trop faible toit de l'appentis; il parcourut la terrasse avec inquiétude, et comprit que la fuite était impossible, cette terrasse étant portée par un mur élevé appartenant aux anciennes fortifications de la ville. Dans sa folle course, le chevreuil s'était contusionné la patte en sautant sur le petit toit; il se laissa tomber de fatigue dans un coin de la terrasse, huma l'air et regarda avec de grands yeux éplorés l'horizon qu'il voyait peut-être pour la dernière fois.

Une jeune femme parut à la porte vitrée qui donne sur la terrasse, et fut étonnée de voir cet animal étendu, couvert d'une sueur fumante. Elle s'approcha du chevreuil, qui devina une protectrice : il la regarda avec des yeux pleins de larmes, et la jeune femme caressait l'animal, surprise de le trouver si familier; mais une rumeur énorme lui fit lever les yeux vers la maison de M. Jajeot.

Trente têtes rouges se pressaient à la fenêtre et regardaient l'animal avec des yeux ardents. Une discussion s'était élevée entre les cuisiniers et les bouchers, à l'effet de savoir quelle bande la première descendrait sur la terrasse. Le plus grand des cuisiniers, grâce à sa taille, se laissa pendre par les mains, et son corps ne se trouva guère plus éloigné d'un pied du petit toit de l'appentis. Étant arrivé sans accident dans la cour, il marcha droit au chevreuil, qui se releva subitement devant le couteau de l'homme.

« Ne le tuez pas, monsieur, » s'écria la femme de l'avoué en joignant les mains.

Le cuisinier n'écoutait pas et poursuivait le chevreuil sur la terrasse, pendant que tous descendaient, un par un, par la fenêtre, suivant l'exemple du premier. Dans un dernier élan, le chevreuil se précipita contre la porte de la cave qui donne sous l'appentis, et disparut en faisant entendre un bruit de bouteilles cassées. Alors le cuisinier de la Tête-Noire, s'élança dans la cave, malgré les prières de la jeune femme, qui s'attachait à ses vêtements.

Ayant essayé inutilement d'obtenir la vie sauve du chevreuil auprès de ses nombreux ennemis, la femme de l'avoué se plaça devant la porte de la cave et tenta de résister aux poursuivants de l'animal, qui se disputaient, criaient et voulaient chacun avoir droit à la dépouille du chevreuil.

En ce moment, entourée de gens grossiers disposés à forcer l'entrée de la cave, la femme de l'avoué, émue, devait surprendre tous les regards par l'anxiété qui brillait dans ses yeux. Elle écoutait, attentive, si l'homme au couteau qui était descendu dans la cave avait rejoint le malheureux chevreuil ; en même temps elle regardait fixement en face la bande armée de broches et de coutelas, impatiente d'être arrêtée dans sa chasse par une femme.

Ce fut au moment où tous criaient qu'ils avaient droit à la bête, que le comte de Vorges parut à la fenêtre de la maison de l'épicier. Déjà la femme de l'avoué perdait contenance; de sa main droite, elle fermait convulsivement la serrure de la cave, faible obstacle aux bras vigoureux des bouchers, lorsque le comte, qui avait également sauté sur la terrasse, changea la scène de face.

« Allons, s'écria-t-il en faisant siffler sa cravache, place! Que faites-vous ici ? »

Cuisiniers, palefreniers, domestiques de la Tête-Noire, qui reconnurent le comte pour l'avoir vu quelquefois à l'hôtel, baissèrent la tête.

Julien de Vorges traversait assez souvent la ville de Molinchart, à cheval ou dans un élégant équipage, pour attirer les regards des curieux. Tous les gens appartenant aux auberges s'écartèrent; mais les bouchers ne parurent pas s'inquiéter de l'ordre du comte. Habitués au sang, à son odeur enivrante, devenus rudes et grossiers par leur état d'assommeurs, toute délicatesse est éteinte en eux par l'habitude du sanglant métier qu'ils exercent.

« Que faites-vous dans cette maison? s'écria le comte.

— On nous a appelés, dit l'orateur de la boucherie, pour tuer une bête qui faisait du ravage dans la ville.

— Retirez-vous ; il ne s'agit ni de bœuf ni de taureau.... Madame, dit le comte en saluant la femme de l'avoué, veuillez indiquer, s'il vous plaît, la sortie de votre maison, car il n'est guère présumable que tous ces gens remontent à cette fenêtre par laquelle nous sommes arrivés si cavalièrement. »

La femme de l'avoué fit signe à une domestique qui de loin épiait cette scène et n'osait se montrer. Rassurée par la présence du comte, elle se présenta et fit passer par un corridor menant à la rue les bouchers et les cuisiniers, honteux de leur mauvaise chasse. La foule, qui attendait avec une émotion extrême la fin du combat, fut d'abord stupéfaite en voyant sortir par la maison de M. Creton du Coche la nombreuse bande, entrée par la boutique de l'épicier Jajeot.

Le premier mouvement des femmes fut d'éviter le spectacle sanglant qui devait être le couronnement de cette poursuite acharnée; le second mouvement détermina une ardente curiosité pour les vainqueurs.

Les gens du Soleil-d'Or parurent les premiers ; après eux défilèrent les cuisiniers du Griffon.

La foule attendait impatiemment le chevreuil, et cette procession ne faisait qu'activer la curiosité. Quand apparurent les bouchers aux tabliers sanglants, il se fit une forte rumeur dans la foule. On s'imagina qu'ils laissaient l'honneur de porter le cadavre aux gens de l'Écu; mais ceux-ci sortirent la tête basse, suivis des gens de la Tête-Noire, également les mains vides. Tous traversèrent la foule sans répondre aux questions que chacun leur adressait.

II

La Société météorologique.

M. Creton du Coche se promenait alors sur les remparts, suivant son habitude, après déjeuner, loin de se douter de ce qui se passait dans sa maison. Il était sorti à midi précis, pour aller voir *les travaux.*

C'est une mission que se donnent les bourgeois de Molinchart que d'aller voir *les travaux.*

Fait-on sauter une roche à cinq heures du matin, ils y sont avant les ouvriers; ils veulent savoir la quantité de poudre introduite dans la mine, comptent à leur montre les secondes qui s'écoulent entre le feu et la détonation, pèsent pour ainsi dire le bruit de l'explosion, et reviennent dans la ville en disant avec conviction : « Le rocher de l'année passée a pété au moins une fois plus fort que celui de ce matin. » S'agit-il de terrassements, le bourgeois ne se fatigue pas de rester une journée en contemplation devant l'ouvrier qui se sert du râteau. Il s'inquiète du prix de la corvée, fatigue le terrassier de questions, et meuble son cerveau de motifs de conversation. Quand, à l'automne, on ébranche les arbres, le bourgeois suit le haut échafaudage qui porte à son sommet le jardinier, et compte combien les pauvres de la ville ont pu emporter de *faguettes* dans leurs tabliers.

Tel était M. Creton du Coche, dont le véritable nom eût dû s'écrire entre deux parenthèses, car il provenait d'une appellation familière qui avait servi à distinguer son père, M. Creton, entrepreneur du service du coche, de M. Creton-Tatosse, marchand de draperies. Quoique la famille des divers Creton fût à peu près éteinte dans Molinchard à la mort du marchand de draps, l'usage fit que l'avoué conserva son surnom de du Coche. Seulement l'avoué fut pris d'une faiblesse nobiliaire qui l'amena à signer : *Creton du Coche*, et le surnom qui témoignait de l'origine industrielle de son père devint dès lors un titre de noblesse.

En faisant graver sur ses cartes de visite son nom de Creton du Coche, l'avoué renonça dès lors à la direction de son étude, qu'il confia aux soins de Faglain, son maître clerc. Faglain n'était pas plus maître clerc que son patron n'était noble, car s'il avait à gourmander un second clerc, un saute-ruisseau, c'était à lui que s'adressaient les réprimandes : seul clerc de l'étude, il trouvait moyen d'y fainéanter les deux tiers de la journée. L'étude de M. Creton du Coche ne fut jamais une étude sérieuse; M. Creton du Coche ne la garda que pour porter le titre de *maître*, attaché à cette profession ministérielle. Il avait recueilli de son père une fortune indépendante; mais il tenait à diverses prérogatives, telles que de porter un portefeuille sous le bras et de dire : « Je reviens du *Palais*, » avec une accentuation telle qu'on eût pu croire qu'il avait été embrassé par le pape. C'est ce qui explique combien sont recherchées les moindres charges de la magistrature, dont les fonctions sont mesquinement rétribuées.

En revenant par les remparts, M. Creton aperçut un étranger occupé avec une longue-vue à considérer les points éloignés du paysage. Un étranger est toujours un événement dans une petite ville; d'ailleurs, celui-ci était d'une allure assez parisienne pour attirer l'attention. Il y avait dans ses grosses moustaches, dans son pantalon noir à larges plis, quelques symptômes militaires; mais l'ensemble de la physionomie, certaines manières dégagées, souples et familières, faisaient pencher l'esprit vers le côté civil. L'étranger salua l'avoué, qui se sentit flatté de cette avance.

« Monsieur étudie les beautés de notre paysage? dit M. Creton.

— Pardonnez, monsieur, je m'occupe d'observations météorologiques, » répondit l'étranger.

L'avoué pinça les lèvres et secoua la tête en homme qui feint de comprendre la portée d'une chose ardue.

« Monsieur est un savant, à ce que je vois?

— Je fais des recherches pour la Société météorologique, en attendant qu'elle ait nommé dans la ville un membre correspondant.

— Vous ne trouverez pas *ça* dans la ville, dit l'avoué.

— Cependant j'ai déjà parcouru une partie de la France, et j'ai pu former quelques élèves qui sont maintenant de précieux sujets pour l'avenir. Rien n'est plus attachant que cette science; sans doute il faut de l'intelligence. Vous, monsieur, que je n'ai pas le plaisir de connaître, vous seriez un excellent météorologue; vous paraissez observateur....

— Oh! oh! dit l'avoué avec un petit rire de satisfaction.

— Vous êtes observateur, cela se voit sur votre physionomie.

— Il est vrai, dit l'avoué, qu'on me l'a dit quelquefois.... Je regarde, j'aime à m'instruire; mais quelles qualités faut-il pour devenir météorologue?

— Avez-vous quelques minutes à me donner, monsieur?

— Avec plaisir, monsieur.

— Vous n'êtes pas sans avoir remarqué, combien l'état du ciel est variable; il est couvert à un moment, tantôt beau, ensuite voilé; les nuages sont épars, il y a des balayures, les nuages se rassemblent en troupeaux; puis vous voyez des pommelures, des vapeurs, enfin des cumulus. Ici, sur le plateau de votre montagne, sont enfouis des trésors d'observation : le vent change, les nuages courent et varient de forme à l'infini.

— Je crois bien, monsieur, dit l'avoué.

— Ces perpétuelles variations sont la mort de la France. »

L'avoué regarda son interlocuteur qui se posa devant lui.

« Vous allez me comprendre, monsieur. Il y a par toute la France des bois, des marais, des rivières, *et cætera*. L'homme a bouleversé la nature, qui n'en avait pas besoin; tous les jours vous verrez arracher un bois et le changer en prairie, planter un taillis là où il n'y en avait pas, creuser un canal dans un endroit sec et dessécher des marais.

— Parfaitement exact, dit l'avoué.

— Et bien, monsieur, c'est là que je vous attends.

L'homme contrarie la nature, il va contre sa sagesse ; que sait-il s'il ne fait pas un bouleversement blâmable? Qui lui a donné le droit de déboiser une montagne? Un conseil municipal a-t-il assez de science pour savoir si les émanations d'un canal ne sont pas dangereuses, si l'humidité d'un marais qu'on dessèche n'avait pas été calculée par la Providence ?

— Je n'avais jamais songé à cela, dit l'avoué : vous me surprenez.

— Ne voit-on pas avec une secrète tristesse tomber un arbre sous la coignée du bûcheron?

— En effet, dit M. Creton, la chute d'un arbre m'a toujours produit quelque impression.

— Si vous étiez un de ces esprits épais tels qu'il s'en rencontre trop souvent dans les petites villes, je ne vous eusse pas parlé de la sorte, monsieur, mais j'ai tout de suite vu à qui j'avais affaire, et je me suis permis de vous saluer.

— Trop flatté, monsieur, en vérité ; c'est un plaisir pour moi que de m'instruire avec un homme qui cause aussi bien....

— Ce n'est pas ma profession de parler, monsieur; j'ai une mission plus élevée que je remercie tous les jours la Société météorologique de m'avoir confiée. Nous voulons, à l'aide de quelques personnes distinguées, augmenter la vie des humains d'un tiers.

— Vraiment ! dit l'avoué. C'est beau.... oh ! c'est fort beau !

— Quel est l'âge moyen de la mortalité sur votre montagne?

— Nous avons, dit M. Creton, un certain nombre de vieillards de quatre-vingt-dix ans qui font encore leurs trois repas.

— Eh bien ! monsieur, avant cinq ans, si je trouve dans la ville un observateur dévoué à l'humanité, les personnes d'ici dans la force de l'âge, telles que vous, par exemple, pourront aller aisément de cent dix à cent quinze ans.

— Ce n'est pas possible.

— Monsieur, je ne suis pas un charlatan qui donne des brevets de longue vie; certainement, je ne guéris pas les malades, et ne change rien à la constitution des personnes faibles, mais j'arrive presque toujours à leur faire cadeau d'une dizaine d'années de plus.

— Le moyen ! le moyen ! s'écria M. Creton enthousiasmé.

— Je le crierais en pleine place publique que je ne craindrais pas qu'on me le volât. Il y a tant d'égoïstes dans la civilisation, qu'il a fallu le concours de savants, de bienfaiteurs du genre humain, pour s'associer, mettre à la disposition de notre Société des sommes considérables nécessaires à la réalisation de l'idée. La Société météorologique, monsieur, est présidée par le célèbre M. de Rouillat, que vous connaissez de réputation. »

L'avoué, après avoir entendu ce nom, fit le salut d'un homme poli qui veut avoir l'air de connaître les célébrités.

« Oui, M. de Rouillat, oui, oui....

— M. de Rouillat, le plus célèbre météorologiste génevois, indépendamment de ses travaux dans les observatoires, a passé sa vie à rassembler autour de lui les spécialistes les plus distingués de l'Europe. Il y a eu unanimité sur son rapport, et l'humanité attend avec anxiété les fruits de son génie. A la suite des séances de l'Athénée, qui ont ému tous les corps savants, un programme a été adopté, que vous me permettrez de vous offrir. »

L'avoué prit le programme.

« Paris n'est rien comparé à la France ; c'est la province qui a été désignée pour former la base des observations. Paris ne forme pas assez de météorologues pour les installer dans chaque province, chaque département, chaque chef-lieu, chaque sous-préfecture ; d'ailleurs, ces observations d'un an et plus tiendraient les savants parisiens hors de leur sphère et coûteraient trop d'argent.

— Beaucoup d'argent, dit l'avoué.

— Le comité a donc résolu de nommer, dans chaque ville, un membre correspondant qui étudie, sur les lieux, les variations de l'atmosphère. Permettez-moi de vous offrir encore ce tableau divisé par colonnes, qu'il suffit de remplir les jours où l'on remarque quelques signes extraordinaires dans les nuages ; ici est la colonne d'observations, où le véritable savant intelligent consigne des faits particuliers. Tous les mois ce bulletin doit être renvoyé, par le membre correspondant, à Paris, au siége de la Société, rue de la Huchette. C'est alors que le comité se rassemble, dépouille la correspondance, compare la situation des départements entre eux, adjoignant à ses travaux les géologues les plus remarquables de l'Institut.

— Quel travail, monsieur ! s'écria M. Creton enthousiasmé, quel travail !

— Au bout d'un an, quand chaque localité a été étudiée avec soin, une commission, nommée par le comité, à laquelle on adjoint le membre correspondant, parcourt toute la France, et pour rétablir l'équilibre dans les variations de l'atmosphère, rend aux terrains, aux bois, aux marais, la forme primitive que la nature leur avait donnée; alors l'état sanitaire reprend les proportions qu'il avait dans la plus haute antiquité, aux époques où les hommes ne s'étaient pas avisés de rien changer à la main de Dieu. »

Ainsi parla Larochelle, qui n'était autre qu'un commis voyageur en baromètres, et qui joignait à son commerce l'invention de la Société météorologique, dont le brevet se payait cinq cents francs. Larochelle fut un des types les plus adroits de la race des voyageurs de commerce : ayant fait longtemps la place de Paris pour une fabrique d'objets de géographie, la rage le porta vers l'astronomie, la géologie, dont il brouilla les éléments, ce qui ne l'empêcha pas de croire sérieusement à son système. Quoique rusé, Larochelle était de bonne foi; mais il avait l'esprit mis à l'envers par un vieil excentrique qui, tous les ans, se proposait de ruiner les calculs de l'Observatoire. Dès lors le commis voyageur demanda avec audace des fonds pour une Société qui ne se composait en réalité que de lui et de l'astronome halluciné.

Si Larochelle était curieux à entendre développer ses doctrines, il devenait un homme de génie pour trouvé, à force de génie, une sorte de signe particulier, voyant, qu'il offrait aux bourgeois comme une décoration, et qui flattait singulièrement les manies de grandeurs des provinciaux; mais l'avoué n'avait pas besoin d'être enflammé par la décoration, la parole de Larochelle en fit immédiatement un des adeptes les plus zélés.

« Si vous en aviez le temps, monsieur Creton, lui dit Larochelle, nous pourrions passer ensemble à l'hôtel, je vous montrerais les différents statuts de notre Société.

— Certainement, dit l'avoué.

M. Jajeot avait secoué le moulin à café pour s'en faire une arme. (Page 3, col. 1.)

changer les cinq cents francs d'un provincial contre le fameux diplôme de membre de l'Institut météorologique. Rarement on l'avait vu manquer son coup. Les bourgeois ont toujours aimé à devenir savants sans fatigue, et à s'occuper des intérêts de la société, soit moraux, soit matériels, soit hygiéniques. Tous ceux qui, dix ans plus tard, devinrent fouriéristes, et firent des rentes en faveur d'un phalanstère qui ne devait jamais exister, étaient dans le principe, membres de l'Institut météorologique!

L'illustre Larochelle gardait en dernier ressort, un moyen qui fit plus pour la Société météorologique que les plus éloquents plaidoyers : il avait

— Il vous faut votre diplôme.

— Oh! je tiens au diplôme, dit M. Creton, car je crains l'envie... Certainement cette nomination fera des envieux; mais j'aurai ma conscience... Vous savez, monsieur Larochelle, si je vous ai sollicité pour faire partie de votre Société savante...

— Ne craignez rien, dit le commis voyageur. Il sera fait expressément mention sur le brevet que vous avez été choisi par moi-même. »

L'avoué ne se sentait pas de joie. Il ne marchait plus, il volait, malgré la pesanteur de son ventre.

« Je pensais bien, dit-il, que j'étais inoccupé,

M. Pector venait de lancer les premières notes. (Page 19, col. 2.)

et qu'il me fallait appliquer à des travaux sérieux mon esprit exact.

— Dites votre haute intelligence, reprit Larochelle; vous avez mieux que l'esprit exact.

— Vous allez trop loin, monsieur Larochelle.

— Non, dit celui-ci, je me connais en hommes; vous deviendrez un des plus précieux membres correspondants de la Société météorologique.

— Vous me confondez, vraiment...

— Vous êtes jeune encore, monsieur Creton du Coche, vous avez de l'activité, votre esprit travaille, votre œil est vif...

— J'ai toujours eu une bonne vue, dit l'avoué, et cette qualité doit être importante pour les observations.

— Si vous n'aviez qu'une bonne vue! s'écria Larochelle; mais on sent que votre regard va pénétrant au delà des choses connues... C'est votre regard qui m'a fait vous accoster. Je me suis dit: Voilà un observateur qui serait d'un prix inestimable pour la Société météorologique; il faut se l'attacher même par des sacrifices d'argent, s'il en est besoin.

— Je ne tiens pas à être payé; l'honneur d'appartenir à la Société météorologique me suffit.

— Vous comprenez, monsieur Creton du Coche, que, dans certains pays, je me trouve en face de plusieurs personnes capables de remplir une telle mission. Dernièrement, en Touraine, il y avait un arpenteur pauvre qui me paraissait offrir plus de capacité qu'un personnage riche de la même ville; je n'ai pas hésité: j'ai donné immédiatement la préférence à l'arpenteur, et la Société lui fait un traitement annuel. Rien ne nous coûte. »

En descendant le sentier qui conduit des promenades au faubourg où logeait le commis voyageur, M. Creton du Coche saluait ceux de ses concitoyens qu'il rencontrait et les interpellait de façon à se faire remarquer, car, glorieux d'être en société de Larochelle, il pensait qu'on ne manquerait pas de lui demander en compagnie de qui il se trouvait.

Ainsi l'avoué pourrait annoncer naturellement sa nomination.

Près de la porte de la ville étaient assis sur un banc des vieillards qui se réchauffaient au soleil.

« Voilà pourtant des hommes, dit Larochelle, qui vous devront une existence de quelques années de plus. L'honneur en reviendra à vous seul... C'est de la justesse et de la conscience de vos observations que dépend le sort de ces vieillards.

— Mais c'est une mission fort délicate, dit l'avoué; je comprends maintenant que vous ne vous adressiez pas au premier venu.

— Nous sommes arrivés, dit le commis voyageur, qui introduisit M. Creton du Coche dans la chambre garnie qu'il occupait à l'hôtel.

« Recevez cette décoration, lui dit-il en lui mettant en main une petite boîte qui brûlait les mains de l'avoué.

— Une décoration! s'écria M. Creton.

— Oui, cher monsieur, et permettez que je vous donne l'accolade de la confraternité scientifique.

— Vraiment, c'est trop, » dit l'avoué qui crut qu'il allait s'évanouir.

Abreuvé de compliments, nageant dans une mer de joies, l'orgueil lui montant à la tête, M. Creton du Coche signa, sans vouloir le lire, un brevet, sur papier timbré, par lequel il était nommé membre correspondant de la Société météorologique. Par la même occasion il se reconnaissait redevable d'une somme de cinq cents francs, destinée à subvenir aux frais de bureaux de ladite Société; mais l'avoué était trop ravi pour s'inquiéter d'affaires d'argent, et, le cœur plein d'émotions, il quitta Larochelle, qui partait le soir même.

III

Une jeune femme en province.

Vers quarante ans, M. Creton du Coche se sentant porté vers le mariage, épousa une jeune fille dont la beauté faisait grand bruit dans le monde de Molinchart, mais qui n'avait pour dot que sa beauté. Cette jeune femme, dévorée bientôt par les ennuis intérieurs, allait aux soirées de la sous-préfecture, aux bals par souscription de la mairie, et recevait une fois la semaine les amis de son mari. Quand venaient les longues soirées d'hiver, M. Creton du Coche, les pieds sur les chenets, racontait les nombreux travaux qu'il avait *surveillés*. Depuis dix ans il ne varia jamais son thème de conversation.

La femme de l'avoué, pendant ces dix ans, se condamna à écouter ou feindre d'écouter son mari; elle s'était même habituée à lui donner des répliques sans l'entendre. De quart d'heure en quart d'heure, elle plaçait une exclamation qui faisait croire à l'avoué que sa femme s'intéressait extraordinairement à son récit. Quelquefois, cependant, les réponses ne correspondaient pas exactement aux demandes. M. Creton du Coche disait à sa femme : « Veux-tu venir demain matin voir arpenter au bas de la montagne? » et Louise lui répondait : — « Vraiment? » sans que l'avoué s'en inquiétât. N'ayant jamais surpris de traces de mauvaise humeur dans les réponses de sa femme, il se contentait d'être écouté.

Deux fois la semaine, Louise allait passer la soirée avec son mari chez sa sœur, Mlle Creton, vieille fille défiante et hargneuse. Ursule Creton, âgée de cinquante-cinq ans, porteuse de bannière à la confrérie de la Vierge, ne put pardonner à son frère d'avoir épousé une jeune fille douce et belle, qu'elle appelait une étrangère. Le célibat, qu'il provienne de la volonté de l'individu, ou qu'il ait été conservé par force majeure, amène quelquefois ses servants à regarder le mariage comme une immoralité. La vieille fille mit en œuvre sans y réussir diverses perfidies pour empêcher l'avoué de se marier; elle demeurait avec son frère avant les noces, elle quitta la maison brusquement quand M. Creton du Coche lui eut annoncé que le contrat était signé.

Telles étaient les seules relations de famille que Louise eût dans la ville; peut-être eût-elle rompu ouvertement avec la vieille fille si l'avoué ne l'eût priée de la ménager, mettant sur le compte de l'âge les acariâtres paroles dont sa sœur manquait rarement de saluer l'arrivée des deux époux.

Ursule Creton avait un merveilleux flair pour deviner le moindre ruban neuf que portait Louise; c'étaient d'aigres récriminations sur les toilettes d'à présent mises en regard des toilettes d'autrefois. La coquetterie moderne, à l'entendre, dévorait des fortunes; les hommes étaient des niais de ne pas mettre ordre à de pareilles profusions. Dieu sait où l'amour de la toilette entraînait les femmes. Sous couleur de généralité, la vieille fille parlait de telle sorte que la femme de l'avoué en prît une bonne part. Ce moyen de conversation épuisé, la vieille fille ne s'occupait que de prêtres et d'affaires de sacristie. Se croyant une mémoire prodigieuse pour retenir les sermons, elle mêlait dans sa tête des lambeaux de phrases nageant dans une mauvaise sauce latine, et les débitait au coin du feu, un poing sur la hanche, assise dans son fauteuil, qu'elle prenait réellement pour une chaire.

Louise baissait la tête devant ces plaidoyers. Vive et spirituelle dans sa jeunesse, elle devint mélancolique et courba la tête sous le joug de la vie bourgeoise.

M. Creton du Coche n'eut pas l'idée des ennuis secrets de sa femme; il se croyait le modèle des maris, toute la ville le félicitait de son heureux ménage. Peut-être Louise se fût-elle jetée dans la religion, si l'exemple de la vieille fille ne lui eût montré le ridicule qu'amènent les pratiques religieuses mal comprises. Ursule Creton aurait, en effet, chassé les fidèles du temple plutôt que d'y amener des prosélytes. La première fois que Louise l'entendit, la vieille fille s'était levée de son fauteuil et s'appuyait sur un écran vert qui servait à la protéger contre le grand feu de la cheminée.

« Chers frères et chères sœurs, s'écriait Ursule Creton en s'adressant à l'avoué et à sa femme, nous avons tous de grands devoirs à remplir, comme le dit l'apôtre saint Paul, *sanctus Paulus;* observons-nous donc, afin que l'âme, du jour où elle s'échappera de notre vulgaire enveloppe, l'âme puisse s'envoler dans les régions célestes.... Ah! comme M. de la Simonne a bien dit cela! Nous n'avons jamais eu de prédicateur pareil à Molinchart. Dimanche dernier il a parlé de l'enfer à faire frissonner : « L'enfer, mes frères et sœurs, est un lieu de flammes ardentes, une fournaise, un brasier incandescent où brûleront perpétuellement les pécheurs endurcis. » Et il est bien fait, M. de la Simonne! Il a une voix douce et terrible par intervalles; c'est un jeune homme, les cheveux frisés.... et honnête! Il m'a demandé si la bannière ne me fatiguait pas.... Me fatiguer, moi, de porter cet emblème de la pureté!... Je ferais plutôt trois fois le tour de la montagne.

Louise, au début, comprima un sourire; mais quand elle entendit sans cesse les mêmes motifs de conversation et qu'elle sentit entrer dans son cœur les griffes de la vieille fille, elle trouva ces visites si pénibles qu'elle ne se présentait plus chez Ursule Creton qu'à regret. Elle fut nommée dame de charité; mais ayant retrouvé dans ces associations de bienfaisance mille jalousies féminines, qui faisaient que les secours n'allaient pas toujours aux plus indigents, la femme de l'avoué résolut alors de chercher elle-même ses pauvres, et de ne plus recevoir sa direction des bureaux de bienfaisance, où les intentions charitables de quelques membres sont trop souvent paralysées.

Une des pointes de la montagne de Molinchart, celle qui regarde Paris, et dont l'horizon est borné à dix lieues par les plaines du Soissonnais, est habitée par de pauvres gens qui demeurent dans des grottes appelées *creuttes*, par corruption. Des rochers creux ont formé des abris naturels contre la pluie et le vent. Il est des creuttes riches et des creuttes pauvres. Les unes ont été maçonnées. Une cheminée a chassé l'humidité petit à petit. Un jardinet est au devant de la creutte; des fleurs communes égayent l'entrée; quelquefois un petit pêcher se trouve exposé au grand vent de la montagne. Mais l'ancienne creutte, la véritable, ne se reconnaît qu'à un maigre filet de fumée qui sort tout à coup de la crevasse d'un rocher. En cherchant, d'où vient cette fumée, on aperçoit, à travers des broussailles épaisses, une ouverture basse et étroite par laquelle les habitants ne peuvent entrer qu'en rampant. Quelquefois, sort un marmot, curieux comme un lézard, qui passe sa tête par l'ouverture pour se chauffer au soleil, et qui rentre à peine a-t-il aperçu un étranger.

Des pauvres habitent ces creuttes. Quelques bottes de paille forment le lit de toute la famille; des haillons de toutes couleurs, l'habillement des enfants; des morceaux de pain dur, la nourriture de tous. De grands chardons, symbole de misère et de paresse, se dressent devant l'entrée de ces creuttes, où l'on retrouve à deux pas d'une petite ville, des familles de gens jetés là on ne sait quand, venues on ne sait d'où.

En se promenant dans cet endroit, peu fréquenté, mais qui offrirait aux enthousiastes de paysages un des plus beaux motifs de France, Louise oubliait qu'elle était prisonnière dans la petite ville de Molinchart. De ce côté de la montagne s'échappent des bourrasques sauvages qui donnent au pays de secrètes harmonies avec le spectacle de la mer. Au pied de la montagne, on aperçoit une grande étendue de terrain aride sur lequel quelques plants de pommes de terre essayent de percer la terre qui forme la base du terrain. C'est le Mont-Blanc, appelé par inversion *Blamont* dans le pays. Quelquefois un os de cheval se dessine sur le sable du Mont-Blanc, car on conduit là les vieux chevaux pour les abattre.

Sur la partie la plus élevée du Blamont se dresse un moulin à vent désolé, qui a les ailes cassées et dont le vent enlève tous les jours une côte. Cet endroit infertile forme contraste aux riches pâturages, aux grands prés verts qui s'étalent en carrés longs, encadrés d'une bordure de peupliers élancés. De jolis villages, jetés à différents endroits, montrent la richesse du pays.

Louise suivait souvent des yeux la lourde diligence descendant bruyamment la montagne de Molinchart, qui à peine enlevé le gros sabot de fer enrayant les roues de devant, s'élance joyeusement dans la vallée qui mène à Paris. Une chaumière, un bouquet d'arbres masquent tout à coup la diligence, mais elle reparaît, laissant derrière elle un panache de poussière. La femme de l'avoué suivait cette diligence qui va tous les jours à Paris.

Ce n'était pas un vulgaire et provincial désir qui conduisait son esprit sur la route de Paris. Du haut de la montagne, sa vue s'élançait au delà des horizons lointains : perdue dans de vagues rêveries, la jeune femme oubliait momentanément sa vie bourgeoise, et revenait lentement vers la ville, jetant un regard en arrière sur ses beaux rêves qu'emportait le vent.

Quand Louise allait en soirée, elle répondait généralement par un sourire de commande qui prenait de la mélancolie de ce qu'il n'était pas sincère. Aux bals, elle n'eût jamais dansé, si M. Creton du Coche ne lui eût amené des « messieurs » qui trouvaient, disait-il, grand plaisir à « faire un tour de valse avec madame. » L'avoué, *délivré* de sa femme, se hasardait à parier à l'écarté et n'allait jamais au delà d'une perte de dix francs.

Au bout de quelques années de mariage, Louise renonça au monde, déclarant à son mari qu'elle avait horreur des danses, des toilettes, des propos de petite ville, et qu'elle n'accepterait plus aucune invitation. L'avoué, qui, jusqu'alors, n'avait pas entendu sa femme manifester si énergiquement sa volonté, essaya de la dissuader de ses idées de solitude ; mais il accepta la retraite de sa femme sans rien changer à sa vie. Deux fois par semaine il allait à des réunions de célibataires ; et l'hiver il ne manquait pas un bal ni une soirée particulière. L'absence de sa femme lui fournissait d'ailleurs des thèmes de conversations.

C'était :

« On ne voit plus Mme Creton.

— Est-elle souffrante ?

— Le bal la fatigue peut-être, elle a l'air si délicat.

— Quel dommage que vous n'ayez pas amené madame avec vous !

— Vous témoignerez nos regrets de n'avoir pas à notre soirée la belle Mme Creton.

— L'année prochaine j'irai prendre de force madame votre épouse.

— Ah ! monsieur Creton, vous faites le garçon, pendant que madame est à la maison. »

On remplirait dix pages de ces formules avec lesquelles une maîtresse de maison accueillait l'avoué qui partait en disant à sa femme : « Je vais donner mon coup d'œil, et je reviens. » Le coup d'œil de M. Creton du Coche durait la moitié de la nuit.

Celui qui aurait étudié l'avoué pendant la soirée se serait dit avec raison : « Voilà un gros homme gêné dans ses habits noirs, dans sa cravate blanche, dans ses gants, qui n'a rien à faire ici. Il a l'air de regarder la foule et il ne voit rien ; son œil ne cherche pas à surprendre le serrement de main d'un jeune homme et d'une jeune fille qui dansent ensemble ; son oreille rouge et massive n'entend pas ces jolis mots mystérieux qui se chantent en reconduisant la danseuse à sa place. Il n'a pas les violentes passions qui secouent le joueur, qui font que le sang afflue au cœur, qui amènent d'invisibles gouttelettes de sueur sur son front. La musique de la valse ne lui révèle pas les secrètes langueurs qui font que la danseuse se laisse entraîner sur la poitrine du jeune homme. »

M. Creton du Coche aimait le bal, mais à la façon des gens de son espèce, que le mouvement occupe, qui s'inquiètent de l'éclairage, qui vont de temps en temps au buffet, se demandant combien la soirée a pu coûter.

Sorti de ce système d'observations, l'avoué était bouché aux drames, aux comédies, aux coquets proverbes qui se jouent entre deux personnages, avec un éventail pour décor. Louise s'intéressa la première année à suivre ces petites scènes. D'un coup d'œil, si elle l'avait voulu, elle eût fait jouer ces comédies à son profit ; mais elle n'avait pas trouvé cette âme sœur, qui, suivant Lavater, existe quelque part et finit toujours par se rapprocher. Étudier les vices de chacun était trop facile dans une petite ville où chacun laisse lire dans ses actions et ses pensées. A ce jeu de critique maligne, Louise se sentait devenir caustique, et, pour se garer d'un tel défaut, la femme de l'avoué se condamna à une retraite absolue.

L'événement du chevreuil vint mettre un terme à sa reclusion. Quand il eut chassé la bande qui s'était introduite dans la maison de l'avoué, le comte de Vorges, voyant Louise tremblante, lui offrit son bras et elle en avait grand besoin, car en entrant dans le salon elle se laissa tomber sur un fauteuil.

« Des sels, dit Julien à la femme de chambre, vite, votre maîtresse se trouve mal. »

Et il lui prit les mains, qu'elle avait d'une merveilleuse finesse.

Louise était d'une beauté remarquable. Petite, les membres fins, la démarche souple, avec son teint d'orange et de grands yeux noirs couronnés par d'épais sourcils, on aurait pu la croire d'origine espagnole.

Julien ne se rappelait pas avoir jamais touché de mains si douces, sur la peau desquelles mille petites veines bleues se jouaient capricieusement. Les grands yeux de Louise fermés offraient le charme particulier d'un or bruni qui colorait les paupières. La bouche entr'ouverte montrait un évanouissement sans douleur, et laissait passer un souffle aussi pur qu'un petit vent qui aurait traversé un rosier. Quoiqu'il souhaitât entendre la voix de Louise, le comte était heureux de rester encore quelques instants auprès de la jeune femme évanouie, et il eut un moment de dépit en voyant reparaître la femme de chambre tenant un flacon de sels. Avant qu'on en eût fait usage, la poitrine de Louise, qui se soulevait doucement, sa bouche qui s'ouvrit un peu, annoncèrent qu'elle revenait à elle.

« Comment vous trouvez-vous, madame ?

— Mieux, monsieur, je vous remercie.

— J'ai été un moment inquiet. »

Louise sourit.

« Quelle faiblesse! dit-elle. Tous ces gens m'avaient épouvantée avec leurs tabliers sanglants; j'ai cru qu'ils entreraient de force dans la cave.... Ce pauvre chevreuil! Ah! monsieur, il est cruel de tuer ces animaux; on dirait qu'ils pleurent.

— Je ne saurais vous dire, madame, combien je dois de reconnaissance à ce chevreuil: sans lui je n'aurais pas eu le plaisir de vous revoir.... Si je vous disais, madame, que j'ai été heureux de votre évanouissement! »

Louise rougit. Déjà elle avait rencontré Julien de Vorges dans une soirée, un an auparavant: elle avait valsé avec lui, et aux sensations particulières qui la troublèrent, elle se promit de ne plus danser avec le comte; mais elle ne put l'empêcher de venir s'asseoir auprès d'elle, et il y aurait eu impolitesse à ne pas écouter un jeune homme spirituel, aimable et d'excellentes manières. Certaines femmes ont le courage de fuir le danger aussitôt qu'elles le soupçonnent, de même que les soldats qui arrachent la mèche enflammée d'un obus avant qu'il éclate. Louise jugea la conversation de Julien trop attrayante: il y avait dans l'accent de sa voix, dans ses moindres paroles, de petites fleurs de galanterie cachées qui se trahissaient par leur parfum. Louise eut peur, car elle venait de rencontrer un homme dans Molinchart; les autres: clercs d'avoués, professeurs, employés, avocats, gens en favoris ou en moustaches, têtes chauves, personnages qui marchaient, dansaient et se promenaient grotesquement n'étaient pas des hommes pour elle; mais dans la marche de Julien, dans ses gestes, dans son regard, le charme était attaché, et la femme de l'avoué, pour cacher cette impression, essaya de masquer ses sensations sous une parole moqueuse.

Un an s'était passé depuis que Louise avait rencontré Julien de Vorges au bal. A plusieurs occasions, occupée à broder à la fenêtre du premier étage, donnant sur la rue, elle fut étonnée de tressaillir sans motif, et un moment après de voir arriver à cheval le jeune homme, qui ne manquait pas d'envoyer un regard dans sa direction. Aussi rougit-elle d'être restée pendant quelque temps sans connaissance, seule avec le comte; et son trouble fût extrême quand il reprit la conversation du bal telle qu'il avait été obligé de l'abandonner un an auparavant.

« Mais le chevreuil! s'écria Louise, qui jugea à propos de rompre ce tour de conversation.

— Madame, dit la femme de chambre, qui rentra, il est dans la cave.

— Monsieur, demanda Louise, me promettez-vous la grâce du chevreuil? Je veux, dit-elle d'un ton charmant, qu'il soit reconduit près d'un bois, et que là on le lâche.

— Madame, nos gens veilleront à protéger la fuite du chevreuil autant qu'ils ont contribué à sa poursuite.

— Ah! merci, monsieur.

— A mon tour, madame, j'ai une faveur à solliciter; me permettrez-vous, quand je passerai à Molinchart, de venir savoir de vos nouvelles?

— Je ne reçois pas, monsieur, je vois seulement quelques amis de mon mari; il paraîtrait surprenant, dans une petite ville où tout est remarqué, que mon salon, vous voyez quel salon! fût ouvert à une personne d'une condition trop au-dessus de la nôtre.

— Du moins aurai-je l'honneur, madame, de vous rencontrer cet hiver en soirée? »

Alors Julien plaida longuement sa cause; il s'étonnait que la seule femme du département se condamnât à la reclusion. Rien ne pouvait l'empêcher désormais de voir la femme de l'avoué: il viendrait à Molinchart deux fois la semaine, chercherait à la voir à la fenêtre, ferait mille démarches pour la rencontrer. Enfin, il termina son discours de la sorte:

« Madame, c'est en chassant à une lieue d'ici, que nous avons fait arriver par hasard le chevreuil dans la ville, il est entré par hasard dans votre maison, je vous ai rencontrée par hasard, ou plutôt la Providence l'a voulu; mais si vous ne voulez plus que je vous voie, je me rends maître du hasard, je chasserai un sanglier et m'arrangerai de telle sorte que le sanglier entrera dans votre maison, qu'il attaquera vos gens, votre mari même, peu importe, mais j'arriverai à temps pour tuer le sanglier et avoir le plaisir de vous voir. »

Cette façon de parler, galante et railleuse, embarrassait Louise, qui, en rougissant, évitait les réponses, lorsqu'un incident vint à propos mettre un terme à la conversation. On entendit un certain bruit au dehors qui provenait de la porte de la cave refermée avec violence.

« Madame, s'écria la femme de chambre, qui entra à ce moment, le chevreuil va forcer la porte. »

En même temps, une voix d'homme criant: « Ouvrez-moi! ouvrez-moi! » rappela à la femme de l'avoué qu'un des poursuivants de l'animal était entré dans la cave avant qu'elle eût le temps de s'y opposer.

« Allez voir, Marie, dit-elle, ce qui se passe. Je frémis maintenant; la pauvre bête doit avoir été tuée par ce boucher.

— Je prie le ciel que vous vous trompiez, madame, dit le comte; car je n'aurais plus rien à vous demander.

— Le chevreuil est mort, madame, s'écria la femme de chambre, il est mort; on l'emporte.

— Oh! je ne veux pas le voir, » s'écria la femme de l'avoué se cachant la tête dans les mains.

En ce moment rentrait M. Creton du Coche, qui

ouvrit la porte du salon et montra une figure singulièrement bouleversée.

« Que se passe-t-il donc ici? demanda-t-il. La ville est en révolution, il y a deux mille personnes sur la place; tout le monde inspecte ma maison; chacun me regarde avec curiosité. L'épicier Jajeot me dit, les larmes aux yeux : « Ah! si vous saviez! Rentrez vite chez vous. » Je croyais que le feu était à la maison. J'arrive; un homme ensanglanté, portant un cadavre sur ses épaules, manque de me renverser, et vous, Louise, vous semblez consternée.

— Pardon, monsieur du Coche, dit le comte, qui eut l'adresse de supprimer le mot roturier de Creton, si je suis la cause innocente de ce trouble. »

En reconnaissant Julien de Vorges, l'avoué salua profondément, flatté de l'honneur que lui faisait le comte en lui rendant visite; puis il écouta avec ébahissement l'étrange aventure du chevreuil et la perturbation qu'il avait apportée en ville.

« C'est le cuisinier de la Tête-Noire, dit M. Creton, qui est le vainqueur; je l'ai reconnu.

— Alors, monsieur, dit Julien, vous me permettrez de vous envoyer un quartier de chevreuil pour vous faire oublier les tracas que j'ai causés, sans le vouloir, dans votre intérieur. »

En apprenant l'évanouissement de sa femme, le complot qui avait été fait de rendre le chevreuil à la liberté, l'avoué plaisanta sa femme.

« Elle est trop sensible, monsieur le comte, un rien l'affecte. Pourquoi ne tuerait-on pas un chevreuil comme on tue un mouton, un bœuf?

— Je l'ai vu pleurer, monsieur, dit Louise.

— Mais tu ne le connaissais pas ce chevreuil; tu ne l'avais pas fréquenté assez longtemps, il ne t'était pas attaché. Monsieur le comte, j'accepte avec plaisir votre quartier de chevreuil, nous l'arroserons d'un petit vin de mes vignes; si vous voulez me faire cet honneur et rendre le chevreuil hors de prix, c'est de vouloir bien accepter d'en venir manger un morceau sans façon.

— Ce serait avec le plus grand plaisir, monsieur du Coche, dit Julien; mais je repars demain de grand matin.

— Oh! s'écria l'avoué, vous retarderez bien d'un jour.

— Et je ne voudrais pas contrarier madame, dit Julien, en lui faisant subir l'aspect de ce chevreuil.

— Vous nous restez, monsieur le comte? demanda l'avoué.

— Ma mère sera d'une inquiétude....

— Monsieur, dit Louise à son mari, vous gênez peut-être M. le comte. »

Le jeune homme lança un regard à la jeune femme qui voulait l'empêcher d'accepter l'invitation.

« Je peux, dit-il, envoyer aujourd'hui mon domestique prévenir ma mère que je ne la verrai qu'après-demain.

— Ah! s'écria l'avoué en prenant la main de Julien, voilà une bonne idée.... »

Quand le comte fut sorti, Louise dit à son mari :

« Je ne vous comprends pas, monsieur : pourquoi insistez-vous à garder à dîner M. de Vorges? Vous avez dû remarquer que cette invitation me déplaisait.

— Alors, madame, dit M. Creton, notre maison va donc être convertie en prison. En quoi vous gêne cette invitation?

— M. de Vorges possède une grande fortune : malgré votre bonne volonté, vous lui offrirez un repas médiocre, nous n'avons pas un train de maison convenable.

— Vraiment, madame, on dirait que nous attendons le roi; vous avez vu combien les manières du comte sont simples et sans affectation. Ce jeune homme me plaît.

— Cependant, monsieur, vous m'aviez promis de me laisser vivre à ma guise. Si je reçois le samedi vos amis, pour vous faire plaisir, c'est qu'ils sont nos égaux.

— Madame, le comte descend à la Tête-Noire; il y mange d'ordinaire : j'aurai soin de faire venir le repas de la Tête-Noire. Je vous le répète, je connais M. de Vorges; dernièrement, j'étais près de la porte de la ville, calculant combien les âniers amènent de cruches d'eau par jour du bas de la montagne. Le comte s'en retournait en voiture : il m'a salué le premier. Je soutiendrai partout que c'est un homme bien élevé.

— Et parce qu'il vous a salué, vous prétendez le connaître?

— Vous le voyez, madame, il me rend visite, et daigne m'offrir un quartier de chevreuil; il faut pourtant savoir vivre dans le monde.

— Quel homme singulier vous êtes! Vous voilà hors de vous parce qu'un comte a daigné vous saluer.... Il poursuit un chevreuil, entre dans votre maison par escalade, et vous dites qu'il vous rend visite; il vous offre un quartier de chevreuil par politesse, car il a troublé notre intérieur, et vous voilà fier! Avez-vous bien pensé, monsieur, que demain vos amis viennent ici dîner, suivant leur habitude?

— Tu as raison! s'écria l'avoué, ils ne comprendraient pas le comte; je vais les prévenir de ne venir que dimanche.

— Toute la ville va savoir que vous traitez M. de Vorges; vos amis en seront instruits les premiers; ils diront que vous rougissez d'eux. Vos manies de grandeur courront la ville, et chacun en plaisantera.

— Madame, dit l'avoué, je suis au-dessus des propos de Molinchart : que les habitués de café disent ce qu'ils voudront, ce n'est pas dans ces endroits-là que je vais consulter le jugement public. Ma position dans le barreau m'élève à une hauteur qui empêche les brocards de m'atteindre... J'ai invité à dîner M. le comte de Vorges ; plus j'y réfléchis, plus je me trouve avoir raison. Je pense que vous voudrez bien faire une toilette en rapport avec la condition de la personne que nous recevrons.

— Une toilette ! dit Louise en souriant. Quant à ceci, monsieur, vous me permettrez de ne pas m'en rapporter à votre goût. »

IV

Un grand dîner.

M. Creton du Coche s'était donné une peine considérable pour le dîner, dressant des listes sans fin, où figuraient les notabilités de la ville, ses amis et ses parents. Cette combinaison produisit une liste de cinquante couverts. En voyant ce chiffre, l'avoué effrayé ratura certains noms pour les remplacer par d'autres : il hésitait entre ses amis, ses parents et les notabilités, car les trois combinaisons se combattaient. Inviter les fonctionnaires de Molinchart, c'était donner un dîner officiel, qui pouvait faire croire que l'avoué cherchait des honneurs ; les amis et parents de l'avoué n'étaient pas tous gens du meilleur monde ; M. Creton finit par restreindre sa table à vingt couverts, mêlant les trois combinaisons qui devaient offrir aux yeux du comte de Vorges la crème de la société molinchartaise.

Louise s'était chargée de divers détails destinés à faire oublier certaines habitudes bourgeoises dont l'avoué ne pouvait se départir. Elle mit en réquisition les serres d'un jardinier du faubourg pour garnir de fleurs la salle à manger. Elle fit enlever des tableaux trop admirés par son mari et veilla à la parfaite exécution du repas, servi moitié par l'hôtel de la Tête-Noire, moitié par un célèbre pâtissier de la rue des Battoirs.

Vers six heures du soir, les invités arrivèrent et furent émerveillés de l'aspect qu'une femme avait donné, en moins d'une journée, à des appartements construits sans art et décorés sans distinction. Louise portait une robe blanche, qui offrait, dans les plis, la tendre couleur de la rose-thé. Cette nuance délicate s'harmonisait merveilleusement avec le ton doré de la peau ; les grands yeux noirs de Louise avaient perdu leur résignation. Elle redevint, au dîner, ce qu'elle était avant son mariage, une belle jeune fille souriante, heureuse de vivre.

Le comte de Vorges fut placé auprès d'elle. A peine âgé de trente ans, il conservait le charme de la première jeunesse, quoique lui aussi offrît quelque teinte de mélancolie. Vers vingt-trois ans, il était revenu de Paris, à la suite d'une passion violente pour une actrice : depuis, il ne sortait plus de ses terres. On l'avait vu arriver un jour à Molinchart, maigre, pâle, triste, et quand la santé lui revint, il conserva toujours un sourire fin et triste, qui provoquait la sympathie.

Toutefois, on racontait de lui des faits prodigieux et excessifs, qui jetaient les esprits dans la surprise.

La montagne de Molinchart forme divers coudes qui sont une dure montée presque inaccessible aux voitures ; au milieu de cette montagne est un chemin roide, escarpé, coupant court et qui sert aux piétons à abréger la route : on appelle, dans le pays, cette route *grimpette*, car il faut une sorte d'escalade pour arriver en haut. En hiver, il est impossible d'en descendre, ainsi que pendant le dégel.

Un jour de marché, les maraîchers qui apportent leurs provisions par la grande montagne, furent effrayés à la vue d'un homme à cheval descendant au galop la *grimpette*. Le comte de Vorges ayant entendu dire qu'en 1814 un officier russe avait tenté l'aventure (fait qu'il regardait comme impossible), le renouvela, au risque de se broyer le corps dans les ravins.

Il n'en fallait pas tant pour exciter dans le pays une vive curiosité. Si Julien de Vorges eût été d'une nature fanfaronne, se plaisant à troubler par bravade le calme d'une petite ville, il eût passé, à la suite de cette action, pour un insensé ; mais il y avait une telle froideur sur sa figure qu'on n'osa l'en railler. Avec quelques traits de cette nature, vivant à l'écart dans le château de sa mère, presque toujours à la chasse, Julien devint dans Molinchart un héros de chronique.

L'avocat Grégoire, qui s'était promis de faire parler le jeune comte, passa la moitié du repas à chercher une entrée en conversation. Quand il croyait avoir trouvé une phrase et qu'il se tournait vers son voisin pour lui adresser la parole, l'air flegmatique avec lequel il était regardé l'empêchait d'arriver à son but, car il se sentait deviné dans sa curiosité.

M. Creton avait écrit lui-même les noms des convives sur de petits morceaux de papier glissés dans les serviettes ployées en triangle. Il avait pour voisin de droite M. Lebailly, un des meilleurs écouteurs de province. M. Lebailly, homme grave, aurait entendu parler les langues les plus savantes qu'il eût fait un signe d'assentiment consistant en une étrange grimace. Les yeux se fermaient, le nez s'allongeait, la bouche rentrait en dedans, semblant avaler un trésor. Quoique M. Lebailly ne comprît rien à ce qu'on lui disait, il passait pour un homme d'une rare intelligence ; on ne le consultait pas, parce qu'il était connu qu'il ne répondait pas ; mais quand quelqu'un voulait s'asseoir dans une opinion, il en référait à M. Lebailly, qui ne manquait pas sa grimace affirmative.

« Il me faudra beaucoup de girouettes, lui disait M. Creton : j'en place une sur le grand toit, une autre sur le petit pavillon qui fait retour sur la terrasse, une troisième sur le mur de la terrasse... Vous concevez, monsieur Lebailly, pourquoi. Je n'aurai pas besoin de me déranger sans cesse pour aller voir la situation du vent. Si je suis au premier étage, de ma chambre à coucher j'aperçois la girouette du petit pavillon, et dans le salon, tout en vaquant à mes occupations, la girouette du mur de la terrasse joue sous mes yeux... C'est un grave mandat que j'ai accepté, et je veux le remplir avec dévouement... Ne seriez-vous pas heureux, monsieur Lebailly, si j'allonge votre existence d'une dizaine d'années? Voilà pourtant à quoi j'arrive en ne quittant pas de l'œil mes girouettes.

— Monsieur, ne me parlez pas de république, disait mademoiselle d'Autremencourt, répondant à M. Chotat, grand maître de la loge franc-maçonnique de Molinchart; non, vous ne savez pas ce que c'est que la république. Ma mère l'a vue, monsieur, et elle frémit encore des excès qui s'y sont passés....

— Cependant, mademoiselle, vous admettez bien qu'il y avait quelques honnêtes gens parmi les conventionnels?

— Tous plus abominables les uns que les autres, monsieur.... Ce Saint-Just, cet exécrable monstre, savez-vous ce qu'il a fait dans Molinchart? Eh bien, monsieur, la famille de M. Delamour existe encore ici....

— Plaît-il, mademoiselle d'Autremencourt? s'écria M. Delamour, qui entendait son nom mis en question.

— Pardon, monsieur Delamour, si je rappelle à vos souvenirs un événement fâcheux : je parlais de Victoire Delamour, qui était une jeune personne douce, bien élevée, sortant du couvent, et toujours maladive, lorsque cet ogre de Saint-Just arriva à Molinchart. Il connaissait la famille de Mlle Delamour; il se montre dévoué, le scélérat! offrant de conduire Mlle Delamour à Paris, dans une maison de santé, afin qu'elle fût traitée avec soin. Les parents le croient et lui laissent emmener la jeune fille. Savez-vous ce que fait Saint-Just? En arrivant à Paris, il ne perd pas une minute; Mlle Delamour quitte la diligence pour monter dans la fatale charrette; dans l'espace d'un quart d'heure elle est guillotinée. »

La discussion s'engagea alors sur la révolution, que Mlle d'Autremencourt n'avait pas mise sur le tapis sans motif : elle voulait donner une leçon à M. Chotat, chef de la réunion des francs-maçons, qu'on accusait, en 1823, de tremper dans les conspirations de carbonari. M. Chotat profita de cette attaque pour faire un plaidoyer en faveur des idées révolutionnaires, et une partie de la table se lança dans la discussion.

« Que vous devez souffrir, madame, dit Julien, en s'adressant à Louise, d'être obligée d'entendre de tels propos!

— J'en ai pris mon parti, monsieur, dit-elle.

— Pas gaiement, du moins, dit le comte; quoi que vous fassiez, les secrètes mélancolies qui sont en vous apparaissent à la surface et viennent voiler votre beau regard. Je vous comprends, madame, et je sens avec quelle peine vous subissez les gens qui vous entourent.

— Je vis le plus souvent seule auprès de mon mari.

— Sans doute, poursuivit Julien, M. Creton est un honnête homme; il est incapable de chercher à vous peiner, et, cependant, à chaque minute de la journée, il vous froisse.... Quand on a souffert comme moi, madame.

— Vous avez autant souffert, vraiment? dit Louise d'un ton légèrement ironique.

— Riez, madame!

— Monsieur, je ne me moque pas, croyez-le; mais, à votre âge, il me semble difficile de croire à de pareils tourments. Vous êtes libre, s'écria-t-elle d'un ton mélancolique.

— Les femmes sont singulières, dit Julien; tout à l'heure, madame, vous résistiez à avouer la mélancolie peinte sur vos traits, maintenant, vous parlez de liberté avec l'accent d'un prisonnier.

— Et il est prouvé, demanda Louise en rompant ce dialogue et en s'adressant à Mlle d'Autremencourt, que Saint-Just a commis ce crime uniquement pour son plaisir?

— Voilà bien ma femme, dit M. Creton, il lui faut une heure pour réfléchir à la conversation; on ne parle plus de Saint-Just, maintenant, c'est fini. Monsieur le comte, ne faites pas attention si ma femme ne vous répond pas immédiatement, elle est très-réfléchie. »

Louise baissa la tête sous les sarcasmes de son mari, tandis qu'un sourire imperceptible se dessinait sur les lèvres de Julien. Il laissa la conversation reprendre son cours sans profiter de la situation que M. Creton faisait à sa femme.

Louise, en ce moment, affectait de causer avec son voisin, M. Janotet, qui lui détaillait la maladie de sa femme. M. Janotet, juge suppléant au tribunal de Molinchart, ne siégeait jamais, et se contentait du titre. On craignait son intelligence, car il lui était arrivé de confondre les témoins avec l'accusé. C'était un homme aux yeux pâles, au teint blanc, ayant quelque ressemblance avec de la porcelaine transparente. Il souriait fréquemment, s'intéressait aux détails les plus simples de la vie, et passait son temps à s'inquiéter des nouvelles de la santé.

Mademoiselle Ursule. (Page 20, col. 2.)

Avec un « Comment vous portez-vous? », il tirait des motifs de conversation pour toute la soirée. M. Janotet délayait sa conversation dans une eau fade, et, pour mieux se faire entendre de ses interlocuteurs, car il avait une voix blanche et insaisissable, il se penchait à leur oreille comme s'il avait à leur confier des secrets. Louise subit dans tous ses détails l'indisposition de Mme Janotet, qui n'avait pu venir au repas.

« Elle a attrapé un coup d'air, disait son mari, en se promenant avant-hier soir sur les remparts. Nous avons appelé immédiatement le médecin, qui lui conseille de prendre des ménagements. La malade ingurgite beaucoup de guimauve très-peu sucrée, parce que le sucre est échauffant, ce qui ne convient pas au tempérament de Mme Janotet; mais, avec de la patience et du repos, ma femme ne peut tarder à se guérir.

— Mme Janotet me paraît souvent indisposée, dit Louise.

— Trop souvent, madame; elle est si délicate qu'un rien la met hors d'elle-même : une porte ouverte, une fenêtre sans tampons, un peu d'humidité, trop de chaleur.... elle craint surtout les chaleurs....

— Monsieur votre fils grandit tous les jours, dit Louise, en regardant le petit Janotet, qui rougit considérablement en baissant les yeux, aussitôt qu'il entendit qu'on s'occupait de lui. »

Le petit Janotet, décalque affaibli du juge suppléant, semblait un souffle, tant il était pâle, malingre et timide à l'âge de quinze ans. L'enfant ne quittait jamais son père et suçait les principes de son imbécillité.

Quoiqu'il prît de l'âge, tous ceux qui le connaissaient l'appelaient encore *Toto*, et il semblait pris d'effroi quand il s'entendait appeler par son véritable nom. On le voyait partout suivre son père, le tenir par le pan de l'habit; le juge suppléant entrait-il dans un salon, immédiatement apparaissait sur ses talons Toto, qui serait mort de frayeur s'il avait été séparé de son père par une porte.

« Est-ce que je te fais peur, mon enfant? dit Louise.

— Il est doux, mais timide, dit M. Janotet en regardant son fils avec complaisance. »

Pendant ces conversations, Julien donnait signe d'une vive impatience; Louise l'entendait frapper le parquet de petits coups saccadés. Elle eut pitié de son hôte et se tourna vers lui.

« Ne suis-je pas, dit-elle, forcée de faire les honneurs de chez moi?

— Je vous plaignais, madame, de dépenser votre jolie voix pour de tels êtres.

— Le monde n'a-t-il pas ses exigences? dit Louise. Remarquez, monsieur, que vous laisserez chez nos invités une impression fâcheuse; vous ne leur avez pas encore adressé la parole, et ils en seront d'autant plus blessés, que votre titre leur fera croire à de la fierté de votre part.

— Ma fortune et mon titre, ne m'ont jamais tourné la tête; mais je parle peu d'ordinaire, et ne m'entretiens qu'avec les personnes qui me sont sympathiques.

— Nos invités ne vous connaissent pas intimement, monsieur; vous dites que vous parlez peu, mais on vous a vu, presque tout le dîner, causer avec moi.

— Auprès de vous, madame, je ne me sens plus en province, et je crois retrouver les femmes distinguées que j'ai rencontrées quelquefois dans les salons parisiens.

— Essayez, monsieur, de vous souvenir que nous sommes en province. »

A partir de ce moment, Julien changea de façon d'agir : il sourit au dernier calembour de l'avocat Grégoire, qui en profita pour lui dire qu'il avait beaucoup connu son père, et qu'il lui avait fait gagner jadis un procès important. La vieille demoiselle d'Autremencourt se laissa prendre à un sourire affectueux du comte de Vorges, et entama l'éloge de la noblesse. La discussion sur les variations de l'atmosphère continuait entre M. Creton du Coche et ses voisins; Julien en profita pour inviter l'avoué à venir faire des comparaisons entre le climat de la vallée et celui de la montagne, et à s'installer quelques jours au château de Vorges, où il trouverait tout ce qui lui serait nécessaire pour ses observations scientifiques.

« Un de mes parents, dit Julien, est président de l'académie de Reims. Je crois, monsieur du Coche, qu'il serait très-intéressant de communiquer vos travaux à cette société savante et de vous en faire recevoir membre.

— Comment donc, monsieur le comte? s'écria l'avoué, qui voyait avec joie les honneurs scientifiques fondre sur lui.

— Cette académie, dit Julien, s'occupe médiocrement d'art et de belles-lettres; cependant on y compose quelquefois des morceaux de poésie fort remarquables pour une ville industrielle, mais les efforts de la société académique se tournent plutôt vers les questions d'utilité pratique, et je suis certain qu'on accueillerait votre demande avec intérêt. »

Jusqu'à la fin du repas, Julien s'occupa tour à tour des différents convives, et se mêla à la conversation, trouvant des paroles flatteuses pour chacun.

« Merci, monsieur, dit Louise en acceptant le bras du comte, qui la conduisait de la salle à manger au salon. Vous avez gagné le cœur de tout le monde.

— Vrai, de tout le monde? dit le jeune homme. Ah! je suis heureux!

— Il ne vous reste plus, dit la femme de l'avoué, qu'à mettre de côté un reste de raillerie parisienne, que personne ici ne devine, mais que je comprends parfaitement. Il est trop facile d'accabler de sarcasmes de pauvres provinciaux qui ne sont jamais sortis de leur petite ville.

— Vous voulez me rendre parfait, dit Julien; si je pouvais vous voir quelquefois, madame, je crois que vous finiriez par me faire adorer tous vos invités.

— Adorer, dit Louise, c'est beaucoup; supportez-les, sans vous inquiéter de leurs faibles.

— Et vous me permettrez de venir plus souvent vous rendre visite?

— Je ne l'ai pas entendu de la sorte, monsieur. Quel intérêt trouveriez-vous à la maison?

— Quel intérêt! madame; vous voir, vous parler, vous écouter, n'est-ce pas là le plus grand bonheur.... Je suis sûr que ma mère ne me reconnaîtra pas; je me sens déjà changé; il est impossible que ma figure n'en témoigne pas quelque chose.

— Assez, monsieur, dit Louise avec un ton d'amical commandement; on va nous faire de la musique. »

En ce moment, une note perçante venait de se faire entendre dans l'appartement. M. Janotet avait tiré de sa poche une petite flûte, et soufflait dedans pour l'échauffer.

« Monsieur le comte, dit l'avoué, ces messieurs nous ont préparé une surprise après le café : M. Janotet va jouer le *Duel*, un fort beau duo, avec M. Pector, le meilleur basson du département. »

Julien se leva, regarda la musique sur un des pupitres, et fut étonné de voir sur le frontispice : *Duo pour deux violons.*

« Nous le jouons pour basson et petite flûte, dit M. Janotet, et même divers artistes de la capitale, qui nous ont entendus l'exécuter, trouvent que le morceau y gagne à cause de la différence des timbres.

— Oui, dit Julien, deux violons seraient trop uniformes.

— Précisément. Voyons, Toto, dit M. Janotet à son fils, tu ne peux cependant pas rester dans mes jambes pendant que je jouerai.... Tiens le cahier; tu seras tout près de moi. »

L'enfant prit la musique, quoiqu'il tremblât à chaque son du basson qui s'échappait de l'instrument de M. Pector.

« Vous allez voir, dit à Julien M. Creton du Coche, une petite comédie des plus intéressantes. »

M. Creton se frottait les mains et faisait asseoir ses invités en cercle autour des deux amateurs.

« Vous ferez le combat, surtout, disait-il à M. Pector, qui ayant ajusté les diverses pièces de son instrument, dirigeait son basson en avant comme une coulevrine.

— Je ne demande pas mieux, dit M. Pector, si M. Janotet y consent. »

L'avoué courut au devant de M. Janotet, qui donnait ses instructions à son fils.

« Toto, fais bien attention à retourner la page, tu me ferais manquer mes variations.

— Janotet, un beau combat, s'écria l'avoué.

— C'est bien connu, dit le juge suppléant, qui aimait à se faire prier.

— Monsieur le comte de Vorges ne se doute pas de ce qui va se passer, dit M. Creton; je suis certain qu'il sera enchanté de ce divertissement.... Mesdames et messieurs, je vous demanderai un peu de silence pour entendre le duel que vont engager devant vos yeux deux terribles adversaires. »

Il se fit alors un grand calme dans le salon. Les instrumentistes, placés en face l'un de l'autre, se regardaient fixement. A un signe de tête du juge suppléant, M. Pector fit avec son basson un salut croisé que la petite flûte lui rendit comme s'il s'était agi de battre la mesure. M. Janotet se fendit, tenant droit son sifflet: on eût dit qu'il voulait percer son adversaire, qui, le basson en arrêt, jouissait de suprêmes avantages, à cause de la longueur de l'instrument.

« Que prétendent faire ces deux messieurs? demanda Julien à Louise.

— Imiter un combat à l'épée.

— Il faut, madame, que je vous aie juré d'être sérieux....

— Vous n'êtes encore qu'au début; patience, » dit Louise.

En ce moment, les deux instrumentistes parcouraient le cercle en sens inverse et faisaient mine de se poursuivre; Toto tenait son père par le pan de l'habit et semblait terrifié du long basson qui marchait derrière lui.

« Très-bien! s'écria M. Creton du Coche, c'est parfait; ne jurerait-on pas un véritable duel, monsieur le comte?

— Sans doute, monsieur Creton, mais les armes ne sont pas égales.

— Qu'importe! on se figure un combat et on oublie qu'on est en présence de musiciens. Tenez, mademoiselle d'Autremencourt se cache les yeux, tant elle a horreur des duels.... Pschtt! voilà le basson qui commence.... »

M. Pector venait de lancer les premières notes du *Duel*, qui est un morceau imitatif du temps du Directoire. Au début, on entendait une sorte de querelle entre deux individus. Le basson, avec sa voix grave, semblait une sorte de personnage grave qui a été insulté dans un endroit public par un être d'un caractère léger et pointu, représenté par la petite flûte. L'exécution de la dispute marcha avec quelque ensemble; mais quand les propos s'envenimèrent, et que la colère dut être représentée par des roulades aigües sans fin, la petite flûte se troubla et laissa le basson continuer seul ses arpéges mélancoliques.

« Pardon, monsieur Pector, s'écria M. Janotet, arrêtez-vous, vous ne m'attendez pas.... »

M. Pector continuait gravement sa partie, s'inquiétant peu si ses arpéges interminables pouvaient offrir quelque intérêt à la société. M. Janotet sauta si brusquement sur l'instrument, que M. Pector fit une grimace terrible.

« Vous avez failli me faire avaler l'anche, monsieur Janotet, dit-il d'un ton courroucé; on ne se précipite pas avec tant de vivacité sur un instrument que vous savez fragile.

— Monsieur Pector, j'avoue que j'ai été un peu vif; mais je vous prierai de commencer l'*allegro*.

— C'est impossible, monsieur Janotet; mon anche est brisée, et je n'en ai pas de rechange dans ma boîte.... »

Comme la discusion se prolongeait, et que la passion qui avait inspiré le compositeur du *Duel* semblait être passée dans le sang des deux musiciens, le comte profita de ce trouble pour prier Louise de le recevoir.

« Vous voulez, monsieur, quitter votre retraite et fréquenter ces provinciaux, dont vous pensez tant de mal?

— Si vous y êtes, madame, il n'y a plus de province. Que m'importe ce qui se dira autour de moi, je n'entendrai que votre voix; tout disparaît, je ne vois que vous, vous seule.

— Je vais prier M. Creton de devenir un peu jaloux, dit Louise. Savez-vous que, s'il vous entendait, il pourrait perdre un peu de sa superbe tranquillité?... Monsieur, vous pouvez me rendre un grand service. Mlle d'Autremencourt cherche un quatrième pour faire une partie de boston.

— Et vous m'enverriez gaiement, madame, sous le feu d'un aussi terrible ennemi.

— Vous aurez une amie dévouée dans Mlle d'Autremencourt; sachez qu'elle est mauvaise langue.

— Heureusement pour moi, madame, je ne connais pas le boston.

— Alors, monsieur, vous me permettrez de vous quitter ; une maîtresse de maison doit se dévouer.

— Est-ce que je ne pourrai pas jouer en face de vous, madame? dit Julien.

— Ah! dit Louise en souriant, vous savez le boston.

— Oh! très-peu, madame; je ne joue jamais. Réellement, je mettrai mon partenaire en fureur, et j'arriverai à un résultat tout contraire à celui que vous prétendiez, madame, en faisant la partie de Mlle d'Autremencourt.

— Vous êtes sauvé, monsieur, dit Louise! M. Pector fait un quatrième!

— Nous sommes sauvés, dit Julien.

— Je n'accepte pas cette association,» dit Louise.

L'avoué qui rôdait dans son salon, vint vers le comte.

« Ne vous êtes-vous pas ennuyé, monsieur Julien?

— Oh! monsieur du Coche!

— Je craignais que ma femme ne pût soutenir la conversation. As-tu offert du vespétro à M. le comte?

— Je vous remercie, dit Julien.

— C'est un vespétro merveilleux, il a un arome particulier. Marie, apportez-nous le vespétro, vous savez, en haut de l'armoire.

— Vraiment, monsieur du Coche, vous me comblez ; mais je ne bois jamais de liqueurs.

— Il est d'une douceur!... Janotet! un petit verre de vespétro.

— Je veux bien, dit la petite flûte.

— Toto boira bien aussi un peu de vespétro ; vous allez le sentir, monsieur le comte, le parfum vous décidera; je l'ai acheté à la vente d'un vieux curé qui s'y connaissait.... Personne, dans Molinchart, ne vous ferait boire de pareille liqueur, excepté M. le sous-préfet, à qui j'ai fait hommage de trois bouteilles.

— Monsieur du Coche, dit Julien, je vous demanderai la permission de me retirer; demain, avant mon départ, je viendrai prendre congé de madame et de vous, et j'espère que nos bonnes relations n'en resteront pas là.

— Certainement, monsieur le comte, dit l'avoué. »

Le jeune homme donna la main au mari et à la femme, et sortit, laissant Louise sous le coup d'idées nouvelles Elle resta jusqu'à la fin de la soirée au coin du feu, regardant fixement la plaque de la cheminée, la flamme, l'humidité qui sortait à bouillons des bûches, les mille étincelles qui couraient et sautillaient dans la cheminée. Quand on pense, le feu est un monde.

« Eh bien! » dit l'avoué en surprenant sa femme dans cet état.

Louise tressaillit comme si elle revenait à la vie.

« Tout le monde s'en va, dit M. Creton du Coche, et nos invités veulent te faire leurs compliments. »

V

La vieille fille.

Ursule Creton demeure à l'angle de la rue Basse, dans une maison à deux étages, qui donne sur la petite place. Il n'est pas d'enfant dans Molinchart qui ne se soit arrêté, en sortant de l'école, devant la fenêtre toujours ouverte du rez-de-chaussée, où s'aperçoit le plus singulier musée que puisse concevoir l'imagination d'une dévote. Là, sont entassés des cadres remplis d'ossements de saints, cachés dans les profondeurs de petits papiers dorés et roulés : un fragment de sainte Perpétue repose à côté d'un morceau du métacarpe de saint Victorien ; sainte Véronique a laissé une parcelle de tibia à côté d'une miette du métatarse de saint Fructueux. Dans des cadres de bois noir se voient de lugubres arbres symboliques sur les feuilles desquels le graveur a inscrit le nom des péchés mortels. Deux Enfants Jésus de cire, ornés de perruques en coton, trônent de chaque côté de la cheminée sous des globes de verre.

On distingue peu d'objets profanes au milieu de ce singulier musée; cependant, il faut citer le tableau des assignats sous la Révolution, qui représente de nombreux assignats accumulés au centre desquels se voit un gueux, qui, appuyé sur son bâton, s'arrachant les cheveux de désespoir, semble prendre le parti de fuir ce maudit pays des assignats; mais le monument le plus important du musée de la vieille fille, est la Passion en bouteille, qui veut une explication.

Notre-Dame de Liesse est un bourg important près de Molinchart, qui attire une foule considérable de pèlerins, par la croyance aux miracles d'une Vierge noire, dont la vie a tenté plus d'une plume pieuse. Toute la semaine, les chemins des alentours sont remplis de paysans qui viennent à pied de dix lieues à la ronde, afin d'intercéder auprès de Notre-Dame de Liesse pour que cesse le règne des foulures, des bras cassés et des entorses.

La vue de la sacristie de l'église est d'un aspect consolant : on n'y voit pour ornement que des béquilles de diverses grandeurs suspendues aux murs; suivant le sacristain, ce sont les béquilles des boiteux, des paralytiques qui, après quelques prières, s'en sont retournés avec des jambes de quinze ans. Une armoire vitrée fait face aux béquilles : c'est le trésor de l'église, renfermant les nombreux dons laissés par les croyants. Montres d'argent, bagues d'or, forment le fonds du trésor, qui a quelque analogie avec la devanture d'un orfévre.

Le commerce de Liesse, en se pliant au goût des pèlerins, devint une source de fortune pour les habitants. Tout y est pieux : là se fabriquent mille objets à bon marché, qui prennent une valeur d'être *touchés* par la Vierge noire. Un paysan ne manque jamais de s'en retourner avec un bouquet de fleurs artificielles à son chapeau, entremêlées de clinquant, qui flattent les goûts des campagnards pour les choses voyantes.

Les pèlerins emportent encore dans leur famille la bouteille de la Passion, qui à elle seule constitue un drame, destiné à occuper les soirées d'hiver. Les clous, l'éponge, la croix, l'échelle, le vase à vinaigre, Jésus-Christ, le marteau, les tenailles, la scie, la Vierge noire, de petites médailles de cuivre, plongent dans l'eau enfermée dans une bouteille. La moindre agitation fait remuer tous ces objets, qui constituent, pour le paysan, un drame religieux, aussi puissant que les mystères du moyen âge. Ces divers objets, exécutés en verre colorié, sont suspendus dans la bouteille par de petits globules de verre creux. La bouteille a été fermée par l'industrie du verrier. Cette danse religieuse, enfermée dans l'eau d'une bouteille transparente, continue à entretenir dans l'esprit des paysans naïfs l'idée de miracles.

On ne sait pas de quelle époque date l'invention de cette Passion, qui doit remonter à des temps reculés, si on s'en rapporte à la façon grossière dont sont soufflés les personnages.

La Notre-Dame de Liesse, à la figure noire, est lugubre ; le marteau qui servit à enfoncer les clous au Calvaire est quelquefois aussi grand que Jésus-Christ ; les clous sont plus gros que le marteau. La coloration est employée avec une brutalité sauvage ; mais le paysan retrouvant dans ces objets une image de la Passion, n'en détaille pas les défauts ; il s'étonne toute sa vie de la bouteille fermée comme par miracle, et commence l'éducation religieuse de ses enfants en leur montrant sur sa cheminée l'objet qui a été touché par Notre-Dame de Liesse.

Ursule Creton tenait à la fameuse bouteille de Liesse plus qu'à la vie ; peut-être eût-elle sacrifié tout son musée à la Passion en bouteille. Les petites villes sont devenues sceptiques et ne croient plus à ces objets dont la forme est vulgaire ; mais la vieille fille avait conservé, à cinquante-six ans, le goût des choses pieuses de sa jeunesse. Tous les matins elle époussetait son musée avec un soin particulier et levait délicatement les globes qui recouvraient les Enfants Jésus de cire, afin de s'assurer que la poussière ne s'était pas introduite dans les boucles de coton blanc qui font ressortir la cire rose de leur figure.

La vie de Mlle Creton était ainsi remplie : elle allait entendre la messe basse, se confessait deux fois la semaine, et après la messe entrait à la sacristie, sous le prétexte de voir si la bannière de la Vierge n'avait pas besoin d'entretien ; c'étaient matière à causeries avec le suisse, le bedeau, provisions de nouvelles pour les soirées qu'elle passait chez les dévotes. Le curé montrait une patience angélique à écouter la vieille fille qui, en qualité de porteuse de la bannière, s'inquiétait des moindres actions des jeunes enfants faisant partie de cette congrégation. Elle fatiguait également les sœurs de la Providence qui tenaient une école gratuite de jeunes filles, et se montrait jalouse de l'autorité qu'elle avait conquise sur elles pendant les processions.

C'étaient de nouveaux cantiques qu'elle apportait chez les sœurs et qu'elle entonnait avec un accent de tabatière neuve. Les polissons de la rue qui la surprenaient chantonnant pendant qu'elle époussetait son musée, lui répondaient par des accents nasillards, et prenaient la fuite en la voyant armée d'un pot d'eau.

Ursule Creton, longue et maigre, portait habituellement à la ville un chapeau vert-clair doublé de jaune ; sous cette coiffure de perroquet elle redressait la tête. Peut-être quelques idées de coquetterie sommeillaient-elles encore en elle. Ainsi que beaucoup de femmes laides et vieilles, elle ne pardonna jamais à Louise sa beauté.

A partir du mariage, elle évita de rendre visite à son frère, et affecta de parler à sa belle-sœur à la troisième personne, afin de ne pas l'appeler ma sœur. Les relations entre la vieille fille et Louise laissaient à la jeune femme un tel sentiment de crainte, qu'elle restait quelquefois cinq minutes devant la porte avant de sonner, retardant une entrevue désagréable ainsi que tous les esprits timides.

« Mme Creton a donné hier un très-beau dîner, prétend-on dans la ville. Je suis étonnée vraiment de n'y pas avoir été invitée, » dit la vieille fille à sa belle-sœur, à la première visite qu'elle lui rendit.

Louise se troubla, quoique son mari eût fait lui-même les invitations. Il avait négligé d'en instruire sa sœur, sachant qu'elle ne viendrait pas : la jeune femme exposa le fait sincèrement.

« N'importe, Mme Creton devrait connaître la politesse. J'excuse mon frère, sachant que dans ces occasions la maîtresse de la maison fait tout ; mais Mme Creton aurait pu m'en faire part.... Peut-être voudrait-on me séparer de mon frère.

— Oh ! madame, s'écria Louise.

— Depuis le mariage de Mme Creton, mon frère a changé visiblement de manières avec moi : plus de ces petits soins auxquels j'étais habituée jadis ! Mme Creton a de l'empire sur son mari, toute la ville le sait. On a invité à dîner ce comte de Vorges, sans doute parce qu'il fait meilleure mine à table qu'une pauvre dévote ?

— Mademoiselle, dit Louise, M. Creton a tellement insisté pour admettre M. de Vorges à sa table, que je n'ai pu poliment ne pas souscrire à ses désirs. Vous pouvez le lui demander.

— Les maris seront toujours les mêmes. Mme Creton est assez fine pour faire croire à mon frère qu'il veut depuis un siècle des choses qui ne lui entraient pas dans la pensée une minute auparavant. »

Alors la vieille fille s'emporta contre le luxe moderne, contre les gens qui tiennent table ouverte, cita un sermon sur la pauvreté, et finit par montrer M. Creton du Coche sur un fumier, comme le Lazare.

Cette conversation avait quelque chose de poignant pour Louise, qui, assise sur une chaise basse, recouverte d'un mauvais coussin dont la taie était évidemment sortie d'un jupon de la vieille fille, semblait une accusée écoutant un réquisitoire de procureur général. En présence de la vieille fille, Louise se sentait accablée par une multitude d'émotions. Les meubles secs et froids étaient contre elle ; une certaine odeur de renfermé, qu'on respirait en entrant, lui portait à la tête ; les pieuses reliques faisaient mal à regarder. De temps en temps on entendait sortir sous le fauteuil de la vieille fille une toux rauque et asthmatique s'échappant du gosier d'un vieux chien gras qui avait à peine la force de se lever de la boîte où il se tenait.

Les vitres d'une grande croisée qui donne sur la rue avaient dû être fabriqués peu après les carreaux en culs de bouteille qui se voient encore dans d'anciennes maisons de province ; ils ne laissaient passer qu'un jour vert, triste et froid, même en été. Un seul portrait attirait les yeux, le pastel de la mère de M. Creton ; image exacte de la vieille fille, avec un menton pointu et de grandes lunettes d'acier qui semblaient fouiller au fond des consciences.

Le portrait était un thème favori de conversation d'Ursule, se prévalant surtout d'une aiguille menaçante qui sortait des cheveux gris de sa mère ; une pelote de coton, qu'elle tenait à la main, montrait qu'elle avait suspendu momentanément son ouvrage pour regarder le peintre qui faisait son portrait.

« Ce n'est pas Mme Creton, disait la vieille fille, qui tricoterait les bas de laine que je garde encore par respect pour ma pauvre mère, qui s'est usé les yeux après. »

A entendre Ursule Creton, le tricot était le soutien des ménages, un échelon de fortune, une garantie de tranquillité pour les maris.

« Si ta femme avait voulu, disait-elle à son frère, je lui aurais appris le tricot ; elle aime mieux rester oisive de ses dix doigts et regarder par la fenêtre. »

L'avoué répondait que Louise faisait de la tapisserie.

« Où la voit-on, disait la vieille fille, cette fameuse tapisserie ? Si encore, à la procession de la Fête-Dieu, je voyais ta maison tendue d'une tapisserie faite par elle : mais jamais elle ne travaille pour l'église.... C'est bientôt dit, un meuble de salon ; en seras-tu plus avancé d'avoir un meuble de salon en tapisserie ? Ah ! le monde devient bien égoïste ! » s'écriait Ursule Creton en pensant que Louise ne s'occupait pas du culte.

Une autre fois, elle ne l'avait pas rencontrée le dimanche à la messe, et elle exécutait d'aigres variations sur l'irréligion moderne.

Toute sa vie, M. Creton subit l'ascendant de sa sœur, qui, plus âgée que lui, conservait les traditions sévères qu'elle tenait de sa mère. L'avoué avait un de ces caractères faibles qui, trouvant un certain bien-être à se courber sous l'autorité, se dispensent de penser et d'agir. La volonté s'était envolée d'un esprit timide pour n'y rentrer jamais. La vieille fille, qui épiait le moment du départ de la volonté de son frère, s'en était emparée. Il arriva que M. Creton n'eut rien à souhaiter dans la vie, tant qu'il vécut avec sa sœur.

Dans la ville, on citait l'union des deux célibataires comme un modèle de bonheur, quoiqu'il y eût au fond de la pensée de chacun l'idée pénible qu'entraîne le spectacle de l'association d'un vieux garçon et d'une vieille fille.

Ursule Creton s'occupait de la maison, réglait les dépenses, tenait les clefs de toutes les armoires ; l'avoué ne pouvait mettre un habit sans sa permission. Mlle Creton avait ainsi épongé ses envies de mariage en regardant son frère comme un époux : sans doute, de vingt-cinq à trente-cinq ans, elle eut de beaux rêves, mais des réveils amers, en ne trouvant pas à ses côtés l'idéal de ses songes, un Creton plus jeune, tenant un langage passionné et se laissant mener ; car le principe d'autorité était scellé dans l'esprit de la vieille fille, et rien n'aurait pu l'en détacher.

Le frère, qui menait alors la vie de jeune homme, ne soupçonna pas les rêves qui agitaient Ursule Creton pendant la nuit. Il entendit sa sœur médire constamment du mariage et crut à la réalité de ses médisances.

Il est facile, en suivant l'ordre de conversation d'une personne, surtout en étudiant ses comparaisons, de connaître ce qui occupe son esprit. Un hypocrite qui n'a dans la bouche que la morale, et se sert, pour rendre son idée, d'images prises dans des sujets de débauches est certainement un débauché ; il n'est pas besoin de le suivre, ses paroles vous disent ses actions cachées.

Mlle Creton manquait rarement, au déjeuner, de régaler son frère d'histoires matrimoniales ; elle savait le jour où un jeune homme avait été présenté chez les parents; elle n'oubliait pas les réponses de la jeune fille, connaissait la première le futur, sa fortune, son état, son âge; à l'église, les jours de mariage, elle jouissait d'une place réservée dans les bas côtés, d'où elle pouvait étudier les rougeurs de la mariée, ses vagues tristesses, les sourires du jeune homme, l'émotion des époux quand ils se donnaient la main.

Un observateur qui eût entendu une telle conversation se serait dit : « Voilà une vieille fille qui crève d'envie de se marier; » mais M. Creton retrouvait chez sa sœur les motifs de conversation qui alimentent les petites villes, et il ne vit dans la figure de sa sœur qui se tirait, dans son teint de plus en plus couperosé, dans ses amères paroles, qu'une modification apportée par l'âge. S'il avait eu une nature plus sympathique, peut-être Mlle Creton, dans un élan de son cœur, lui eût-elle crié : « Trouve-moi un mari ! » mais la vieille fille savait que sous sa flanelle l'avoué portait, en outre, un gilet et un caleçon en égoïste.

Il y a chez les égoïstes des signes certains qui font qu'ils n'ont pas besoin d'attouchements franc-maçonniques pour se reconnaître : c'est une froideur dans l'œil qui terrifie ceux qui croient encore à quelque chose dans la vie. On peut dire des yeux d'un égoïste qu'ils sont morts, aussi effrayants que les yeux de verre étalés à la porte d'un oculiste. D'où l'intérêt qui s'attache à certaines figures dévorées par la passion; et c'est ce qui fait qu'un aveugle aux paupières fermées a plus de *regard* qu'un être égoïste.

La vieille fille rentra en dedans ses désirs de mariage, les fit taire, et finit par croire elle-même à ses médisances antimatrimoniales, comme un avocat croit, en plaidant, à l'innocence d'un assassin. L'avarice prit le dessus dans le panier qui contenait les chétives passions de Mlle Creton. Elle vécut en faisant des additions de tête. Comme elle dépensait à peine huit cents francs par an pour elle, ses rentes grossissaient d'année en année; elle en arriva à peser la part de son frère et à la joindre à la sienne, ce qui formait un avoir de près de deux cent mille francs.

Peu à peu, l'idée suivante, qui s'était montrée d'abord comme une flammèche, gagna son esprit avec la violence d'un incendie, et se traduisit de la sorte : « Si mon frère mourait le premier ! »

Ces sortes d'idées, qui paraissent monstrueuses et antinaturelles, sont communes dans la vie bourgeoise. Au premier abord chacun les repousse avec indignation, les croyant envoyées par l'enfer; mais le démon revient si souvent en employant d'astucieux raisonnements, qu'on oublie ses cornes.

Quand Ursule Creton tricotant semblait appliquer toute son intelligence à une maille, personne ne l'eût soupçonnée d'écouter une voix intérieure qui lui criait : « Si ton frère mourait le premier ! »

Quand, mêlant le miel à sa voix de vinaigre, en époussetant l'appartement, elle disait à l'enfant de cire : « Mon petit Jésus ! » il ne serait venu à l'idée du pire misanthrope qu'elle continuait ainsi la phrase : « Si mon frère mourait le premier ! »

Les cloches lui semblaient sonner perpétuellement l'enterrement de son frère.

C'était une obsession, une manie, une idée fixe; la vieille fille se surprenait quelquefois à regarder les grosses oreilles rouges de M. Creton, qui malheureusement pronostiquaient une heureuse constitution. Sous le : « Bonjour, Creton, comment vas-tu ? » qu'elle lui adressait chaque matin, étaient cachés des désirs d'apprendre qu'il avait passé une mauvaise nuit ou attrapé un courant d'air; mais l'avoué était fort et robuste, sans maladies, sans passions, sans goutte ni rhumatisme. Il apportait la plus grande indifférence aux maladies de ses amis, n'ayant jamais passé par le moindre état de souffrance.

Mlle Creton, à force de réfléchir, pensa à une donation au dernier vivant. Rien n'était plus simple, rien n'était plus difficile. L'avoué parlait rarement succession; il n'aimait pas son art, bien loin de ces gens qui ne trouvent de conversation que dans les choses de leur profession. Comment faire pour aborder la question ? Le hasard pouvait seul amener ce sujet.

Le hasard fit que M. Creton épousa une jeune fille sans fortune, belle à rendre jalouses toutes les femmes de Molinchart. En un clin d'œil, les projets de la vieille fille tombèrent à l'eau, et la nouvelle épousée ne put se douter de la haine que recèle le cœur d'une bigote.

VI

Conversation entre amis.

Le comte de Vorges retournait au château de sa mère avec son cousin Henry de Jonquières, tous deux à cheval. Il faisait une belle journée de commencement d'automne.

« Iras-tu aux bals de Molinchart, cet hiver ? dit Julien à son ami.

— Au bal à Molinchart! je préfère rester aux Étouvelles; peut-être, d'ailleurs, passerai-je trois mois à Paris.

— J'aurais préféré t'avoir à côté de moi.

— Si tu le désires, dit Jonquières, je resterai ;

mais les journées d'hiver sont longues à la campagne, et les soirées encore plus longues que les journées ; que ferons-nous ? »

Julien resta quelques instants sans répondre.

« J'aime, dit-il tout à coup..... Ne ris pas, Henry, car j'ai besoin d'être encouragé. J'aime une femme que j'ai vue pour la première fois il y a un an, que j'ai revue ce matin et qui ne s'en doute pas.

— L'aimes-tu bien réellement ?

— De toutes mes forces ; aussitôt que je l'ai vue, j'ai oublié cette fille qui m'a tant fait souffrir.

— Alors, sois bien certain qu'elle sait que tu l'aimes. Il y a des signes certains, le son de la voix, le regard ; jamais une femme ne se trompe là-dessus.

— Elle est mariée ! s'écria tristement Julien.

— Alors partons demain pour Paris.

— Pour Paris ? dit Julien.

— Oui, nous irons faire un voyage n'importe où. J'essayerai de te distraire ; mais ne pense pas à une femme mariée. Tu as bien souffert, n'est-ce pas, pour cette fille de théâtre ? Cependant tes chagrins passés ne sont rien en présence de ceux que tu te prépares. Ah ! mon ami, les femmes mariées qui vous aiment vous ouvrent les portes de l'enfer. J'ai passé par un semblable drame ; si je n'y ai pas laissé ma vie, c'est une faveur toute spéciale de la Providence. Tu me connais pour un homme qui ne craint pas le danger ; et pourtant, quand j'ai rencontré à ma porte un mari qui m'attendait avec un pistolet, j'ai faibli, me disant : « Cet homme est dans « son droit ; je lui ai pris son bien, il a le droit de « se venger. » Heureusement le mari, plus ému que moi, a tiré et ne m'a pas atteint ; il m'eût tué sur le coup qu'il n'y aurait pas de mal ; mais, mon ami, c'est la femme que j'adorais, qui a été surprise sortant de chez moi, qui n'a pu nier. Qu'est-elle devenue ? Son mari l'a emmenée ; depuis elle ne sort plus. Personne ne la voit, pas même ses gens. Pense quels terribles drames le mari a joués depuis deux ans entre quatre murs ! N'est-ce pas affreux ? Une coupable perpétuellement devant son juge ! Une femme faible, sans cesse en présence d'un homme qu'elle a trompé ! Et le mari n'était pas un méchant homme ! Tu ne sais pas, Julien, par quelles tourmentes j'ai passé. On s'illusionne à tel point, qu'on ne comprend plus ni les lois du monde ni les lois de la société. Tout ce que je faisais était pour moi chose naturelle ; j'aimais, j'étais aimé, je n'admettais pas qu'un mari pût me demander compte de son honneur ; j'arrivais à oublier que la femme que j'aimais était mariée ; elle aussi pensait de même tant qu'elle était avec moi ; jamais nous n'avons soupçonné que nos relations pussent cesser, tant il nous semblait juste de nous voir et de nous aimer. Il est étrange combien on ne pense plus qu'entre deux personnes, combien le reste de la société vous devient indifférent ; cet état de choses est si commun dans le monde qu'on ne fait qu'augmenter d'un le nombre des généralités ; les exceptions ne sont pas les maris trompés, mais les maris jaloux. On en rit partout, dans les livres, au théâtre ; on les voit ridicules, jusqu'au jour où le mari apparaît, déchire les voiles de votre beau rêve, et vous laisse d'autant plus désenchanté, que l'illusion avait été douce et longue.

— Je ne crains pas les suites, dit Julien, et je saurais qu'en revenant d'un rendez-vous je trouverais, comme toi, un mari avec un pistolet, que sans hésiter j'irais.

— Je n'en doute pas, reprit Jonquières ; que résulte-t-il, après tout, d'un coup de pistolet ? la mort. Une mort douce quand elle est prompte. Mais, Julien, tu parles en égoïste : si tu ne t'inquiètes pas de ta vie, d'autres y tiennent. Ta mère vit de ton existence ; elle serait frappée du même coup que toi ; qui sait si la nature lui a donné assez de force pour résister à ce coup ? Veux-tu qu'elle traîne dans les larmes une existence malheureuse ? Et ta sœur, qui n'a que toi pour guide, à qui on ne pourrait cacher la vérité, tu n'y as donc pas pensé ? »

Julien resta quelque temps sans répondre, trouvant sans doute trop justes les conseils de son ami.

« Tu aimes, dit Jonquières, mais on ne t'aime pas encore ; oublie cette femme, laisse-la tranquille dans sa petite ville avec son mari.... Les femmes se laissent envelopper par cette vie bourgeoise qui éteint toute espèce de passion ; c'est un sacrifice facile à cette heure.... Crois-moi, renonce à ce caprice ; tu arraches avec la main un chêne en herbe ; plus tard il faudra une hache pour l'entamer. »

Julien ne répondait pas et semblait préoccupé.

« Tu es encore un croyant en amour, mon pauvre Julien, et c'est ce qui me fait peur. Si tu envisageais l'amour en sceptique, je te laisserais trahir, tromper, jeter de côté les malheureuses que tu rencontrerais ; mais, avec ton caractère, tu aimes une femme, tu en fais ta vie, ton présent, ton avenir ; c'est ainsi que tu te prépares des déceptions mortelles, de cruels abattements.

— Ah ! si tu avais vu Louise !

— Je l'ai vue, dit Jonquières.

— Où ? s'écria Julien.

— Elle est comme toutes les femmes adorées. Je n'ai pas besoin de la voir ; elle est aimée et je me rends compte du portrait que tu en as dans les yeux. Où cela te mènera-t-il, mon pauvre cousin ?

— Je n'en sais rien.

— Si encore tu avais affaire à une Parisienne ! Combien de maris, las de leurs femmes, ont eux-mêmes une liaison, d'un autre côté. Tu te fais l'ami de la maison, personne ne s'en inquiète ;

L'enfant étendit les bras du côté de l'avoué. (Page 31, col. 1.)

vous pouvez vivre heureux l'un et l'autre jusqu'à ce que l'un des deux se fatigue; mais en province, à Molinchart, est-ce possible? Tout le monde se connait; il suffira qu'on te voie souvent dans la ville pour que chacun pèse les motifs qui t'y amènent. Vous occuperez plus de la moitié de l'année les langues du pays; la femme sera la victime, car l'homme n'est jamais coupable.

— J'aime Louise, mais je la respecte, et je ne lui demanderai jamais qu'une faveur; un beau rêve qui ne se réalisera pas.... Si tu la voyais, mon ami! elle a de grands yeux noirs encadrés dans des paupières d'or.... Mon rêve est de baiser ses paupières

— Ah! Julien, tu aimes.... Je resterai cet hiver avec toi.

— Mon bon Henry, dit Julien en lui pressant la main, jamais je ne pourrai reconnaître ton dévouement.

— Si.... à une condition, c'est que tu me feras la même morale le jour où je deviendrai amoureux.

— Et, dit Julien, tu ne m'écouteras pas davantage que je ne t'ai écouté. »

La conversation tomba sur ce mot; les jeunes gens sentaient leur jeunesse se réveiller à cette discussion d'amour, et les femmes passées défilaient dans leur cerveau au bruit du trot des deux chevaux. Un paysan déguenillé, courbé sur un bâton, ôta son bonnet de coton en voyant arriver les jeunes gens.

« Bien le bonjour, monsieur le comte, dit-il.

— Ah! te voilà, Gambier; et ta femme, comment va-t-elle?

— Monsieur le comte est bien honnête, la pauvre femme est dans son lit. Les marais la tuent.

— Pourquoi y restes-tu?

— Monsieur le comte, j'ai bâti ma cabane avec tant de peine! Et puis les marais ont du bon, nos légumes sont meilleurs.

— Tiens, dit Julien, en lui jetant une pièce de vingt francs.

— Tout ça pour moi? s'écria Gambier qui n'avait jamais vu d'or de sa vie.

— Certainement.

— Ah! monsieur le comte, je vous remercie bien pour ma pauvre femme; elle ne manquera pas de prier pour vous.

— Si j'avais ma fortune en or, dit le comte à son cousin, je crois que je serais heureux de la semer ainsi.... On est meilleur quand on aime.... Je donnais vingt sous à ce paysan chaque fois que je passais; aujourd'hui, il me semble que ce n'est pas assez de lui donner vingt francs.

— Les personnes, dit Jonquières, chargées de soulager les pauvres à domicile, et qui y apportent souvent de la mesquinerie, devraient être choisies parmi les amoureux.

— Comment les reconnaîtrait-on?

— Cela est facile, mais je choisirais les amoureux qui ne sont pas encore heureux. »

Les deux cousins arrivèrent en causant de la sorte à la maison de campagne de Mme de Vorges, qui remarqua la joie de son fils.

« Vous vous êtes bien amusés à la ville, messieurs? dit la comtesse, qui aimait entendre les gaietés de la jeunesse.

— Ne parle de rien à ma mère, » dit Julien à son cousin.

Alors le jeune homme conta dans le plus grand détail les aventures qui lui étaient arrivées en poursuivant un chevreuil, et la panique occasionnée dans la ville.

« Mais, dit la comtesse, vous avez causé bien des dégâts dans la maison de ce M. Creton que je connais un peu.

— Ah! vous le connaissez, ma mère! s'écria Julien; tant mieux, car j'ai invité l'avoué à venir passer quelques jours à la campagne, pour lui faire oublier, ainsi qu'à sa femme, le trouble que j'ai causé, en forçant, pour ainsi dire, le chevreuil à se réfugier chez eux; m'approuvez-vous, ma mère, d'avoir disposé de votre maison?

— Tu as bien fait, Julien.

— La femme est charmante, bien élevée, une nature distinguée égarée dans Molinchart; je suis certain qu'elle vous plaira.

— Et quand les as-tu engagés à venir?

— J'ai voulu m'entendre d'abord avec vous, ma mère, afin d'être sûr de ne pas vous déplaire.

— Quand tu voudras, Julien. »

Le comte ne se le fit pas dire deux fois et écrivit immédiatement à M. Creton une lettre par laquelle il le priait de venir dans la semaine même s'installer à Vorges avec sa femme. Un petit pavillon leur était réservé, dans lequel ils auraient toute liberté. L'avoué pourrait facilement transporter ses instruments d'astronomie, et se livrer dans la vallée à ses observations.

Le lendemain, Julien dit à son cousin :

« Je suis inquiet de ne pas avoir de réponse; j'aurais dû envoyer le jardinier porter la lettre plutôt que de la faire mettre à la poste.

— Mais, mon cher ami, il n'y a qu'un jour, dit Jonquières.

— Quand on aime.... dit le comte.

— Si je n'avais pas peur de te mécontenter....

— Eh bien?

— Je te dirais que je ne suis pas sûr que tu aimes si vivement.... »

Julien fit un signe d'impatience.

« Autant que tu le crois; tu as une blessure qui t'a fait souffrir, qui se cicatrise, mais qui te démange justement parce qu'elle guérit. J'ai remarqué le même fait chez tous ceux qui avaient souffert violemment d'un premier amour; ils espèrent hâter la guérison dans la tranquillité. La tranquillité ne revient jamais pleine et entière; alors mes gens se jettent à la tête de la première femme qui leur plaît, persuadés qu'ils vont oublier leurs souffrances en retrouvant des jouissances nouvelles.

— Ah! Henry, tu ne saurais me fâcher en raisonnant ainsi.... J'aime Louise; l'autre est bien morte, morte à jamais.... Il me restait quelques nœuds de rubans, trois ou quatre chiffons sans orthographe que je gardais précieusement et que je n'osais relire sans pleurer, je les ai brûlés cette nuit, car il ne faut pas de souvenirs impurs quand je penserai à Louise, cette femme si à plaindre.

— Est-elle réellement à plaindre? » demanda Jonquières.

Julien pâlit, prit la main de son cousin, et d'une voix émue :

« Henry, lui dit-il, nous avons toujours été liés d'une amitié sans nuages; après ma mère et ma sœur, tu es l'être que j'aime le plus. Ne me dis jamais de ces mots-là....

— Comme il te plaira, Julien. Je n'ai pas voulu te blesser.

— Laisse-moi seulement, mon ami, te dire ce qui me passe par la tête; rien ne saurait me guérir en ce moment. Écoute-moi; aie l'air de m'écouter. Quand je te parlerai d'elle, ne détourne pas la tête, ne te pince pas les lèvres; ni doutes ni sourires : voilà ce que je te demande. Est-ce trop?

— Ce n'est pas assez, dit Jonquières, tu le sais. »

Là-dessus les deux amis se donnèrent une poignée de main énergique, et parcoururent la campagne sans rien dire; mais ils conversaient par l'esprit, et se parlaient mystérieusement.

Au dîner, la comtesse de Vorges dit à son fils :

« Tu ne m'as pas donné de nouvelles de ta sœur; comment l'as-tu trouvée? »

Julien rougit.

« Je ne l'ai pas vue, ma mère.... je n'ai pas eu le temps.

— Ah! Julien, dit la comtesse en secouant la tête, tu passes deux jours à la ville, sans t'inquiéter de ta sœur : tu sais que tu m'aurais rendue heureuse....

— Chère tante, dit Jonquières qui vint au secours de son ami, vraiment Julien n'est pas si blâmable qu'il le paraît.... Moi-même d'ailleurs je partage sa faute et j'en réclame la moitié, comme je demande la moitié de votre pardon. Mais en poursuivant le chevreuil, nous avons occasionné une telle émeute dans le pays, qu'il fallait rassurer les gens; Julien a fait de son mieux en honorant de sa présence la table de M. Creton du Coche, pour lui faire oublier l'embarras que la chasse et la mort du chevreuil avaient causé dans sa maison; quant à moi, retiré à l'hôtel de la Tête-Noire, je comptais repartir immédiatement, lorsqu'on est venu m'annoncer la visite de l'épicier Jajeot qui réclamait une indemnité pour le dégât qu'a causé le chevreuil dans sa boutique.... Il m'a laissé une petite note détaillée des avaries apportées à son commerce; elle m'a paru assez gaie pour être conservée. »

Le jeune homme tira de son portefeuille une facture contenant l'estimation des objets fracturés par le chevreuil, ainsi conçue :

1° Avoir jeté à la tête de l'animal un cornet contenant la valeur d'une demi-livre de sucre en poussière, qui ne l'a nullement arrêté dans ses bonds. . . . . » 50

2° Le chevreuil a piétiné et brisé trois petites charrettes en bois blanc, modèle moyen, qui me reviennent, au prix de facture, rue Grenétat, à 1 fr. 25 c. pièce 3 75

3° Sept petites poupées communes à ressort, entièrement perdues, dont le prix, rue Thibautodé, est à raison de 50 c. l'une. 3 50

4° Deux boîtes de sapin, dites ménage, contenant fourchettes, plats, verres en étain à 1 fr. 50 c. . . . . 3 »

5° Trois poupées de moyenne grandeur, dont la figure entièrement souillée demanderait autant pour être remises à neuf que des nouvelles; ce sont des poupées d'Allemagne, fournies par la maison d'Eschewaille, à 2 fr. 35 c. 7 05

6° Un régiment de soldats en plomb dans leur boîte, bien conditionnés, avec un vernis nouveau, inventé par M. Dufourmentelle, à Paris. . 6 »

7° Un lapin qui bat du tambour lorsqu'on le fait rouler, le seul que j'avais dans mon magasin, fourni par M. Schanne, rue aux Ours. . . . . 40 »

8° Encore de la maison Schanne, un troupeau de vaches de forte dimension, avec peau en laine 75 »

9° Une superbe poupée, nouveau genre, ce qu'il y a de mieux, qui, en tombant, a eu les yeux perdus et le nez fracassé, que je mets au plus bas prix, espérant qu'elle pourra être réparée. . . . 26 »

10° Ma devanture fracassée en plusieurs endroits par la foule qui se pressait devant et qui a cassé nombre de carreaux; dommage estimé par les hommes de l'art. . . . . 588 »

11° Sucreries glacées sur lesquelles sont tombés des morceaux de vitres brisées, et que je suis obligé de retirer de la montre, six livres à peu près. 24 »

12° Dégâts causés au mur du corridor par le chevreuil en se sauvant, et mise en désordre de ma chambre à coucher. . . . . 180 »

« Assez, Charles, dit la comtesse.

— Vous comprenez, ma tante, quel temps m'a pris la conférence avec l'épicier, qui réclamait dix-sept cent soixante-dix-sept francs et quatre-vingts centimes, pour l'honneur que lui avait fait le chevreuil en visitant sa boutique.

— L'as-tu payé ? demanda Julien.

— Il ne s'agit guère de payement; nous sommes sous le coup d'un procès compliqué. Ce M. Jajeot a été trouver l'aubergiste de la Tête-Noire pour se faire indemniser, l'aubergiste me l'a renvoyé; voilà un homme qui me lisait sa note et s'arrêtait à chaque article en versant des larmes. Les poupées semblaient ses enfants chéris, et encore l'épicier disait qu'il voulait bien me faire grâce de la vente qu'il avait manquée à cause de la foule qui entourait sa boutique. D'abord j'ai pensé à payer pour m'en débarrasser; mais comme il m'a paru que la note était fortement exagérée, je suis allé chez ce M. Jajeot, demandant à visiter les victimes du désastre. Mon homme a paru troublé; déjà tout était remis en ordre dans sa boutique, il n'a pu me montrer que deux ou trois écorniflures à de mauvaises poupées.... Je ne demande pas mieux que de l'indemniser, mais je n'aime pas être trompé.... Nous chassons un chevreuil, d'autres s'en emparent; n'est-ce pas à ceux-là qu'il appartient de payer les dommages causés par la bête? L'aubergiste de la Tête-Noire nous fait payer le chevreuil cinquante francs, par la raison que son chef l'a tué; donc c'est lui qui doit solder les dégâts faits par ce même chevreuil chez l'épicier. Quand je lui ai dit que M. Jajeot nous réclamait dix-huit cents francs, il a paru vouloir abandonner la propriété du chevreuil, et il ne demande plus que les frais de cuisson.

— Quelle aventure ! dit la comtesse.

— Ce n'est pas tout, continua Jonquières; est-ce que les trois hôteliers du Soleil-d'Or, de l'Écu et du Griffon, ne prétendent pas aussi avoir une part de propriété dans la personne du chevreuil, parce que, disent-ils, ils ne sont pas étrangers, par leurs poursuites, à sa prise.

— Mais, demanda la comtesse, M. Creton du Coche peut réclamer aussi, puisque le chevreuil a été tué dans sa cave.

— Oui, je l'oubliais, dit Jonquières; donc avec les quatre aubergistes, Julien et moi, M. Creton, l'épicier Jajeot et les garçons bouchers, nous sommes une quinzaine à nous disputer le chevreuil.

Comme ce Jageot nous menace d'un procès, j'ai voulu me donner le plaisir d'entendre plaider cette affaire.

— Vous auriez dû prendre arrangement, Henry, dit la comtesse; il n'appartient pas à la noblesse de se laisser poursuivre pour une somme de dix-huit cents francs.

— Je n'aurais pas mieux demandé, chère tante; cependant je n'aime pas à me sentir dévorer la laine sur le dos par ces intraitables marchands qui abusent d'une particule nobiliaire devant un nom pour nous traiter en ennemis.

— Je suis de l'avis d'Henry, dit Julien. M. Creton est avoué, il étudiera l'affaire à fond. Puisque le drame s'est dénoué dans sa maison, et qu'il doit venir ici, nous le consulterons là-dessus.

— Comme il vous plaira, messieurs, dit la comtesse; si vous trouvez quelque amusement à plaider, libre à vous.

— M. Creton sera mon conseil, dit Julien, et je choisirai un avocat plaisant que j'ai rencontré au dîner pour nous défendre. »

Le lendemain l'avoué n'étant pas arrivé, Julien se promenait sur la route qui conduit à Molinchart, espérant découvrir la voiture qui amenait Louise et son mari. Il craignait que Louise n'eût exigé de l'avoué qu'il renonçât à venir à la campagne; peut-être M. Creton du Coche avait-il quelques soupçons de l'amour du jeune homme!

Tristement Julien revenait au château lorsqu'il rencontra son cousin, qui lui dit :

« L'avoué est arrivé!

— C'est impossible, je n'ai pas quitté la route.

— Il a pris le chemin de traverse.

— Ah! s'écria Julien.... Tu as vu Louise?

— Non, il est seul. »

Julien fit un signe de dépit.

« Elle craint de se trouver avec moi.... Où est M. Creton?

— Il cause avec ma tante.

— Ne fais pas mine de m'avoir rencontré, et dis à Jacques de seller mon cheval sans que personne ne le voie; je vais à Molinchart.

— Pendant que le mari est ici? dit Jonquières. Prends garde, tout le monde te verra dans la ville.

— Que faire?... dit Julien. Je veux la voir, lui parler.

— Il y a peut-être un moyen....

— Lequel?

— Ne voyant pas arriver l'avoué, ne recevant pas de réponse, tu seras censé être parti depuis ce matin le chercher. Comme il est venu par la traverse, tu ne l'as pas rencontré. Justement, j'ai annoncé que tu étais allé ce matin sur la route de Molinchart; mais prends garde qu'on ne te voie; je ferai conduire dans dix minutes ton cheval au petit bois, personne n'en saura rien. »

Julien trouva long d'un siècle le temps que son domestique mit à lui amener le cheval.

« Surtout, si ma mère t'interroge, ne manque pas de lui dire que je suis parti il y a près d'une demi-heure.... »

Aussitôt il éperonna son cheval, partit au galop et arriva en une heure au pied de la montagne de Molinchart.

Les cavaliers ont l'habitude de faire un détour pour prendre une montée meilleure que celle qui part du faubourg; mais Julien ne se souciait guère des difficultés de la montagne, et il aurait tué son cheval pour arriver cinq minutes plus tôt, car, tout vraisemblable que fût son mensonge, il ne pouvait rester longtemps auprès de la femme de l'avoué, celle-ci étant seule. Il traversa les rues désertes de la ville, faisant retentir les pavés du pas de son cheval, et il le conduisit à la Tête-Noire, d'où il sortit sans répondre aux questions de l'hôte.

Faglain, le maître clerc de l'étude, occupé à regarder pour le moment à la fenêtre, aperçut le comte qui se dirigeait vers la maison de son patron; aussitôt la sonnette retentit.

« La bonne! cria Faglain, on sonne! »

Le maître clerc cherchait les moyens d'occuper ses loisirs et de montrer son zèle.

« La bonne, on sonne! » répéta Faglain, qui laissait à peine à la domestique le temps d'aller à la porte.

Le désœuvrement du maître clerc était si grand qu'une figure nouvelle apportait dans sa vie monotone une immense occupation; aussi, au contraire des êtres ennuyés qu'on rencontre souvent dans les bureaux, montrait-il un visage aimable aux rares clients de l'étude. C'étaient, pour Faglain, des acteurs qui lui donnaient la comédie, et dont il ne pouvait se lasser d'admirer la voix, les gestes, les vêtements.

En entendant ouvrir et refermer la porte de la rue, la joie passa sur tous les traits de Faglain, qui, en un clin d'œil, s'entoura de vieux dossiers, trempa sa plume dans l'encrier, se frotta les mains pour se les dégourdir, comme s'il allait entreprendre une longue besogne, donna une tournure à ses cheveux, et se mit à son bureau dans la posture d'un clerc accablé de besogne.

« M. Creton du Coche est-il visible? demanda Julien à la servante.

— Monsieur, il est sorti pour la journée.

— Et madame? »

Alors la servante fit entrer Julien dans la chambre où se tenait Louise, qui rougit extrêmement en voyant le jeune homme.

« Vous ici, monsieur! s'écria-t-elle; et elle s'arrêta brusquement comme si elle avait voulu retenir cette exclamation. Mon mari est à la campagne.

— Je le sais, dit Julien, et je venais savoir de vos

nouvelles, madame, craignant que vous ne fussiez indisposée, puisque vous deviez accompagner M. du Coche.

— Non, monsieur, je n'ai jamais promis de suivre mon mari.... Est-ce lui, demanda-t-elle, qui vous envoie ?...

— Je suis venu, madame, de mon propre mouvement.

— Mais, monsieur, dit Louise, il n'est pas convenable que je vous reçoive en l'absence de mon mari.... »

La femme de l'avoué, émue, ne savait comment se tirer de cette visite inattendue ; elle se leva, alla vers le cordon de la sonnette près de la cheminée ; mais le comte s'empara de sa main, qu'il pressa vivement.

« Vraiment, madame, il est inutile d'appeler votre femme de chambre.... Je repartirai plutôt immédiatement.

— Oui, monsieur, vous avez raison.... Que pensera mon mari de votre fuite ?

— Madame, il ne m'a pas vu et je ne l'ai pas vu ; je suis censé venir au-devant de lui.

— Parlez moins haut, monsieur, dit Louise, on pourrait vous entendre.... Partez, monsieur ; j'ai déjà l'air d'être du complot.

— Madame, je vous obéis, dit Julien en se levant ; je vous ai vue et j'emporte du bonheur pour quelques jours.... Mais pourquoi, n'avoir pas accepté notre invitation, car ma mère eût été heureuse de vous recevoir.

— Je vous l'ai dit, monsieur, je ne sors pas, je ne demande qu'une vie tranquille.

— Vous auriez trouvé, madame, dans ma mère une femme excellente qui vous eût porté une vive sympathie.... Je lui ai parlé de vous ; j'ai annoncé votre arrivée ; elle se faisait fête de vous avoir quelques jours.

— Veuillez, je vous prie, remercier pour moi madame la comtesse, monsieur ; mais vous savez qu'il m'est impossible d'aller à Vorges.

— Je le vois, madame, vous craignez de vous ennuyer avec nous.

— Ah ! monsieur, mon existence ici est-elle si enviable ? Je resterai pendant l'absence de mon mari telle que vous m'avez trouvée ; je ne recevrai aucune visite, et je n'en rendrai aucune.

— Vraiment, madame, dit Julien ; M. Creton a réalisé dans son ménage la vie orientale. Est-ce qu'il vous aurait empêchée de l'accompagner ?

— Ne le croyez pas, monsieur ; M. Creton me laisse parfaitement libre, et n'insiste jamais quand je manifeste le moindre désir. Je lui ai dit que je ne me souciais pas d'aller à la campagne ; il est parti tranquille et reviendra sans me demander l'emploi de mon temps.

— Alors, madame, un motif secret vous retient ici.

— Un motif secret ! dit Louise en souriant. Si vous me connaissiez davantage, monsieur, vous sauriez que je n'agis pas mystérieusement.

— Madame, vous donnez à mes paroles une couleur à laquelle je ne pense guère.... »

Julien lui prit de nouveau la main.

« J'aurais été si heureux, madame, entre vous et ma mère.... »

Louise essayait de retirer sa main.

« Mais, monsieur, vous ne partez pas comme vous le disiez tout à l'heure.

— Madame, je vous en conjure, permettez-moi de ne pas vous quitter ainsi, je ne vous parlerai pas de mon amour.

— De votre amour ! s'écria Louise en se levant brusquement.

— Oui, madame, depuis trois jours je ne vis plus, je ne songe qu'à vous, je vous ai perpétuellement devant les yeux, je ne saurais me passer de vous voir, de vous regarder, d'entendre votre voix.

— Monsieur ! dit Louise, voulant sortir et clouée près de la cheminée.

— Je vous en prie, madame, ayez pitié de moi ; je ne vous demande rien que de ne pas vous dérober à ma vue ; ne vivez pas enfermée pour moi.

— Monsieur, je suis mariée !

— Quel mal y a-t-il, madame, à vous laisser regarder ; est-ce ma faute si vous êtes belle ? Je vous ai aimée dès la première minute, et rien ne saurait m'empêcher de vous aimer jusqu'à la fin de ma vie ; il n'y a ni lois ni mari qui tiennent contre mon amour. Vous voulez vous enfermer, je vous verrai malgré vous ; si vous ne me parlez pas, vos yeux parleront pour vous.

— Voilà ce que je craignais d'entendre en allant à la campagne, dit Louise.

— Vous n'êtes pas venue, madame, et cependant je vous ai dévoilé l'état de mon cœur. Pourquoi, madame, voulez-vous que mes paroles meurent en moi ? L'impression a été trop vive, l'impression pousse mes paroles. Je savais que je trouverais toujours une heure pour vous forcer à m'écouter. Si l'occasion ne s'était pas présentée aujourd'hui, je l'aurais saisie demain, dans huit jours, dans un mois, dans un an, n'importe quand ; mon amour n'est pas de ces affections légères qui s'envolent au moindre vent.... J'ai cru avoir aimé dans ma vie, je m'étais trompé ; depuis que je vous ai vue, madame, je sens en moi de nouveaux sentiments qui me prouvent que j'aime pour la première fois.

— Par pitié, monsieur, dit Louise, laissez-moi. Retournez à la campagne ; oubliez-moi si réellement vous m'aimez, car je ne peux vous rendre une pareille affection ; tout au plus pourrai-je vous rendre une amitié sincère.

— Vous me donneriez votre amitié ? s'écria le comte.... Que je suis heureux ! Dites-le-moi encore madame, et je ne demande qu'une preuve, une seule.

— Ah! monsieur, vous demandez déjà?

— Laissez-moi vous appeler Louise; si vous aviez un frère, vous ne seriez pas blessée de vous entendre appeler par votre nom? Dites que vous m'autorisez à vous appeler Louise?

— Est-ce possible, monsieur, devant le monde, devant mon mari? L'amitié n'a pas besoin de preuves.

— Eh bien! Louise, je jure de prononcer votre nom si bas, que personne ne l'entendra. Un simple mouvement des lèvres, vous seule le devinerez. Et maintenant vous viendrez à la campagne, n'est-ce pas?

— Après avoir refusé mon mari, cela paraîtrait d'autant moins naturel, qu'on saura que vous êtes venu.

— Je ne le dirai pas.

— Y pensez-vous, monsieur? Ma femme de chambre, les voisins, vous ont vu; dites à mon mari que vous êtes venu.

— Oui, Louise, je dirai que vous m'avez refusé; je parlerai à ma mère, et elle fera tant qu'elle décidera votre mari à vous écrire; elle vous écrira, et vous ne pourrez refuser de passer quelques jours avec elle.

— A une condition, reprit la femme de l'avoué, c'est que vous ne parlerez pas d'amour.

— J'accepte, dit Julien.

— Au premier mot d'amour, je reprends le chemin de la ville. »

Pendant cette conversation, le maître clerc Faglain avait manifesté la plus grande inquiétude, ne comprenant pas où était passé l'étranger qui avait sonné à la porte, car il n'était pas dans les habitudes de la femme de l'avoué de recevoir les clients de l'étude.

La mise en scène du maître clerc était perdue; les dossiers étalés, les plumes, l'encre qu'il avait versée dans l'encrier, firent qu'il chargea trois feuilles de papier d'inutiles paraphes, qu'il interrompit seulement en entendant refermer la porte de la rue.

VII

Diverses aventures de l'avoué savant.

M. Creton du Coche était parti de Molinchart dans l'intention de s'écarter un peu de la ligne droite, afin de traverser divers villages dispersés dans la campagne, et qui, situés, les uns sur des versants de collines, les autres dans les vallons, doivent subir par leurs positions les modifications de la température.

L'avoué portait à sa cravate la fameuse décoration décernée par Larochelle, qui consistait en un petit thermomètre d'une dimension respectable.

Ce thermomètre occupait extraordinairement M. Creton du Coche, qui s'arrêtait deux fois par kilomètre pour regarder sa décoration.

L'ordre du thermomètre donnait une nouvelle physionomie à l'avoué, qui marchant plus droit que de coutume, la tête en arrière, respirait plus librement et avec plus de délices.

Quand M. Creton apercevait au loin sur la route une charrette, un berger conduisant son troupeau, un paysan, il ralentissait le pas et s'arrêtait, afin que le passant pût considérer la décoration du thermomètre; mais les paysans continuaient leur chemin et ne paraissaient pas remarquer cet insigne. Quelques-uns même ne saluaient pas M. Creton; aussi l'avoué jugea-t-il à propos de dire le premier: « Bonjour, l'ami, » ce qui est contre toutes les règles du pays, où les villageois ont conservé l'habitude de saluer les bourgeois avant que ceux-ci aient manifesté l'intention de répondre.

Mais on a vu et on voit encore dans Paris des fonctionnaires nouveaux décorés qui, s'apercevant qu'un factionnaire a la tête tournée, s'ingénient à le coudoyer, de telle sorte que le factionnaire, rappelé à l'attention, est obligé de porter les armes.

Depuis qu'il faisait parti d'un corps savant, M. Creton du Coche prit l'habitude de déguster l'air, ainsi que d'autres dégustent le vin. Il reniflait le vent, car il fermait la bouche exactement et aspirait l'air dans le nez, en faisant entendre un petit bruit singulier produit par les narines. De temps à autre il s'arrêtait et se rendait ainsi compte de l'air qu'il appréciait par aspiration. La science amène de ces tics.

A Landouzy, une petite ville près de Vorges, l'avoué entra dans une auberge sous le prétexte de se rafraîchir; M. Creton ayant vu quelques buveurs attablés désirait se rendre compte de l'effet que produirait sa décoration, en même temps qu'il constaterait dans une glace le caractère particulier que le thermomètre apportait à son habillement. Malheureusement il n'y avait pas de miroir dans le cabaret, et les buveurs lancés dans d'interminables questions de terres à louer, ne levèrent même pas la tête.

La femme qui apporta à boire à l'avoué, et qui tenait un enfant dans ses bras, n'eût pas remarqué le thermomètre, si l'enfant n'eût allongé ses bras vers l'avoué.

C'était un petit drôle mal débarbouillé, d'une laideur de singe, qui fit reculer M. Creton du Coche, ne se souciant pas de donner une embrassade à un si vilain marmot.

Comme l'aubergiste s'en allait après avoir servi

l'avoué, l'enfant poussa des cris aigus et se retourna du côté du nouvel entrant, autant que pouvait le permettre son emmaillottement.

« Qu'est-ce que t'as? » s'écria la mère.

L'enfant étendit les bras du côté de l'avoué, en agitant ses doigts dans la direction du thermomètre ; alors seulement la mère aperçut l'objet.

« Quel drôle de bijou vous avez là, monsieur, » dit-elle.

M. Creton fit entendre un petit rire de satisfaction. L'enfant continuait à crier, se lançant en avant pour pousser sa mère à s'approcher de l'objet de sa curiosité; la mère approcha, et l'enfant put promener ses mains sur toutes les parties du thermomètre et meubler son cerveau de l'idée de formes nouvelles.

« N'ayez garde, il est gentil, dit la mère, qui voyait l'avoué reculer, car les mains de l'enfant avaient touché des objets de différente nature qui laissaient des traces gluantes à ses doigts, et M. Creton du Coche était hésitant entre le plaisir qu'il éprouvait d'avoir attiré l'attention d'un esprit innocent et la crainte que cet esprit innocent ne souillât sa cravate d'attouchements sans délicatesses. Après avoir flatté le thermomètre par de nombreuses caresses, l'enfant poussa plus loin ses désirs; son instinct l'avait amené à comprendre qu'il ne faisait pas partie de la personne de M. Creton, et il cherchait à détacher violemment l'insigne honorifique.

— Petit, petit! s'écria l'avoué défendant la décoration contre les attaques de l'enfant; mais celui-ci s'était penché, et, en essayant de se rendre maître de son thermomètre avec sa main et sa bouche, il avait laissé sur la cravate divers résidus de raisiné.

— En voilà assez, monsieur, » dit l'avoué, croyant en imposer à son jeune admirateur en le traitant respectueusement.

Le *monsieur* poussa des cris tellement perçants qu'un des buveurs leva la tête.

« Qu'est-ce qu'il a, le mioche?

— Il s'amuse, dit la femme à son mari.

— S'il continue à nous ennuyer, donne-lui la schlague.

— Allons, monsieur, voulez-vous lâcher? C'est assez, monsieur! » s'écria M. Creton du Coche, luttant contre l'enfant, qui avait fini par s'emparer de la décoration.

La mère, complice de l'enfant, se recula de telle sorte que l'avoué, séparé par la table, ne put atteindre le mioche qui immédiatement avait introduit le thermomètre dans sa bouche.

« Arrêtez! s'écria l'avoué; il va casser le verre : c'est du poison! »

A ce mot, l'aubergiste se leva de table.

« Qu'est-ce qui se passe? dit-il en jurant.

— Du poison! » s'écriait M. Creton du Coche.

Le paysan s'empara du thermomètre, qui apparaissant et disparaissant dans la bouche de l'enfant, avait passé en cinq minutes par tous les degrés caloriques.

« Tiens, dit-il en donnant un soufflet à sa femme, voilà pour t'apprendre à donner à manger des baromètres à un innocent. Et vous, maladroit, dit-il à l'avoué, vous n'avez donc pas le sens commun, à votre âge, de laisser traîner cette machine que j'ai envie de casser?

— Permettez, monsieur, s'écria l'avoué, qui frémit à l'idée de voir sa décoration détruite, votre fils me l'a pris de force. »

Les buveurs regardaient de travers le bourgeois, la femme pleurait, l'enfant criait; M. Creton profita du moment où l'aubergiste prenait la monnaie qu'il avait déposée sur la table, pour rentrer en possession de son thermomètre et s'échapper de l'auberge où il avait failli être victime de la science.

En sortant, il huma l'air avec une satisfaction indéfinissable; le ciel eût été chargé d'orage et de tempêtes, que M. Creton eût trouvé la température fraîche et paisible, en comparaison de la scène qui venait de se passer à l'auberge.

Ayant nettoyé sa cravate, salie par les attouchements de l'enfant, et assujetti solidement son petit thermomètre, l'avoué, au bout de dix minutes de marche, arriva au château de la comtesse de Vorges, où il débuta par raconter son accident, afin de fixer immédiatement l'attention sur le fameux insigne.

Ce fut seulement au dîner que Julien revint de la ville.

« Je suis fâché, dit M. Creton, d'avoir pris la traverse; nous nous serions rencontrés, et je vous aurais évité la peine d'aller à Molinchart. »

Julien ne crut pas devoir cacher qu'il avait été reçu par la femme de l'avoué.

« Eh bien, reprit M. Creton, vous avez vu ma femme; elle est entêtée; mais je la laisse agir à sa fantaisie.

— Tu aurais dû insister, mon ami, dit la comtesse à son fils.

— Madame, reprit l'avoué, cela eût été inutile, je le crains.

— Dans quelques jours, dit la comtesse, j'irai à la ville voir ma fille à sa pension, et je rendrai visite à Mme Creton. J'aurai ma voiture et j'espère la ramener. »

L'avoué remercia la comtesse et ajouta qu'il ne pensait pas que cette démarche fût utile, car sa femme n'aimait pas la société et trouvait son bonheur à vivre seule.

Jonquières, qui feignait une curiosité violente pour les expériences de l'avoué, se posa, dès la première soirée, en écouteur avide et dévoué.

« Je remplis là une mission pénible, dit-il à son cousin, mais je ne te demande pas de remercîments.

Je crois nécessaire de flatter la manie de M. Creton du Coche. Si sa femme se décide à passer quelques jours ici, il est bon que dès le principe j'aie l'air de m'occuper du mari, afin que tu ne sois pas forcé de lui faire les honneurs de la campagne.

— Viendra-t-elle? dit Julien. Tu peux à peine t'imaginer combien je suis inquiet; je voudrais lui écrire, mais je crains de la blesser.

— Ma tante est du complot sans le savoir; Mme Creton n'osera la refuser.

— Hélas! dit Julien, peut-être ma mère n'ira-t-elle pas à Molinchart avant huit jours, et huit jours sont longs!... Je n'ai plus de motifs pour revoir Louise.

— Eh bien! dit Charles à son cousin, prépare-la à la visite de ta mère.

— Oh! mon ami, dit Julien, tu me sauves; je vais écrire. »

Aussitôt il se renferma et écrivit à Louise une lettre par laquelle il lui annonçait l'arrivée de la comtesse. Dans cette lettre, Julien fit passer les troubles secrets de son cœur, tout en les voilant de façon à ne pas alarmer la femme de l'avoué.

La comtesse de Vorges, pressée de revoir sa fille, partit bientôt pour Molinchart, où l'appelaient les vacances prochaines; elle laissait M. Creton du Coche aux soins de son fils et de son cousin.

L'avoué fatiguait les jeunes gens de ses observations météorologiques et les entraînait dans des courses accidentées, car il accomplissait sa mission avec un rare dévouement. Aussitôt qu'il se trouvait dans une vallée, il avait hâte de la quitter pour gravir une montagne; à peine arrivé au haut de la montagne, il la descendait précipitamment, afin de saisir la différence qui existait entre la température des lieux bas et celle des lieux élevés.

L'avoué ne connaissait plus la fatigue, étant soutenu par un orgueil secret qui prenait sa source dans la décoration du baromètre. Si, dès le début, la Société météorologique lui avait conféré une récompense déjà glorieuse, que lui réservaient, par la suite, ses travaux qu'il couchait consciencieusement chaque soir dans un journal?

Jonquières, ayant affecté une sorte de respect pour l'ordre du baromètre, fut victime de ses propres sarcasmes, car M. Creton du Coche entreprit de le convertir à la science nouvelle et d'en faire un missionnaire dévoué.

Les deux amis eurent à soutenir des théories sans fin, filles des discours du commis voyageur Larochelle, mais qui, empreintes de l'esprit de l'avoué, atteignaient de grotesques proportions.

« M. Creton me rendra fou, dit Henry à son cousin.

— Il est insupportable.

— Encore, dit Henry, tu es avec moi, mais quand je serai seul avec lui, jamais je n'aurai la patience de l'écouter. Il faudrait essayer de détourner le cours de ses idées et lui donner une autre passion; s'il avait une seconde manie en tête, elle livrerait un combat acharné à la première; peut-être se détruiraient-elles l'une par l'autre.

— Une manie n'est pas facile à trouver. Autant inventer un huitième péché capital.

— N'avons-nous pas notre procès? » dit Jonquières.

Le soir, Julien pria l'avoué de lui prêter une extrême attention, car il avait besoin, disait-il, de ses lumières; et il exposa l'affaire du chevreuil dans les moindres détails, priant M. Creton du Coche de rédiger un mémoire sur cette affaire.

« Un mémoire! s'écria l'avoué; que me demandez-vous? A moi, qui ai désormais consacré ma vie aux sciences naturelles! J'ai assez de l'atmosphère des paperasses, de l'odeur des dossiers. C'est la Providence, monsieur, qui m'a fait connaître le savant Larochelle; en m'initiant aux mystères de la météorologie, il m'a tiré de la vie processive pour laquelle je n'étais pas né. Ma femme, qui est une personne froide et de bon sens, serait plutôt capable de vous comprendre que moi. Mais vous n'êtes pas pressés, vous n'avez pas reçu d'assignation... Quand il en sera temps, allez trouver mon maître clerc Faglain.

— Il ne pourra nous défendre devant le tribunal.

— Non, mais il vous choisira un avocat, qu'il initiera aux moindres faits de cette affaire. Faglain est d'un bon conseil. Depuis deux ans qu'il mène mon étude, je lui laisse liberté complète, sans avoir jamais eu à m'en repentir; il tranche avec sang-froid les affaires les plus épineuses.

— Mais l'assignation ne pouvant tarder à venir, dit Julien, je dois d'abord préparer mes notes, recueillir mes souvenirs, ceux de mon cousin, afin de ne pas être accablé au dernier moment et de ne pas agir à la légère.

— Sans doute, dit M. Creton.

— N'ayant pas l'habitude de ces sortes de mémoires, la rédaction va me coûter une peine....

— Mettez-y le temps, reprit l'avoué.

— Je tremble devant cette besogne.

— Faites-vous aider par M. Jonquières....

— Avec plaisir, dit celui-ci; mais, monsieur Creton, si nous rédigeons ce mémoire, nous ne pourrons vous accompagner de quelques jours dans vos excursions.

— Que je ne vous gêne pas, messieurs; la nature m'occupe tellement à cette heure que je pourrais vivre seul dans une île sans m'ennuyer.

— Nous vous donnerons Jacques, dit le comte; c'est un garçon intelligent qui n'est guère sorti de la campagne. Ainsi que tous les paysans, il connaît à fond la nature sans s'en douter.

— Oui, dit l'avoué, il sent et ne raisonne pas. Je lui apprendrai à raisonner. Vous auriez dû me le

Tout à l'heure il était astrologue, maintenant il est juge. (Page 35, col. 2.)

dire plus tôt; n'importe, il n'y a pas de temps perdu. Quelle jouissance que de graver la science petit à petit dans un esprit vierge.... Ah! messieurs, je vous remercie de me procurer un élève!... Je l'écrirai à la Société météorologique; je pourrai donc saisir en face de la nature les aspirations d'un cœur que le séjour des villes n'a pas gangrené.

— Je vais vous le faire venir, » dit le comte.

Jacques avait suivi son maître à Paris pendant sa jeunesse, et eût été capable de devenir valet de chambre de M. de Talleyrand, par sa finesse et son esprit de rouerie naïve, moitié campagnarde et moitié parisienne. Quand le comte revint chez sa mère, Jacques abandonna sans regrets sa livrée brun et or, et il reprit ses habitudes de coq de village, adoré de toutes les filles de Vorges et de Landouzy.

« Jacques, lui dit le comte, je te donne pour quelque temps à M. Creton du Coche. Tu obéiras à ses moindres désirs, tu flatteras ses manies.

— C'est facile.

— Tu deviendras son élève. ..

— Comme il plaira à monsieur le comte.

— Tu ne sais pas ce que c'est que la météorologie? A partir de ce moment, tu es censé avoir étudié la forme des nuages, suivi leurs mouvements, tu devines quand il devra pleuvoir, grêler et éclairer.

— Comme un berger.

— Précisément. Quel temps fait-il aujourd'hui?

— Beau et chaud.

— Cela ne suffit pas, tu ne vois rien dans l'air?

— Rien.

— Il faut que tu voies, Jacques, quand même tes prédictions ne se réaliseraient pas.... Que vois-tu maintenant?

— Un nuage blanc sans physionomie particulière pour le moment, mais là-bas il y a un autre nuage qui semble courir après le premier : cela n'annonce rien de bon; ils se rencontreront, l'un grimpera sur l'autre. Si d'ici une heure il se dessine encore d'autres nuages de la même couleur avec des formes semblables, je ne réponds de rien pour demain.

— Très-bien, Jacques; mais tu doutes encore trop, il faut affirmer, ne jamais hésiter dans tes jugements. Ne manque pas de dire : *cela est positif*, ou *j'en suis sûr*, ou *je gage*, ou *je ne m'étais pas trompé*, quand même les faits iraient contre tes paroles. C'est seulement avec ce langage que tu plairas à M. Creton du Coche; écoute-le, montre une grande surprise de ses jugements, applaudis à chacune de ses paroles. »

Jacques fut présenté à l'avoué, qui regarda avec attention le paysan dont il ne songea pas à mettre en doute la naïveté.

« Allez, monsieur, dit Jacques, puisque vous vous occupez du vent, je vous ferai faire la connaissance d'un fameux homme du pays, le malin des malins pour ce qui se passe dans l'air. Il ne bouge de sa chambre et sait tout, grâce à ses Cosaques.

— Les Cosaques! s'écria M. Creton du Coche, étonné.

— Cadet Bossu est tailleur, dit Jacques; il a gagné sa bosse en raccommodant des habits et des pantalons, et il n'en est pas plus fier pour ça, quoiqu'il soit diablement malin.

— Allons le voir tout de suite, » dit l'avoué.

La maison de Cadet Bossu est la dernière du village, qui, de ce côté, subit une pente rigoureuse; on la reconnaît à un balcon de bois formant saillie sur le rez-de-chaussée.

« Voyez-vous, monsieur, dit Jacques à l'avoué, la foule amassée devant la maison? »

En effet, les enfants du village regardaient en levant la tête vers le premier étage, comme si un événement curieux se passait chez le tailleur.

« Les Cosaques donnent leur consultation, dit Jacques. Ah! ils sont fins, ces Cosaques, et ils ne vous font pas payer leurs paroles. »

M. Creton, étonné, courait plutôt qu'il ne marchait, afin d'obtenir plus vite une explication satisfaisante des Cosaques. A quelques pas de la maison du tailleur, il aperçut seulement alors deux figurines de bois grossièrement coloriées qui représentaient des Cosaques sauvages, ivres de sang, l'œil rouge, la moustache hérissée. Ces deux Cosaques, séparés par la largeur du balcon, avaient des bras mobiles et reposaient sur un pivot tournant. Suivant la direction du vent, ils tournaient avec rapidité, brandissaient l'un contre l'autre leurs longues piques et semblaient prêts à se massacrer.

Cette idée ingénieuse, suggérée par les girouettes, était sortie du cerveau du tailleur Cadet Bossu, qui, impotent et ne pouvant jouir de la société de ses concitoyens, avait imaginé cette mécanique pour amener les paysans de Vorges devant sa porte. Le Cosaque, qui a laissé dans tous les esprits une tradition cruelle, avait été choisi par le tailleur comme devant piquer vivement la curiosité des paysans. Aussi, tous les matins, et particulièrement les jours de marché à Molinchart, les jardiniers passaient par là et ne manquaient pas d'interroger le tailleur sur la conduite des Cosaques.

« Eh! Cadet, qu'est-ce qu'ils disent de nouveau, tes Cosaques? »

Le tailleur ouvrait sa fenêtre :

« Ils m'ont laissé dormir tranquille cette nuit. »

Ce qui voulait dire qu'il n'avait pas venté. Les vieillards du canton insultaient les Cosaques en souvenir des dégâts qu'ils avaient commis en France. Ils les traitaient de *guerdins*, une des plus violentes injures du pays. Comme il y avait un banc de bois en face de la maison du tailleur, les gens âgés s'y groupaient et racontaient les événements de 1814 qui semblaient de la veille, tant les vieillards en parlaient avec colère.

« Qu'ils reviennent un peu, les Baskirs, » disaient les paysans en montrant le poing aux innocents Cosaques de bois qui, si le vent était calme, écoutaient sans sourciller ces effrayantes menaces.

A Molinchart même, les Cosaques faisaient loi sur la place du marché. Quand une fermière avait reçu une *boussée* (forte pluie subite) :

« Si vous aviez consulté les Cosaques, disait une commère abritée sous une large cotonnade rouge; ils vous auraient dit de prendre votre parapluie. »

Les enfants du village, aussitôt qu'ils avaient un moment, couraient du côté des Cosaques, admirant l'ingénieux mécanisme qui les faisait combattre avec un rare acharnement.

Ainsi, grâce à son invention, Cadet Bossu jouissait de la conversation des vieillards, des paysans, des filles, des garçons, et plus d'un drame se joua devant ses fenêtres. Souvent une mère surprenait ses enfants en muette contemplation devant les Cosaques; cette contemplation durait depuis des heures entières. L'école, le dîner, les Cosaques faisaient oublier tout. Cadet Bossu, d'ailleurs, avait trouvé le moyen de raviver l'attention en enlevant momentanément ses Cosaques : diplomate perdu sur un établi de tailleur, Cadet Bossu connaissait assez les hommes pour exciter leur curiosité en faisant disparaître capricieusement l'objet de leurs désirs.

« Cela est plein d'intérêt, s'écria l'avoué, qui ne quittait pas du regard les figurines de bois enluminées.

— Je vous le disais bien, monsieur, » dit Jacques.

Le vent, qui soufflait avec force, donna en ce moment une impulsion aux Cosaques, qui tournèrent avec une merveilleuse rapidité.

« Et c'est un tailleur, s'écria M. Creton du Coche, qui a inventé cette machine?

— Oui, monsieur; ne le voyez-vous pas, derrière ses carreaux, qui nous regarde? »

Effectivement, Cadet Bossu était flatté de voir admirer ses Cosaques par un bourgeois en habit noir.

« Voilà un homme, dit l'avoué, à signaler à la Société météorologique. Combien y a-t-il de ces intelligences perdues, qui, faute d'éducation, ont laissé s'éteindre en eux des découvertes importantes.... Je lui commanderai un pantalon. Il faut savoir récompenser le génie, n'importe où il se trouve.... Si nous allions lui rendre visite?

— C'est facile, dit Jacques, nous n'avons qu'un étage à monter. »

Le tailleur, accroupi sur son établi devant la fenêtre, ne parut ni surpris ni honoré de la visite de l'avoué; on eût dit qu'il avait entendu la conversation et qu'il s'y attendait.

« Voilà monsieur qui est de Molinchart, dit Jacques, et qui est flatté d'avoir vu manœuvrer les Cosaques.

— Ah! on n'en voit point de pareils tous les jours à la ville, » dit Cadet Bossu.

Et il poussa vivement un des battants de la fenêtre qui était ouvert, comme s'il eût voulu mettre une barrière entre les visiteurs et les Cosaques.

« Une belle invention, monsieur, dit l'avoué; j'en écrirai certainement à Paris; mais je désirerais étudier le mécanisme de plus près. »

Cadet Bossu regarda avec inquiétude l'avoué et poussa une barre de bois qui servait à assujettir la fenêtre.

« Ah! bien, monsieur, c'est le plus grand mal que vous puissiez me faire que d'en parler aux Parisiens; ce sont des roués, je les connais. Il en est déjà venu plus d'un pour s'occuper de mes Cosaques; moi, sans être sorti de notre village, je les comprends, et il fera chaud avant que les Parisiens aient seulement la queue d'un de mes Cosaques.

— Monsieur demeure à Molinchart, je te dis, Cadet; il n'est pas Parisien.

— Est-ce bien sûr que monsieur est de Molinchart? demanda le tailleur, qui avait dans le caractère une certaine défiance misanthropique.

— Oui, mon ami, dit l'avoué; et je viens vous commander un pantalon.

— Ah! ah! dit le tailleur, vous voulez m'éprouver, je le vois bien; monsieur sait bien que je ne pourrai pas approcher de la coupe des tailleurs de Molinchart.

— Je ne demande pas un pantalon habillé, dit l'avoué; au contraire, je veux un pantalon pour courir les champs.

— Monsieur va rester quelque temps chez nous?

— Oui, dit Jacques, monsieur s'occupe d'astronomie.

— C'est comme qui dirait magicien, n'est-ce pas? demanda le tailleur.

— Pas précisément, dit l'avoué, blessé de se voir confondu avec un astrologue.

— Qu'est-ce que c'est donc? dit Cadet Bossu, qui voulait connaître le fond des choses.

— Monsieur, dit Jacques, est comme tes Cosaques, quoi, il est pour le vent.

— C'est bon à savoir, dit le tailleur; et vous croyez que je coupe dans votre pantalon? Toi, je te connais, Jacques, tu es du pays; tu viendrais me dire: Voilà un gilet à retourner, je retourne ton gilet, tu me payes la façon et tout est dit; mais monsieur, qui arrive ici en ayant l'air de me commander un pantalon d'homme de campagne, je ne le crois pas; je vous fais excuse, monsieur, je dis tout. Vous avez peut-être cru que Cadet Bossu était simple et qu'on lui ferait accroire qu'il y a des étoiles en plein midi? Non, monsieur. Quoique vous soyez de Molinchart, je ne vous ferai pas de pantalon; celui que vous avez peut encore servir longtemps; vous n'avez pas besoin de culottes, c'est Cadet Bossu qui vous le dit.

— Cet inventeur est extraordinaire, pensa l'avoué; mais les savants sont tous ainsi.

— Comme tu te montes la tête, à propos de rien, dit Jacques. Est-ce que ce n'est pas naturel?

— Non, dit le tailleur, qui s'était acculé contre sa fenêtre.

— Monsieur est de Molinchart, qu'on te dit.

— M. Creton du Coche, avoué près le tribunal de Molinchart! s'écria le bourgeois avec importance.

— Bon, dit le tailleur; tout à l'heure il était astrologue, et puis il est juge en même temps. Tu penses bien, Jacques, que les juges de Molinchart ne viendraient pas sans motifs commander une culotte à un pauvre tailleur de Vorges.... Voilà la première fois que je vois un juge. Mon père, qui était tailleur aussi, ne m'a jamais dit qu'il avait habillé des juges de Molinchart. Il y a un complot là-dessous; Jacques, je te croyais meilleur. On t'a payé pour me trahir, ou tu ne vois pas clair.

— Ne faites pas attention, disait Jacques à l'avoué; il a quelquefois ses humeurs noires. »

Mais le tailleur, que son isolement forcé rendait hypocondriaque, éclata tout à coup.

« En voilà assez, Jacques, j'ai d'autres habits à faire que la culotte d'un juge, et je n'ai pas le temps de vous répondre.

— Je voudrais pourtant vous faire revenir sur mon compte, dit l'avoué.

— Emmène monsieur, Jacques! s'écria d'un ton de colère le tailleur.

— Allons-nous-en, reprit Jacques; mais tu es devenu diablement mal embouché depuis que je ne t'ai vu.

— Ça me regarde, dit Cadet.

— Je ne te dis pas au revoir, fit Jacques.

— Le plus tard que nous nous reverrons sera le meilleur, » s'écria le tailleur.

L'avoué sortit un peu confus de sa visite à l'inventeur. A peine était-il sur le pas de la porte, qu'il entendit un certain bruit qui lui fit relever la tête. Le tailleur enlevait ses Cosaques et fermait sa fenêtre avec fracas.

« Demain, dit Jacques, son accès sera passé, et il aura honte de sa conduite. C'est un drôle d'homme; il se tient en garde contre les nouvelles figures, mais quand il vous aura vu passer une dizaine de fois sous ses fenêtres, il sera avec vous comme avec les gens de Vorges.

— J'achèterais volontiers cette machine-là, disait l'avoué.

— Peut-être, par la suite, Cadet Bossu ne sera-t-il pas éloigné de vous en construire une pareille. »

VIII

La distribution des prix.

La comtesse de Vorges, qui était allée chez l'avoué, fut surprise de rencontrer une jeune femme dont la distinction offrait tant de dissemblance avec M. Creton du Coche. La vie de province imprime son cachet à tout individu, dans ses actions, ses démarches, ses habitudes, ses vêtements. Une sorte de tache d'huile gagne petit à petit les provinciaux, et les envahit tout d'un coup au moral comme au physique. Une Parisienne ne résisterait point à cette vie; son goût s'envolerait en même temps que ses caprices, la comparaison lui ferait défaut; elle arriverait à être une femme citée dans la ville, mais il lui serait impossible de reparaître dans Paris et d'y faire figure.

La femme de l'avoué avait peut-être échappé à l'ornière provinciale, en vivant retirée, et en ne s'inquiétant pas des *dames* de l'endroit. La simplicité l'avait sauvée; elle eût été perdue en voulant *suivre les modes*. D'un coup d'œil, la comtesse de Vorges, qui avait été une des beautés du faubourg Saint-Germain, fut frappée de cette distinction.

Il y eut immédiatement un courant de sympathie entre les deux femmes. Quoique timide, Louise ne se sentit pas embarrassée devant la comtesse, tant celle-ci apportait de délicatesse dans la conversation.

Louise, dans la ville, souffrait de l'inquisition des regards des bourgeoises qui la déshabillaient pour ainsi dire, inquiète de connaître comment une jeune femme, sans coquetterie, pouvait offrir ce charme. Mais le charme ne s'apprend ni ne s'analyse; il est dans un coup d'œil, dans un geste, dans l'ensemble d'une physionomie; chacun le sent, l'éprouve et se laisse entraîner à son influence.

Louise accompagna la comtesse au pensionnat: elle se sentait en sûreté avec Mme de Vorges et ne songeait plus à la passion de son fils. Quand toutes deux traversèrent la ville, plus d'une langue remua par avance. La femme d'un avoué dans la voiture d'une comtesse! Ce thème fournissait matière à variations pour plus d'un an.

Les provinciaux feraient d'excellents commentateurs, s'ils appliquaient à l'érudition la millième partie de ce qu'ils dépensent d'inductions pour la connaissance des pas et démarches de leurs concitoyens. La curiosité était d'autant plus excitée, qu'il s'y mêlait une certaine jalousie. La comtesse de Vorges venait rarement à Molinchart, et elle ne fréquentait pas les personnes nobles qui y vivent isolées: aussi, jusqu'alors, cette réserve lui avait-elle valu une sorte de respect, qui tomba quand le bruit courut qu'elle avait été vue en voiture avec une bourgeoise. La promenade avec la femme de l'avoué fut regardée comme une mésalliance; on en dit autant de mal que si la comtesse s'était remariée à un bourgeois.

Les dames arrivèrent à une heure à la pension de Mme Legoix, une institutrice célèbre à six lieues à la ronde. Partout, dans la ville, on ne rencontrait que jeunes filles en blanc, avec un ruban rose, vert ou violet à la ceinture, dont la couleur indiquait qu'elles appartenaient à la classe des grandes, des moyennes ou des petites. Les mères accompagnaient leurs filles à la solennité de la distribution des prix: c'étaient des robes prétentieuses, des bonnets à fleurs voyantes, des tours de cheveux extravagants. La bourgeoisie femelle se rengorgeait, portait la tête haute, gonflée d'orgueil et l'œil brillant d'enthousiasme. Dans les circonstances notables, la bourgeoisie prend de ces airs importants qui sont accrochés dans un porte-manteau avec les grandes toilettes.

La façade de la pension était tendue de draps blancs ornés de guirlandes de lierre, comme pour la Fête-Dieu. Des pots de fleurs, partant de la porte et se continuant jusqu'au ruisseau, annonçaient l'entrée de la maison, sablée d'un sable fin et jaune mélangé de fleurs des champs. Dans le vestibule étaient rangés divers hommes, portant au bras une petite écharpe d'un bleu céleste avec franges d'argent: c'étaient MM. Delamour, Janotet et un jeune surnuméraire des contributions indirectes qui, par sa bonne conduite, partageait avec des hommes d'un âge mûr l'honneur des fonctions de commissaire. Le petit Janotet, en costume de garde national, suivait chacun des mouvements de son père et s'accrochait aux robes des dames que le juge-suppléant était chargé de conduire à leurs places.

La comtesse de Vorges entra avec la femme de

l'avoué, et se rendit dans une salle, d'où s'échappaient des cris d'enthousiasme qu'arrachait la vue de dessins à l'estompe, de broderies et de modèles d'écriture. On entendait dans tous les coins voltiger les mots : *parfait! délicieux! admirable!* Rarement on vit pareil massacre de grands hommes grecs et romains : les uns avaient la bouche de travers, les autres étaient louches, et le fameux nez grec voyait sa pureté de lignes outragée par des courbes étranges. Chacun trouvait les Romulus *frappants*, *prêts à parler*.

La broderie était représentée par des bretelles, des pantoufles, des bonnets grecs en tapisserie, destinés à prouver aux pères que leurs filles avaient reçu une brillante éducation; mais, ce qui frappait le plus après les exemples d'anglaise, de ronde et de bâtarde, était certaines peintures de fleurs obtenues par le *genre oriental*. Le fondu des feuilles de roses, les nervures des feuilles étaient atteints par des procédés mécaniques qui mettaient l'esprit des bourgeois aux abois. Des plateaux en tôle noire vernissés étaient chargés de fleurs en relief d'une couleur vive que donnait le *genre chinois*, et les heureuses mères ouvraient des yeux considérables cherchant à reconnaître dans ces chefs-d'œuvre le coup de pinceau filial.

Le musée était plein d'un bourdonnement enthousiaste que seul put rompre l'annonce de la distribution des prix. Alors les dames de la ville se tassèrent les unes contre les autres, oubliant la fragilitité de leurs toilettes, afin d'assister de près au triomphe de leurs filles. La salle d'étude avait été décorée par un tapissier ingénieux, afin de cacher la nudité des murs; de grands rideaux de calicot rouge flottaient aux fenêtres; on avait encadré soigneusement les dessins les plus réussis, ceux que relevait le *sujet*, des *Mazeppa* et de féroces *Giaour*.

Au fond sur une vaste estrade siégeait un jury composé du conseiller municipal faisant fonctions de maire, de M. Pector, de Mlle Ursule Creton, désignée à cet honneur en sa qualité de porteuse de bannière à la confrérie de la Vierge, de M. Bonneau, secrétaire de la société académique rémoise, et de diverses autres personnes recommandables par leur science et leurs vertus. Devant ces personnages étaient entassées des montagnes de couronnes et de livres.

Au pied de l'estrade étaient placés deux pianos, devant l'un desquels était assis un vieux professeur de musique, sourd, qui, par son âge, offrait des garanties de moralité. En voyant arriver la comtesse de Vorges, la maîtresse de pension fendit la foule pour lui offrir une place sur l'estrade; mais la comtesse, peu désireuse de se donner en spectacle, refusa et se confondit, ainsi que la femme de l'avoué, dans les rangs des mères de famille.

Les pensionnaires occupant de longues banquettes, se retournaient pour voir leurs parents, se levaient, faisaient des signes dans la salle et appelaient avec un petit sifflement de lèvres, malgré les recommandations des sous-maîtresses, qui perdaient la tête dans cette solennité, ne savaient où placer les invités et craignaient de faire des jaloux. Cinquante conversations se croisaient dans la salle, auxquelles Mme Legoix était obligée de répondre. La maîtresse de pension était suivie d'une petite femme au nez pointu, qui, à tout instant, lui parlait à l'oreille.

« Est-ce parce que nous sommes de la campagne, disait une fermière, qu'on ne nous place pas mieux?... Eh bien! nous verrons si l'année prochaine je remets mes demoiselles ici!

— Madame Legoix, j'entends des personnes se plaindre... Au moins leurs filles sont-elles bien traitées pour les prix?

— Quelles personnes? demanda l'institutrice en se faisant indiquer les fermières.

« La seconde n'a rien, dit-elle.

— Il faut absolument, dit la petite femme au nez pointu, lui donner un prix?

— Arrangez cela, » dit Mme Legoix.

Ursule Creton, de son fauteuil qui dominait l'assemblée, avait vu entrer la comtesse de Vorges.

« N'est-ce pas Mme Creton, qui accompagne cette dame? demanda-t-elle à son voisin M. Pector.

— Oui, mademoiselle, c'est Mme la comtesse de Vorges. »

La vieille fille nettoya de grandes conserves doublées de chaque côté d'un rideau de taffetas vert, et se recueillit, songeant quels rapports pouvait avoir sa belle-sœur avec la noblesse des environs.

M. Janotet essayait les clefs de sa petite flûte; car il devait jouer une ouverture avec le vieux pianiste de la pension, et il désirait occuper son fils Toto, effrayé de ce grand tumulte.

« Sauras-tu retourner les pages de la musique? lui demanda-t-il. Surtout fais bien attention, je te ferai signe quand il sera temps. »

Le public s'impatientait. En effet, la salle était remplie; les bancs étaient chargés outre mesure; quelques maris avaient été obligés de prendre leurs femmes sur leurs genoux; les marches de l'estrade étaient garnies de pensionnaires qui avaient dû céder leurs places aux invités. A tout instant les domestiques passaient des chaises pour en encombrer l'estrade, au grand dépit des membres du jury, qui perdaient ainsi de leur isolement majestueux.

D'intrépides jeunes gens étaient montés dans les embrasures des fenêtres; d'autres, sans retenue, s'étaient assis sur le piano et n'en bougeaient pas, malgré les cris du vieux musicien. Le petit Janotet avait fini par se loger sous le piano et tenait la jambe de son père. La maîtresse de pension commençait à s'effrayer; la foule entrait toujours; à certains craquements de la porte de la grande salle, on jugeait que l'antichambre était pleine de spectateurs mécontents de ne pouvoir jouir du spectacle.

Tout à coup les sous-maîtresses rappelèrent les élèves au silence; ce fut le signal du commencement : chacun se tassa une dernière fois, et, à part les murmures de certains êtres mal élevés qui ne trouvent pas leurs aises dans les foules, le silence se fit peu à peu. Mme Legoix ayant fait signe à M. Janotet, celui-ci chercha son fils.

« Comment! lui dit-il, tu es sous le piano? Est-ce ainsi que tu retourneras ma partie? »

Mais l'enfant était convenablement assis, et l'on ne l'eût pas fait sortir de son trou pour un empire.

« Madame Legoix! s'écria M. Janotet, jamais je ne pourrai jouer ainsi....

— Monsieur Janotet, un peu de complaisance....

— Mais, madame, le morceau est coupé juste par la moitié sur un *sol-dièze* qui saute au *mi naturel* sur un *coulé*.

— Ne nous laissez pas dans l'embarras, mon bon monsieur Janotet.

— Bast, dit le pianiste, vous devez savoir par cœur l'air du *Point du jour;* vous l'avez joué dix fois.

— Allons, cher monsieur Janotet, » dit Mme Legoix.

Ayant pris son courage et sa petite flûte à deux mains, le musicien souffla de toutes ses forces dans le petit instrument de bois, qui renferme en lui, malgré son mince volume, les cris les plus perçants de la nature.

Le silence se fit à cet appel redoutable, et M. Janotet essaya de faire passer dans la petite flûte tout ce qu'il avait de douceur pour chanter le *Point du jour;* malheureusement, comme il l'avait prévu, il fut obligé de s'arrêter à l'endroit pathétique pour retourner son cahier. Le maître de piano, qui avait l'oreille dure, croyant que M. Janotet était seulement en retard d'une mesure, continua son accompagnement sans s'inquiéter du chant; il en résulta entre le piano et la petite flûte des discordances qui, ailleurs qu'à une distribution de prix, eussent pu mettre les plus courageux en fuite; des applaudissements nombreux n'en vinrent pas moins témoigner à M. Janotet combien les assistants étaient heureux de cette symphonie.

Le conseiller municipal Pector, qui présidait l'assemblée, en faisant entendre pendant tout le morceau divers accompagnements de bouche imitant le basson, ne fut pas un des moins enthousiastes.

Aussitôt après le *Point du jour*, Mme Legoix se leva et fit un discours d'adieu à ses élèves. Brisée par les fatigues de l'enseignement, et désirant prendre du repos sur la fin de sa carrière, elle présentait, pour lui succéder, Mme Chappe, fille de M. Chappe, ancien chef d'institution à Paris, et frère de Chappe fils, qui avait suivi la carrière de son père.

« Adieu, chères élèves, dit-elle en portant son mouchoir à ses yeux, loin de vous je conserverai votre souvenir, et j'espère que mes leçons ne seront pas perdues. »

Mme Chappe apparut alors par une petite porte de derrière, vêtue d'une robe de soie noire; ses cheveux en bandeaux aplatis sur ses joues faisaient ressortir un nez excessivement pointu. Elle se posa hardiment sur l'estrade et parla en improvisatrice habile.

« Jusqu'ici, dit-elle, l'enseignement des demoiselles a été trop restreint. Ayant étudié à fond les diverses méthodes de la capitale, je m'appliquerai à introduire dans ce pensionnat les éléments nouveaux que d'illustres professeurs ont jugé à propos d'enseigner aux femmes. Les sciences et les arts doivent tenir une grande place dans mon programme, que je ferai connaître sous peu. La vie de famille aussi bien que la vie du monde ne peut se passer des éléments divers de sciences dont la civilisation a donné soif à chacun. Mes plans sont combinés de telle sorte que la jeune fille qui sortira de mon pensionnat, fût-elle ménagère, fermière ou fille de duchesse, trouvera désormais, dans l'éducation qu'elle aura reçue, des occupations sérieuses qui aux jours de malheur, empêcheront son esprit de s'arrêter à de trop tristes pensées. Je dois remercier Mme Legoix des excellentes préparations qu'elle a semées dans ces jeunes esprits; il ne s'agit plus maintenant que d'en hâter la maturité. Fille et sœur de parents voués à l'instruction dans la capitale, je me tiendrai plus que personne au courant des développements de la science, et j'espère que votre sympathie ne me manquera pas plus qu'elle n'a manqué à mon prédécesseur. »

Peut-être Mme Chappe eût-elle continué son discours, si un craquement violent ne s'était fait entendre du côté de la porte d'entrée; il se fit un mouvement dans la foule des bourgeoises, qui poussaient des cris perçants en voyant remuer les deux battants de la porte. Toute la salle s'était levée; on n'entendait que des plaintes et des signes de terreur.

« Messieurs, s'écria Mme Legoix s'adressant aux jeunes gens grimpés sur les embrasures des fenêtres, ouvrez la porte du jardin pour empêcher un malheur. »

Quelques-uns sautèrent; on entendit casser des carreaux et le bruit d'une porte forcée. Aussitôt une avalanche de curieux fit irruption dans la cour; comme les rideaux de calicot rouge gênaient la vue, les nouveaux arrivés les tirèrent en dehors et les arrachèrent audacieusement, sans s'inquiéter si un soleil ardent, pénétrant par les fenêtres, n'allait pas convertir la salle de prix en étuve.

Il est certain que la curiosité était motivée en ce

sens que cette solennité dépassa toutes celles connues jusqu'alors. Mme Chappe, qui avait acheté le pensionnat, jugea bon de débuter par un coup d'éclat. Ce fut elle qui inventa de faire jouer sur deux pianos un grand morceau à quatre mains; elle tripla le nombre de prix et de couronnes et introduisit une narration en anglais, récitée par dix élèves à la fois. A la fin de la séance, dix jeunes personnes s'avancèrent sur l'estrade, et dirent en chœur un chapitre en anglais du *Vicaire de Wakefield.*

Élisa de Vorges revint chargée de couronnes et de prix. Suivant l'usage, à chaque nomination, les jeunes filles couronnées vont embrasser leurs parents.

Élisa avait porté triomphalement ses couronnes à sa mère, ainsi qu'à Mme Creton qui l'accompagnait; ayant encore de nouveaux prix, et regardant du haut de l'estrade si elle ne connaissait pas dans la foule une personne amie qui pût partager sa joie, Mme Legoix confia la couronne à Mlle Ursule Creton pour lui faire honneur; mais Élisa eut peur de la vieille fille, de sa figure jaune, de ses lunettes vertes et descendit de l'estrade sans avoir reçu l'accolade obligée. Les enfants ont souvent de ces secrets sentiments qui les mettent en garde contre la méchanceté. Elle frissonna de coller ses lèvres rosés à la peau ridée de la vieille célibataire, et celle-ci lui lança un coup d'œil que personne ne remarqua dans la salle.

Mme Chappe était allée vers M. Bonneau, membre de la société académique rémoise :

« Chacun compte sur vous, dit-elle, pour lire un morceau, vous, monsieur, qui avez la réputation du plus savant homme du département !

— Madame, vous êtes trop obligeante, vraiment; mais....

— Je vous en serai particulièrement reconnaissante, je vais l'annoncer à l'assemblée.

— Pas encore, je vous prie, dit M. Bonneau; l'émotion.... la chaleur....

— Pendant que vous prononcerez votre discours, dit Mme Chappe, nos demoiselles auront le temps de s'habiller pour la comédie.

— Je n'y avais pas songé, véritablement.... »

L'archéologue ayant déroulé un énorme cahier, Mme Chappe envoya chercher un verre d'eau sucrée pour M. Bonneau et en même temps annonça que, sollicité vivement par l'assemblée, l'érudit daignait lire un court fragment historique.

Sous le titre du *Molinchartcrium* des anciens, M. Bonneau tint l'assemblée pendant deux heures. Il s'agissait de reconnaître si le *Molincharterium* cité par les commentateurs du Bas-Empire était le Molinchart actuel.

La langue française entrait pour une minime proportion dans ce discours, où les textes nombreux de latin tenaient la plus grande place. Une chaleur étouffante régnait dans la salle, et des battements de pieds annonçaient clairement que le discours de M. Bonneau n'obtenait aucun succès.

Il se trouva quelques êtres assez mal élevés pour crier : *Assez !*

« Ne pourriez-vous glisser? souffla Mme Chappe à l'oreille de M. Bonneau, qui la regarda d'un œil inquiet, et continua bravement, sans remarquer la mauvaise influence des auditeurs.

— Dans cinq minutes, dit Mme Chappe à M. Bonneau, il est absolument nécessaire que la comédie commence. »

On voyait apparaître derrière l'estrade certaines figures bizarres de jeunes filles habillées d'étranges costumes. M. Bonneau continuait toujours avec impassibilité la lecture de ses commentaires sur *Molincharterium.* Des conversations particulières s'étaient établies parmi les assistants, qui ne savaient comment vaincre la parole tenace de l'archéologue.

Sur un signe de Mme Chappe, un chœur de jeunes filles se fit entendre et couvrit la voix de M. Bonneau, qui resta debout, continuant la lecture de son mémoire, car ses lèvres remuaient et il ne paraissait nullement s'occuper du chœur qui dominait sa parole.

Le chœur fini, on entendit avec surprise la voix de M. Bonneau succéder à celle des jeunes filles, et le mot de *Molincharterium,* quoique accueilli par des risées, n'en continua pas moins à revenir à chaque phrase.

Ne sachant comment délivrer l'assemblée d'un si dangereux orateur, Mme Chappe, en traversant la tribune, renversa comme par hasard les feuillets nombreux qui restaient à lire du manuscrit; cela seul mit terme au flux de paroles de M. Bonneau, qui, hors de lui de voir son précieux manuscrit voler de côté et d'autre, courut après les feuilles, et disparut de la tribune.

La distribution des prix se termina par une comédie jouée par les grandes élèves de la classe : la jeune personne qui jouait le rôle *miss Rhétorique* fut particulièrement remarquée, ainsi que celle qui représentait le personnage de *miss Syntaxe.* Cette pièce, semée de plaisanteries grammaticales, donna une excellente idée de l'esprit de Mme Chappe, car le bruit se répandit qu'elle en était l'auteur. Les dames de la ville ne regrettèrent pas la presse qu'elles subissaient depuis le commencement de la séance, en riant aux larmes de la colère de *M. Subjonctif,* qui se plaignait vivement de rester trop souvent inoccupé. Une petite fille de six ans, à qui on avait collé des favoris sur la joue, et qui était perdue dans une longue houppelande marron, disait avec sa voix juvénile les plaintes graves de *M. Subjonctif.*

Si une minorité intelligente s'accordait à louer les beautés de cet ouvrage dialogué, la majorité n'en saisissait pas facilement les allusions délicates,

Il y avait une scène dans laquelle *Prétérit-Passé* et *Prétérit-Indéfini* se disputaient vivement avec M. *Que-Retranché;* mais la pièce finit par des chansons sur les différents temps des verbes, arrangés en musique sur des airs de cantique qui faisaient balancer la tête de Ursule Creton, que ces mélodies reportaient à la confrérie de la Vierge.

La classe des petites ayant été aussi bien partagée que celle des grandes, la distribution fut terminée, et chacun se retira, heureux d'avoir puisé dans cette solennité des motifs de conversation propres à remplir quelques soirées.

Louise pria la comtesse de Vorges d'attendre que le flot de la foule fût passé : elle venait d'apercevoir sa belle-sœur descendre l'estrade, et voulait lui présenter ses compliments; mais Ursule Creton, quoiqu'elle reconnût la femme de l'avoué, lui tourna brusquement le dos. Louise n'avait nulle sympathie pour la vieille fille, qui lui était hostile, et dont chaque parole contenait une méchanceté; cependant ce dédain la froissa à tel point que la comtesse s'en aperçut.

« Ce n'est rien, madame, » dit la femme de l'avoué; et elle essaya de donner le change à ses idées en embrassant la petite Élisa, qui lui fit oublier par ses gentillesses les aigres rancunes de la vieille fille.

IX

Peines d'amour.

Pendant que ces scènes se passaient à Molinchart, Julien était dans l'anxiété. Viendra-t-elle? se disait-il en amassant toutes les raisons en faveur de l'arrivée de la femme de l'avoué ; les motifs contraires se rangeaient en face comme une armée ennemie, et le jeune homme ne tirait de ses angoisses que le doute.

De sa chambre, située au second étage du château, il apercevait au loin la montagne de Molinchart, et il pouvait suivre la route blanche qui tout à coup fait un coude, se cache dans les arbres, reparaît encore jusqu'à un petit pont et disparaît derrière des cabanes de paysans. La solitude n'amène pas la tranquillité ; le comte était dans une indécision cruelle, se demandant s'il devait aller au-devant de sa mère ou l'attendre. Au cas où Louise viendrait, la comtesse ne remarquerait-elle pas le trouble de son fils, seul sur la route, tandis qu'au château, quand tout le monde serait réuni, l'attention serait moins portée sur lui?

Ce jour-là, soufflait un petit vent frais qui se jouait dans les feuilles des arbres et les agitait ; au loin, on voyait les blés baisser leurs épis dorés ; certains arbres à feuilles jaunes et douces subissaient le passage du vent en ployant leurs fines branches dans mille contours capricieux, tandis que d'autres, à la feuille sèche et vernie, miroitaient aux rayons du soleil et faisaient entendre un petit bruit métallique produit par la brise. Quelques sapins, au contraire, chagrins et anguleux, restaient immobiles dans leur tristesse. Julien ne pouvait quitter sa vue de ces arbres, et le bruit monotone du vent qui soufflait dans les feuilles endormait momentanément ses inquiétudes.

Dans la cour, un chat rompait la tranquillité en sautant tout à coup d'un arbre, avec la vivacité d'un tigre, pour se jeter à la poursuite de poussins qui, à quelques pas d'une poule et d'un coq, picotaient l'herbe des pavés. Un gros chien attaché à sa chaîne, accroupi sur le ventre, philosophiquement regardait cette scène. Les petits poulets accouraient en poussant un léger cri sous l'aile de leur mère, et le chat sournois retournait se tapir sous un massif de rosiers, étudiant d'un œil ardent les mouvements de cette famille dont il rêvait la destruction.

Julien oublia l'arrivée de sa mère en regardant les alertes mouvements du chat, dont le corps frémissait d'inquiétude et qui, par la couleur de sa robe luisante rayée de gris, ressemblait à un serpent annelé qui semble s'avancer vers sa proie par une succession de cercles vivants.

Julien fut tiré de ses observations par un bruit lointain qui le fit tressaillir. C'était le roulement d'une voiture sur la route. A cette heure, la comtesse seule pouvait arriver au château. Aussitôt le jeune homme inquiet se promena dans sa chambre, ne pouvant encore distinguer la voiture. Enfin, Julien put distinguer un point noir qui grossissait à vue d'œil, et il ferma les persiennes de sa fenêtre afin de regarder à son aise Louise et se composer une physionomie pour paraître devant sa mère.

La voiture approchait, mais il était impossible de découvrir les voyageurs, car la comtesse avait une voiture couverte ; et les émotions que le comte se promettait s'évanouissaient. Il avait pensé reconnaître de loin d'abord les habits de Louise, puis l'ovale de sa figure ; chaque tour de roue lui ferait distinguer chaque trait, et il se trouvait en présence d'une machine carrée qui ne laissait rien connaître de ce qu'elle renfermait.

Une petite main qui tout d'un coup s'appuya sur la portière fit battre le cœur de l'amoureux. Ce n'était pas la main calme et aristocratique de la comtesse ; ce n'était pas la main à peine formée d'Élisa; celle qui se laissait voir sur les galons jaunes de la portière était légèrement dorée, et un petit bracelet d'ambre, qui entourait le poignet, en faisait

Que vous êtes bonne d'être venue! lui disait-il. (Page 43, col. 1.)

ressortir la couleur. Julien se retira brusquement de la fenêtre, descendit l'escalier et arriva dans la cour en même temps que la voiture.

« Ah! madame! » s'écria-t-il d'une voix qui contenait beaucoup de paroles et que la comtesse ne pouvait regarder que comme une marque de politesse.

Comme il aidait à descendre de la voiture sa mère, et Louise, il eut le droit de serrer plus fort que l'amitié ne le permettait le poignet au collier d'ambre; mais la petite main ne répondit pas à ces protestations: rétive, elle s'allongea, essaya d'échapper à une étreinte trop significative, et Julien fut obligé, à regret, de lâcher cette main que les convenances ne lui permettaient pas de garder plus longtemps emprisonnée.

« Et mon mari? » demanda Louise.

Cette question, prononcée avec légèreté, rendit le jeune homme soucieux. Louise avait dans l'esprit quelque chose de malicieux; la question qu'elle adressait à Julien était un rappel à l'ordre, une petite vengeance de femme qui trouve qu'on a serré trop vivement sa main. Le comte ne comprit pas cette coquetterie et fut blessé d'entendre la femme qu'il aimait s'inquiéter si vivement de la présence de son mari. Il répondit que M. Creton du Coche explorait les environs, et qu'à cette heure sans doute il était occupé à ses recherches scientifiques. Il fallut à Julien une certaine réserve pour ne pas médire de l'avoué et pour ne pas faire sentir à sa femme l'opinion qu'il avait de ses expériences scientifiques; mais il se contint, attendant de la suite des événements un plan de conduite.

Le mari revint à l'heure du dîner.

« Ah! te voilà, » dit-il à sa femme.

Il n'en dit pas davantage et raconta aussitôt à la comtesse son expédition de la journée. Quoique Louise n'aimât pas son mari, elle fut blessée de la façon dont M. Creton la recevait; elle y était habituée chez elle et ne s'en plaignait pas, mais la présence de la comtesse et de son fils lui fit sentir plus vivement une pareille indifférence. Être traitée légèrement devant un homme qui vous aime, constitue un crime pour la femme qui ne veut jamais paraître dédaignée. N'est-ce pas donner à l'amant une mauvaise opinion de soi que de paraître occuper une si mince place dans l'affection d'un mari?

Une femme avoue volontiers que son mari ne prend pas garde à elle, qu'il a d'autres occupations en tête; elle forcera même la peinture et montrera son mari moins aimant qu'il n'est, mais elle ne lui pardonnera pas de le prouver en public. Ainsi, petit à petit, elle amasse des faits, les goupe et les classe; ces faits se grossissent, forment des montagnes qui accableront la tête du mari, toutes sortes de détails minuscules qui échappent au condamné quand il apprend sa terrible sentence.

Un observateur eût fait remarquer plus tard à M. Creton du Coche qu'il avait pour ainsi dire attisé le feu des rancunes de sa femme, que l'avoué n'eût pu se rappeler la phrase qui avait blessé Louise.

La comtesse prit la défense de la femme de l'avoué, et fit remarquer à son mari qu'il la recevait froidement.

« Ne faites pas attention, madame, dit M. Creton du Coche; ma femme y est habituée, elle me connaît; n'est-ce pas, Louise? »

Le malheureux semblait vouloir hâter l'heure de sa condamnation. Les tribunaux, qui ne prononcent de séparations de corps qu'à la suite de violences, sont impuissants à connaître ces mille petites causes qui amènent le trouble dans les ménages et qui font que de pareils faits sont beaucoup plus significatifs que des brutalités.

« La façon dont j'ai connu M. le comte, dit le mari, est au moins singulière; je l'avais remarqué il y a longtemps et je désirais faire sa connaissance, sans me rendre compte pour quels motifs. Savez-vous, madame la comtesse, combien les habitants de Molinchart boivent de cruches d'eau par jour?

— Non, monsieur, dit la comtesse en souriant.

— J'ai toujours aimé à m'instruire, dit l'avoué, et c'est justement M. votre fils qui m'a empêché d'arriver à mes calculs. Nous avons à Molinchart des fontaines publiques, des puits et des citernes; mais l'eau de la ville n'est pas aussi bonne que celle du bas de la montagne; voulant savoir combien les ânes en transportent de cruches par jour, j'étais un jour sur la promenade, depuis le matin, à compter les ânes qui portent chacun huit cruches dans leurs paniers.... J'en avais oublié le déjeuner.... Tu dois te rappeler, ma femme, le jour où je n'ai pas été déjeuner; si je ne déjeunais pas, c'est que j'avais peur de manquer un convoi d'ânes. Vous me direz, madame, qu'il était facile d'interroger les paysannes qui conduisent les ânes, et de leur demander : Combien êtes-vous qui faites ce commerce, et combien de fois par jour montez-vous la montagne? Mais j'ai reconnu qu'il vaut mieux observer soi-même, voir et calculer au lieu d'interroger. D'ailleurs, les femmes de la campagne, qui n'ont pas conscience de l'intérêt que la science apporte à ces questions, n'y mettent aucune complaisance.

— Connaissez-vous M. Bonneau? demanda Julien à l'avoué.

— Non, dit M. Creton du Coche.

— C'est notre voisin, un érudit distingué qui apporte la même conscience que vous dans ces sortes de travaux. Il faudra que je vous le présente.

— Il était à la distribution des prix, dit la comtesse; mais il n'a pu terminer un morceau qui roulait sur des matières fort délicates d'archéologie.

— Ah! dit l'avoué, vous avez pour voisin un archéologue!

— Il s'inquiète des moindres vestiges de monuments, dit la comtesse, et il les recueille avec le plus grand soin; les amateurs trouvent son musée fort curieux.

— J'y mènerai M. du Coche, dit Julien.

— Je suis enchanté de faire la connaissance des personnes qui se dévouent à la science; toutefois j'avoue que le tailleur n'a pas montré une extrême complaisance à mon égard.

— Est-ce que M. du Coche a été rendre visite à Cadet Bossu? demanda la comtesse.

— Oui, madame, Jacques m'y a mené; je trouve l'invention du tailleur fort ingénieuse; ses Cosaques sont parfaits; mais le tailleur semble avoir puisé dans leur contemplation quelque chose de leur férocité.... Pour en revenir au volume d'eau que la fontaine du bas de la montagne fournit aux habitants de Molinchart, j'étais, comme je vous le disais, depuis le matin sur la promenade, mon carnet à la main, inscrivant chaque fois le nombre des ânes qui passaient sous mes yeux, lorsque M. le comte arriva tout d'un coup à cheval et traversa un groupe d'ânes.... A partir de ce moment, mes calculs furent dérangés. Je vous regardais, j'admirais votre façon de monter à cheval, et jamais je ne me suis rappelé si j'avais inscrit, avant votre arrivée, sur le carnet, les ânes qui se trouvaient sur votre passage.

— C'est réellement fâcheux, dit Jonquières.

— Toutes mes observations précédentes étaient inutiles.

— Si j'avais su, reprit Julien, j'aurais pris une autre route.

— Sans doute! dit l'avoué, je pouvais recommencer le lendemain; mais ces calculs m'absorbaient trop. »

Pendant le dîner, M. Creton du Coche ne parla que des ânes et de la quantité d'eau qu'ils portaient dans les cruches, au grand déplaisir de Louise, qui ne voyait pas sans peine son mari étaler ses manies avec complaisance.

Après le repas, on fit un tour dans le jardin. Jonquières donnait le bras à la comtesse; M. Creton du Coche marchait seul, ruminant ses observations. La petite Élisa courait en avant, cueillait des fleurs, faisait des bouquets, allait de l'un à l'autre, tandis que Julien, qui donnait le bras à Louise, marchait à pas lents pour mettre quelque intervalle entre sa mère et lui.

« Que vous êtes bonne d'être venue! lui disait-il.

— J'aurais dû rester à la ville, dit Louise, après cette lettre.

— Qu'y avait-il dans ma lettre? Rien qu'une invitation.

— Je l'ai apportée pour la déchirer devant vous, dit Louise. A quel danger vous m'exposez. Si mon mari était revenu et qu'il eût trouvé cette lettre, si elle s'était égarée, si elle était tombée en d'autres mains, la malignité aurait pu en tirer parti.... Tenez, la voici; je vous en prie, monsieur, ne m'écrivez jamais. »

Julien profita de ce que Louise lui passait la lettre pour s'emparer de la petite main rétive. Le soir était venu; une grande tranquillité régnait dans la campagne; la comtesse, en avant, causait avec son neveu. Julien sans répondre garda la main de Louise dans la sienne. Le comte, quoique le cœur plein de paroles, cependant se taisait, faisant passer dans une pression de mains les sentiments qui l'agitaient. Louise se sentait gagner par un trouble inexprimable; la tiédeur de l'atmosphère, cette conversation muette, lui faisaient battre le cœur, et elle en arrivait à craindre encore plus le silence du comte que ses paroles.

« Pourquoi ne peut-on toujours vivre ainsi? s'écria Julien. Quel beau rêve, Louise! mais quel triste réveil quand vous serez partie! »

Heureusement pour la femme de l'avoué, Élisa accourait en poussant des cris de joie; elle avait trouvé un ver luisant, l'avait posé sur le bord de son chapeau de paille, et montrait avec joie ce petit diamant bleu étincelant comme du phosphore. Louise essaya de prendre Élisa par la main, afin d'avoir un protecteur, mais la petite fille déclara qu'elle voulait marcher en avant pour servir de phare aux promeneurs.

Tout à coup, Julien fit un mouvement de dépit. La voix de M. Creton du Coche venait de se faire entendre à peu de pas; ayant songé à ses découvertes scientifiques, il s'était senti isolé, et avait été faire « un bout de conversation » avec la comtesse, qui s'était prêtée de bonne grâce à écouter des propos sur la brièveté des jours d'automne, la disparition du soleil, le calme de la température. Après avoir épuisé ce thème, l'avoué venait retrouver sa femme et le comte, et recommençait pour de nouveaux auditeurs ce qu'il venait de débiter ailleurs.

Julien, quoiqu'il souffrît d'être troublé dans sa conversation muette, fut obligé d'écouter l'avoué.

« Mais, monsieur, dit Louise à son mari, ce que vous dites là n'est pas d'un intérêt considérable. »

Si la nuit avait permis d'étudier la figure de l'avoué, Julien eût été frappé de sa comique surprise en entendant cette parole échappée d'un esprit révolté.

« Ce n'est pas intéressant! s'écria-t-il; voilà bien les femmes. Tu crois sans doute qu'une conversation sur les modes, sur les chapeaux, sur la tapisserie, plairait davantage à M. le comte. Ce que c'est pourtant qu'une femme qui n'est jamais sortie de la ville: elle distingue à peine le seigle du froment, le blé de l'avoine, croit volontiers que tout cela est de l'herbe, et vient me dire que cela n'est pas intéressant.... Ah! monsieur le comte, madame votre mère a eu bien tort, je le crois, d'amener ma femme à la campagne.

— Au contraire, monsieur du Coche, dit Julien, ma mère est heureuse d'avoir fait la connaissance de madame.

— La politesse seule vous fait parler ainsi, fit l'avoué d'un air de doute.

— Vraiment, dit en souriant Louise, à entendre mon mari, on me prendrait pour une ignorante.

— Non, dit l'avoué, tu n'es pas ignorante; tu brodes parfaitement, tu fais de la tapisserie avec succès, mais tu n'entends rien aux productions de la terre. »

Cette vie se continua pendant quelques jours; cependant Julien, quoique la présence de Louise eût réalisé ce qu'il avait tant souhaité, devenait triste, et ses accès de mélancolie le reprenaient. Quelquefois il fallait l'ordre de sa mère pour qu'il l'accompagnât à la promenade avec Louise. Son cousin vint à son secours et l'alla trouver un matin.

« Je ne te reprocherai pas, dit Jonquières, d'avoir prédit ce qui arrive, mais tâche de prendre courage, et de combattre ta passion, non pour toi, mais pour ta mère.

— Ma mère! s'écria Julien.

— Sans doute; elle ne m'a rien dit, parce qu'elle me sait trop ton ami, mais j'ai cru comprendre qu'elle avait deviné l'état dans lequel tu te trouvais.

— Tu crois! dit Julien ému.

— Oui, ta mère s'en doute.

— Il ne faut pas qu'elle le sache, dit Julien.

— Ma tante ne souffrirait pas qu'on trompât chez elle ce M. Creton; elle ne fermerait pas les yeux complaisamment sur une intrigue, et si la comtesse avait une ombre de certitude, elle éloignerait aussitôt l'avoué et sa femme.

— Peut-être préviendrait-elle le mari, dit Julien.

— Il faut donc, mon ami, pendant quelques jours, essayer de paraître gai. Chasse ces airs mélancoliques que ta mère a trop appris à connaître quand tu revins de Paris. Sois empressé, galant même; mais tu ne parles pas, tu soupires....

— Suis-je assez malheureux! s'écria Julien. Je vois toute la journée la femme que j'aime, et je ne puis lui parler tranquillement sans qu'aussitôt le mari n'arrive, ou Élisa, ou ma mère.

— Je crois, dit Jonquières, que si vous étiez seuls en tête-à-tête, tu n'en serais pas moins malheureux. Où se cache l'amour qui laisse l'esprit tranquille?

— Quel mari cette pauvre femme a rencontré! s'écria Julien.

— Tu souhaites peut-être qu'elle soit mariée à un homme de bonnes manières, aimable et spirituel.

— Tu te moques, Henry! Mais ne peut-on plaindre Louise d'être liée pour la vie à un homme qui ne la comprend pas.

— Il est rare, dit Jonquières, qu'au bout de six mois, une femme trouve que son mari la comprenne.

— Enfin, tu as été témoin de la manière dont l'avoué traite sa femme, avec quel sans-façon il lui répond, et les moindres occasions qu'il saisit pour l'humilier.

— Par là M. Creton croit montrer sa supériorité. J'ai connu beaucoup de maris de cette nature : leurs femmes leur servent de compère sans s'en douter; comme les paillasses des arracheurs de dents, elles subissent les remontrances du maître, pour bien faire comprendre à la foule l'autorité de celui-ci.

— Pauvre Louise! dit Julien. Je la plains, et c'est moi qui suis à plaindre, car je l'aime et elle ne m'aime pas.

— Elle ne t'aime pas! dit Jonquières. Serait-elle venue au château si elle n'était conduite par l'amour?

— Je ne comprends pas sa conduite; elle me fuit. Quelquefois, quand nous allons promener, elle prend le bras de son mari, qui ne s'en soucie guère, et me refuse les plus légères marques d'amitié.... Enfin, le croirais-tu, elle me fait l'éloge des qualités de ce Creton.

— Elle lutte.

— Oh! Quand je l'entends ainsi parler, j'ai honte d'aimer une femme qui a des sentiments si vulgaires, car je ne porte aucune haine à son mari. Il m'est indifférent, je n'ai pour lui ni rancune, ni amitié; si je rencontrais dans la vie un tel être et qu'on me demandât mon opinion, je répondrais: C'est un homme qui vit et respire comme un animal, et qui n'a même pas l'intelligence de mon chien Tom.... »

Jonquières sourit.

« Est-ce que tu le peins de la sorte aux yeux de sa femme?

— J'ai essayé, mais elle ne me laisse pas continuer; elle dit qu'elle s'est trouvée longtemps heureuse....

— Longtemps n'est pas toujours.

— C'est ce que je lui ai répondu; alors elle parle d'abnégation, de dévouement, d'intérieur tranquille, et ces raisons m'empêchent de répondre.... Nous restons sans nous parler, emportant chacun de notre côté des impressions douloureuses..... Pourquoi le hasard ne nous fait-il pas rencontrer, au début de la vie, des femmes telles que celle-ci, dont on serait fier, qu'on serait si heureux d'aimer; au contraire, nous nous jetons dans les bras de coquines qui, après avoir développé en nous la passion, nous laissent retomber dans un bourbier où l'on reste pris de nausées, en se demandant: Est-ce là l'amour? Quelquefois nous sortons de ce bourbier avec beaucoup d'efforts, et toute la vie se passe à douter de l'amour, à le craindre.... Au contraire, des jeunes filles pures, chastes, à peine entrent-elles dans la vie, on leur attache au pied un boulet, un mari tel que ce Creton.... Ah! on n'est jamais heureux.

— Tu parles, dit Henry, comme un homme désespéré, demain tu trouveras la vie un cadeau inappréciable. »

Julien secoua la tête.

« Que faut-il pour devenir fou de bonheur? Un coup d'œil de la femme qu'on aime, et ce coup d'œil vient à qui sait l'attendre.

— Le crois-tu, Charles?

— Je vois dans la conduite de Louise des combats, des soubresauts d'opinions qui n'ont que toi pour objet. Qu'elle le montre ou qu'elle le cache, qu'elle soit réservée ou émue, il n'y a que toi dans la nature. Elle fait l'éloge de son mari, c'est pour t'éprouver. Reconnût-elle quelques qualités à ce mari, qu'à l'intérieur, sur les plateaux de cette petite balance que chaque femme a dans le cœur, elle mettrait d'un côté les pièces de six liards du mari, et de l'autre les monceaux de pierreries, qui sortent par la bouche d'un amoureux. A l'heure qu'il est, M. Creton du Coche est bas.

— Ah! que tu me fais de bien, mon ami, dit Julien; depuis ce matin je regarde mes pistolets.

— Que les amoureux sont difficiles à mener! Comme tes matinées sont mauvaises, que tu n'as rien à faire ici, en ma qualité de médecin, je t'ordonne beaucoup d'exercice; nous chasserons tous les jours.

— Me permettras-tu de parler d'elle?

— Un médecin, dit Jonquières, doit flatter les manies de ses malades. »

X

Delirium archeologicum tremens.

Un matin l'avoué courait les champs, suivi de Jacques, qui s'ingéniait à lui fournir chaque jour de nouvelles promenades. Tous deux arrivèrent près d'un monument délabré qu'on appelle dans le pays le château des Templiers.

La course avait été longue et l'avoué se reposait sur le gazon, lorsqu'il aperçut un petit homme vêtu de noir, cravaté de blanc et porteur d'un immense parapluie, dont il se servait comme d'une pique pour gravir la montagne. Sous ses larges habits noirs, on pressentait un savant, et sans avoir de vastes connaissances physiognomoniques, l'avoué flaira quelque être extraordinaire. Le petit homme s'arrêtait de temps en temps, regardait le château des Templiers et brandissait son parapluie avec des airs de satisfaction. Il n'aperçut pas, dans sa préoccupation, l'avoué et Jacques, étendus sur le gazon.

L'archéologue se flaire de loin à la façon dont il regarde un monument. Il semble qu'il lui appartient, qu'il a été construit exprès pour sa satisfaction personnelle, et que les ruines sont destinées à être commentées par lui. L'archéologue n'est pas seulement curieux à être étudié en public; il se pose devant un édifice d'une certaine façon théâtrale; il sait qu'on le regarde et que les curieux disent de lui : Voilà un savant. Dans ces circonstances, l'archéologue sur son piédestal, devient important. Mais il faut surprendre l'admirateur des monuments quand seul il se laisse aller à ses sensations intimes; son œil ne s'illumine pas, comme on pourrait le croire, l'enthousiasme se peint médiocrement sur ses traits, car l'archéologue n'aime pas l'architecture pour l'architecture, il l'aime pour l'honneur qu'elle lui rapportera devant une société savante. Un monument, pour un archéologue, représente un long mémoire in-quarto, qu'il lira en séance publique. Les beautés du monument ne le séduisent guère; s'il les étudie, c'est pour en faire une analyse pénible dans une langue désagréable.

L'homme à l'habit noir s'avança vers un grand mur qui restait encore entier et le mesura avec son parapluie comme il l'eût fait avec un mètre; puis il tira de sa poche un carnet et y inscrivit quelques notes.

« Jacques, dit M. Creton du Coche, que fait donc ce monsieur? »

Jacques, qui commençait à sommeiller, leva la tête et dit :

« C'est M. Bonneau avec son parapluie.

— Le savant M. Bonneau.

— Lui-même, monsieur.

— Je vais lui parler.

— Ne vous en avisez pas, monsieur; quand on le rencontre avec son parapluie, c'est signe qu'il ne veut pas être dérangé; il travaille, et alors il est plus désagréable que Cadet Bossu. »

M. Bonneau était un de ces bourgeois qui furent attaqués, quelque temps avant 1830, d'une maladie, connue sous le nom de *delirium archeologicum tremens*. Il est permis d'appeler cette manie une maladie, car il en souffrait violemment et versait plus de larmes sur la démolition d'une vieille baraque que s'il eût perdu un membre. La mode était alors aux cathédrales. M. Bonneau, petit rentier de Vorges, qui ne savait à quoi occuper son temps, se jeta avec fureur dans les bras de l'archéologie. Il entreprit dès lors de mesurer tous les monuments de sa province. Très-jeune, M. Bonneau avait eu l'esprit tourné vers ce genre d'observations; il ne montait pas un escalier sans compter le nombre des marches du rez-de-chaussée au grenier. Les personnes auxquelles il allait rendre visite et qui le recevaient au bas de l'escalier n'étaient pas peu surprises de s'entendre dire :

« Permettez-moi, je vous prie, de monter jusqu'au haut de votre maison, j'aurai l'honneur de vous présenter ensuite mes hommages.

— Mais, monsieur....

— Vous devez avoir au moins soixante marches dans vos deux étages. J'ai regardé attentivement la façade, je serais bien étonné si on comptait moins de cinquante-cinq marches. »

Déjà M. Bonneau était monté au grenier, ne s'inquiétant pas si la personne l'attendait ou non.

« Cinquante-huit marches, s'écriait-il en entrant dans le salon d'un air triomphant; j'en étais sûr, et encore vous avez un pas de porte, ce qui fait cinquante-neuf marches. »

Avec cet esprit d'exactitude, M. Bonneau savait combien il lui fallait de ses petites enjambées pour mesurer la longueur d'une rue, et nécessairement combien d'enjambées nécessitait le tour de la ville. Le tout était noté avec soin sur un carnet; ce ne fut que plus tard qu'il appliqua son intelligence pleine d'exactitude à la mesure des monuments du département. Dédaignant les anciennes mesures, peu soucieux des nouvelles, M. Bonneau avait inventé un moyen terme que l'Académie des inscriptions n'a pas admis. Tout était soumis à son parapluie. Pour l'archéologue, un monument avait tant de parapluies de longueur, tant de largeur; il ne comptait que par parapluie, n'étant jamais sorti sans ce meuble. Le caractère distinctif de M. Bonneau était le port de ce parapluie, en hiver, au printemps, en été, en automne, qu'il fît soleil ou pluie, neige ou grêle. On ne l'avait jamais rencontré sans son parapluie, et il se l'était tellement assimilé dans les gestes, dans les mouvements, qu'on eût juré qu'il était venu au monde avec un parapluie.

La société académique de Reims avait admis cette singulière mesure; chaque membre savait à quoi s'en tenir quand M. Bonneau annonçait qu'ayant relevé la hauteur, la largeur, la longueur, la profondeur d'un monument, le tout représentait tant de parapluies. La parfaite conscience de M. Bonneau dans ces sortes de travaux était tellement connue, que l'Académie de Reims préférait cette mesure au métrage souvent équivoque d'un architecte, qui n'apporte pas toujours l'application voulue, et peut commettre des erreurs déroutantes pour la science.

Jacques expliqua à M. Creton du Coche la haute estime que les gens sérieux professaient pour M. Bonneau; et l'avoué attendit avec impatience que l'archéologue reparût, car il était occupé à relever la façade de derrière du château des Templiers. M. Creton l'avait perdu de vue; mais bientôt il put le voir manœuvrant avec agilité son parapluie, le faisant pirouetter sur lui-même du manche à la queue, en arpentant avec rapidité le côté nord du monument. M. Creton n'avait pas assez d'admiration pour ce petit homme en habit noir qui escaladait des murs, s'accrochait dans les interstices des pierres et courait des dangers pour donner des calculs approximatifs d'une élévation architecturale.

Quand il fut arrivé au premier étage, M. Bonneau recommença ses calculs sur les quatre côtés du monument. Ayant consigné ses opérations sur un carnet, il descendit du vieux château avec le même sang-froid, se servant de son parapluie comme appui.

« C'est au savant M. Bonneau que j'ai l'honneur de parler? demanda l'avoué.

— A lui-même, monsieur, » dit l'archéologue, qui regarda en clignotant la décoration barométrique que portait à sa cravate M. Creton du Coche.

L'avoué déclina son nom, sa profession, son séjour au château de la comtesse de Vorges, et dit qu'heureux d'avoir rencontré l'archéologue, il n'avait pu modérer son vif désir de faire sa connaissance.

Il se joua alors entre les deux savants une comédie qui n'avait que Jacques pour spectateur. M. Creton du Coche, fier d'être mis en rapport avec un homme célèbre dont tout le pays parlait, avait un extrême plaisir de déployer ses connaissances météorologiques, et voulait prouver que lui aussi s'occupait de matières hors de la portée du vulgaire; mais M. Bonneau ne savait pas écouter; à peine s'écoutait-il lui-même. Ne voyant dans la vie que des monuments à mesurer avec son parapluie, il était incapable de suivre une discussion étrangère à ce sujet. Il n'y avait pas de place dans son cerveau pour les idées des autres; tout homme qui ne s'adonnait pas à l'archéologie lui paraissait un être d'une nature inférieure. Son amour-propre considérable lui faisait croire qu'il avait inventé l'art de mesurer les monuments.

« Croiriez-vous, monsieur, dit-il à l'avoué, qu'avant mes opérations, les habitants de Reims ne connaissaient pas l'étendue de leur collégiale?... A la dernière séance du congrès académique, je m'avisai d'appliquer mon parapluie contre le monument, et j'en obtins immédiatement la longueur. C'était un résultat précieux. J'entre au congrès et je demande à un de ses membres combien avait de pieds la collégiale; il ne s'en doutait pas.... On prononçait un discours sur un sujet d'agriculture d'une faible importance; je me dis que si je laisse entamer la discussion sur cette matière, ma découverte peut être remise à une nouvelle séance; alors j'écris sur un petit papier : Y a-t-il un des membres présents qui puisse déterminer la longueur exacte de la collégiale? Ma note circule dans l'assemblée, et me revient sans réponse. Monsieur, les habitants de la ville eux-mêmes l'ignoraient.

— Il en est de même, dit M. Creton, de Molinchart où....

— Permettez, monsieur; aussitôt terminé le discours sur l'agriculture, je monte à la tribune; je fais part de ma découverte. Immédiatement elle est transcrite sur le registre de la Société, à mon nom, bien entendu, afin que ce fait ne soit pas perdu pour l'avenir.

— A Molinchart, dit l'avoué, nous sommes dans les mêmes conditions relativement à....

— Oh! je n'ai pas fini, monsieur; il faut que je vous montre tout ce que j'ai fait pour le département. Je ne perds pas de temps, mais ma vie est réellement absorbée par les intérêts artistiques du pays.... Vous connaissez maintenant Vorges, monsieur; eh bien! vous allez voir ce que j'ai fait pour la ville : d'abord, j'ai créé dans ma maison un musée tel qu'il n'en existe pas de pareil dans le département.... Une partie de ma cour est pavée en briques romaines ramassées une à une, quelquefois à vingt lieues de distance l'une de l'autre. J'ai dans ma cuisine des couteaux; vous jureriez qu'ils ont été fabriqués hier. Monsieur, ce sont des couteaux trouvés dans des tombes du pays, et je me suis fait signer des certificats par les autorités locales, constatant que mes couteaux de cuisine proviennent de l'invasion des Gaules.... C'est en m'entourant d'objets d'une autre époque, en les faisant servir à mes besoins journaliers, en vivant avec eux en perpétuelle contemplation, que j'ai puisé ce vif amour des monuments qui m'a conduit à de si importantes découvertes. »

M. Creton du Coche essaya à diverses reprises d'interrompre le plaidoyer de l'archéologue; mais il ne put placer un mot sur ses études ; d'ailleurs, Jacques lui faisait signe de se taire, et, après avoir essuyé le feu du tailleur aux Cosaques, l'avoué commençait à prendre garde d'irriter les savants. On arrivait dans le village; M. Bonneau invita son écouteur à visiter sa maison.

La maison de l'archéologue était reconnaissable à la prodigieuse quantité d'antiquités qui servaient de manteau aux murailles. La crête des murs était protégée par des tessons de pots romains remplaçant les culs de bouteilles que cimentent les maçons pour empêcher l'escalade des voleurs. L'un des battants de la porte d'une armoire, qui servait de porte, était fermé, tandis que l'autre battant consistait en un fragment de grille de fer tellement dénaturé, qu'il eût été impossible d'en reconnaître l'origine si M. Bonneau n'eût accroché à ce battant comme à chacun des objets de son musée un écriteau indiquant la date et le lieu où il avait été trouvé. Des cornes de cerf, des ossements de morts, un ancien serpent de cathédrale, des chapiteaux mutilés, des statuettes gothiques sans têtes et sans mains, des serrures délabrées, des morceaux de bahuts, des armes rouillées, des pierres sculptées où il ne restait pas trace de sculpture, de vieilles chaînes de fer étaient scellés dans la muraille, et portaient une inscription en gros caractère sur des morceaux de bois. Le *delirium archeologicum tremens* éclatait sur toute la façade de la maison. La manie de la restauration, la fièvre du bric-à-brac avaient empli cette habitation de tapisseries trouées, de meubles boiteux, de pots égueulés, de tableaux éraillés.

M. Creton du Coche prit pour de l'admiration ce qui n'était chez lui qu'un sentiment pénible, en voyant entassés dans l'intérieur de la maison tant d'objets disparates, qui n'offraient d'autre curiosité que de loger des monceaux de poussière. Une petite salle mystérieuse recevait à peine le jour, à cause des vitraux fêlés et plombés qui avaient été ajustés avec beaucoup de peine aux fenêtres. M. Bonneau recommanda le silence à son hôte, et disparut, le laissant en proie à une certaine inquiétude respectueuse qui l'avait pris en entrant dans la maison.

« Je vais vous faire voir, lui avait dit l'archéologue, un morceau précieux que les musées royaux m'envient. »

Pendant que M. Bonneau était sorti, l'avoué se recueillit et repassa dans sa mémoire les différentes observations climatériques qu'il avait faites; il les mit en ordre, afin d'en donner une idée à l'archéologue quand il aurait vu la collection. Jusque-là il n'avait pu placer que des demi-phrases; mais il espérait pouvoir, à son tour, donner cours à ses idées. M. Bonneau reparut tenant en main une lampe qui n'était pas inutile dans cette salle obscure; alors M. Creton put remarquer dans un coin un grand bahut de bois portant cet écriteau : *Coffre égyptien de l'époque de la seconde dynastie*. Ce meuble pouvait avoir été construit par un emballeur moderne; mais la foi qui a fui notre époque sceptique semble s'être réfugiée dans l'esprit des archéologues. M. Bonneau ouvrit avec soin le grand coffre : dans le coffre était renfermé un coffret, dans le coffret une boîte. Il fallait un objet d'une immense importance historique ou d'une excessive valeur, pour nécessiter un tel appareil de clefs, de serrures : M. Creton ouvrait de grands yeux.

« Voyez et admirez! » s'écria M. Bonneau en montrant du doigt une chose informe qui gisait au fond d'une troisième boîte.

Tout disposé qu'il fût à une violente admiration, l'avoué ne sut d'abord que penser, et resta embarrassé de faire éclater son enthousiasme pour un objet inconnu.

« Comment trouvez-vous ce morceau? » s'écria M. Bonneau.

C'était la première fois qu'il adressait une question à l'avoué, et celui-ci ne savait qu'y répondre. Seulement il tendit la main dans la direction du coffre, en manifestant le désir de palper la chose mystérieuse.

« Pardon, dit l'archéologue, je ne laisse toucher à personne ce fragment précieux. »

Alors il le prit avec précaution, l'approcha de la lampe et le tourna dans tous les sens pour en faire admirer les délicatesses. C'était un lourd morceau de fer d'une forme grossière, semblable aux *boulons* de fer avec lesquels les marchands assujettissent leurs volets. La rouille s'était arrêtée avec complaisance sur ce morceau de fer où elle trouvait sa pâture. L'avoué, craignant de mécontenter l'archéologue, fit une grimace de complaisance qui pouvait simuler une admiration sans bornes.

« C'est un morceau de l'éperon de Charlemagne, » s'écria M. Bonneau.

M. Creton du Coche s'inclina et fit entendre un cri prolongé destiné à remplacer le langage, quand les mots ne suffisent plus à rendre les sentiments violents qui agitent l'enthousiaste. Puis, peu à peu, ayant réussi à s'échauffer, il s'écria :

« Diable !

— N'est-ce pas? dit M. Bonneau.

— Ah! bigre, » fit l'avoué.

M. Bonneau faisait tourner le *boulon* autour de la lampe.

« Oh! dit M. Creton.

— Ah ! ah! » reprit avec un son de voix enchanté l'archéologue.

Ces conversations entre les amis des arts, les collectionneurs et tous les admirateurs de profession, prennent de la valeur par les différentes inflexions qui colorent chaque interjection. Elles ne peuvent guère être notées; mais les collectionneurs ont le tort de laisser trop longtemps le même objet devant les yeux, car alors de telles exclamations forcément restreintes, sont usées avec trop de facilité. Il en arriva ainsi à l'avoué, qui, malgré son respect pour le monument, trouva qu'un quart d'heure de contemplation était au moins suffisant.

« Je vois, dit M. Bonneau, que vous comprenez.

— C'est délicieux, s'écria l'avoué, se forçant pour donner une bonne mesure de son intelligence.

— Je ne montre pas l'éperon de Charlemagne au premier venu, dit M. Bonneau.

— Je le crois, répondit l'avoué.

— Un joyau, n'est-il pas vrai ? demanda M. Bonneau.

— Curieux ! très-curieux ! reprit l'avoué, qui prenait au fond l'archéologue en pitié.

— Voilà, dit M. Bonneau en lançant un regard méprisant sur le thermomètre de la cravate de M. Creton, un bijou qui ferait une jolie épingle de fantaisie.

— Oui, certainement....

— Il est un peu lourd, dit M. Bonneau ; sans quoi je le porterais religieusement. »

Pendant que le collectionneur refermait avec soin ses différentes boîtes, M. Creton pensa que l'air de la campagne et surtout la tension d'esprit qu'il apportait à comprendre M. Bonneau, lui avaient donné un grand appétit. Il se leva, brossa son chapeau de sa manche et prépara sa sortie. Mais le collectionneur lui prit la main.

« Asseyez-vous, je vous prie : vous êtes un homme de tact, je veux vous faire entendre le mémoire que je prépare pour le congrès de Château-Thierry. »

M. Creton s'assit avec résignation, éprouvant une certaine terreur; mais il ne voulut pas blesser l'archéologue qui lui montrait tant de confiance.

« Il s'agit, dit M. Bonneau, d'une affaire très-importante pour notre cité, et dont on me saura à peine gré. Les paysans passent devant ma porte, sans se douter que je veille à leurs intérêts, et que cette lampe, souvent allumée la nuit à des heures avancées, annonce un penseur qui sacrifie son sommeil à des questions d'une haute portée historique. Et d'abord je vais vous lire la correspondance volumineuse, dont voici heureusement le dossier copié en double, car l'incurie des administrations est telle, que, de la mairie de Vorges, de la sous-préfecture de Molinchart, du ministère de l'intérieur, on n'a pas encore daigné me répondre. Je commencerai, si vous le permettez, par la lettre au ministre, celle qui est la plus explicative, et pour laquelle j'attends sous peu ma nomination de membre correspondant des monuments historiques.

M. Bonneau, qui portait les investigations de son esprit dans les choses les plus minimes, s'était réveillé un matin avec l'idée que le mot de Vorges avait un *S* de trop. Cet *S* blessait l'archéologue, qui courut d'abord le pays annonçant sa découverte, à savoir que Vorges devait s'écrire sans S; mais les fermiers et les propriétaires de l'endroit ne comprenaient pas l'intérêt d'une lettre de moins dans un nom. N'étant pas secondé par ses concitoyens, M. Bonneau fit à chacun des membres du conseil municipal des visites qui ne furent pas plus heureuses. Le budget de l'année, la question des chemins vicinaux étaient affaires plus importantes pour les conseillers.

En voyant le volumineux dossier dans les mains de l'archéologue, l'avoué sentit sa faim redoubler, et il essaya, avant que la lecture ne fût commencée, de faire entendre qu'on l'attendait au château ; mais M. Bonneau avait trouvé un auditeur, et il ne l'aurait pas plus lâché qu'une araignée une mouche.

Ne sachant comment décider les habitants de Vorges à supprimer l'*S* du nom de leur ville, M. Bonneau en écrivit au préfet du département ; les bureaux restèrent muets devant cette pétition. Alors l'archéologue irrité en référa au ministre de l'intérieur, spécifiant que sa réclamation était fondée sur de graves motifs, et qu'il espérait fournir des documents précis. Sans doute certains historiens avaient écrit Vorges avec un *S* ; mais c'étaient des gens étrangers à la localité, qui copiaient l'S de leurs prédécesseurs, sans vérifier si l'orthographe du nom était exacte.

« Les véritables savants, monsieur le ministre, écrivait M. Bonneau, désirent faire disparaître cet *S* de notre commune. C'est pour nous un devoir que de ne pas laisser altérer le nom d'une petite ville dont il est question dans les *Commentaires de César*. Monsieur le ministre rendrait à la commune un véritable service en ordonnant qu'à l'avenir, dans les actes administratifs, le mot *Vorge* soit orthographié conformément aux chartes historiques où il est parlé de Vorge. Si on laissait se propager cette erreur plus longtemps, les habitants s'habituant à cet *S* de plus en plus, consacreraient une orthographe contraire à la vérité. Le premier *S* qui ment effrontément à l'histoire apparaît dans la minute d'un notaire de Vorge du dix-septième siècle; cette faute provient évidemment d'un clerc ignorant. Et encore cet *S*, source de l'erreur moderne, est-il contestable ; on ne sait qu'en penser. Est-ce un caprice de la plume qui s'est arrondie tout à coup après la formation de l'*e* ? J'ai étudié longuement cette minute à la loupe, monsieur le ministre, et j'ose affirmer qu'aucun expert ne se prononcerait sur cet *S* douteux. Il est très-désirable que vous vouliez bien appuyer de votre haute autorité mes humbles efforts. Vorge avec un *S* est un mensonge impudent. Que l'administration supérieure décrète à tout jamais la suppression de cet *S*; et l'archéologie ne pourra qu'applaudir à la protection que monsieur le ministre accorde aux efforts des savants modestes de la province. »

Cet *S* troubla la tête de M. Creton du Coche par

Julien chercha à se glisser. (Page 55, col. 2.)

sa fréquente répétition. Il se remuait sur son fauteuil, croisait et décroisait les jambes avec des marques d'impatience ; mais M. Bonneau continuait à lire son mémoire en insistant sur les passages à effet. Le malheureux avoué ne pouvait même sauter une page du mémoire, car M. Bonneau ne le quittait pas de l'œil et cherchait à surprendre sur la figure de son auditeur quelques marques de satisfaction. Enfin, après trois mortelles heures de lecture, M. Creton parvint à s'échapper; mais il passa une mauvaise nuit, ayant des cauchemars où des bataillons d'S, semblables à des sangsues, s'avançaient menaçants vers lui et lui suçaient le sang.

XI

La comédie sous la table.

Quelques jours après la distribution des prix, Mme Chappe, la nouvelle institutrice, rendit visite aux principaux personnages de Molinchart. Ayant longtemps séjourné à Paris, elle en avait les manières polies, la conversation caressante, et pouvait, suivant la circonstance, modifier adroitement son caractère.

Sachant de quel poids est la religion dans l'éducation, elle en affecta les semblants, et entra en relations avec les personnes qui avaient des rapports avec le clergé.

Entre autres dont elle tenta de se faire des protectrices, Ursule Creton ne fut pas oubliée. La vieille fille était quinteuse, et la dévotion ne la menait pas à chérir son prochain; au contraire, elle oubliait les qualités des gens qu'elle fréquentait pour accuser leurs défauts les plus minimes : des moindres fautes elle faisait une montagne; mais Mme Chappe savait combien ces natures hargneuses sont faciles à séduire et le parti qu'on en peut tirer.

Elle alla à l'église les jours où Mlle Creton s'y trouvait, lui offrit son bras, porta son parapluie, et trouva d'énormes flatteries que la vieille fille avalait avec la voracité d'un poisson.

« La paroisse Notre-Dame, disait l'institutrice, devait être fière de compter dans son sein une demoiselle si respectable par ses vertus. »

Mme Chappe savait admirer le chapeau vert de Mlle Creton; elle poussait l'audace jusqu'à parler de la beauté de la vieille fille, dont, disait-elle, les traces étaient visibles encore.

Ursule Creton n'avait jamais entendu vanter sa beauté; sa figure était si refrognée, si jaune et si ridée, que son miroir ne rendit jamais de reflet satisfaisant.

La première fois qu'elle entendit ce langage, la vieille fille devint confuse et son sang eut encore assez de force pour colorer légèrement ses joues; elle sourit au second compliment, et il ne fallut pas que la maîtresse de pension le répétât quatre fois pour que la vieille fille crût avoir été une beauté accomplie.

Tout ce que faisait *mam'selle* Ursule était parfait, car Mme Chappe attrapa immédiatement la prononciation de *mam'selle,* qui prenait dans sa bouche une nuance de bonhomie et de familiarité.

La maison de *mam'selle* était la mieux située de la ville.

Il n'y avait que *mam'selle* pour avoir d'aussi jolis petits Jésus en cire.

Qui oserait porter la bannière après *mam'selle ?*

Mam'selle avait de jour en jour une mine plus florissante.

Enfin l'*Amour* à *mam'selle* était le plus beau de tous les Amours.

L'*Amour* était le vieux chien gras dont le ventre caressait le plancher quand il essayait de marcher. Il eut sans doute conscience des compliments de la maîtresse de pension, qui les lui faisait passer sur un morceau de sucre, car il quitta pour elle seule le grognement enrhumé qui d'habitude se prolongeait tout le temps que durait une visite.

Mme Chappe avait été dans une grande partie des familles de Molinchart; partout, disait-elle, on faisait l'éloge de *mam'selle* ; partout on la glorifiait. La vieille fille put se regarder dès lors comme une sainte Ursule, avec les avantages de la virginité et sans les souffrances du martyre.

Mme Chappe avait rapporté de Paris quelques secrets de cuisine inconnus à la province; elle savait confectionner certaines délicatesses sucrées qu'elle offrit à la vieille fille : les compliments acharnés de la maîtresse de pension, ses chatteries, en firent une amie indispensable désormais à la vie de Mlle Ursule Creton.

Le bruit de cette liaison se répandit dans la ville. Jusqu'alors personne n'avait pu s'emparer du cœur de Mlle Creton; on en conclut que Mme Chappe avait un caractère d'une douceur évangélique; certainement elle était confite en pratiques religieuses, pour que la porteuse de la bannière voulût bien l'admettre dans sa familiarité. Ursule Creton, que l'âge commençait à gagner, se fût peut-être démise de ses fonctions à la confrérie de la Vierge en faveur de Mme Chappe, si la profession de celle-ci ne l'eût empêchée d'accepter des honneurs qui pouvaient la détourner de l'enseignement.

Ayant ainsi bâti les fondements de sa réputation, Mme Chappe pensa qu'un voyage aux alentours pouvait être utile au succès de son pensionnat; et elle vint un jour chez Ursule Creton, les larmes aux yeux, feignant une vive douleur d'une séparation de quatre jours : en même temps elle lui demandait quelques conseils sur les personnes à voir, car la vieille fille connaissait les environs de Molinchart aussi bien que la ville. Mme Chappe espérait encore tirer quelques mots de recommandation pour de hautes familles.

« Je vais à Landouzy, dit l'institutrice; de là je pense me rendre à Vorges. »

En entendant ce nom, Mlle Creton sauta sur sa chaise; sa figure se tira comme par mille ressorts invisibles; son nez se pinça, son menton s'allongea.

« A Vorges ! vous allez à Vorges ! s'écria-t-elle.

— Qu'avez-vous donc, mam'selle? est-ce que vous vous sentez mal?

— Non, non, dit Mlle Creton; ah! vous allez à Vorges!

— Je compte présenter mes respects à Mme la comtesse en passant.

— Ah! la comtesse, qui reçoit chez elle M. et Mme Creton.

— Ne sont-ce pas vos parents? demanda la maîtresse de pension, qui, depuis son arrivée, n'avait pas encore entendu la vieille fille parler de l'avoué.

— Mes parents, comme vous dites, madame; mais je les renie.... Ah! vous allez à Vorges, au château, eh bien! vous pouvez me rendre un grand service.

— Vraiment, mam'selle; que je suis heureuse! Moi qui me jetterais dans le feu pour vous....

— Écoutez : j'avais un frère, car je n'appelle

plus M. Creton mon frère; il s'est rendu indigne de mon amitié en épousant je ne sais quelle femme, sans fortune, une espèce de bohémienne, car elle en a la couleur; cette femme a eu l'art d'ensorceler M. Creton, qui, avant de l'avoir vue, ne songeait pas au mariage et vivait en paix auprès de moi.... Je voulais lui laisser mes économies.... Qu'il y compte maintenant! Je laisserai plutôt tout à des étrangers; je m'arrangerai de telle sorte qu'il n'aura rien, et je n'oublierai pas, dit la vieille fille en regardant la maîtresse de pension, les personnes qui m'ont été dévouées!

— Bonne mam'selle! s'écria Mme Chappe. Je déteste déjà ce M. Creton. Il ne sait pas le trésor qu'il a perdu en abandonnant un ange de douceur.

— Comment il se fait que cette femme a attiré chez elle un jeune muscadin, fils de la comtesse, je l'ignore. Ce que je sais, c'est que M. Creton et sa femme mènent aujourd'hui un train au-dessus de leur fortune; ils reçoivent comme des princes, ont table garnie à tous venants et donnent des fêtes somptueuses. On dirait qu'ils ne savent pas ce que coûte l'argent.

— Ce sont des dépensiers, dit Mme Chappe. Comme vous voyez juste, mam'selle!

— Tout Molinchart en parle; chacun me plaint d'avoir un frère prodigue qui, quand il sera sur la paille, retombera chez moi avec sa coquette de femme, ce que je suis bien décidée à empêcher par n'importe quels moyens. D'ailleurs, est-il convenable à un avoué de fréquenter la noblesse? Les révolutions ont tout changé. Jamais, de mon temps, on n'eût vu le fils d'un ouvrier viser plus haut que lui; M. Creton a beau dire, il est fils de Marianne Létannée, femme de Jean Creton, notre père, charpentier de son état, qui après avoir amassé à la sueur de son front de bons écus, a fait la sottise de vouloir que son fils entrât dans la magistrature. Ah! si notre mère Marianne pouvait revenir dans ce monde, elle serait éborgnée en voyant son fils fréquenter des marquis. Il faut laisser les nobles entre eux et les vilains entre eux; c'est le seul moyen que les affaires marchent bien. Comment voulez-vous que M. Creton soutienne le train de ces nobles de Vorges? Tout avoué qu'il est, ce n'est pas avec les affaires de son étude qu'il nourrira des chevaux et qu'il entretiendra des carrosses pour lutter avec les équipages des gens de Vorges. Non, ce n'est pas possible, il y aura une fin.... Voilà plus de trois semaines que monsieur et madame vivent à la campagne chez des personnages au-dessus de leur condition?... Nécessairement, il faudra qu'ils rendent la pareille, et il en sautera, de l'argent, par les fenêtres!

— Dieu que vous avez du bon sens, mam'selle, dit Mme Chappe.

— Je me demande ce qu'ils font là-bas et dans quel but ils y restent si longtemps.... Comprenez-vous, madame Chappe, que j'aie encore la faiblesse de m'inquiéter d'eux, les ingrats, qui ne sont seulement pas venus me rendre visite avant de partir?

— Est-il possible?

— Il y a là-dessous un mystère; Mme Creton, est une fine mouche, une intrigante. Elle m'a toujours déplu. Je disais à mon frère : Prends garde, réfléchis avant de te marier à une femme plus jeune que toi et qui n'a rien pour elle. Mais les hommes sont tous de même. Il s'est marié sans mon consentement; malgré ma froideur, Mme Creton venait me caresser de temps en temps et faire l'innocente; ce sont des mensonges d'héritiers auxquels je ne me laisse pas prendre.... On en voulait à ma succession. Quand je la voyais entrer, je me disais : En voilà une qui vient voir si je sortirai bientôt de chez moi les pieds en avant.... Ils n'auront rien, madame Chappe, ils n'auront rien, soyez-en sûre! »

La maîtresse de pension feignit d'atténuer les torts de la jeune femme; mais elle le faisait de telle sorte qu'elle poussait de plus en plus la vieille fille dans la voie des ressentiments.

Chargée de la mission d'étudier la conduite de M. et de Mme Creton à Vorges, Mme Chappe partit l'esprit plein de pensées nouvelles. La succession de Mlle Creton se dessinait dans un lointain doré; avec un certain esprit de conduite, il était facile de s'emparer de l'esprit de la vieille fille. Déjà les deux seuls héritiers étaient écartés par leurs propres fautes; il ne s'agissait plus que d'empêcher une réconciliation entre le frère et la sœur. De ce côté, Mme Chappe était tranquille, les haines des vieilles gens étant égales à leur entêtement. Mais Ursule Creton pouvait changer d'avis, oublier la maîtresse de pension; car elle n'avait jeté que quelques paroles en l'air relativement à une donation, et il était nécessaire, avant tout, de se faire faire un legs par testament, ou plutôt une donation de la main à la main serait plus positive. Mme Chappe ne sachant comment entamer cette question délicate, espérait la déguiser sous la forme d'un prêt. Tout le long du chemin se passa à ruminer ces projets, dont la réussite faisait sortir Mme Chappe de l'enseignement qu'elle haïssait, mais dont il fallait se servir.

Le même jour la maîtresse de pension partit pour Landouzy, séparé d'une demi-lieue de Vorges et entra dans un hôtel, pour se reposer un instant; car elle voulait arriver au château à l'heure précise du dîner, afin d'être invitée à rester jusqu'au lendemain. Mme Chappe qui avait remarqué, à la distribution des prix, la comtesse de Vorges, craignait que la grande dame ne s'enthousiasmât pas d'elle facilement. Une extrême bienveillance était répandue sur la physionomie de la comtesse; mais Mme Chappe savait combien ces natures sympathiques à la sincérité deviennent tout à coup défiantes vis-à-vis des personnes rusées. La maîtresse de pension se sentait l'esprit louche ; malgré tout son art, il lui était difficile de faire passer la franchise sur sa figure. Elle essaya devant son miroir de se donner l'air ouvert, les traits calmes, l'œil honnête ; mais la rusée comédienne ne put y parvenir.

Les émotions des personnes artificieuses ne paraissent guère sur leur figure, mais se livrent combat à l'intérieur : haine, joie, colère, qui ont été données à l'homme pour paraître à la surface, sont des passions d'autant plus dangereuses qu'elles sont *rentrées*. C'est ce qui explique comment les hypocrites jouissent rarement d'une physionomie claire et saine ; la tension qu'ils apportent à empêcher leurs passions d'apparaître au grand jour, fait que les sensations jouant au dedans agissent contre la nature et affectent trop vivement des organes qui ne sont destinés qu'à conduire des impressions et non à les ressentir.

Pour étudier M. et Mme Creton, le séjour au château était indispensable, et il fallait plaire à la maîtresse de la maison. Il en arriva ainsi que Mme Chappe l'avait pensé. Elle sonnait au château à six heures précises ; un domestique lui dit que la comtesse était au moment de se mettre à table, que toutefois si elle voulait attendre, on préviendrait Mme de Vorges.

« Je viens seulement embrasser ma chère Élisa, » dit Mme Chappe feignant une vive affection pour l'enfant qu'elle n'avait vue qu'à la distribution des prix.

Le domestique introduisit Mme Chappe dans la salle à manger au moment même où entraient les convives. La maîtresse de pension courut à Élisa, l'embrassa à plusieurs reprises et salua la comtesse.

« Pardonnez-moi, madame, de ne pas vous avoir d'abord présenté mes respects, mais j'ai une si chaude amitié pour mes élèves.... Vous ne me remettez pas ; j'ai eu l'honneur de vous voir à notre distribution des prix.... Je n'ai pas voulu passer par ici sans voir cette chère petite Élisa. »

La comtesse engagea à dîner Mme Chappe, qui se fit prier et finit par accepter.

La maîtresse de pension, assise entre Louise et la comtesse, n'aperçut d'abord rien de particulier. Julien feignait d'être gai, son cousin parlait afin d'empêcher M. Creton du Coche de prendre la parole, et les gentillesses d'Élisa occupaient tous les convives.

La mélancolie de Louise avait laissé place au sourire de la femme qui se sent aimée ; mais Mme Chappe, la voyant pour la première fois, ne pouvait y attacher aucune importance. La maîtresse de pension joua son rôle, qui était double : celui de s'assurer le retour à la pension d'Élisa et d'étudier les convives ; ayant pris pied dans la maison, elle se posa d'abord en institutrice, parla longuement de sa maison, de ses nombreuses élèves, de la direction qu'elle voulait donner aux études, de sorte que la comtesse ne vit dans Mme Chappe qu'une maîtresse de pension, qui paraissait s'occuper de sa mission avec conscience.

Mme Chappe fut frappée, en entrant, de la beauté de Louise, et plus encore de la douceur de sa voix : la jeune femme parlait peu, toutefois on se sentait pris d'une vive sympathie pour elle en l'entendant. Après avoir étudié le mari et la femme, Mme Chappe se dit que la vieille fille avait noirci le portrait de sa belle-sœur : cela lui inspira une certaine défiance contre Ursule Creton, car Louise paraissait d'une nature si aimante, qu'il avait fallu de mauvais procédés de la part de la célibataire pour éloigner d'elle la jeune femme. L'avoué n'inspirait aucune curiosité à la maîtresse de pension, qui, d'un coup d'œil, le jugea ce qu'il était. Quant aux relations entre la comtesse et Louise, elles s'expliquaient naturellement : deux femmes de cœur s'étaient rencontrées, comprises, d'où une liaison passagère qui avait pris le caractère d'une amitié durable. Il n'était pas besoin d'une grande diplomatie pour s'assurer de cette intimité. Ainsi le pensa Mme Chappe, qui vit réduites à néant les récriminations de la vieille fille.

La maîtresse de pension faisait ces réflexions pendant que M. Creton racontait les merveilles du musée Bonneau, lorsque, tout à coup, elle fut troublée dans ses observations par un léger frottement de pied qui avait touché le sien, qu'elle retira naturellement, croyant que Louise l'avait frôlé par hasard ; son second mouvement fut de le laisser à la même place. Le pied étranger, loin de se retirer, s'établit côte à côte de celui de la maîtresse de pension.

La maîtresse de pension, sans laisser rien paraître de sa découverte, s'assura de la position du pied qui était à l'inverse du sien. En face d'elle était le comte ; lui seul pouvait se livrer à un tel manége. Dans quel but ! Si Mme Chappe avait eu quelque coquetterie, elle l'eût pris pour une avance de la part du jeune homme. Elle se laissa aller une seconde à cette idée, et la rejeta aussitôt. Puis elle voulut s'assurer qu'il n'y avait pas seulement hasard.

Ayant retiré doucement son pied, sans le placer toutefois hors d'atteinte, la maîtresse de pension attendit ainsi l'adversaire mystérieux, qui ne tarda pas à la suivre dans sa retraite. Il se joue ainsi entre amants des comédies charmantes qui ont tout l'attrait de la chose défendue : ce sont de muettes conversations, des caresses mystérieuses, des dialogues éloquents, pendant lesquels il est permis de paraître froid ou de causer de choses indifférentes.

Mme Chappe regarda le comte, qui paraissait tellement naturel dans ses moindres actes, qu'elle crut un moment s'être trompée ; mais la position du pied ne permettait pas de croire qu'il appartînt à M. Creton du Coche, placé à l'autre extrémité de la table, ou à Jonquières, séparé de la maîtresse de pension par la comtesse et Louise. Mme Chappe, résolue à connaître la vérité, joua de sa bottine plus délicatement qu'une marquise de sa pantoufle; elle apporta dans cet art difficile des finesses que n'eussent pas trouvées les grandes coquettes du Théâtre-Français. Il se passa alors sous la table un petit drame amoureux.

Certaine que le manége du comte s'adressait à Louise, Mme Chappe chercha à se rendre compte si ce commerce secret durait depuis longtemps, ou si Julien entamait pour la première fois une déclaration. Là était le point difficile; mais la maîtresse de pension prouva, dans ce combat galant, qu'elle était savante dans l'art des coquetteries. Son pied feignit d'abord de fuir devant l'ennemi, mais il était rattrapé bien vite, et l'ennemi en profitait pour lui arracher une sorte de baiser. Mme Chappe écoutait les jolis propos de l'étranger et tout d'un coup reprenait la fuite. Alors la maîtresse de pension put juger du degré d'intimité qui existait entre Louise et Julien; et il parut clairement à Mme Chappe que ces entretiens ne dataient pas de son arrivée : aussi abandonna-t-elle son pied, qui reçut mille caresses. Julien n'était plus le même à la fin de ce combat muet; ses yeux brillaient, quoiqu'il affectât de les baisser pour qu'on ne remarquât pas leur trouble et l'amour se lisait sur sa figure.

Avec de tels indices, la maîtresse de pension put suivre comme un spectateur du parterre la comédie qui se jouait pour elle seule. M. Creton du Coche était trop occupé et trop peu jaloux pour se douter des préoccupations de sa femme. C'était peut-être encore de l'amitié qui existait entre Julien et Louise, mais une amitié bien fragile. Ayant adopté cette mystérieuse conversation pleine de charme, ils agissaient devant tous comme deux indifférents. Mais leur amour passait dans un mot, dans un regard, rapide comme l'éclair. A l'exception de Jonquières, Mme Chappe seule jouissait de ces éclairs; elle les constatait, les enregistrait, et ne pouvait cependant se dissimuler qu'il se passait un combat dans le cœur de Louise. Si quelquefois elle se laissait aller à un alanguissement plein de délices, la tristesse venait immédiatement succéder à cet état.

La maîtresse de pension tenta de se couler dans les bonnes grâces de la jeune femme; elle espérait ainsi forcer les confidences, et, au besoin, activer la flamme de cet amour naissant, que la raison pouvait éteindre. Le lendemain de sa découverte, ayant rencontré Louise, qui de bonne heure se promenait dans le jardin, Mme Chappe entra en conversation et passa en revue toutes les personnes de la maison avec lesquelles elle avait dîné; elle eut des éloges pour chacune d'elles et les poussa même jusqu'à l'exagération, dans l'espérance de faire croire à des trésors de bonté. Son but était d'aborder le portrait de Julien, qu'elle teinta de toutes les qualités qui plaisent aux femmes; mais Louise ne laissa pas échapper un mot qui amenât Mme Chappe sur le terrain de l'intimité. La maîtresse de pension ne se tint pas pour battue : elle était certaine d'arriver à être la confidente de la passion de Louise; mais elle ne pouvait rester longtemps au château, quoique la comtesse de Vorges l'eût engagée à y passer quelques jours.

Le hasard fit qu'elle rencontra dans la même journée Julien qui se promenait seul avec ses pensées. D'abord le comte parut contrarié d'être dérangé; en ce moment il traçait avec sa canne sur le sable des lignes qui lui rappelaient peut-être le profil de Louise. Vis-à-vis de Julien, la maîtresse de pension se servit des mêmes moyens qu'elle avait employés avec la femme de l'avoué, et le comte se laissa prendre aux paroles artificieuses de Mme Chappe. Elle paraissait si enthousiaste de la beauté de Louise, détaillait ses qualités avec tant de feu, la jugeait si digne d'être aimée, faisait un portrait si ridicule de M. Creton du Coche, plaignait Louise avec tant de compassion, que Julien, pris d'une vive estime pour une femme qui savait comprendre les charmes de celle qu'il aimait, lui avoua sa passion. Une femme est une si douce confidente qu'une vieille qui écoute un jeune homme avec complaisance arrive à se rajeunir à ses yeux.

Julien cherchait un cœur dans lequel il pût décharger le poids de ses secrets : la nature, l'isolement de la campagne lui faisaient paraître encore plus lourd son amour. Il ne se sentait pas la force de le porter à lui seul. Quelquefois il était pris de l'idée de tout avouer à sa mère et de lui dire : *J'aime*, avec un tel accent, que la comtesse le consolerait au lieu de briser sa passion; mais la comtesse ne pouvait entendre cette confidence, et il courait après son cousin, à qui il aurait voulu parler de Louise tout le jour. Il y avait chez Jonquières un fonds de bon sens et de scepticisme qui désolait Julien, et il comprenait combien il était fatigant pour son ami d'entendre mille détails toujours semblables à ceux de la veille.

Ainsi Mme Chappe recueillit les bénéfices du trouble où se trouvait Julien. Pour mieux jouer son rôle, elle donna des conseils au comte et lui fit un sombre tableau des souffrances qui l'attendaient; mais Julien, ainsi que tous les amoureux, entrait armé dans la passion, et les obstacles, loin de l'arrêter, redoublaient son amour. S'il lui restait un fond de mélancolie, c'est que l'avoué et sa femme retournaient prochainement à Molinchart. Désormais il serait reçu dans la maison, mais il ne lui était pas permis, par égard pour la réputation de la jeune femme, d'aller la voir fréquemment. Comment pourrait-il lui parler en présence de son mari, de sa femme de chambre? Mme Chappe témoigna une vive pitié pour ces amoureux si malheureux, et aborda les questions positives.

« Cette jeune dame m'intéresse extrêmement, dit-elle ; et je me regarderais comme heureuse de lui être utile.... Elle pourrait venir voir notre chère Élisa à la pension, et vous, monsieur, vous arriveriez ces jours-là.... par hasard.

— Il n'y a que les femmes, s'écria Julien, pour vous témoigner une telle sympathie ! Comment saurais-je m'acquitter de ce service ?...

— N'est-ce pas tout naturel ? dit Mme Chappe... Et même, si vous avez besoin de lui écrire, il vous sera facile d'adresser vos lettres à mon adresse; je pourrai mieux qu'une autre les lui faire passer. »

Julien eût embrassé la maîtresse de pension.

« Louise ne consentira pas, dit-il. Je serais perdu si elle savait que j'ai parlé de mon amour.

— De votre amour vous en avez le droit, dit la maîtresse de pension, mais du sien vous ne m'en avez pas dit un mot.

— Hélas ! j'ignore si elle m'aime réellement. Un jour détruit l'autre; je ne sais si je la retrouverai le lendemain telle que je l'ai vue la veille.

— Elle vous aime, dit Mme Chappe, j'en suis sûre.... Laissez-moi faire : une femme peut beaucoup dans les combats intérieurs tels que ceux auxquels est en proie Louise. »

Le comte était tellement amoureux qu'il en perdait la connaissance des choses extérieures. La maîtresse de pension, qui, à tout autre moment, lui eût semblé d'une physionomie dangereuse, lui parut un ange de bonté. Avant de partir, Mme Chappe fit ses compliments à la comtesse, et ajouta qu'elle était particulièrement heureuse d'avoir rencontré la femme de l'avoué ; sans doute, ajouta-t-elle, Mme Creton viendra quelquefois rendre visite à notre chère Élisa.

Louise, loin de soupçonner les desseins de la maîtresse de pension, accepta la mission de surveiller l'enfant et d'en donner des nouvelles à la comtesse. Mme Chappe avait tellement montré d'adresse pendant son séjour, qu'il n'y eut qu'une voix sur son compte quand elle fut partie : elle avait séduit chacun.

Quelque temps après, M. Creton du Coche annonça son départ, car il devait aller avec M. Bonneau faire une tournée archéologique qui le mettrait en rapport avec les personnages les plus savants de la province; alors, ses excursions archéologiques seraient assez complètes pour former un dossier qu'il voulait faire passer au savant Larochelle.

Quand sonna l'heure de la séparation, Louise parut émue ; elle laissait à Vorges une grande partie de son bonheur, et tout en permettant à Julien de venir lui rendre visite à Molinchart, elle s'en allait le cœur triste et désolé.

XII

Le cirque Loyal.

Il n'y avait pas deux jours que Louise était partie, que Julien se mourait d'ennui ; l'hiver eût remplacé l'automne en une nuit, que la campagne ne lui eût pas paru plus désolée. Sa mère, sa sœur, son cousin même le blessaient par leur présence : il eût voulu une solitude complète; dès le lendemain, la solitude lui pesait plus que la société. Julien était devenu inquiet et irritable, tantôt se promenant sans but, tantôt quittant brusquement la promenade pour rentrer dans sa chambre ; où il marchait à grands pas, se jetait sur un fauteuil, reprenait du mouvement sans pouvoir apaiser ses agitations intérieures.

Quand il avait ordonné de seller son cheval, il le faisait desseller aussitôt, et cela avec un tel accent de voix, que Jacques obéissait immédiatement, craignant une irritation dont il ne se rendait pas compte; mais aussitôt après, Julien tâchait d'adoucir, par de douces paroles, la dureté de ses ordres. Ou bien il prenait le chemin de Molinchart et revenait tristement, car la raison l'arrêtant en route, lui démontrait qu'il était imprudent de reparaître si tôt chez l'avoué. S'il eût cru que Mme Chappe fût de retour à la ville, le comte serait aussitôt parti ; mais la maîtresse de pension faisait une tournée dans les environs, et il était inutile de songer à la revoir pour le moment.

Pendant le séjour de Louise à Vorges, le comte ne songea pas qu'elle devait partir un jour; aussi son cœur fut-il pris d'un vide immense après le départ de la femme de l'avoué. De tels regrets firent connaître à Julien la force de son attachement. Il avait coloré du mot d'amitié la passion qu'il ressentait ; maintenant qu'il sondait la profondeur de son amour, il se repentait d'avoir provoqué la visite de l'avoué. Ses regrets étaient plus vifs que par le passé, son chagrin plus cuisant que si Louise fût restée à Molinchart.

En ce moment, Julien aurait donné sa fortune pour se débarrasser de cet amour qui l'enveloppait comme une flamme ; il regrettait cette précieuse liberté que si peu d'hommes savent conserver. Le comte sentait sa maladie et les désordres qu'elle apportait; il ne s'appartenait plus ; il lui était impossible de songer à un autre pays qu'à la ville où demeurait celle qu'il aimait. Tout lui rappelait Louise ; elle s'était assise sous cet arbre, elle s'était promenée sur ce gazon; à table elle occupait cette place; elle avait dormi dans cette chambre : et pourtant il en coûtait à l'amoureux de rester au château, quoique chaque objet lui rappelât Louise.

Une nuit qu'il sentait devoir se passer plus agitée que de coutume, car de jour en jour ses tourments augmentaient, Julien se leva comme deux heures du matin sonnaient. Ayant ouvert la porte de l'écurie avec précaution, de peur que sa mère ne l'entendît, il sauta sur son cheval et s'enfuit à travers la campagne, sans s'inquiéter des mouvements désordonnés de l'animal, qui, peu habitué à une pareille course, semblait comprendre par son ardeur les inquiétudes de son cavalier. Le comte arriva à la principale porte de Molinchart, et jura contre le guichetier qui, entendant frapper à une heure indue, se croyait le jouet d'un rêve. Une pièce de monnaie que fit passer Julien par les barreaux de la porte donna quelque empressement au concierge, qui cessa de parlementer aussitôt qu'il eut reconnu, au poids de la pièce, que le cavalier qui attendait ne pouvait être qu'un personnage de distinction.

Une petite ville de province est comme morte la nuit; le silence y est immense. A peine rencontre-t-on un chat qui fuit comme une flèche, étonné d'être troublé dans sa solitude. Il n'y a pas de sentinelles, la ville est sous la garde du sommeil. Le comte fut d'autant plus frappé de ce calme, qu'il venait de traverser une lieue de campagne, où le vent fait parler les arbres, où la nature affecte, la nuit, des formes humaines colossales.

Julien, malgré l'ardeur qui le poussait, arrêta son cheval et le força d'aller au pas, car le galop d'un cheval, la nuit, dans une petite ville endormie, semble le tapage d'une cavalerie ennemie qui surprend un camp, et Julien craignait le scandale que produirait chez les provinciaux, le lendemain, sa singulière arrivée.

Il réfléchit et enfila une petite ruelle qui donne sur le rempart, où les cordiers ont l'habitude de tisser leurs cordes. Ayant avisé deux poteaux qui servent au métier des ouvriers, il y attacha son cheval par la bride, et lui ayant caressé le poitrail comme pour lui faire comprendre qu'il eût à rester tranquille, il suivit un chemin détourné qui sert d'enceinte à la ville et arriva à la place du Marché sans avoir été remarqué. Là demeurait M. Creton du Coche dans une maison, tranquille comme toutes les maisons voisines. Au premier étage il y avait une fenêtre d'où tombaient des rideaux de mousseline; la lune, dans son éclat, permettait de les distinguer. Le comte, abrité sous l'auvent d'une boutique, resta en contemplation devant les rideaux, appliquant sa pensée avec une telle force qu'il lui semblait qu'elle devait traverser les murs de la maison et réveiller Louise.

Ceux qui aiment réellement ne doutent pas du courant magnétique qui fait que la pensée des amoureux se transmet avec plus de rapidité que la correspondance par la voie électrique. En ce moment un nuage noir passait sur la lune et une nuit complète enveloppait les maisons. Julien entendit le grincement d'une espagnolette qui le fit tressaillir; le bruit venait de la maison de l'avoué, et le comte crut qu'il deviendrait fou de bonheur, tant il avait été ému du grincement de la fenêtre. Peu après se fit entendre un toussement masculin, dont Julien ne pouvait méconnaître le son, qui provenait du gosier de M. Creton du Coche. L'avoué interrogeait les nuages, car à la campagne il avait pris l'habitude de se lever à toute heure de la nuit et de consulter ses instruments astronomiques.

En entendant ce bruit, l'idée de *mari* traversa le cœur de l'amoureux comme une flèche aiguë.

Pendant un quart d'heure, Julien resta immobile, cloué sous l'auvent de la boutique, en proie à de cruelles pensées; il n'entendait plus rien et ne pouvait distinguer ce qui se passait à la fenêtre d'en face. Tout d'un coup il tressaillit, car la lune apparut sous un nuage noir opaque qui la couvrait, et donna une clarté trouble qui, heureusement, ne permettait pas encore de reconnaître les formes des objets. Julien était dans une vive inquiétude, car il présuma que si l'avoué attendait le retour de la lune pour se livrer à ses observations, il ne pouvait manquer d'être découvert. Que dire de cette singulière situation où l'entraînait l'amour? Comment expliquer sa présence, la nuit, dans une ville où il n'avait que faire?

Julien chercha à se glisser le long des maisons qui donnent sur la grande place; mais, dans son trouble, il se heurta contre un bâtiment nouvellement construit qu'il ne connaissait pas. En même temps la lune se montra dans son plein et répandit une vive clarté. M. Creton du Coche, qui avait dirigé sa lunette dans la direction, poussa un cri de surprise.

« Est-ce bien vous, mon cher comte? lui dit-il par la fenêtre. »

Le comte mit un doigt sur ses lèvres pour faire comprendre à l'avoué qu'il s'agissait d'un secret.

Julien et M. Creton du Coche semblaient aussi étonnés l'un que l'autre; le jeune homme, stupéfait d'avoir été remarqué à cause d'un obstacle qu'il ne soupçonnait pas, le grand bâtiment rond qui n'existait pas un mois auparavant et qui rompait brusquement la ligne droite des maisons; l'avoué, à sa fenêtre, ne se rendant pas compte du mystère dans lequel semblait s'envelopper le comte. Julien prit tout à coup un parti et s'avança sous la fenêtre de M. Creton.

« Demain, lui dit-il, venez à la Tête-Noire, je vous prie; il s'agit d'une affaire grave. »

L'avoué fit un signe de tête.

« Surtout, pas un mot jusque-là, » dit Julien.

Avant d'avoir entendu la réponse, il disparut du

côté du grand bâtiment qui lui avait été si fatal. Ce fut alors seulement qu'il s'aperçut qu'un cirque nomade avait dressé sa tente sur la place de Molinchart; et comme une affiche était collée près de la porte d'entrée, il reconnut que ce cirque était celui de la famille Loyal qui parcourait les provinces. Le nom de *mademoiselle Carolina* en immenses caractères prenait à lui seul un grand tiers de l'affiche.

Le comte sourit et alla détacher son cheval sans employer les mêmes précautions qu'en arrivant. Quoiqu'il ne fût que quatre heures du matin, et que son arrivée dans Molinchart fût aussi intempestive à cette heure qu'au commencement de la nuit, Julien semblait prendre plaisir à réveiller la ville. Il traversa les rues au trot, et frappa à la porte de l'hôtel de la Tête-Noire avec une telle force qu'il dut troubler le sommeil des habitants de la place du Marché. Julien, s'étant jeté sur son lit, dormit avec tranquillité jusqu'à l'arrivée de l'avoué.

« Que faisiez-vous donc, mon cher comte, cette nuit, à deux heures du matin? »

Julien ouvrit sa fenêtre, et montra le cirque à l'avoué.

« Faut-il tout vous dire? demanda-t-il.

— Oui, dit l'avoué.

— Serez-vous indulgent?

— Certainement, mon cher comte.

— Je suis amoureux....

— Je m'en doutais, fit M. Creton....

— Amoureux fou.

— Comme ça vous prend, dit l'avoué; vous paraissiez si tranquille à la campagne.

— Savais-je qu'il y avait un cirque à Molinchart? J'ai lu l'annonce dans le journal, et je retrouve une écuyère que j'ai adorée à Paris.

— Une écuyère! s'écria l'avoué, plus étonné que s'il avait reçu un coup de cravache dans la figure.

— La Carolina, monsieur du Coche, une créature qui m'a déjà fait faire bien des folies.... Avouez que je suis faible!

— Comme tous les hommes, dit l'avoué avec philosophie.

— J'ai souffert le martyre avec cette créature, il y a deux ans; je l'avais presque oubliée. Et pourtant, rien que son nom m'a remué à tel point que je ne pouvais plus tenir à Vorges.

— Mais, dit l'avoué, comment se fait-il que vous vous trouviez sur la place à deux heures du matin?

— Parce qu'on m'a dit qu'elle demeurait chez l'épicier Jajeot.

— Je comprends, fit l'avoué.

— Elle est mariée, paraît-il, à un des écuyers, et je ne sais ce qui me passait par la tête, je regardais sa fenêtre.... Mais pas un mot; je ne voudrais pas provoquer la jalousie du mari.

— Je puis vous être utile, dit M. Creton. De mon étude, vous communiquez avec les fenêtres de derrière de l'épicier; pendant que l'écuyer sera à son cirque dans la journée, vous ferez la cour à votre belle. Cela me rappellera mon jeune temps. »

Julien, en ce moment, pris de pitié pour le mari, eut honte de la comédie qu'il jouait; mais ce sentiment passa vite. Il était entré dans une voie de mensonges qu'il ne pouvait plus quitter qu'en s'en tirant par d'autres mensonges.

« J'ai dressé une espèce de plan, et je vais vous le soumettre. Vous me paraissez homme de bon conseil en ces matières.

— Voyons, dit l'avoué.

— Il serait utile, je crois, de prendre des leçons d'équitation et de me lier avec les gens de la troupe, afin de connaître la véritable situation de Carolina. Peut-être n'est-elle pas mariée, comme on le dit; il est à présumer qu'elle vit avec un écuyer de la troupe, ainsi que cela se pratique entre comédiens.

— Bravo! s'écria M. Creton du Coche, cela commence à m'intéresser vivement; mais prenez garde, ces gens qui fréquentent les chevaux doivent être d'une brutalité....

— Je ne crains rien; d'ailleurs, ne suis-je pas en droit de me plaindre? J'ai aimé la Carolina le premier, c'est cet écuyer qui sera dans son tort.

— Vous êtes bien heureux si vous parvenez à vos fins, mon cher comte; une écuyère doit être une créature à part; je regrette maintenant de ne pas avoir aimé d'écuyère. Tenez, quand elles passent au galop sur leurs chevaux, cette musique, cette ceinture de gaze, me font un effet.

— Monsieur Creton, je ne veux pas vous parler plus longtemps d'écuyères, vous vous enflammez trop vivement.

— J'ai eu mon temps comme le vôtre, et j'en ai connu qui étaient aussi aventureuses que votre écuyère. »

Là-dessus Julien fut obligé de subir le récit des aventures de jeunesse de l'avoué, que celui-ci racontait avec complaisance, ne se doutant guère qu'on ne l'écoutait pas, car le comte se trouvait dans une fausse position, et réfléchissait au moyen d'en sortir. La Carolina du cirque n'était pas l'actrice qu'il avait tant aimée jadis; mais il était nécessaire de paraître la connaître, pour que l'avoué ne devinât pas qu'il avait été dupe la nuit précédente. Jusque-là l'aventure avait bien tourné; M. Creton était sans soupçons.

« Nous irons au Cirque ce soir, dit l'avoué; vous ne m'écoutez plus, vous songez à l'objet de vos pensées. Malgré vos amours, j'espère que vous dînerez à la maison?

— Comme il vous plaira, dit Julien; mais d'ici à ce soir à peine aurai-je eu le temps de dresser mes batteries. Je ne voudrais pas me faire remarquer de la Carolina pendant ses exercices; il est bon que je la voie pendant la journée.

L. 101. Le petit homme mesurait avec son parapluie. (Page 45, col. 1.)

— Vous avez tout le temps, cher comte.

— Il est possible que la Carolina ne veuille pas me reconnaître dès l'abord, si elle aime réellement cet écuyer!

— Bah! dit l'avoué, elle vous reviendra.

— Alors, permettez-moi de vous quitter; je vais rôder du côté du cirque.

— A cinq heures précises, s'il vous plaît, dit l'avoué qui, l'esprit occupé par cette intrigue, entra chez l'épicier Jajeot, avec lequel il causa quelques instants.

— Et ma femme, dit-il à la bonne, où estelle ?

— Monsieur, elle s'habille.

— Comment, le déjeûner n'est pas encore prêt?.... Dites à madame Creton de descendre vite. »

L'avoué se promenait à grands pas dans la chambre en souriant comme s'il eût pensé à une bonne fortune personnelle. Puis il rit aux éclats d'une idée qui venait de lui traverser le cerveau, et quand Louise entra, M. Creton changea immédiatement de physionomie et prit un air grave.

« Vous êtes longue aujourd'hui à votre toilette, madame, lui dit-il.

— J'ai passé, dit Louise, une nuit sans sommeil.

— Ah! dit l'avoué, il paraît que personne ne dormait.... Moi non plus, je ne dormais pas; j'ai ouvert ma fenêtre vers trois heures du matin. Il y avait dans la rue un troisième personnage qui lui non plus ne dormait pas, qui veillait même en face de notre maison, une personne de votre connaissance. »

Louise pâlit, car l'idée du comte de Vorges se présenta à son esprit.

« Je ne vous comprends pas, monsieur.

— Savez-vous qu'il est fort heureux que cette personne n'ait été remarquée que par moi? Les mauvaises langues en eussent fait immédiatement un soupirant.

— Mais, monsieur, vous étiez si pressé de déjeûner tout à l'heure....

— C'était un amoureux, en effet, dit M. Creton jouant le drame. Le comte Julien de Vorges est dangereux, madame.... »

Louise n'osait plus lever les yeux.

« Bien d'autres à ma place, continua l'avoué, le prieraient de ne plus continuer ses visites ; moi, je l'ai invité à dîner ce soir. »

Et il termina sa comédie par un énorme éclat de rire qui troubla Louise autant que si son mari était entré dans une violente colère. Il n'y avait pas à en douter, M. Creton savait tout !

Julien avait commis quelque imprudence ; mais comment expliquer cet éclat de rire qui couronnait le récit de l'avoué ? Louise passa par tous les degrés de trouble et de tourmente ; elle n'osait placer un mot et sentait que son silence la condamnait.

« Ne vas-tu pas croire que le comte fait le pied de grue la nuit pour toi, s'écria l'avoué.

— Vos plaisanteries sont au moins déplacées, monsieur, dit Louise ; si vous n'avez pas d'autres discours à me tenir....

— Allons, te voilà blessée ! Écoute, ma femme, ce que ce fou de Julien faisait la nuit dernière sur la place. Il a une passion violente pour une actrice.

— Une actrice ! s'écria Louise, à qui Julien avait en effet raconté les souffrances de son premier amour.

— Elle est ici, dit l'avoué.

— Cette femme ! dit Louise, qui sentit un nuage lui passer sur les yeux.

— La Carolina, continua l'avoué, est écuyère dans la troupe des Loyal, qui est arrivée pendant notre absence. »

En un clin d'œil, les serpents de la jalousie mordirent le cœur de Louise, plus émue qu'elle ne l'avait été en entendant son mari raconter l'arrivée de Julien.

« Ah ! » dit-elle froidement en apparence ; mais sa voix était changée. On eût dit des cordes de violon mouillées par des larmes et ne résonnant plus sous l'archet.

— Oui, le comte était en contemplation cette nuit devant les fenêtres de sa belle, en véritable amoureux des temps passés. La Carolina demeure chez Jajeot l'épicier ; j'ai promis à Julien de lui prêter mon étude pour se mettre en observation et pouvoir communiquer librement avec sa belle.

— Vraiment, monsieur, dit Louise, je ne vous comprends pas. Est-il convenable qu'un homme de votre caractère favorise une telle intrigue ?

— N'aie pas peur, j'ai parlé tout à l'heure à Jajeot ; la Carolina ne demeure pas chez lui, on avait trompé Julien. Comme l'épicier loge quelquefois des comédiens, on crût que, naturellement, les écuyers choisiraient sa maison, qui est près du cirque.... Je suis curieux de voir cette Carolina ; mais nous la verrons ce soir....

— Comment, dit Louise, vous pensez m'emmener au cirque ?

— En effet, dit l'avoué, tu dérangerais tout, cela ne serait pas raisonnable. Il y aura peut-être une surprise, si Julien ne la voit pas dans la journée ; elle le reconnaîtra sans doute pendant qu'elle fait ses exercices ; tu ne peux être présente à cette reconnaissance.

— Je ne tiens pas, dit Louise avec dédain, à voir cette fille.

— Elle doit être fort belle ; ce cher comte a bon goût et ne se serait pas amouraché d'une femme de rien. C'est une passion, une vraie passion ; car après trois ans on ne pense plus guère à ces sortes de créatures. Eh bien ! il paraît qu'en voyant son nom dans le journal, Julien est arrivé cette nuit à cheval pour revoir plus vite cette comédienne.... Dans ce moment, il est à sa recherche.... Ah ! j'oubliais le plus important. Le comte m'a recommandé le secret le plus absolu ; ainsi, à dîner, ne fais pas la moindre allusion à l'actrice. Il en parlera sans doute le premier ; mais je serais désolé qu'il sût que je t'ai confié cette intrigue. »

Pendant ce temps Julien se rendait au cirque à l'heure de la répétition. Toute la troupe était réunie : le comte remarqua la Carolina, une grande fille blonde d'une physionomie singulière, dont les sourcils épais et plus foncés que les cheveux se rejoignaient et formaient au-dessus de ses yeux gris des espèces d'ailes d'oiseau. Il n'y avait avec elle, parmi le personnel féminin, qu'une Mme Formose, d'un embonpoint majestueux, directrice de la troupe et mère d'une petite fille de dix ans, en ce moment faisant la voltige sur un vieux cheval. Les hommes étaient occupés les uns à tasser le sol du cirque, les autres à reclouer les toiles que le grand vent de la montagne enlevait régulièrement chaque nuit.

« Que désirez-vous ? dit avec un accent d'écurie Mme Formose, étonnée de voir entrer un *bourgeois* pendant la répétition.

— Je monte un peu à cheval, madame, et je désirerais prendre des leçons d'un de vos écuyers, si vous le trouvez bon. »

Mme Formose, que l'idée d'un gain rendait plus humaine, montra de son fouet la Carolina.

« Voilà, dit-elle, notre meilleure élève de Franconi ; voyez si elle consent à vous donner des leçons. »

Le comte s'avança vers l'écuyère et lui demanda de vouloir bien compléter son éducation de cavalier.

« Ça dépend, dit Carolina en toisant Julien ; si vous avez de mauvais principes, je n'ai pas de patience, et il me sera impossible de vous redresser. Tenez, fit-elle en lui montrant la rosse qui portait l'enfant, faites un tour de cirque sur cet animal, je vous rendrai réponse immédiatement.

— Pas sur ce cheval; si vous permettez, dit Julien, j'ai le mien à l'hôtel, et je vais le chercher.

— Pour un provincial, il n'est pas mal, dit la Carolina à Mme Formose; mais s'il ne se tient pas bien, je le renvoie à Gruker. »

Gruker, le clown, ayant moins de travail que les autres écuyers, donnait des leçons d'équitation pendant les séjours de la troupe en province. Peu après, Julien entra dans le cirque, monté sur son cheval; le soin avec lequel était tenu l'animal, sa pureté de race, donnèrent aussitôt aux écuyers une meilleure idée du talent d'équitation du comte.

« Faites-lui faire un tour de galop, dit la Carolina. »

Julien pressa légèrement les flancs de son cheval et parcourut trois fois le cirque avec rapidité.

« Je n'ai pas grand'chose à vous enseigner, monsieur, dit la Carolina; vous avez dû recevoir des leçons d'un maître.

— J'ai pris des leçons de Baucher.

— Cela se voit; on ne monte pas de la sorte en province.

— Je voudrais, dit Julien, apprendre un peu de voltige.

— Je ne demande pas mieux, dit la Carolina. »

Le comte tira un billet de banque de son portefeuille et l'offrit à l'écuyère.

« Mademoiselle, lui dit-il, je désirerais prendre quelques leçons par semaine, pendant un mois.

— Très-bien, monsieur; le reste regarde Mme Formose. »

Julien, ayant passé le billet de banque à la directrice du cirque, revint vers la Carolina.

« Permettez-moi, mademoiselle, de vous offrir cette cravache, dont je n'aurai plus besoin après vos leçons. »

Et il lui remit dans les mains une élégante cravache, dont la pomme avait été ciselée pour lui par Feuchères, un artiste qui dépensa un vif talent dans ces objets de fantaisie.

« Vous êtes trop bon, monsieur, dit la Carolina, vous ne savez pas si vous serez content de mes leçons : je suis excessivement capricieuse.

— J'adore les femmes capricieuses, dit Julien.

— Nous pouvons commencer par le tremplin; mais il vaudrait mieux vous servir de nos chevaux qui ne bougent pas, au lieu que votre jument peut s'effaroucher.

— Bah ! dit Julien, elle me connaît et ne s'étonnera de rien. »

Ayant placé son cheval près du tremplin et après l'avoir caressé légèrement, le comte prit son élan, et s'appuyant des mains sur le dos de la jument il sauta par-dessus avec agilité.

« Eh bien, Cruker, qu'est-ce que tu dis de ça ? demanda Mme Formose en s'adressant au clown, qui était resté immobile après avoir ri avec les écuyers des débuts du *bourgeois*. »

Il y avait, en effet, quelque étonnement à voir un jeune homme élégant sauter avec la dextérité d'un écuyer rompu à ce genre d'exercices.

« Avouez, monsieur, dit la Carolina, que vous avez longtemps travaillé !

— J'ai appris assez de gymnastique pour ne pas être embarrassé par un saut de tremplin.

— Alors, que puis-je vous montrer ? dit la Carolina ? Vous ne désirez pas sans doute monter à cheval la tête en bas, les pieds en l'air ; quand vous passerez dans des cerceaux, vous n'en serez guère plus avancé.

— Il est un certain nombre d'exercices que j'ignore, dit Julien, j'ai besoin d'assouplir mes membres, et je pense que vous serez assez bonne pour me diriger dans ces études. »

Ayant pris sa première leçon, Julien s'en retourna par les promenades en attendant l'heure du dîner, car il n'osait se présenter immédiatement chez l'avoué. Chemin faisant, il rencontra M. Bonneau, qui prenait la mesure de la cathédrale avec le fameux parapluie.

« Monsieur Bonneau, s'écria le comte. Par quel hasard êtes-vous à Molinchart ?

— Je dîne chez M. Creton du Coche, et je ne perds pas mon temps, comme vous voyez. »

Le comte fit une légère grimace en apprenant qu'il aurait l'archéologue pour compagnon de table; mais il pensa que sa présence lui serait utile, car il pourrait parler à Louise pendant les discussions des deux savants. Aussi se montra-t-il plein de complaisance pour M. Bonneau, subissant avec courage d'interminables discours sur sa manie favorite.

« Voyez cette belle cathédrale, s'écriait M. Bonneau. Il y a une fissure qui prend du haut de la tour et descend jusqu'au bas.... La voyez-vous ?

— Non, dit Julien en clignant des yeux.

— Vous ne voyez pas la fissure ?... Cela n'a rien d'étonnant, elle n'existe pas.

— Alors ?

— Permettez, monsieur le comte; en montant ce matin en haut de la cathédrale, j'ai fait envoler une nuée de corbeaux.... Ils ont posé leur nid dans un trou du mur, en commençant par gratter le ciment et à déchausser une pierre. Un jour la pierre est tombée; c'étaient les corbeaux qui préparaient la ruine de la tour. Ce trou a un quart de parapluie de profondeur ; oui, monsieur, un quart de ceci, s'écria l'archéologue en dressant en l'air son parapluie. Les curieux passent devant le trou et ne voient rien. Pourtant le monument périclite. Tirez une ligne droite dans votre imagination, monsieur le comte, du haut de cette tour au bas de la montagne, une longueur à peu près de trois mille parapluies, vous trouverez au bas de la montagne un grand trou d'où on extrait du sable.... Les architectes sont des ignorants, monsieur le comte. Tous les jours un peu de sable enlevé, et tous les jours le remue ménage de ces corbeaux amènent une fissure intérieure, d'abord cachée, puis imperceptible, puis visible; enfin le monument craque, et c'est ainsi que nous avons des pleurs à répandre sur le sort des chefs-d'œuvre de pierre du moyen âge.... Regardez, voici les corbeaux qui viennent continuer leur œuvre de destruction.... Ah! monsieur le comte, si j'étais conseiller municipal de Molinchart, j'accorderais vingt francs par tête de corbeau qu'on prendrait dans les tours de la cathédrale, et sans être cruel, je les écraserais avec ce parapluie.... »

Si Julien n'eût fait remarquer à l'archéologue qu'il était l'heure de dîner, M. Bonneau eût continué à verser des larmes sur les monuments déchiquetés par la bande noire des corbeaux, qu'il traitait avec plus de colère que les écrivains de la fin de la Restauration n'en ont dépensé contre les Auvergnats acheteurs de vieux châteaux.

Tout en saluant la femme de l'avoué, Julien fut surpris de la froideur avec laquelle elle le recevait. Il s'attendait à la douce familiarité qui régnait à la campagne, et, préoccupé, il chercha les causes qui avaient refroidi Louise.

« Qu'avez-vous? lui dit-il pendant que l'avoué causait avec M. Bonneau. »

Louise ne répondit pas et sortit comme si elle n'avait pas entendu Julien.

Le comte se forgea milles raisons qui pouvaient avoir changé la conduite de la femme de l'avoué, sans se rendre compte de la véritable. Louise, froissée de la passion de Julien pour la Carolina, se figurait que l'écuyère était l'ancienne maîtresse du comte, et, tout en traitant Julien avec le dépit d'un cœur blessé, elle affectait de paraître aussi calme et aussi indifférente que si elle l'eût vu pour la première fois. Si Julien n'eût pas été amoureux, il aurait remarqué ces nuances délicates qui faisaient que Louise gardait ses sourires et ses plus douces inflexions de voix pour M. Bonneau. Le moyen, quoique grossier, échappa complétement au comte, qui maudissait intérieurement la coquetterie des femmes, en comparant ses relations des quinze jours précédents avec Louise à ses manières polies et glacées d'aujourd'hui. Il essaya de glisser son pied auprès de celui de la femme de l'avoué; elle le retira brusquement, et, à l'air de contrariété peint sur sa figure, Julien n'osa plus recommencer ses avances.

Un moment, il s'efforça de se mêler à la conversation de M. Bonneau et de l'avoué; mais il n'entendait pas ce qu'ils disaient et ne comprenait rien à leurs paroles. Quand Julien regardait Louise, elle abaissait aussitôt les yeux; ne pouvant pas même obtenir de réponse du regard, le comte fut froissé vivement. L'idée d'une vengeance cruelle se présenta à son esprit, et il essaya de faire souffrir la femme de l'avoué autant qu'il souffrait lui-même.

« Viendrez-vous avec nous au cirque? dit-il à M. Bonneau. »

L'archéologue répondit que ces sortes de plaisirs convenaient peu à un homme qui avait voué sa vie aux recherches scientifiques.

« M. Creton du Coche y va bien, dit le comte.

— M. Creton n'a pas à remplir une mission aussi importante que la mienne. »

Quoique cette phrase fît dresser l'oreille à l'avoué, il se contint, car il avait accepté le patronage de M. Bonneau, et devait, sur sa recommandation, être nommé membre de la société racinienne, qui se fondait alors à Château-Thierry.

Julien prolongeait à dessein les dernières politesses de la conversation, espérant qu'en le voyant partir Louise changerait de conduite et lui rendrait dans un coup d'œil les joies qu'il se promettait dans cette entrevue; mais la femme de l'avoué resta froide et indifférente, et recommanda à ces messieurs de « beaucoup s'amuser. » Cette phrase banale était enveloppée d'une nuance épigrammatique qui déchira le cœur du comte; il sortit accablé de tristesse, et pendant le trajet qui sépare la maison de l'avoué de l'endroit où était plantée la tente du cirque, Julien ne dit pas un mot.

La salle était brillamment éclairée, et les rares spectateurs qui se tenaient sur les gradins dévoraient des yeux un spectacle sur lequel ils n'étaient pas blasés.

Julien regardait sans voir. Il regardait en dedans de lui deux portraits de la même femme: l'une aimante et l'autre froide; l'une qui lui avait donné son amitié, l'autre qui la lui retirait. Il cherchait la cause de cette froideur subite et ne l'expliquait que par le retour à la ville de Louise, qui avait puisé en elle un nouveau sentiment de ses devoirs.

Il se fit tout à coup un grand tumulte parmi les spectateurs du cirque, qui goûtaient une scène comique imprévue. Une bande de gamins avaient crevé la toile, et s'était introduite économiquement dans le cirque en passant sous les gradins. Le complot fut découvert par une femme qui, remarquant sous son banc des mouvements extraordinaires, poussa des cris d'effroi. A ces cris était accouru le clown Cruker, qui mit un terme à l'invasion en s'emparant d'une demi-douzaine de ces galopins. Il les traîna plus morts que vifs dans le cirque et les mit en fuite à grands coups de fouet.

Sur les gradins des secondes, une mère reconnut son fils et poussa des cris de désespoir, en tendant les bras vers le clown, qui apportait dans cet exercice la froideur d'un donneur de knout.

L'avoué s'amusait trop à ce spectacle pour remarquer l'état de Julien; bientôt, d'ailleurs, cet intermède improvisé fut terminé, et Mme Formose, en costume de Bayadère, vint changer le cours des émotions de la foule. Sa poitrine énorme était tassée dans un maillot couleur de chair, tout à fait provoquant pour les amateurs de beautés massives. Une courte jupe de gaze allumait la curiosité des yeux, qui, partant d'un large pied solidement assis sur la selle, pouvaient se promener impunément jusqu'à la naissance du genou. L'écuyère dansait sur un air d'opéra, arrangé expressément pour les chevaux, et, malgré ses formes positives, lançait encore la jambe dans l'espace avec une certaine agilité.

M. Creton du Coche, émerveillé de la grosse Mme Formose, fermait les yeux pour échapper à ce spectacle provoquant, et les faisait petits pour mieux voir.

« Une riche créature ! s'écria-t-il en regardant Julien, qui n'aurait pu dire si l'écuyère qui venait de parader était grasse ou maigre.

— Oui, dit le comte sans prendre garde à sa réponse.

— Quel âge lui donnez-vous, à peu près? demanda l'avoué.

— Je ne saurais vous dire.

— Elle doit aller dans les trente-cinq ans.

— Qui? demanda Julien.

— Mme Formose, qui vient de danser.

— Elle a donc dansé?

— Vous ne l'avez pas vue? s'écria l'avoué; mais à quoi pensez-vous?

— Mme Formose a cinquante ans.

— Cinquante ans! reprit M. Creton du Coche troublé dans ses admirations. Voyons, cher comte, vous êtes préoccupé.... Vous avez ce soir une si singulière physionomie, que je crois que nous ne nous entendons pas.... Ah! c'est que Mlle Carolina tarde bien à paraître.

— Bah ! la Carolina ! s'écria Julien.

— Vous ne l'aimez déjà plus? demanda l'avoué.

— Au contraire, Monsieur Creton, dit Julien, qui se rappela alors seulement le thème de son roman, je l'adore. Je l'ai vue à la répétition.... elle est belle ! Vous la verrez tout à l'heure.

— Parce que vous avez une passion pour Mlle Carolina, dit l'avoué, ce n'est pas une raison pour dénigrer ses rivales. Avouez que cette Mme Formose a dû être belle !

— Il y a trente-deux ans.

— Vous n'êtes pas juste, mon cher comte. Eh bien! je vous attends à votre passion, quand elle viendra ; je vous avertis que j'épluche ses défauts. »

Pendant cette conversation, les exercices des écuyers continuaient. Enfin la Carolina parut, et il se fit un certain silence dans le cirque. Beauté fière et singulière, l'écuyère, habillée en amazone, forçait l'attention par ses yeux impérieux et ses sourcils épais plantés résolûment sur la racine du nez. Devant la salle aux trois quarts vide, on pouvait supposer qu'elle faisait une moue dédaigneuse: c'était son air habituel. Cependant cette moue prenait un charme puissant, quand elle disparaissait pour faire place au sourire : il semblait qu'un léger brouillard s'enfuyait pour être remplacé par un rayon du soleil. Quand elle passa devant Julien, elle lui envoya un regard pour lui seul, un de ces regards qui font la puissance des femmes de théâtre.

Il faut être banquier épais, homme de bourse, faiseur d'affaires, pour savourer les regards intimes des actrices, rendant dans un simple coup d'œil bien au delà des sommes qu'on dépense pour elles.

« C'est à moi, ce regard, » se dit avec orgueil l'homme d'argent, qui, dans sa stalle d'orchestre, étalant son ventre luxurieux comme celui d'un mandarin, croit que le spectacle se joue pour lui seul, que les mots spirituels ont été inventés à son intention, et qui a la bonne foi d'imaginer que, des deux mille spectateurs qui sont dans la salle, lui seul occupe l'imagination de l'actrice. Cependant, dans cette même soirée où l'actrice a envoyé un regard à son banquier, elle en a une demi-douzaine dans le coin de l'œil qu'elle adresse à d'autres hommes d'argent, aux journalistes, à son auteur, et, pour couronner, à celui qui la bat.

La Carolina n'avait pas été rompue à ces mines des théâtres parisiens ; les écuries sont moins corruptrices que les coulisses ; l'art de dresser un cheval n'amène pas aux câlineries de théâtre ; les exercices violents tiennent l'esprit moins en délicatesse que les couplets de vaudevilles égrillards : une écuyère ne ressemble guère à une amoureuse de la Gaîté. La Carolina souriait à Julien parce que, dans cette population, il était le seul digne de la comprendre, et elle agissait si ouvertement, que M. Creton du Coche s'en aperçut.

« Cette femme vous aime encore, lui dit-il; mais elle a l'œil cruel.

— Vous trouvez?

— Elle n'a pas le sourire onctueux de Mme Formose. »

Pendant que la Carolina faisait exécuter à son cheval divers caprices résultant d'études pénibles, M. Creton du Coche bâillait, ne soupçonnant pas ce qu'a d'intéressant, pour un amateur, l'art avec lequel une écuyère dirige un cheval.

Quand elle eut terminé, la Carolina sauta lestement à bas de cheval, et salua l'assemblée de telle sorte, qu'elle parut ne s'adresser qu'au comte seulement ; car elle s'était placée presque en face de lui. Dans d'autres circonstances, Julien eût été touché des marques publiques que l'écuyère lui donnait ; il eût arrangé cette comédie avec la Carolina qu'elle n'eût pas mieux réussi aux yeux de M. Breton du Coche. Mais qu'avait-il besoin d'endormir les soupçons du mari, maintenant que Louise semblait lui avoir repris son amitié ?

Retiré à l'hôtel, Julien se trouva seul et abandonné. Il n'avait plus son confident Jonquières; toutefois, ne voulant pas partir de Molinchart sans avoir eu un entretien avec Louise, et craignant d'alarmer sa mère, que sa fuite avait dû surprendre, il écrivit à son cousin de venir le rejoindre, et de prévenir la comtesse qu'une partie de chasse le retenait au dehors.

XIII

M. Bonneau perd son parapluie.

Quand M. Creton revint chez lui, il fut surpris de trouver sa femme veillant au coin du feu.

« M. Bonneau, lui dit-elle, est resté tard à causer. J'ai présumé que le cirque allait fermer, alors je vous ai attendu. »

Louise n'attendait pas son mari. Elle voulait des nouvelles; mais contre son habitude, l'avoué se montra fort réservé, dit qu'il était fatigué et se retira, l'imagination pleine du souvenir de Mme Formose, craignant de dissiper son enthousiasme en paroles. Louise demandait, comme par pure curiosité, des détails sur la représentation des écuyers.

« Demain, demain, » dit l'avoué trouvant sa femme singulièrement changée, car, d'ordinaire, elle prêtait une médiocre attention à ses discours.

Pour la première fois, Louise regretta de ne pouvoir faire parler son mari; elle espérait qu'une conversation amènerait des détails sur la Carolina, cette femme dont elle était jalouse, et M. Creton du Coche restait muet, comme si Julien lui eût recommandé le silence. Cette idée germa dans l'esprit de Louise, qui passa la nuit à se torturer le cœur.

Les amoureux se lancent souvent à fond de train sur une idée sans se demander si elle est fausse ou juste, et font jaillir de cette idée plus d'arguments que n'en saurait tirer un avocat. Louise avait agencé dans son esprit les faits suivants : Le comte a retrouvé son ancienne maîtresse dont il croyait le souvenir éteint; son amour a été ravivé d'une telle force qu'il est accouru la nuit après avoir lu le nom de Carolina dans un journal. Julien m'a aimée un moment de bonne foi, ou plutôt il a cru m'aimer, mais l'ancien amour qui sommeillait a crevé le léger caprice qui ne faisait que de naître. Louise se disait que, par un reste de générosité, Julien avait empêché M. Creton de parler, afin de ne pas paraître abandonner si vite celle à qui, huit jours auparavant, il tenait des discours passionnés. Elle expliquait ainsi la conduite du comte, qui, pendant le dîner, lui avait montré quelque amitié, mais qui donnait encore ces marques d'affection légère afin de ne pas paraître rompre brutalement.

Si l'idée du devoir se présentait à l'esprit de la jeune femme, heureuse de ne pas s'être abandonnée à l'amour du comte, Louise se repentait presque à cette heure de n'avoir pas à se repentir. Peut-être Julien se fût-il montré plus fidèle, peut-être le souvenir de la Carolina eût-il été effacé à jamais. Qui sait si la résistance qu'elle avait opposée au comte ne l'avait pas poussé, par dépit, à se jeter dans les bras de l'écuyère! Par moments, Louise tressaillait dans son lit, prise d'une fièvre jalouse; elle voyait ensemble Julien et Carolina; elle les entendait s'aimer. Cette idée la faisait souffrir. Elle se leva, fit le tour de sa chambre, et s'arrêta tout à coup devant sa glace, non par coquetterie, mais pour se rendre compte du changement que son mal intérieur avait apporté dans sa physionomie.

Alors seulement Louise s'aperçut que ses cheveux dénoués flottaient sur ses épaules; dans le bourdonnement d'idées qui passaient dans sa tête, elle avait jeté bas son peigne, et enfoncé ses ongles sur son front.

« Louise! cria M. Creton du Coche en frappant à la porte, ouvre-moi. »

La femme de l'avoué, honteuse d'être surprise dans cet état, souffla la bougie sans répondre.

« Louise! cria l'avoué, ouvre donc. »

Après un moment de silence, il reprit :

« Tu ne dors pas, je t'entends marcher par la chambre. »

La femme de l'avoué, blottie sous les couvertures, espérait échapper à la voix de son mari.

« Que diable! dit-il, Louise, réponds-moi.

— Laissez-moi, monsieur, je suis souffrante.

— As-tu besoin de quelque chose? demanda l'avoué.

— Non, je repose. »

Là-dessus, M. Creton du Coche redescendit l'escalier, oubliant les idées qui étaient venues l'assaillir à la suite de la représentation du cirque.

Si le lendemain M. Creton avait pu voir le lit de sa femme, il eût peut-être compris quelle nuit agitée Louise avait passée. Les oreillers entassés les uns sur les autres indiquaient que Louise avait fait tous ses efforts pour chasser le sang qui affluait au cerveau. Les draps débordés montraient l'inquiétude de la jeune femme de l'avoué.

En se levant, Louise eut honte de son insomnie fiévreuse et jeta sur les draps en désordre sa robe de chambre, afin de cacher les troubles de la nuit. Elle s'étendit sur un divan, et resta longuement dans cette position horizontale, ne pensant plus, abattue, ne dormant pas, mais ayant un vague sentiment de ses souffrances nocturnes.

Comme elle était dans cet état d'abattement, Louise entendit un coup de sonnette qu'elle écouta avec attention, sans se rendre compte du motif qui faisait que le timbre restait vibrant dans son oreille. Peu après le coup de sonnette, des pas se firent entendre sur les dalles du corridor; aussitôt Louise se leva et courut à sa porte pour s'assurer que le verrou était tiré. L'irritation névralgique donne à l'ouïe un sentiment d'une telle délicatesse de perception, que Louise avait reconnu le pas de Julien. C'était lui, en effet, qui, profitant de l'heure, avait cru le moment de se présenter.

Son arrivée à Molinchart était déjà connue, car, en se levant, il reçut une assignation qui lui enjoignait de comparaître devant le tribunal dans la huitaine suivante, à la requête de l'épicier Jajeot. Julien avait complétement oublié son procès, et il lut l'assignation avec plus de joie que n'en fait naître d'ordinaire le papier timbré; cette affaire lui permettrait d'entrer fréquemment chez M. Creton du Coche, son avoué. Celui-ci était sorti; Julien n'osait demander à parler à Louise : il suivit tristement la femme de chambre qui le conduisait à l'étude au moment où Faglain mangeait des pommes de terre en robe de chambre, qu'il avait fait cuire dans le fourneau du poêle. Le maître clerc, surpris, donna un coup de poing à son repas, étalé dans un journal, et la joie produite par la vue d'un client lui fit oublier les délices qu'il attendait de son plat de pommes de terre. Faglain, malgré toute l'intelligence dont l'avait doué son patron, parut comprendre difficilement l'affaire; Julien, préoccupé du souvenir de Louise, s'expliquait mal.

Il ressortit de ce commencement d'instruction que Faglain en conférerait avec l'avocat Grégoire, aussitôt qu'il aurait terminé un travail important dont il se vanta d'être chargé. Julien s'en retourna et descendit lentement chaque marche d'escalier, espérant que le hasard lui ferait rencontrer la femme de l'avoué; mais Louise se donnait de garde de sortir de sa chambre. Cependant, quand elle entendit fermer la porte de la rue, elle se précipita à la fenêtre, et, à travers une fente de rideau, elle put suivre des yeux le comte, qui traversait la place. Si Louise n'avait donné trop d'importance à ses réflexions, peut-être eût-elle remarqué la démarche mélancolique de Julien.

La maison de l'avoué, avec sa façade en pierres de tailles, lui paraissait plus odieuse qu'une forteresse, puisque, malgré son extérieur simple et paisible, elle l'empêchait de pénétrer auprès de celle qu'il aimait. L'amoureux revint à l'auberge et se mit à la fenêtre; il n'avait d'yeux que pour la fenêtre aux rideaux roses et blancs, et ne se doutait pas qu'en ce moment la femme de l'avoué suivait ses moindres mouvements. Louise remarqua combien Julien était affecté, sans toutefois se rendre compte des motifs de cette tristesse; l'eût-elle comprise, que l'événement qui suivit l'aurait rejetée de plus en plus dans les tourments de la jalousie.

La Carolina vint à passer, aperçut Julien et lui fit un signe de tête, auquel le comte répondit de la main. Pour échapper à l'ennui Julien, pensant que l'écuyère allait à la répétition, descendit en toute hâte et la rejoignit avant qu'elle eût tourné l'angle de la place. La Carolina, familière avec Julien, lui tendit la main et tous deux s'éloignèrent dans la direction du cirque. La femme de l'avoué put croire alors que l'écuyère avait fait signe au comte de venir la trouver : les petites lueurs d'espérance qui tremblotaient encore dans son esprit s'éteignirent et ne laissèrent qu'un noir désolant dans la vie de Louise.

C'en était donc fait! Le comte avouait hautement sa maîtresse, il s'affichait publiquement avec elle dans la ville. Il fallait un amour bien puissant pour que Julien osât se montrer en public, dans Molinchart, en compagnie d'une écuyère! En ce moment Louise regretta de ne pas avoir d'enfants, afin de se retrancher dans l'amour maternel et de s'y abriter contre les orages de la passion : à un autre homme que son mari, elle eût pu tout avouer, lui dire ses combats intérieurs, ses souffrances; mais M. Creton du Coche n'eût rien compris à de tels tourments.

Louise passa le reste de l'après-midi dans sa chambre, inquiète, tourmentée, allant à la fenêtre, essayant de travailler; sa broderie lui tombait des mains, et elle restait morne, les yeux grands ouverts, regardant l'espace sans voir. Si sa femme de chambre ne l'eût pas appelée, Louise serait restée ainsi inoccupée, sans pensées et sans action. Il lui semblait que son cerveau était vide, et cependant mille douleurs couraient comme de petits animaux aux pattes froides dans la boite intérieure. Ses membres étaient brisés comme par une longue course.

Alors Louise se révolta et résolut de lutter contre sa passion avec énergie. Elle se regarda dans son miroir, trouva dans chacun de ses traits la griffe de souvenirs cruels, et se composa un visage avec autant d'art qu'une actrice met du rouge. Le sourire vint remplacer l'amertume sur ses lèvres; elle essaya un rire de commande qui contrastait avec le ruban brun qui entourait ses paupières. Ses cheveux étaient en désordre, elle les redressa et y planta une rose qu'elle arracha violemment de la tige d'un pot de fleurs. Elle remplaça son peignoir sans taille, qui annonçait l'affaissement, par une robe de couleur vive, et voulut que l'apparence trompât son mari.

A peine eut-elle donné quelques ordres à sa femme de chambre que Julien entra. Une vive rougeur colora les joues de Louise, qui parut aussi indignée que surprise. Le comte avait la tête pleine de questions; la froideur avec laquelle il fut reçu fit que ses paroles s'arrêtèrent au gosier. Tous deux restaient depuis cinq minutes dans cette situation embarrassante, lorsque Julien tira une lettre et la remit à Louise.

« Comment, monsieur, s'écria-t-elle, vous osez encore!... »

Elle déchira la lettre.

« Je sais, dit-elle, ce que vous m'écrivez; il est inutile.... »

En ce moment on frappait à la porte de la rue.

« C'est mon mari, dit Louise. Veuillez, monsieur, je vous prie, ne plus me forcer à vous recevoir....

— Ah! mon cher comte, dit M. Creton du Coche, quel accident! M. Bonneau a perdu son parapluie.... Tu n'as pas vu le parapluie, ma femme?

— Je ne suis pas descendue de ma chambre de la journée.

— Il faut appeler la bonne.... Julie! cria M. Creton du Coche, Julie! »

La femme de chambre entra.

« Avez-vous trouvé le parapluie de M. Bonneau?

— Quel parapluie, dit-elle.

— Demandez à Faglain, cherchez, il faut absolument que ce parapluie se retrouve. Pensez, mon cher comte, combien M. Bonneau y tient; j'étais sur la place, je vois accourir à la porte un messager couvert de poussière. C'était un paysan de Vorges que M. Bonneau m'envoyait avec cette lettre que j'ai eu à peine le temps de lire; j'ai seulement vu, dès les premières lignes que M. Bonneau était dans l'affliction de la perte de son parapluie.

— Le messager attend, dit Julie en rentrant; il dit qu'il y a une réponse.

— Voyons, fit l'avoué, je peux vous lire cette lettre, elle montrera le prix qu'attache M. Bonneau à ce parapluie.

« Mon cher monsieur Creton du Coche, écrivait l'archéologue, si, par hasard, quand vous recevrez ces simples lignes, il pleuvait, veillez dans votre maison avec le plus grand soin à ce que personne n'en sorte avec un parapluie. Je suis certain d'avoir laissé le mien chez vous, et vous savez quelle perte immense la science aurait à regretter. Il est vert de mer, d'une bonne longueur, le manche divisé en mesures égales. Une des baleines a percé la toile, par suite d'un accident archéologique; une pierre détachée dernièrement d'un édifice, a porté à faux sur la baleine.... Hier encore, je mesurais la cathédrale de Molinchart, j'en ai la preuve par la consignation sur mon carnet des précieuses mesures que j'ai obtenues; mais vous comprendrez combien la Société académique rémoise serait privée tout d'un coup par la disparition de ce parapluie, qui sert de base à la constatation précise de la grandeur de nos monuments.

« M. le comte de Vorges pourra vous certifier qu'il m'a rencontré avec mon parapluie, que je l'ai accompagné chez vous, où vous vouliez bien me recevoir à dîner, et que, par conséquent, je l'ai laissé certainement dans votre demeure. Prenez garde que la bonne ne s'en serve; j'ai remarqué que ces meubles s'empruntent avec une déplorable facilité et ne se rendent jamais. S'il sortait malheureusement de chez vous, il passerait de mains en mains, et je ne me sentirais plus le courage de recommencer le travail de toute ma vie.... Vous comprenez que je n'ai dans l'esprit qu'une idée approximative de la longueur de mon parapluie, et que je ne trouverais jamais à le remplacer avec certitude.

« Je m'en servais le moins que je pouvais pour m'appuyer, car j'aurais crains de l'affaisser et de rendre ses mesures variables; il était terminé par une tige de fer longue d'un pouce et fort épaisse, afin que le frottement des cailloux n'eût aucune action sur le métal. Je sais qu'il était presque deux tiers de ma taille et qu'il m'allait à peu près à la hauteur des fausses côtes; mais l'à peu près n'est pas une mesure archéologique. Si j'achetais un autre parapluie et que je continuasse mes opérations, je serais obligé d'indiquer que le monument mesuré renferme tant de nouveaux parapluies. Les académiciens de Reims dresseront l'oreille et me demanderont compte de ce nouveau parapluie, quels sont ses rapports positifs avec l'ancien; c'est ce que je ne saurais définir avec précision. Tout ce que j'ai mesuré jusqu'à présent deviendrait donc inutile.... J'ai dû le poser en entrant dans l'angle formé par la cheminée, je ne puis me rappeler si c'était à gauche ou à droite. Habituellement, j'en couvre le pommeau de mon chapeau pour être plus assuré de l'emporter en me couvrant.... Mme Creton, avec laquelle je suis resté après notre discussion scientifique, pourra peut-être vous donner quelques renseignements plus précis, car je ne comprends pas comment j'ai pu l'oublier, ce serait la première fois de ma vie. C'est surtout à vous, mon cher monsieur Creton, que je confie la tâche de veiller à ce que le parapluie se retrouve, vous qui appréciez la valeur de mes recherches. Si malheureusement le parapluie était égaré, je crois que je renoncerais pour la vie à l'archéologie.

« Votre dévoué et désolé serviteur,

« BONNEAU. »

— Effectivement, dit M. Creton, je comprends l'inquiétude de M. Bonneau.

— Je n'ai pas remarqué, dit Louise, si M. Bonneau était entré avec le parapluie.

— Ah! s'écria M. Creton du Coche, j'avais oublié le *post-scriptum*. Et il lut:

« Tout ce que j'ai écrit ci-dessus est inutile. Réjouissez-vous, mon cher monsieur Creton, je viens de retrouver mon parapluie. »

La femme de chambre entra.

« Le messager, dit-elle, attend la réponse. »

Malgré sa mélancolie, le comte ne put s'empêcher de sourire.

« Comment, dit M. Creton, il retrouve son pa-

Madame Formose et la Carolina. (Page 60, col. 2.)

rapluie avant d'envoyer sa lettre, et il fait partir, malgré cela, un messager ! Dites-lui qu'il fasse part à M. Bonneau de la joie que je partage à la nouvelle du parapluie si heureusement retrouvé. »

En ce moment un garçon d'hôtel vint prévenir le comte de Vorges que son cousin venait d'arriver et l'attendait.

« Priez-le de venir ici, dit M. Creton du Coche.

— Je vous remercie, » dit Julien, heureux de trouver une occasion de sortir après la réception de Louise.

Il la salua froidement et n'accepta pas une nouvelle invitation à dîner que lui fit l'avoué. Tant qu'il était resté en présence de Louise, Julien avait combattu pour ne rien laisser paraître de ses émotions; elles prirent le dessus aussitôt qu'il eut fermé la porte d'entrée. Il lui semblait qu'il fermait cette porte pour la dernière fois, et que son cœur restait emprisonné dans une maison où il ne pouvait plus entrer. Jonquières comprit la situation en revoyant son ami, car Julien, par une pression de main, fit passer dans cette étreinte toutes ses souffrances accumulées.

« Elle ne veut plus me voir ! » s'écria Julien.

Jonquières essaya de divers calmants moraux, qui, dans les grandes douleurs, n'ont guère plus d'action que dans les graves maladies; Julien secouait tristement la tête.

« C'est une coquette, dit Jonquières, qui essaya d'un moyen brutal. Le mieux serait de revenir avec moi à Vorges; sois certain que tu n'y serais pas de huit jours, qu'elle te rappellerait.

— Je ne le crois pas, dit Julien; en supposant que Louise eût le désir de me revoir, elle ne voudrait pas se compromettre en me faisant des avances.

— Elle trouverait un moyen, dit Jonquières, elle te ferait écrire par son mari; tu ne connais guère les femmes.

— Malheureusement, dit Julien, je ne la crois pas coquette, car il pourrait en arriver ainsi que tu dis, et j'aurais l'espérance de la revoir; mais il se passe en elle quelque chose qui m'échappe depuis que je suis revenu à Molinchart. Quand Louise est partie, elle m'accordait une amitié sans bornes, qui n'était certainement pas de l'amour, mais qui me donnait à espérer pour l'avenir; elle me permettait presque de lui parler de mon amour : si elle n'y répondait pas, du moins ne s'en fâchait-elle pas. Aujourd'hui, c'est une personne réservée, glaciale, qui me traite comme si je l'avais insultée. Elle ne veut pas m'entendre; je lui écris, elle déchire ma lettre en ma présence. Que faire?

— Il faut attendre, dit Jonquières. Le procès que tu m'as dit commencer bientôt nous donne le droit de voir M. Creton; ne te désespère pas, va dans la maison comme de coutume. Un de ces matins, qui sait! la glace fondera; ce ne sont que des nuages; tu trouveras une femme douce, aimante, telle que je l'ai vue à la campagne. Il n'est pas besoin d'être savante en coquetterie pour jouer la petite comédie que tu prends au sérieux; les femmes apportent ces facultés en naissant. Quoi de plus ennuyeux qu'une femme d'humeur égale, qui aime trop, et vous fatigue de ses caresses! La meilleure des femmes le sent, et pense qu'il est utile à ses intérêts de paraître dédaigneuse des soins que lui rend un homme. Elle se fait prier longtemps, et ce n'est qu'après des luttes infinies qu'elle accorde une promesse, un rien. On travaille à te rendre heureux.

— Heureux! s'écria Julien.

— Voudrais-tu qu'elle s'abandonnât, qu'elle vînt te trouver en disant : « Je vous aime, me voilà. » Au bout de huit jours tu fuirais ce bonheur comme un enfer.

— Je ne sais si tu dis vrai, dit Julien, mais tu as trouvé le moyen de me rendre quelque espoir.... J'étais dans des idées absurdes, folles.... Crois-tu que je pensais à devenir amoureux de la Carolina! Si tu n'étais pas venu, j'allais tomber aux genoux de cette créature en lui disant : « J'aime, sauvez-moi! » Je ne l'aime pas, je ne l'aurais jamais aimée, mais j'aurais fermé les yeux, j'aurais essayé de penser à Louise en parlant à la Carolina.

— Peut-être finirais-tu, dit Jonquières, par t'amouracher de l'écuyère, et je n'y verrais pour ma part aucun mal; vois, mon ami, où t'a déjà entraîné ta passion pour une femme mariée. Si tu avais pu connaître cette écuyère dans le principe!... La Carolina n'engage à rien; tu l'aurais aimée pendant la saison théâtrale, trois mois tout au plus, avec quelque chagrin à son départ, et ce beau caprice se serait envolé un matin comme il était venu. Mais tu as sous la main une terrible machine de guerre; tu voulais devenir amoureux de la Carolina par vengeance; pourquoi ne feindrais-tu pas pour elle une passion tout à fait publique? Il faut que la ville entière le sache, qu'on vous voie passer ensemble dans les rues à cheval. Jette-lui des bouquets en plein cirque; cela ne s'est jamais vu à Molinchart, on en parlera. Si Louise t'aime réellement, elle reviendra.

— Tout est en bon train par la faute de M. Creton, » dit Julien.

Alors il raconta à Jonquières son escapade de nuit, comment il avait été surpris par l'avoué, et la fausse passion qu'il avait été obligé d'inventer pour la Carolina.

« Le mari le sait! demanda Jonquières. Et tu lui as recommandé le silence? Ah! combien ces amoureux sont ignorants des choses de la vie! Comprends donc que le premier soin de l'avoué a été de raconter l'aventure à sa femme. C'est là seulement ce qui peut expliquer la froideur de ta Louise : elle est jalouse et souffre plus que toi.

— Si c'était possible, dit Julien; mais non. Elle aurait compris que, son mari me surprenant la nuit devant ses fenêtres, j'avais été obligé de tomber dans une série de mensonges. D'ailleurs, le premier était si visiblement faux, qu'un mari seul a pu s'y laisser prendre; la Carolina ne demeure pas chez l'épicier Jajeot, et j'ai tremblé, dans le premier moment, du peu de réalité de mon invention.

— Une femme qui aime, dit Jonquières, devient quelquefois aussi crédule qu'un mari. Elle a une foi robuste en toutes choses, de cette foi de Pierre l'Ermite prêchant la croisade; mais, par la même raison, aussitôt qu'elle entre en défiance, elle y apporte la délicatesse d'un chat qui dort, dont le moindre bruit fait ouvrir les yeux. Dès le début, tu as éveillé ses soupçons; elle n'a pas raisonné, j'en suis certain, et s'est cramponnée au récit de M. Creton comme si elle s'était attaché une pierre au cou.

— Je souhaite que tu aies raison, dit Julien. Tu dois avoir raison, car je me sens à moitié guéri.... Comment ma mère a-t-elle pris mon départ?

— Soupçonnant un coup de tête, dit Jonquières, j'ai dit que, t'étant levé très-matin, tu n'avais pu lui dire adieu, mais que tu m'avais prévenu la veille.

— J'ai un ami précieux, s'écria Julien en serrant cordialement les mains de son cousin, et j'ai rencontré une femme bien dévouée, Mme Chappe.

— Elle a, dit Jonquières, une de ces figures sur lesquelles on lit au moins autant de mal que de bien.

— Avoue que tu en es jaloux.

— Jaloux de Mme Chappe! s'écria Jonquières.

— Je l'avais prise pour confidente à la campagne, craignant de te fatiguer de mes récits.... Ah! si elle avait été à Molinchart, je n'aurais pas tant souffert depuis deux jours.

— Une femme, certainement, est meilleure conseillère qu'un homme en ces matières, dit Jonquières; mais je me serais confié difficilement à Mme Chappe.

— Elle avait tout deviné, je ne pouvais guère nier : elle me sera d'un grand service. Pense qu'au premier refroidissement de Louise, j'aurais couru chez elle, en lui disant : J'ai feint une passion pour la Carolina, détrompez Louise.

— Est-elle acceptée comme intermédiaire de côté et d'autre?

— Non, Louise n'en sait rien.

— La situation me semble difficile, dit Jonquières. Prends garde à la province, mon cher Julien; tu as vécu à Paris, où personne n'a le temps de s'inquiéter de son voisin, mais tu ne sais pas ce que c'est que la province. Si tu rencontres cinquante personnes, ce sont cinquante chimistes qui t'analysent des pieds à la tête, qui commencent par l'extérieur pour arriver à l'intérieur. D'abord, ce seront tes habits qui subiront l'examen, puis tes manières, ta figure, ta voix, ta démarche; jusque-là, rien de plus naturel. Mais les chimistes ne s'arrêteront pas là : ils voudront savoir à quoi tu penses.

— Je les en défie! s'écria Julien.

— Ils le sauront.

— Un de mes amis, dit Jonquières, avait tellement peur de la province, qu'il avait inventé une grimace provinciale; aussitôt qu'il passait la porte d'une petite ville, il prenait sa grimace comme s'il avait mis un faux nez afin de se dévisager. Il n'y avait pas trois jours qu'il était en province, qu'on avait reconnu le masque qu'il portait sur la figure. Pour être sûr de Mme Chappe, il faudrait qu'elle fût une effrontée coquine.

— Comment! s'écria Julien.

— Tu la tiendrais par l'argent; alors elle serait peut-être muette.

— Mais, mon ami, c'est une maîtresse de pension.

— Je crains les institutrices qui ont des museaux pareils. Donne-lui de l'argent.

— C'est délicat, fit Julien.

— Je ne laisserais pas dix mille francs dans ma redingote si Mme Chappe la brossait, » dit Jonquières.

XIV

Catilinaires de province.

Les tribunaux sont d'une grande ressource pour les provinciaux, qui trouvent dans les débats d'un procès le même intérêt que le peuple de Paris porte à la représentation d'un mélodrame. Aussi, dans les villes qui ne comportent qu'une justice de paix, existe-t-il un public fidèle et assidu à écouter les harangues du commissaire de police. Quand il fut décidé que le tribunal allait juger l'affaire du chevreuil, le bruit s'en répandit dans Molinchart, et la foule ne manqua pas de se porter à l'audience. Le nom du comte de Vorges, la curiosité qui s'attachait à ses actes, la publicité qu'il avait donnée à sa liaison avec la Carolina, attirèrent les dames de la ville.

Le célèbre M. Quantin plaidait pour l'épicier Jajeot, et on s'attendait à un morceau curieux d'éloquence de cet avocat, cité immédiatement après les sept merveilles du pays. Toutes les fois qu'un avocat de Paris était venu plaider à Molinchart, maître Quantin passait pour avoir triomphé de son adversaire. Il arrivait quelquefois que M. Quantin était écrasé sous un déluge d'épigrammes parisiennes auxquelles il n'avait à opposer qu'un petit dénigrement bourgeois, mais ses concitoyens le voyaient toujours vainqueur, qu'il gagnât sa cause ou qu'il la perdît.

L'orateur Quantin gouvernait le pays; on citait ses mots, ses opinions, et quand il passait dans la ville, portant la tête haute, chacun se courbait à moitié, heureux de recevoir un petit signe de tête. Julien avait eu la malheureuse idée, pour satisfaire aux désirs de M. Creton du Coche, de choisir pour avocat maître Grégoire : parmi six avocats de la ville, il était difficile de plus mal s'adresser. Maître Grégoire, par ses plaisanteries et un usage immodéré des calembours, s'était peu à peu aliéné le cœur de la magistrature, et il fallait qu'une cause fût imperdable pour qu'elle triomphât de ce grotesque défenseur.

Julien et Jonquières traversèrent la foule qui encombrait la cour du palais de justice, sans se douter combien l'opinion publique leur était défavorable; ils ne connaissaient que M. Creton du Coche, l'avocat Grégoire, quelques personnes qui fréquentaient la maison de l'avoué, et croyaient n'avoir à se défendre que d'une simple accusation de dégâts dans la boutique de l'épicier Jajeot; mais le tribunal jugea l'affaire plus importante, et grâce aux intrigues de l'avocat Quantin, qui, par son salon, disposait d'une influence considérable, la petite salle du tribunal civil avait été abandonnée pour la grande salle des assises. Le banc des jurés était rempli des élégantes de Molinchart, qui firent des frais considérables de toilette pour cette solennité.

En entrant dans la salle, Julien, lorgné comme un criminel, se repentit d'avoir laissé aller l'affaire jusqu'au bout; l'aspect des magistrats lui parut de mauvais augure. Trois juges, auxquels il n'eût pas pris garde s'il les avait rencontrés dans la rue, lui semblèrent terrifiants dans leurs robes noires, quoique Jonquières plaisantât sur la mine des juges.

Le président avait donné l'ordre aux huissiers de ne faire entrer que dix personnes à la fois, et les curieux, qui s'étouffaient à la porte, montraient le vif intérêt que la ville prenait à ce procès.

L'avocat Quantin entra par la petite porte qui mène à la chambre des délibérations du jury dans les affaires de cours d'assises. Le bonnet en arrière, la bouche dédaigneuse, les larges manches flottant au vent qui semblaient bouffies d'orgueil, d'immenses dossiers sous le bras, un certain remuement qu'il donnait à son corps, produisirent sur l'assemblée ce que le peuple appelle le *flafla*. M. Quantin traversa le public la tête haute, avec l'air d'un triomphateur, envoya des sourires aux dames, et montra aussitôt la familiarité qu'il entretenait avec les juges en allant causer avec le président.

De temps en temps il jetait un coup d'œil moqueur dans la salle, communiquait aux juges certaines observations piquantes, envoyait de petits saluts amicaux à des dames qui le payaient en sourires, et se livrait le poing campé sur la hanche à un balancement de la jambe gauche, destiné à produire de l'effet sur le public.

« Comment appelez-vous cet avocat? demanda Julien à M. Creton.

— C'est maître Quantin, notre adversaire.

— Il me regarde trop, » dit le comte.

En effet, maître Quantin clignait des yeux et cherchait dans la foule ses adversaires. Quoiqu'il connût parfaitement de vue le comte, l'avocat affectait de ne jamais l'avoir rencontré, et, se l'étant fait désigner par le président du tribunal, il le regardait avec une insistance à la fois provoquante et méprisante, un moyen employé par quelques avocats.

L'épicier Jajeot, assis sur le banc des témoins, avait fait une toilette particulière pour son procès; sa confiance dans la renommée de maître Quantin faisait qu'il relevait la tête, suivant chaque mouvement de son avocat et brûlant d'impatience d'entendre l'huissier donner le signal de l'ouverture de l'audience. M. Janotet, le juge suppléant, n'avait eu garde d'emmener son fils Toto; mais il se trouvait dans une terrible situation qui l'empêchait d'oser regarder quelqu'un de l'assemblée.

M. Janotet, victime à diverses reprises des goguenardises de l'avocat Quantin, s'empressa de lui témoigner une vive admiration qui tenait beaucoup de la crainte, et il ne savait quelle contenance tenir vis-à-vis de Julien, avec lequel il avait dîné chez M. Creton du Coche. Il baissait la tête, afin de n'être pas obligé de saluer l'avoué, car en province les relations sont peu étendues, mais quelquefois pleines de telles bassesses.

Le juge suppléant avait eu vent des machinations tramées contre Julien et, comme M. Creton du Coche était lié avec le comte, il entrait pour ainsi dire dans le nombre des partisans de maître Quantin. Tous ceux qui au tribunal paraissaient s'intéresser en faveur de Julien devenaient les ennemis de l'avocat Quantin et pouvaient s'attirer son ressentiment, car il était connu comme une langue qui ne pardonnait jamais.

La foule commençait à s'impatienter d'autant plus légitimement que le tribunal était rassemblé depuis longtemps; mais, après avoir causé avec l'avocat Quantin, le président et les juges s'étaient retirés dans une pièce voisine qui leur sert à s'habiller.

« Le tribunal! messieurs! chapeau bas! » cria l'huissier.

Alors apparurent lentement le président et les juges, chacun d'eux avec une physionomie particulièrement grave, que les magistrats imaginent plus convenable à l'expression de la loi.

Quand le silence fut rétabli :

« Maître Quantin, dit le président, vous avez la parole. »

Le célèbre avocat se leva, salua le tribunal et commença sur un ton qui surprit le public. L'orateur débuta par une sorte d'églogue : il voyait un jeune chevreuil dans les bois, se jouant près d'une fontaine cristalline auprès de sa mère; tout à coup on entendait au loin les sons du cor. Le chevreuil dressait la tête, sa mère inquiète le regardait avec des yeux attendris; puis les aboiements des chiens résonnant dans la forêt, à ces accents cruels le chevreuil frissonnait.

— Nous n'avions pas de chiens, s'écria l'avocat Grégoire.

— Monsieur le président, reprit maître Quantin, si maître Grégoire m'interrompt au début de ma plaidoirie pour me contredire inutilement, je n'ai plus qu'à me retirer. »

Il y eut dans la foule des mouvements en faveur de l'avocat Quantin, qui dictèrent au président une admonestation sévère au malencontreux contradicteur.

« Maître Grégoire, vous avez un système déplorable de défense que vous n'employez pas aujourd'hui pour la première fois; je vous engage à respecter le discours de votre honorable confrère et à l'imiter quand il écoute plaider un adversaire; autrement le tribunal, qui veut bien pour cette fois n'employer que la réprimande, se verrait obligé d'user de moyens plus rigoureux.

— C'est pourtant Quantin qui m'a appris à interrompre, disait l'avocat Grégoire à Jonquières, mais à lui tout est permis! »

Remis du prétendu trouble que lui avait causé l'interruption de son adversaire, maître Quantin reprit sa description champêtre de la forêt, les ébats des deux chevreuils, l'angoisse que leur causait l'approche d'un ennemi dangereux. Tout ce début à la manière de Théocrite fut vivement goûté par le public, étonné d'un faux semblant de poésie champêtre qui sortait d'un crâne couvert d'un bonnet noir.

« Les sons du cor se rapprochent, les aboiements des chiens deviennent plus distincts, le jeune chevreuil effarouché perd tout sentiment filial au point de fuir seul. »

Ici l'avocat Quantin fit jouer les cordes de son gosier afin de donner à ses paroles un son mélancoliquement éraillé; il poussa la comédie jusqu'à se passer un mouchoir sur les yeux en parlant du chagrin de la mère du chevreuil, qui fuyait haletante et s'arrêtant dans sa marche, malgré le danger, pour voir si son fils la suivait.

En entendant cette narration, quelques dames versèrent des larmes, et l'avocat se rajusta, satisfait de son éloquence. Tout d'un coup, maître Quantin passe la main dans sa chevelure, donne un tour furieux à ses boucles paisibles, et s'écrie : « Des cavaliers s'avancent au galop de leurs chevaux, ils ont soif de butin; ce sont des chasseurs, et, faut-il le dire, messieurs, ce sont de jeunes hommes. »

En parlant ainsi, maître Quantin se retournait vers le comte et Jonquières, et semblait les désigner à la vengeance du public. Julien, se voyant l'objet des regards de toute une salle, fit un effort sur lui-même et releva la tête. Il rencontra alors les yeux de maître Quantin qui ne le quittaient pas.

« C'est insupportable, dit-il à l'avocat Grégoire.

— Laissez-le aller, dit celui-ci, pendant que maître Quantin faisait une tirade sur les jeunes hommes qui ont des parents, des mères, des sœurs, et qui chassent sans pitié les petits des animaux. Il assaisonnait ces réflexions de citations sur la férocité, toujours en regardant fixement Julien.

— Pardon, monsieur le président, fit le comte en se levant.

— Vous n'avez pas la parole, monsieur.

— L'avocat n'a pas le droit....

— Huissier, faites faire silence à monsieur, car, s'il continuait, nous nous verrions avec peine obligé de le faire expulser de l'audience.

— Monsieur le président! s'écria l'avocat Grégoire.

— Maître Grégoire, nous vous avertissons pour la dernière fois de ne pas troubler la majesté de l'audience. »

Julien haussa les épaules.

« Il est interdit aux personnes présentes dans la salle, dit le président, de faire le moindre signe d'adhésion ou de blâme. »

L'avocat Quantin s'était laissé tomber sur son banc comme brisé par l'émotion. Plein de pitié pour la conduite scandaleuse de ses adversaires, il levait les bras au ciel, regardait les juges et semblait leur dire : « Pardonnez à ces malheureux! » Il se releva.

« Il est difficile, dit-il, messieurs, de reprendre le fil de mon discours à l'endroit où on a voulu le casser. Je veux bien croire que des personnes qui ne connaissent pas à fond les lois de la société, puisqu'elles passent leur temps dans les bois, occupées à des exercices sanguinaires, je veux bien croire que ces personnes ne m'ont pas interrompu à dessein; autrement, je me mettrais sous la protection du tribunal, qui ne m'a jamais fait défaut; mais, fort de la bienveillance du magistrat éclairé qui préside à ces débats, j'espère que ma parole sera libre et que je pourrai parler sans crainte des menaces qui, quoique parties de l'œil, semblent s'attaquer aux paroles qui dorment encore dans ma poitrine, et qui sortiront, soyez-en convaincus, messieurs, malgré l'irritation qu'elles peuvent causer. »

Après cette phrase éloquente, l'avocat Quantin dépeignit les moissons ravagées, les champs nouvellement ensemencés piétinés, les légumes, espoir des pauvres jardiniers, foulés sous les pieds des chevaux, les barrières renversées, la course éperdue du chevreuil à travers bois et prairies, et dans le lointain le bruit des chevaux, le son du cuivre et l'aboiement des *molosses*.

Depuis que l'avocat Grégoire avait nié que ses clients eussent des chiens, maître Quantin les avait remplacés par d'énormes *molosses*. L'avocat suivait le chevreuil à la piste et traçait un plan fabuleux de son parcours; il lui faisait traverser des enclos, des vergers, de jeunes plantations dont il ne restait plus de vestiges après son passage. Selon lui, le dégât dans la campagne avait dû être d'une centaine de mille francs; de Julien et de Jonquières, il faisait une avant-garde de soldats déprédateurs. Au pied de la montagne, maître Quantin s'arrêta : il avait tellement couru avec le chevreuil que la sueur perlait sur son front.

« Qu'est-ce que ce clocher qui s'élance dans les airs? s'écria-t-il quand il se fut remis de ses fatigues. C'est le clocher d'un chef-lieu, d'une ville libre; entendez-vous, messieurs, d'une ville libre. Nous ne sommes plus au temps où la noblesse taillait à corvée et à merci les serfs de la province; chaque citoyen aujourd'hui est inviolable, sa demeure est sacrée, sa femme et ses enfants sont sous la protection de l'État. Le chevreuil gravit la montagne; il a vu le clocher au loin, il a flairé qu'il y avait là une ville libre. Mais les chasseurs ne respectent ni domiciles de citoyens, ni leurs champs, ni la famille, ni la tranquillité domestique.

« Allez leur parler de l'affranchissement des communes, ils en souriront. « Ce sont jeux de princes, » a dit la Fontaine. Un digne commerçant de notre cité était tranquillement dans son magasin, occupé à classer des denrées coloniales : tout à coup le chevreuil égaré, poursuivi, haletant, saute par-dessus son comptoir, brise mille objets précieux et délicats, tirés à prix d'or des premiers magasins de Paris. Mon Dieu! nous ne songeons pas à accuser le chevreuil, cette pauvre bête dont la condamnation était signée avant le procès, et qui allait payer de son sang le fruit des plaisirs de nos jeunes gentilshommes. »

Là-dessus, l'avocat Quantin fit un tableau terrible des dégâts du chevreuil dans la boutique. Les poupées, les animaux, les polichinelles, les petits violons, les ménages, les soldats de plomb voltigeaient comme emportés par une trombe, et sur leurs corps tombaient des grêles de bonbons, de dragées, de sucreries de toute sorte. Après la grêle venait une pluie de parfait-amour, de liqueur des braves, de ratafia qui formait des flots gras et épais dans la boutique. La foudre tombant dans le magasin de l'épicier Jajeot n'eût pas produit des désastres comparables à ceux qu'énumérait l'avocat Quantin. Il avait surtout une façon de prononcer le mot *jouet*, qu'il appelait *joa*, qui répandait encore plus de tristesse sur son récit.

« De véritables gentilshommes de l'ancienne race, disait-il, auraient offert le double du prix des *joas* fracassés. Point. La noblesse moderne, messieurs, semble avoir hérité des vices de ses aïeux, sans en avoir les qualités. Le tribunal comptera-t-il pour rien le trouble qui s'est emparé de l'esprit de M. Jajeot en voyant ses *joas* livrés aux piétinements d'une foule cruelle? Et cependant, il ne réclame rien pour le bouleversement de ses sens, qui ont occasionné des visites de médecin. J'ai ici une consultation de notre célèbre docteur Dufour, à la date du 12 juillet, le lendemain de l'événement. On y lit : Langue épaisse et blanchâtre par suite d'émotion, pouls à pulsations trop rapprochées. Garder la chambre un jour et se préserver de toute émotion, pendant que le malade prendra à petites gorgées une demi-once d'huile de ricin.

« Voici mon client, messieurs, vous le connaissez tous; il est là derrière moi, à l'audience. Jajeot, levez-vous? Il n'a jamais été malade de sa vie, messieurs; il a une vie tranquille. Son commerce lui suffit et lui donne à vivre. De bonne foi, croyez-vous, messieurs, que M. Jajeot ait pris de l'huile de ricin par distraction? Je vous le demande, ce corps gras et huileux, d'une couleur repoussante, d'une odeur nauséabonde, n'est pas destiné à entrer dans l'économie d'un homme plein de santé.

« Il a fallu un violent bouleversement pour que le docteur l'ait ordonné; il y a donc eu incapacité de travail d'un jour, les intérêts de mon client en ont souffert. Ce fait est à joindre aux nombreux *joas* cassés, dont la perte ne peut se réparer que par des dommages-intérêts. Nous demandons à messieurs de la cour dix mille francs de dommages-intérêts, outre l'estimation des dégâts, et, confiants dans la justice, nous attendons avec tranquillité leur décision, certains qu'ils ne laisseront pas notre ville troublée par des étrangers. »

Maître Quantin, pendant cette dernière phrase, fit voler au vent ses longues manches gonflées d'orages, et, ayant lancé un dernier coup d'œil provocateur au comte de Vorges, il s'assit sur son banc pendant qu'un murmure enthousiaste éclatait parmi les assistants.

« Messieurs!... s'écria maître Grégoire.

— Pardon, monsieur, dit le président, nous suspendons l'audience pendant cinq minutes, afin de permettre à maître Quantin de se reposer des fatigues de son beau discours.

— L'affaire tourne mal contre nous, dit Grégoire à Julien; le président a qualifié de beau le discours de maître Quantin; il est presque inutile de plaider; je vais parler pour ne rien dire.

— Comment! dit Julien, vous abandonnez l'affaire? Oubliez-vous que ce Quantin nous a insultés à plusieurs reprises, et que je lui répondrai en public plutôt que de nous laisser traiter, mon cousin et moi, comme il l'a fait?

— Je ne demande qu'à parler, dit l'avocat Grégoire; seulement, préparez-vous à payer de forts dommages-intérêts.

— Que m'importent les dommages-intérêts? s'écria le comte; ayez soin seulement d'expliquer au tribunal la note exagérée que l'épicier voulait nous faire payer.

— Je suis allé dans sa boutique, dit Jonquières; il a été fort embarrassé de me montrer ces dégâts dont on fait tant de bruit.

— Je suis à peu près certain, dit M. Creton du Coche, d'avoir vu, le lendemain, mon voisin Jajeot dans sa boutique comme de coutume; il n'aurait donc pas pris médecine.... Au surplus, on peut le demander à Faglain, qui sait tout ce qui se passe; sa fenêtre donne dans la cour de l'épicier. »

Faglain, qui était dans l'enceinte, et qui n'avait pas assez de ses deux oreilles pour suivre les débats, accourut à un signe.

« Savez-vous, Faglain, lui demanda l'avoué, si réellement M. Jajeot a été malade le lendemain de l'affaire du chevreuil.

— Du tout, dit Faglain. Mais l'épicier est malin; il a envoyé chercher son médecin et s'est fait faire une ordonnance dont il ne s'est pas servi. Je suis allé chez lui par curiosité pour voir le remue-ménage, et je l'ai trouvé en train de déjeuner à neuf heures du matin.

— Bon! dit maître Grégoire.... Et vous en déposeriez?...

— Comme il vous plaira, dit Faglain.

— Messieurs, dit l'huissier, silence! les débats sont ouverts. »

L'avocat Grégoire se leva et dit :

« Messieurs, j'avoue que le plaidoyer de mon adversaire est fort beau, comme l'a dit l'honorable président qui gouverne ces débats avec tant d'impartialité; de plus, je le trouve touchant. L'histoire de *cette* chevreuil mère m'a fortement ému; mais personne n'a vu la mère du chevreuil, pas plus maître Quantin que mon féroce client, M. Julien de Vorges, ce chasseur impitoyable. La mère du chevreuil aura sans doute été dévorée par ce fameux chien invisible qui a germé dans l'imagination de maître Quantin. Parmi les personnes qui font partie du corps de la magistrature, il est en plus de la moitié qui se livrent à la chasse de la perdrix, du lièvre.... Que dis-je?... j'en vois même un sur les bancs du tribunal.

— Maître Grégoire, pas de personnalités!...

— Pardon, monsieur le président; je voulais dire qu'on n'est pas un assassin pour rentrer dans la ville avec un carnier contenant des perdrix, comme il est arrivé avant hier à un de nos honorables magistrats.

— Pour la seconde fois, maître Grégoire, je vous avertis que si vous entrez dans des considérations étrangères au sujet, je vous retire la parole! Ici, au palais, les magistrats ne sont plus des hommes.

— La chasse a été en honneur chez tous les peuples, dit l'avocat, abusant de connaissances historiques puisées le matin dans l'*Encyclopédie des gens du Monde*.

— De grâce, monsieur Grégoire! fit Julien qui s'impatientait de ces prolégomènes.

— Il est fort heureux que ces messieurs fussent à cheval, mon honorable adversaire aurait pu faire passer dans l'assemblée ces animaux au galop. (L'avocat Grégoire sauta sur son banc en imitant le *trantran* des chevaux.) Je comprends que le chevreuil ait été effarouché des sons du cor (maître Grégoire sonna une petite fanfare), et ce qui a dû le plus lui faire perdre la tête a été les furieux aboiements de ce chien, de ce molosse qui n'existait pas. »

Pendant que l'avocat s'ingéniait à rendre les aboiements d'un gros chien, maître Quantin se leva, indigné des railleries de son adversaire.

« Messieurs.... s'écria-t-il.

— Maître Quantin, dit le président, je comprends votre indignation de voir transformer le banc de la défense en une sorte de tréteaux; mais je saurai veiller à ce que l'art des Démosthènes et des Cicéron ne soit pas remplacé par de basses facéties indignes d'un homme qui porte la toge. Maître Grégoire, le tribunal vous somme de vous renfermer dans une plaidoirie plus décente : nous ne sommes pas à la foire, rappelez-vous-le, prenez modèle sur le discours plein de convenance de votre adversaire. »

Depuis dix ans l'avocat Grégoire plaidait de la sorte, et il était de bronze contre ces avertissements du tribunal.

« Il suffit, monsieur le président; je me renferme désormais dans une discussion prudente des faits, mais je n'ai pas reçu, en naissant, le don de la période, dont a été doué maître Quantin; je sais que ses phrases ont toujours du nombre, et je ne peux m'empêcher de l'admirer en regrettant de ne pas posséder ses brillantes facultés. J'en reviens donc à l'infortuné chevreuil séparé de sa mère. J'ignorais réellement qu'il eût causé autant de dégâts dans la campagne; tel que l'a peint maître Quantin, c'est un véritable ouragan qui sème la désolation dans les champs. Les habitants de nos faubourgs, messieurs, ont dû pousser des cris de rage en voyant leurs moissons ravagées pour le bon plaisir de M. le comte Julien de Vorges et de son cousin, M. de Jonquières; je m'étonne que jusqu'alors ils n'aient pas porté plainte, et qu'ils n'aient pas demandé des dommages-intérêts considérables. Les paysans ne sont cependant pas endurants quand on touche à leurs propriétés; plus d'une fois, à la justice de paix, j'ai défendu des enfants, qui avaient eu le malheur de s'approprier quelques fruits pendants au dehors de la haie, et qui furent d'abord roués de coups par nos paysans, quittes plus tard à être poursuivis de nouveau devant la justice.

« En y réfléchissant, messieurs, je juge que ces enclos, ces plantations, ces vergers, ces champs de blé ravagés, sont de la nature de la mère du chevreuil et des fameux molosses. Le cerveau de maître Quantin est fécond : il donne naissance à des animaux, à des bois, à des prés, à des champs. Maître Quentin est un créateur; il se repose à cette heure, et on ne peut guère le lui reprocher, car il a beaucoup créé.

— Je ne saurais supporter, monsieur le président, dit maître Quantin, qu'on m'accuse de mensonges.

— Je n'ai pas dit que vous aviez menti, reprit l'avocat Grégoire.

— Vous l'avez fait entendre, monsieur.

— Pardonnez-moi, maître Quantin.

— Maître Grégoire, dit le président, je vous invite encore une fois à quitter ce ton de sarcasme et de personnalité qui fait le plus grand tort à la cause que vous défendez.

— Mon honorable adversaire, reprit l'avocat Grégoire sans s'émouvoir, a parlé de ville libre, d'affranchissement des communes, de droits du seigneur, de corvées, de vilains; et il a oublié de parler de *serfs* en nous entretenant du malheureux chevreuil.... A quoi riment ces belles déclamations? Est-ce que M. le comte de Vorges, en chassant un chevreuil à une lieue de la ville, pouvait penser que l'animal grimperait la montagne et entrerait dans la boutique d'un épicier? Mais qui a forcé le chevreuil à s'y réfugier? Ce sont justement les citoyens de la ville, nos compatriotes. Les aubergistes de la Tête-Noire, du Soleil-d'Or, de l'Écu et du Griffon couraient tous après une proie certaine, et ne se demandaient pas si un comte leur envoyait un chevreuil à la broche. M. Julien de Vorges a-t-il poussé le chevreuil dans la boutique de l'épicier Jajeot?

Point. Ce sont les habitants d'une ville libre, ne l'oublions pas, messieurs. J'admets qu'il y ait eu quelques dégâts dans une épicerie, nous ne demandions pas mieux que de les payer argent comptant; mais l'épicier s'est fait apothicaire.... Oui, monsieur Jajeot, vous avez présenté une note d'apothicaire. Avec son heureuse imagination maître Quantin a transformé une petite boutique noire, enfumée, où se détaillent du café et de la chicorée, en un splendide bazar parisien.... Les fameux *joas*, qu'on présente comme des prodiges de mécanisme, ces poupées à ressorts, ces polichinelles splendidement habillés, tout cela sort de la fabrication de Notre-Dame de Liesse, où pour quelques francs on a une grosse de tels *joas*, dit maître Grégoire en prononçant le mot *jouet* avec l'accentuation de son adversaire. Il n'y avait pas pour dix francs d'objets cassés.

— Oh! s'écria M. Jajeot en se levant.

— Silence! fit l'huissier.

— Quant à la maladie, continua l'avocat, je demande à la cour l'autorisation de faire comparaître M. Faglain, maître-clerc, ici présent, qui pourra donner quelques détails sur l'indisposition de notre adversaire.

— Je m'y oppose, dit Maître Quantin. Le témoin n'a pas été présent au début de l'affaire; ma plaidoirie serait à recommencer.

— Le tribunal, dit le président, ne juge pas à propos d'entendre un témoin que la défense avait caché jusqu'ici.

— M. Faglain, messieurs, est maître-clerc de l'étude de maître Creton du Coche; il doit être connu du tribunal par son assiduité aux séances judiciaires. L'habitude qu'il a des débats montre avec quelle sincérité il eût déposé. Il connaît les peines sévères qui atteignent les faux témoins; il ne peut pas déposer, cela est fâcheux, mais je traduirai ce qu'il aurait pu dire. Le lendemain de la visite du chevreuil à M. Jajeot, il a trouvé celui-ci parfaitement calme, à neuf heures du matin, déjeunant d'un grand appétit. M. Jajeot n'a nullement parlé au maître-clerc Faglain de ce bouleversement général qui le poussait à prendre de l'huile de ricin! De l'huile de ricin! messieurs; savez-vous ce que c'est que de l'huile de ricin? Mon adversaire l'a parfaitement qualifiée de liquide nauséabond et répugnant; on voit, par l'horreur de maître Quantin à l'endroit de cette drogue, qu'il l'emploie pour chasser les biles que lui procure un travail assidu.

— Maître Grégoire, s'écria le président, je vous rappelle encore une fois à l'ordre.

— Je comprends, messieurs, qu'un bouleversement de notre être soit très-dangereux : la colère, la frayeur amènent quelquefois des perturbations qui jettent la bile dans le sang, d'où la jaunisse, *indè jaunissa;* si le tableau du désastre avait été aussi grand dans la boutique de M Jajeot que maître Quantin l'a peint, M. Jajeot aurait fort bien fait de se purger dès le lendemain matin. Mais l'épicier ne s'est pas purgé, messieurs, nous en avons la preuve par le témoignage de M. Faglain. Que dit-il? Suivons-le pas à pas dans sa visite à M. Jajeot. M. Jajeot est calme à neuf heures du matin. Est-on calme à pareille heure quand on a pris de l'huile de ricin, qui exerce une si grande tourmente dans notre pauvre corps? On me dira : M. Jajeot avait bu la drogue de bonne heure. Mettons qu'il l'ait prise à six heures du matin : comment au bout de trois heures le calme serait-il revenu? A supposer que l'effet de la médecine fût passé, il en reste des traces, messieurs, sur la physionomie. Il ne se passe pas de révolution intérieure sans que les yeux, le teint, la peau ne changent d'aspect et ne témoignent de révoltes intestinales.

— Maître Grégoire, dit le président, je vous engage à abréger ces détails révoltants; l'assemblée elle-même vous condamne. »

L'avocat, emporté par sa plaidoirie, ne s'apercevait pas que les dames de la ville se couvraient la figure, pendant que maître Quantin faisait une grimace de dégoût.

« Cependant, messieurs, dit maître Grégoire, on vous a lu une ordonnance de médecin qui, après tout, est aussi explicite que ma plaidoirie. Chacun connaît les propriétés de l'huile de ricin, et généralement on ne s'en sert pas avant d'aller au bal.

— L'ordonnance du médecin, dit le président, est courte et n'entre pas dans des considérations hygiéniques sur lesquelles vous auriez pu glisser avec modération.

— Vous m'avez interrompu, monsieur le président, quand j'allais terminer. Ce que j'ai dit jusqu'alors ne serait pas encore assez probant si je ne vous montrais, après cette purgation, M. Jajeot se mettant à table immédiatement et mangeant d'un grand appétit. Or, messieurs, je veux bien qu'il y ait eu purgation, mais alors M. Jajeot ne serait pas ici à cette heure; il serait dans son lit, malade, peut-être même en terre, car on n'a jamais vu manger de grand appétit après une purgation. Qui ordonne purgation ordonne diète. M. Jajeot n'a pas fait diète, donc il ne s'est pas purgé. Non, monsieur Jajeot, vous ne vous êtes pas purgé.

« Et maintenant j'arrive à un autre ordre de choses : ayant suffisamment prouvé que si M. Jajeot ne s'est pas purgé, c'est qu'il n'a pas éprouvé cette violente commotion dont nous a parlé maître Quantin; s'il n'a pas éprouvé de violentes commotions, c'est que le désastre dans sa boutique était de peu d'importance : la purgation, la commotion, iront donc rejoindre la mère du chevreuil et les cruels molosses qui, à cette heure peut-être, loin

Maître Quantin.

d'une ville libre, continuent à ravager les champs, les bois, les blés, les biens de la terre.

« M. Jajeot est jusqu'ici le seul plaignant ; c'est lui qui a le plus souffert dans sa santé et dans son commerce; mais, messieurs, j'ai derrière moi un homme honorable, connu de toute la ville, qui a supporté bien d'autres ravages, et il ne se plaint pas; bien plus, il est devenu l'ami de mon client, à la suite de l'entrée du chevreuil dans sa maison; et il l'assiste à ces débats, il le patronne pour ainsi dire. Les marmitons, les garçons d'hôtel, les bouchers, se sont introduits à main armée dans sa maison, ils ont troublé le repos d'une jeune femme; le chevreuil a cassé nombre de bouteilles dans la cave ; on a ensanglanté son domicile en tuant l'animal qui s'y était réfugié. M. Creton du Coche n'a rien dit, rien réclamé. Il a vu un simple accident dans le fait du chevreuil; c'est lui qui devrait réclamer des dommages-intérêts, et vous nous forcez, à notre grand regret, de plaider contre un avide voisin, M. Jajeot, épicier, qui se dit lésé dans ses intérêts, et qui nous a apporté un mémoire que messieurs de la cour reconnaîtront exagéré, ridicule, et pour lequel nous leur demandons la justice qu'on leur reconnaît depuis longtemps. »

Si le jugement avait été rendu aussitôt après le discours de maître Grégoire, peut-être eût-il été plus favorable à ses clients; mais il restait à entendre maître Quantin, qui se leva brusquement en demandant à répondre. Le célèbre avocat avait été blessé du discours de son confrère, et la colère sortait violemment de chacun de ses gestes. Le président, qui sentait que le sentiment public baissait à l'égard de l'épicier Jajeot, autorisa la réponse.

« Vous avez écouté, messieurs, dit l'avocat Quantin, ce plaidoyer digne d'être prononcé dans une officine de pharmacien; vous avez vu quelle bassesse de moyens ne rougit pas d'employer mon adversaire; je m'en vais le réfuter victorieusement en peu de mots, sans entrer dans la voie déplorable où il lui a plu d'entraîner l'affaire. Je ne discuterai pas, messieurs, les propriétés de l'huile de ricin, cela est inutile à la cause; j'ai eu l'honneur de vous lire l'ordonnance de notre célèbre praticien, le docteur Dufour, qu'on a méchamment cherché à faire un complaisant de M. Jajeot.

« La religion de M. Dufour est connue de toute la ville; chacun sait qu'il n'irait pas signer de son nom les symptômes d'une maladie qui n'existerait pas. M. Jajeot, le lendemain du jour où le chevreuil a mis sa boutique au pillage, avait la langue épaisse et blanchâtre, son pouls offrait des pulsations précipitées, le docteur Dufour l'atteste par une ordonnance écrite de sa main; certes, cette attestation vaut bien, je l'imagine, les propos de M. Faglain, qu'on fait tout d'un coup intervenir dans les débats. La loi qui, aux assises, fait que chaque témoin est obligé de déclarer s'il est parent ou allié ou au service de l'accusé, peut être appliquée ici, messieurs.

« M. le comte Julien de Vorges est devenu l'ami de M. Creton du Coche, toute la ville le sait depuis longtemps; on en parle assez pour qu'il fût inutile à notre adversaire de le certifier et de rendre cette amitié si publique. Nous ne rechercherons pas les causes de cette liaison; la vie privée doit être murée, et quoique les harangues de maître Grégoire nous autorisent à entrer dans cette voie perfide, nous laisserons le comte de Vorges emmener M. Creton du Coche à la campagne et lui procurer de nombreuses distractions; mais M. Creton du Coche a un maître-clerc qui dépend de lui. On ne peut pas dire que M. Faglain soit à son service, cependant il touche des appointements à l'étude en sa qualité de maître-clerc; il subit les influences de son patron. Si le patron est ami de M. le comte Julien, le maître-clerc n'est-il pas entraîné à se dévouer également à l'ami de son patron? C'est ainsi que M. Faglain, quand même il aurait vu M. Jajeot à la mort, trouverait, sans s'en rendre compte lui-même, qu'il a bonne mine, qu'il n'est pas malade et qu'il ne doit pas avoir pris médecine.

« La vie est ainsi faite, messieurs, toute d'entraînements. Mais nous sommes assuré que le tribunal ne mettra pas dans la balance de Thémis les propos d'un maître-clerc avec une ordonnance émanée d'un des princes de la science de notre cité. Nos adversaires, messieurs, ne sachant sur quelles raisons s'appuyer, ont tout à coup dénigré le magasin de M. Jajeot et les *joas* qui l'emplissent. Ils disent que jamais on n'a vu à la montre que des *joas* de pacotille, issus de la fabrique de Notre-Dame de Liesse. Voici des factures, messieurs, des meilleures fabriques de Paris; en voici de l'honorable et importante maison de commission d'Eschewailles, en voici de la maison de fabrication Schanne père, rue aux Ours; en voici de la maison Dufourmentelle; elles sont acquittées, les prix sont en regard, et je prierai messieurs les membres du tribunal de vouloir bien y jeter un coup d'œil. »

L'avocat passa les factures à l'huissier, qui les porta sur le bureau du président.

« Sont-ce là ces *joas* communs, ces *joas* à un sou, ces *joas* à quelques francs la grosse? Je vous le demande, messieurs, de quel côté est la vérité? Nos adversaires ont été trop loin, nuisant à leur propre cause et se blessant comme un enfant qui touche à une arme dont il ignore le maniement.... On comprendrait, quoique ceci sente furieusement une cuisinière qui va au marché et qui se débat tant qu'elle peut pour faire sauter l'anse du panier, que nos adversaires, tout nobles qu'ils sont, aient pu se faire tirer l'oreille pour payer. Mon Dieu! on peut être noble sans être généreux, cela se voit tous les jours; mais nier les dégâts au point de forcer un honnête homme de marchand à vous traîner devant les tribunaux, apporter devant la justice des titres de noblesse avec l'espoir qu'ils rendront la défense meilleure, ce sont des moyens d'ancien régime, et les juges d'aujourd'hui ne se laissent plus influencer par de vains titres. Nous n'avons rien laissé d'obscur dans l'accusation; nous avons songé à tout, à la mauvaise foi de nos adversaires, et nous voulons que chacun, en sortant de cette enceinte, puisse dire hautement: J'ai vu, j'ai touché le délit. Voici les *joas*, messieurs. »

Là-dessus, maître Quantin sortit de ses longues manches des poupées, des polichinelles, des animaux éventrés, sans tête ni queue, la bourre s'échappant des intestins, les robes déchirées et dans un si pitoyable état, qu'on eût pu croire que ces joujoux avaient été piétinés exprès pour la cause.

« Qu'en pensez-vous, messieurs?... Examinez-les.... Joseph! dit l'avocat à l'huissier, faites passer les *joas* à messieurs de la cour.... Messieurs, je vous en prie, quoique cette action semble indigne de magistrats graves, tirez les fils de ces pantins.... rien ne va plus.... Regardez attentivement ce lapin qui battait de la caisse par un ingénieux mécanisme dépendant des roues, sur lesquelles il est fixé; le tambour est crevé, une des baguettes est perdue, le mécanisme est entièrement délabré!... M. Jajeot l'avait confié à un horloger son voisin; l'horloger a répondu que l'art n'y pouvait rien.... Et je n'ai apporté que des échantillons des dégradations, messieurs; une majeure partie de la boutique est dans cet état Nous avons jugé impossible de ramasser les sucreries pilées, les bocaux éventrés, les liqueurs nageant dans le magasin.... Croyez-vous, messieurs, que vingt mille francs soient une somme trop forte pour réparer ces désastres?... Non, vous nous trouverez modestes, nous ne forçons pas les chiffres, comme les défenseurs qui demandent des sommes exorbitantes, afin d'en obtenir la moitié. C'est par des dommages-intérêts, messieurs, que vous forcerez à reconnaître la loi et les droits des citoyens par ces personnes qui ne respectant rien, troublent l'intérieur des familles et croient tout effacer par de vains titres de noblesse dont ils devraient garder la pureté avec plus de soin.

— Je demande la parole, dit maître Grégoire aussitôt que maître Quantin fut assis.

— La cause est entendue, répondit le président du tribunal. Nous rendrons le jugement à huitaine.

— Nous sommes condamnés! dit Grégoire à Julien, qui ne l'écoutait pas, et qui fendit la foule pour s'approcher du banc où maître Quantin recevait des félicitations sur son beau morceau d'éloquence.

— Monsieur, dit Julien à l'avocat, j'ai à vous parler tout à l'heure.

— Tout de suite, monsieur, dit l'avocat effrayé du ton du jeune homme.

— Quand vous sortirez, monsieur, s'il vous plaît....

— Mais, monsieur, je n'ai pas le temps.... J'ai affaire à la justice de paix.

— A quelle heure, monsieur, demanda Julien, est-on certain de vous rencontrer chez vous?

— Je reçois mes clients de dix heures à midi.

— J'irai donc demain, monsieur, chez vous, pour une affaire importante. »

L'avocat Quantin était inquiet pendant que Julien lui parlait, et il ne reprit de tranquillité qu'en voyant le comte sortir de la salle d'audience, donnant le bras à son cousin Jonquières, et parlant à M. Creton du Coche.

XV

La maîtresse de pension.

Après une tournée d'une quinzaine de jours, Mme Chappe revint à Molinchart : sa première visite fut pour Mlle Ursule Creton, qui la reçut avec plus de démonstrations d'amitié qu'on ne l'en eût supposée capable; la vieille fille était tellement avide de renseignements sur sa belle-sœur, que, tous les matins, elle faisait une prière à ses Enfants Jésus de cire pour hâter l'arrivée de la maîtresse de pension. Mme Chappe jeta un peu d'eau sur le feu de cette expansion en se montrant réservée. Dans le premier moment de la découverte de la passion de Julien pour Louise, Mme Chappe fut tellement heureuse qu'elle en écrivit deux mots à la vieille fille; mais la réflexion lui vint qu'elle s'était trop avancée en donnant par écrit un récit de ses observations.

« J'ai reçu votre lettre, lui dit la vieille fille; vous êtes bonne d'avoir pensé à moi.

— Il n'y avait rien dans cette lettre de bien intéressant.

— Au contraire, ma chère dame, ce sont les premières preuves; malheureusement, vous n'en avez pas écrit assez long, et je vous attendais avec une impatience.... Comme vous devez avoir à m'en raconter!... Tenez, j'ai là votre petit mot dans ma boîte à ouvrage; tous les matins, en me réveillant, je le relis.... Voyons, dites ce que vous avez découvert. Croyez-vous que j'avais raison quand je prêchais mon frère de ne pas se marier, surtout avec une femme pareille?... J'ai parlé de cette intrigue à mon confesseur, qui a bien voulu m'absoudre de prononcer de telles paroles.

— Ce n'est pas votre faute, mam'selle, dit la maîtresse de pension, si Mme Creton est courtisée par le comte de Vorges.

— Je n'ai pas assez lutté, dit la vieille fille, j'aurais dû me faire couper en quatre pour empêcher ce mariage.... Mais je n'y puis rien, c'est fini; déjà mon pauvre frère est montré au doigt dans la ville.

— On le sait donc? demanda Mme Chappe avec une certaine inquiétude.

— Tout le monde en parle si ouvertement, que M. l'avocat Quantin s'est cru obligé d'en dire un mot dans son plaidoyer, et que ce jeune muscadin a été, le lendemain, le demander en duel.

— Le comte de Vorges? s'écria Mme Chappe.

— Certainement; je connais beaucoup M. l'avocat Quantin. Il me fait l'honneur de m'engager toujours à ses soirées; je n'y vais pas à cause de mon âge; ce n'est pas ma place. Dernièrement, il passait dans la rue; je l'appelle et lui conte l'affaire, car je sais qu'il est de bon conseil, et je lui montre votre lettre.

— Comment, madame, s'écria la maîtresse de pension, vous lui avez communiqué ma lettre? »

A ce mot de *madame*, échappé avec un accent particulier de la bouche de Mme Chappe, la vieille fille regarda la maîtresse de pension avec défiance.

« N'ai-je pas bien fait? » demanda-t-elle.

Depuis que la vieille fille avait parlé de la lettre, Mme Chappe, embarrassée, n'écoutait plus Mlle Creton; elle ne la regardait pas, son attention semblait portée ailleurs. La maîtresse de pension était en proie à une idée qui la préoccupait. A peine la vieille fille eut-elle prononcé *n'ai-je pas bien fait?* que Mme Chappe se précipita sur la boîte à ouvrage, y trouva le billet, s'en saisit et le déchira.

« Non, madame, vous n'avez pas bien fait. »

La vieille fille, effrayée de cet acte, regarda l'institutrice avec ces yeux irrités que prennent les chattes quand un animal étranger s'approche de la chaise où elles sont assises. Quoique cette action se passât subitement, sans bruit et sans parole, et qu'il y eût un silence de quelques minutes, on entendit, sous la chaise de la vieille fille, un grognement sourd de l'*Amour*, qui semblait comprendre qu'on avait attenté à la propriété de sa maîtresse.

« Me direz-vous, madame, ce que cela signifie? s'écria la vieille fille.

— Cela signifie, s'écria Mme Chappe, que vous avez abusé de ma lettre.

— Pourquoi me l'avez-vous envoyée, madame?

— Parce que, madame, je désirais vous prouver le soin que je prends à l'honneur de votre famille, et qu'en montrant cette lettre vous m'avez compromise inutilement.

— Vous, compromise! s'écria la vieille fille, et en quoi, madame, s'il vous plaît?

— Le comte de Vorges, sachant que je vous ai écrit, me retirera sa confiance. Votre belle-sœur n'est pas coupable; le scandale causé dans la ville viendra aux oreilles de M. Creton du Coche: M. Julien de Vorges quittera le pays et retournera chez sa mère.... Vous voyez donc, madame, que vous avez eu tort de montrer cette lettre à un avocat qui, dites-vous, en a parlé au tribunal. »

Il y eut un nouveau temps de silence pendant lequel les deux femmes ne se quittaient pas des yeux. Ursule Creton pesait les paroles de la maîtresse de pension, étudiait ses traits, et cherchait à se rendre compte des motifs qui lui avaient fait déchirer la lettre. Tout d'un coup la figure de la vieille fille se détendit, et elle chercha à parlementer, tout en se tenant sur la défensive.

« Allons, chère madame Chappe, rassurez-vous, dit la vieille fille; il a été faiblement question de votre lettre à l'audience.... J'ai eu tort, je l'avoue. Quel malheur si cette affaire en restait là!... Il faut que mon frère soit puni comme il le mérite.... Il faut que sa femme le trompe ouvertement, à telles enseignes que cela soit visible et bien établi pour chacun.... Le malheureux, qui sort de sa position, qui néglige ses parents!... Mais êtes-vous sûre que Mme Creton ne se soit pas encore laissée prendre aux belles paroles du jeune homme?

— Mme Creton partait presque en même temps que moi de Vorges, dit la maîtresse de pension : d'après ce que j'ai pu observer, elle est encore innocente; je le jurerai.

— Comme cela est fâcheux, reprit la vieille fille. Cependant, ce jeune homme ne quitte pas la ville; il s'est logé en face la maison de mon frère; c'est scandaleux, chacun le voit.... Ah! les maris ne savent jamais rien.

— M. Creton l'ignore?

— Oui, dit la vieille fille; d'après le dire de M. l'avocat Quantin, il n'a pas paru prendre garde à l'allusion.

— L'affaire, dit l'institutrice, est moins compromise que je ne le croyais. Vous m'en voudrez d'autant moins, mam'selle, de ma vivacité, qu'en arrivant à Molinchart, j'ai été tracassée par une affaire désagréable.

— Qui peut, chère madame Chappe, vous contrarier de la sorte?

— J'attendais des fonds d'une personne de Paris, dit la maîtresse de pension; et j'ai un payement important à faire pour le premier terme de mon établissement. »

La vieille fille garda le silence.

« Mille francs me tireraient d'embarras pour le moment. Si vous saviez, mam'selle, combien il est difficile d'emprunter dans une ville où on est à peine connue. »

Uursule toussa.

« J'aurais mieux fait, dit Mme Chappe, de ne pas perdre mon temps chez la comtesse de Vorges, et de m'occuper à faire rentrer mon argent de Paris.

— Si votre pensionnat était payé, répondit la vieille fille, vous trouveriez facilement de l'argent sur hypothèque.

— Cela est certain, dit Mme Chappe, je n'aurais pas besoin de faire connaître mes embarras à des personnes qui se servent de vous, vous font les plus belles offres, et qui, quand il s'agit de rendre un léger service, vous laissent noyer sans vous tendre seulement un fétu de paille.

— Mais, reprit sèchement la vieille fille, vous ne m'avez rien dit sur ce que vous avez observé à la campagne; vous me montrez Mme Creton comme un ange de vertu. Il me semble que ce ne sont pas là de brillants résultats.

— Madame, dit l'institutrice en se levant et en rangeant sa chaise, comptez-vous pour rien d'être entrée dans la confidence d'un amoureux et de l'avoir amené à n'agir que par moi?

— Allons, madame Chappe, vous vous enflammez bien vite; mais vous comprenez que mille francs sont une somme énorme pour une pauvre fille comme moi, qui donne le peu qu'elle a en charités; si vous arriviez avec un résultat positif, certainement je n'hésiterais pas à vous faire trouver les mille francs, je me gênerais, s'il le fallait.... Malheureusement, il m'est impossible de vous venir en aide aujourd'hui.... Et à l'avenir j'aurais besoin de bonnes preuves, vous m'entendez bien?

— Certainement, dit la maîtresse de pension, blessée de cet entretien; j'aurai le plaisir de vous revoir, mademoiselle, quand j'aurai des preuves positives. »

Mme Chappe sortit irritée, autant contre elle-même que contre la vieille fille. Cette affaire avait été menée avec légèreté; elle se reprochait surtout sa lettre qui pouvait servir de mèche à l'incendie des propos de province. Quoiqu'elle ne connût pas le procès dans tous ses détails, la maîtresse de pension se disait que Julien avait dû être douloureusement affecté des insinuations de maître Quantin, et qu'en étudiant d'où pouvaient venir ces bruits, le comte remonterait aisément à la source. Si Julien concevait quelques soupçons sur la conduite de Mme Chappe, elle venait de se compromettre trop ouvertement en rompant avec Mlle Creton.

Le temps qu'elle avait passé à l'amadouer était perdu; désormais la vieille fille se montrerait défiante vis-à-vis d'une femme qui demandait le prix de ses services avant de les avoir rendus.

Les méchants sont remplis de ces combinaisons embrouillées, qui tourmentent leur esprit autant qu'une invention. Tout en se reprochant sa vivacité de parole, qui l'avait entraînée au delà du but, Mme Chappe arriva à sa pension, où elle apprit qu'un jeune homme élégant était venu quelquefois prendre de ses nouvelles. Elle ne douta pas, au signalement donné par la servante, que ce ne fût le comte. Mme Chappe respira plus librement. Julien était venu la veille, donc il ne se doutait de rien.

« A-t-il dit quand il reviendrait?

— Non, madame; mais il a insisté pour connaître votre retour.

— Ah! dit Mme Chappe.

— Je lui ai répondu que vous ne pouviez tarder, les classes rouvrant après demain.

— Très-bien, ma fille, » dit la maîtresse de pension, certaine de revoir bientôt l'amoureux.

Ayant donné ses ordres à l'intérieur, Mme Chappe repartit aussitôt dans la ville; la curiosité la poussait à tel point qu'elle voulut faire connaître son retour au comte de Vorges. Il eût été maladroit de le lui faire dire, l'intention de la maîtresse de pension étant de voir arriver Julien chez elle; elle traversa la place du Marché avec une intention marquée, s'arrêtant devant les boutiques qui font face à l'hôtel de la Tête-Noire, afin que le comte pût la remarquer, s'il était chez lui; mais une inspiration la conduisit chez M. Creton du Coche, où sa visite était motivée depuis sa rencontre avec sa femme à la campagne.

La maîtresse de pension fut frappée du changement qui s'était opéré dans la physionomie de la jeune femme; elle était d'une excessive pâleur, ses yeux allongés se noyaient dans des paupières entourées d'un ruban trop noir pour n'être pas maladif. Le sourire était triste et cachait de sourdes amertumes.

« Il me semble que vous êtes changée, depuis que j'ai eu le plaisir de vous voir à la campagne.

— J'ai eu la fantaisie d'aller un soir au cirque, dit Louise. Le froid m'aura prise.... je ne sais.... je suis revenue atteinte d'un violent frisson, et, depuis, j'ai peine à me remettre. »

Mme Chappe tint, pendant quelque temps, la conversation sur un ton banal, parlant de la température de la montagne, du danger de s'exposer aux fraîcheurs du soir, questionnant Louise sur la santé de son mari. Puis, elle aborda la grande question en prenant un détour.

« Y a-t-il longtemps que vous n'avez vu Mme la comtesse de Vorges? »

Louise répondit que, depuis sa rencontre au château avec Mme Chappe, elle n'avait pas eu cet honneur.

« Nous allons la voir incessamment, dit la maîtresse de pension, car il est présumable qu'elle amènera elle-même sa chère Élisa.

— Je ne sais, madame, dit Louise, qui répondit avec réserve aussitôt que le nom de la comtesse fut prononcé.

— M. son fils a donc eu un procès? » demanda Mme Chappe.

Louise fit un signe de tête affirmatif.

« Quel charmant jeune homme! » s'écria l'institutrice.

Mme Chappe ne quittait pas Louise des yeux; elle cherchait si la jeune femme avait un secret, et, devant sa figure calme, son inquisition échouait. La maîtresse de pension sentait combien il lui serait difficile d'arracher un mot ayant trait à ce qu'elle avait tant d'intérêt à découvrir.

Il se passe quelquefois des phénomènes si singuliers en amour, que les esprits les plus observateurs se laissent égarer. Un amoureux expansif, qui conte son martyre à ceux qui veulent l'écouter, devient souvent un amant impénétrable. Raillez son martyre, irritez-le, il restera impassible et pourra être pris pour un soupirant, quand il est passé à l'état d'amant heureux. Les femmes, naturellement, sont plus fortes à ces ruses que les hommes : plus on essaye de les étudier, plus il est difficile de connaître l'état de leur cœur. Il faut, quand on veut arriver à la vérité, vivre un certain temps avec les *prévenus*, et attendre qu'un mot, un regard, une action en apparence insignifiante, vous donnent la clef de leurs cœurs.

Mme Chappe avait assez vécu pour sonder la difficulté de ce rôle de juge d'instruction; aussi détourna-t-elle la conversation en priant Louise de lui raconter les événements qui avaient amené le procès du chevreuil. Louise rapporta en peu de mots ce qu'elle avait vu dans sa maison, et les différents incidents qui déterminèrent l'épicier Jajeot à plaider contre le comte; mais elle ignorait ce qui s'était passé à l'audience.

« Me permettrez-vous, madame, dit la maîtresse de pension, de venir quelquefois vous rendre visite? De toutes les personnes de la ville, vous êtes réellement celle qui me plaît le plus. »

Après divers compliments, que Louise reçut avec quelque froideur, la maîtresse de pension prit congé d'elle.

Mais, le lendemain, elle fut dédommagée de son échec auprès de la femme de l'avoué par l'arrivée de Julien, qui portait sur sa figure les traces de violentes émotions.

« Ah! que les amoureux sont singuliers! s'écria Mme Chappe, qui, avec le comte, prenait un ton de bonhomie. Vous avez la physionomie renversée; que se passe-t-il donc?

— Ce qui m'arrive, madame, dit Julien, depuis que je ne vous ai vue, est plus grave que vous ne le croyez. Louise ne veut plus me recevoir; jugez dans quel état je me trouve, et, si je ne m'étais retenu, je crois que j'aurais commis une imprudence. »

Alors Julien conta son arrivée, la nuit, à Molinchart, sa rencontre inattendue sous les fenêtres de Mme Creton du Coche, et les fables qu'il avait été obligé d'imaginer.

« Louise, dit-il, a cru ce que son mari lui a dit; elle est devenue jalouse de la Carolina, quoiqu'elle n'eût d'abord aucun motif. Je suis allé chez elle pour essayer de me justifier; me doutant qu'elle ne voudrait pas m'entendre, j'avais préparé une lettre, qu'elle a déchirée devant moi, sans la lire. Que pouvais-je faire? Chassé de chez elle, n'osant plus me représenter, j'essayai de lui écrire de nouveau; mais à qui me confier? Dans cette petite ville, tout se sait; en pleine audience, un avocat insolent m'a fait entendre que je troublais le repos d'un ménage. Je vous dirai cela tout à l'heure; maintenant j'arrive au commencement du drame dans lequel je joue un rôle absurde. Un soir, Louise vint au cirque; ce n'était guère par curiosité, comme vous le pensez, elle ne s'intéressait pas aux exercices des écuyers. Elle y venait par jalousie, elle voulait voir sa prétendue rivale. Je suis allé saluer son mari qui l'accompagnait et elle ne m'a pas dit un mot. Tout à coup la Carolina entre à cheval; comme je prends des leçons d'équitation avec elle, elle a l'habitude de me faire un signe de tête en entrant. Je regardais Louise, je la vois pâlir et prête à se trouver mal. — Qu'avez-vous, madame? lui dis-je; elle ne répond pas. Mais je fus bien plus effrayé quand je vis les sourcils de la Carolina se froncer et une colère subite s'emparer d'elle; elle jeta un double regard, le premier sur Louise et le second sur moi, qui me firent connaître la vérité que je ne soupçonnais pas. Dans mon désespoir d'être repoussé par Louise, j'avais eu l'idée de me détacher d'elle en m'attachant à la Carolina; mais cette pensée n'avait fait que luire pour s'éteindre immédiatement. Et il se trouvait que, sans m'en douter, la Carolina était devenue réellement éprise de moi; je vous dis cela sans amour-propre, les faits de cette soirée sont là malheureusement pour le prouver. Jamais un cheval n'a été cravaché avec autant de colère que celui que montait l'écuyère; le pauvre animal supportait, sans le comprendre, la présence de Louise au cirque. À chaque tour que faisait la Carolina, elle me lançait des éclairs de haine que Louise ne pouvait se dissimuler. Elle aussi ne voyait que trop combien la Carolina m'aimait, et elle pouvait croire que je partageais la passion de l'écuyère. Dieu sait ce que j'aurais donné pour n'être pas allé ce soir-là au cirque. Je renonce à vous donner une idée du tournoiement infernal dans lequel la Carolina entraînait son cheval. Les écuyers étaient effrayés; pas un d'eux n'aurait osé s'opposer au galop furieux du cheval, emporté par les coups de cravache et les cris sauvages de cette femme. Louise, tremblante d'émotion, ne savait comment se terminerait cette scène. Hélas! elle s'est terminée comme je ne le soupçonnais que trop : le cheval fit un faux pas, et la Carolina fut jetée, la tête la première, contre un poteau de bois.... Je saute un des premiers dans l'arène, sans me rendre compte si je n'apportais pas une preuve de plus à Louise.... On transporte la Carolina évanouie hors du cirque.... Comment voulez-vous que j'explique à Louise ces faits? Elle croit que je l'ai trahie, abandonnée, les apparences sont contre moi. Est-ce ma faute si la Carolina s'éprend de passion pour moi? J'allais, il est vrai, me promener à la campagne avec elle, à cheval, mais toujours en compagnie de Jonquières, sans me douter des suites de ces promenades innocentes. Dites, madame, que faut-il faire?

— Tout n'est pas perdu, dit Mme Chappe; j'ai vu Louise.

— Vous a-t-elle parlé de moi?

— Non, dit la maîtresse de pension, mais je lui ai parlé de vous.

— Ah! s'écria Julien.... Eh bien?

— Elle est désolée....

— Elle vous l'a dit?

— Je l'ai bien compris. Elle est pâle, maladive... Et vous paraissez heureux? C'est mal, monsieur le comte.

— Je souffre, dit Julien, je suis content qu'elle souffre.

— Est-ce que vous ne le saviez pas?

— Comment?... Je vois M. Creton du Coche toujours content de lui-même, qui ne se doute pas des souffrances morales de sa femme.

— C'est fort heureux, dit la maîtresse de pension; il eût été difficile à Louise d'expliquer que la jalousie qu'elle a contre une écuyère la fait souffrir?

— Pauvre femme! s'écria Julien. Il aurait suffi d'un mot pour la tranquilliser. Elle ne serait pas venue au cirque afin de voir celle qu'elle croit ma maîtresse; la Carolina n'eût pas été jalouse et ne se serait pas blessée.... Ah! je voudrais revoir Louise un moment, un seul instant; je donnerais ma fortune pour lui dire que je l'aime encore, que je l'aimerai toujours, et, si elle ne voulait plus me rencontrer, je lui jurerais de ne plus chercher à la revoir. »

— Pensez-vous que je vous croie? dit Mme Chappe; en ce moment, votre seul désir est de la voir une seconde, afin de profiter de cette seconde pour lui demander de la revoir le lendemain.... Mais vous ne me parlez pas de l'affaire du tribunal?

— Que m'importe le tribunal! Dites-moi votre conversation avec Louise : vous ne sauriez croire combien je suis heureux de rencontrer quelqu'un qui lui a parlé. »

Julien regardait Mme Chappe avec les mêmes yeux qu'il aurait regardé Louise. Les vieilles qui ont vécu comprennent le charme qu'elles exercent vis-à-vis de l'amant quand elles lui parlent de la maîtresse, vis-à-vis de la maîtresse quand elles lui parlent de l'amant. Ce ne sont plus des vieilles, ce sont des anges consolateurs. Il faut être étranger à toute affaire amoureuse pour se choquer de la laideur des vieilles, qui servent de trait d'union à la jeunesse et à la beauté. La vieillesse n'existe plus pour les gens qui aiment : ils ne voient qu'un messager céleste qui calme les tourments, amène les réconciliations et dissipe les chagrins.

« Vous a-t-elle permis de retourner la voir? demanda Julien.

— Certainement.

— Si j'osais vous prier, chère madame.... je serais trop heureux....

— Dites; vous savez, monsieur Julien, combien je m'intéresse à vous.

— Pourriez-vous la revoir demain?

— Demain, déjà? dit la maîtresse de pension.

— Je vous en prie.

— C'est que, reprit Mme Chappe, j'ai, pendant quelques jours, à courir la ville pour une affaire d'intérêt qui me tracasse énormément. On est d'une défiance dans ce pays! Je ne sais à qui m'adresser pour réaliser un emprunt de mille francs dont j'ai le plus grand besoin.

— Comment, madame, dit Julien, n'avez-vous pas pensé à moi? Je croyais vous avoir dit que je donnerais toute ma fortune pour voir Louise.... En rentrant à l'hôtel, je vais immédiatement vous envoyer cette petite somme.

— Non, non, dit Mme Chappe, vous êtes trop bon, je n'accepte pas.

— Si vous aviez besoin de quelque somme plus importante, n'hésitez pas à recourir à moi, à l'avenir.

— Comment Louise n'aimerait-elle pas un cœur si généreux? s'écria Mme Chappe. Ah! elle vous aimera, soyez-en sûr, vous, l'homme le meilleur que j'aie jamais rencontré. J'irai demain, j'irai tous les jours, et je n'aurai de cesse que vous ne l'ayez vue.

— Si je lui écrivais? dit Julien.

— N'écrivez pas. Il ne faut pas que Louise se doute de notre intelligence, elle ne me recevrait plus; laissons tomber sa colère. Avant tout, il s'agit d'éloigner l'écuyère.

— Elle est encore trop souffrante pour quitter la ville. Jonquières est allé la voir; je n'aurai de ses nouvelles qu'en rentrant.

— S'en ira-t-elle sans vous tourmenter?

— Ce n'est pas ma faute si la Carolina s'est attachée à moi, dit Julien; je n'ai aucunement cherché à lui plaire. Quand elle sera en état de partir, je m'arrangerai de telle sorte qu'elle n'ait pas à me reprocher cet accident. Jonquières a mes instructions.

— Tel que je vous connais, dit Mme Chappe, je suis sûre que l'écuyère ne partira pas les mains vides.

— N'est-ce pas tout naturel? Je suis la cause indirecte de l'accident de cette pauvre fille.... Quand vous verrez Louise, n'oubliez pas, madame Chappe, de lui parler de moi.

— J'en parlerai avec adresse; ne craignez rien, je lui raconterai vos aventures avec la Carolina sous le jour le plus favorable, et je suis sûre que vous serez pardonné avant d'avoir dit un mot.

— Je pars ce soir pour Vorges, dit Julien, j'ai reçu une lettre de ma mère qui me prie d'aller chercher ma sœur.

— Nous allons donc revoir cette chère enfant?

— Demain, madame, je vous ramènerai Élisa, et j'espère avoir de bonnes nouvelles.

— Oui, bon jeune homme, dit la maîtresse de pension, vous serez heureux, foi de Mme Chappe! »

XVI

La Société Racinienne.

Depuis quelque temps, Jonquières était aussi tracassé que s'il eût aimé lui-même; il avait été trouver l'avocat Quantin, afin d'éviter une rencontre entre Julien et l'avocat. Tel qu'il connaissait son ami, et tel que l'avait rendu son amour contrarié, il était facile de prévoir une suite fâcheuse à l'entrevue. Dans n'importe quelle condition, le comte n'avait refusé un duel; mais en présence des rigueurs de Louise, il recherchait avec avidité les occasions dangereuses, et se serait fait tuer sans regrets.

Le lendemain de l'affaire du tribunal, Jonquières

se rendit de grand matin chez maître Quantin, et remarqua un agent de police qui semblait en faction devant sa maison. L'avocat avait la bravoure qui consiste à insulter un adversaire à l'audience; mais en dehors du palais, il se croyait hors d'atteinte, et ce fut avec un étonnement simulé qu'il reçut Jonquières, car les paroles de Julien, à la fin de l'audience, semblaient lui promettre un visiteur plus redoutable.

« Monsieur, lui dit Jonquières, il vous est échappé dans votre plaidoirie des paroles dont mon cousin désire avoir l'explication.

— Je comprends, monsieur, dit l'avocat, que M. le comte de Vorges ait pu se trouver froissé des attaques que j'ai dirigées contre la noblesse.

— Il ne s'agit pas de noblesse, dit Jonquières.

— Pardonnez-moi, monsieur; vous comprendrez que je ne pouvais traiter la question sous un autre jour. D'un côté, un épicier, un brave homme, mon client, se trouve lésé; de l'autre, un jeune homme fort distingué, je me plais à le reconnaître, ne veut pas payer les dégâts commis par lui. Ne fallait-il pas plaider la cause d'un roturier aussi énergiquement que celle d'un noble?

— Je venais pour une autre affaire, dit Jonquières.

— Vraiment, fit l'avocat feignant de croire qu'on lui proposait une cause à défendre. Trop heureux, monsieur, de défendre vos intérêts; j'y mettrai l'ardeur que vous m'avez vu déployer dans ma dernière plaidoirie.

— Nous ne nous entendons pas, monsieur, dit Jonquières.

— Le métier d'avocat, continua maître Quantin, est excessivement délicat.

— Oui, monsieur, mais....

— On nous attaque de tous les côtés bien injustement; nous ne nous faisons pas des amis de nos clients, et nous gardons pour ennemis acharnés ceux que nous avons eu le malheur de faire condamner.

— M. le comte Julien de Vorges m'envoie vous demander rétractation des paroles prononcées par vous en public, monsieur Quantin, dit Jonquières impatienté des faux-fuyants de l'avocat.

— Rétracter ma plaidoirie, monsieur, s'écria maître Quantin; que me demandez-vous là? Puis-je changer les faits? En vérité, songez à l'impossibilité.... »

L'avocat Quantin ressassa de nouveau les faits de la cause et essaya d'imposer un nouveau discours à Jonquières.

« Si, monsieur, vous vous obstiniez à soutenir les paroles que vous avez prononcées en plein tribunal, M. le comte de Vorges serait obligé, à son grand regret, de vous envoyer ses témoins.

— De quoi s'agit-il donc, monsieur? dit l'avocat Quantin troublé à mesure que l'affaire prenait une tournure sérieuse.

— Une phrase ambiguë de votre plaidoirie, monsieur, a particulièrement mal sonné aux oreilles de mon cousin; vous donniez à entendre que M. Julien de Vorges troublait la paix des ménages.

— Comment, monsieur, vous vous arrêtez à une semblable phrase qui n'est qu'une formule oratoire!... Le chevreuil ne s'est-il pas introduit chez M. Jajeot, de là chez M. Creton du Coche? N'a-t-il pas dilapidé dans sa folle course le mobilier de ces familles?... Qui est-ce qui poursuivait le chevreuil? M. Julien de Vorges. Quelle en a été la conséquence? Des ménages ont été troublés.... Et c'est là ce qui a pu blesser M. le comte!

— N'aviez-vous pas d'autres intentions en appuyant sur cette phrase? dit Jonquières, car vous l'avez dite lentement, sur un ton particulier, et moi-même, qui suis étranger à ce débat, j'ai été froissé.

— Quelle intention? » demanda maître Quantin.

Jonquières regarda l'avocat en face: la question l'embarrassait. Il était à peu près certain que maître Quantin avait voulu faire allusion à la passion de Julien pour la femme de l'avoué; mais il était dangereux de faire intervenir le nom de M. Creton du Coche dans un débat si délicat. C'est à quoi avait songé Jonquières, qui, pour cette raison, supplia Julien de le laisser conduire cette affaire, tant il craignait qu'un duel ne rendît l'histoire publique.

« J'ai voulu, monsieur, vous épargner une rencontre avec le comte, qui était fort mal disposé pour vous, dit Jonquières. Je me contenterai de cette explication, à une condition: vous voudrez bien me donner par écrit l'explication de votre phrase, qui nous a paru ambiguë.

— Comme il vous plaira, monsieur, » dit l'avocat, heureux d'échapper à un duel.

Il se mit aussitôt à son bureau et écrivit à Julien une lettre par laquelle il lui expliquait le sens de sa phrase.

« Maintenant, monsieur, dit Jonquières, prenez garde à votre conduite à l'avenir. Je me fais fort que M. le comte de Vorges oubliera votre parole imprudente; mais songez à ne plus vous occuper des actes de mon ami, car il ne serait pas d'humeur à supporter des méchancetés de petite ville, dont peut dépendre l'honneur d'une personne. »

Maître Quantin salua Jonquières jusqu'à terre, et ne respira librement que quand il vit celui-ci traverser sa cour.

Quoique Jonquières pensât qu'il était impossible d'arrêter les paroles que l'avocat avait prononcées si perfidement à l'audience, il espéra que sa démarche empêcherait désormais maître Quantin de donner suite à ses insinuations; mais à peine cette affaire terminée, l'accident arrivé à la Carolina vint mettre de nouveau à contribution le dévouement

Il me semble que vous êtes changée. (Page 77, col. 1)

de Jonquières, qui veilla pendant quatre jours l'écuyère en danger de mort.

Le premier mot de Carolina, en revenant à la vie, fut : Julien ! C'est ce que craignait Jonquières. Il était plus facile de triompher de l'avocat que de l'écuyère, qui, habituée à ne garder aucun ménagement, pouvait poursuivre Julien de son amour et le forcer de quitter la ville.

« Julien est parti, dit Jonquières.

— J'irai le retrouver à la campagne, dit l'écuyère.

— Il n'est pas à la campagne, reprit Jonquières; il voyage.

— Ah ! s'écria Carolina, pourquoi l'ai-je rencontré ! »

Et elle fondit en larmes.

« Il va sans doute se marier, dit Jonquières, qui porta de grands coups afin qu'il ne restât plus d'espoir à l'écuyère.

— Se marier? reprit-elle; tant mieux.... il oubliera l'autre.... Il l'abandonne comme moi.... La pauvre femme doit être bien malheureuse.

— Quelle femme? demanda Jonquières.

— Cette personne qui était à côté de lui au cirque. Je ne sais qui elle est, mais il l'aimait, j'en suis persuadée.

— Détrompez-vous, mademoiselle, dit Jonquières.

— Les femmes ne se trompent pas; elle aussi l'aime.... J'aurais mieux fait de mourir. Mais votre ami se soucie bien de l'amour d'une Carolina, une écuyère; il a pensé : C'est une femme comme une autre, elle ne vaut pas la peine qu'on fasse attention à elle.... Eh bien! monsieur Jonquières, je vous estime, vous; vous m'avez soignée comme un frère; promettez-moi de dire à Julien que je ne suis pas celle qu'il croit.... Avant lui, je n'avais jamais aimé; je ne me doutais pas du bonheur qu'on peut éprouver, des tortures que je ressens, qui sont plus dures que le coup que j'ai reçu à la tête.... Quand vous le reverrez, vous lui direz que je n'ai jamais aimé que lui, et que je n'en aimerai pas d'autre.... Aussitôt rétablie je ne durerai pas longtemps, dit-elle. Vous entendrez dire qu'il y a quelque part, je ne sais où j'irai, une écuyère intrépide qui fait des choses impossibles. Ce sera moi. Un jour on annoncera qu'elle s'est tuée avec son cheval.... Oui, dit-elle en s'animant, car elle avait la fièvre, je ne veux pas que ma pauvre Betty soit montée par personne après moi ; elle crèvera et moi aussi du même coup.

—Mon enfant, dit Jonquières, ne vous excitez pas, le médecin vous a défendu de parler ; écoutez-moi, j'ai des nouvelles à vous donner de Betty, mais, si vous m'interrompez, je serai obligé de vous laisser.... J'ai pris soin de votre jument ; elle est triste et étonnée de se trouver à l'écurie sans sortir.

— Elle m'aime, ma Betty, dit tristement Carolina, ce n'est pas comme Julien.

— Oui, elle vous aime ; eh bien ! il faut vous rétablir vite pour la revoir.... Et maintenant vous voilà abattue d'avoir parlé ; je vous quitte, tâchez de reposer, je viendrai savoir de vos nouvelles après le dîner. »

En sortant de l'hôtel, Jonquières rencontra Julien, qui se promenait devant la porte.

« J'allais savoir des nouvelles de la Carolina, dit Julien.

— Si tu fais une pareille imprudence, je pars....

— Comment va cette pauvre fille ?

— Le coup qu'elle s'est donné n'a fait qu'augmenter sa passion ; j'ai dit que tu étais parti....

— Pourquoi ? demanda le comte.

— Parce que demain j'espère que tu seras loin d'ici.

— Partir demain, moi ! s'écria Julien, c'est impossible.

— Il le faut, dit Jonquières.

— Mais je m'attends à revoir Louise. Mme Chappe me le fait espérer.

— Tu verras l'institutrice, tu lui diras que tu t'absentes pour quelques jours, et tu prendras d'autres dispositions.

— Ne sais-tu pas que M. Creton du Coche quitte la ville pour une huitaine ? Il va en compagnie de M. Bonneau à un congrès archéologique. Il faut que sa femme m'écoute pendant son absence.

— Tu n'as pas encore assez compromis cette femme, dit Jonquières, et la divulgation de ton secret en plein tribunal ne t'a pas servi de leçon !...

— Je tuerai celui qui oserait dire un mot sur le compte de Louise.

— Le connaîtras-tu celui qui aura parlé ?... Toute la ville est complice ; ce n'est pas une bouche qui s'ouvre, ce sont toutes les bouches ; tu veux tuer tout le monde. Quand tu rencontrerais le bavard et que tu le tuerais, — on ne tue pas un bavard, — chacun voudra savoir le motif de cette grosse querelle.... Depuis quelque temps tu ne vas plus chez M. Creton du Coche... Et tu t'introduirais chez lui pendant son absence, pour que tous les voisins le remarquent ! Le lendemain, Louise serait affichée aux yeux de toute la ville. Il faut t'en aller quelques jours ; la malignité finira par t'oublier ; en agissant prudemment, tu reverras Louise sans la compromettre. Tu ne penses pas à la Carolina ; quand sa fièvre aura cessé je la fais partir rejoindre les écuyers ; mais, si elle apprend que tu es ici, que je l'ai trompée, jamais elle ne quittera la ville ; elle voudra te revoir. Elle a déjà des soupçons sur Louise ; ses soupçons se confirmeraient. Avec le caractère que tu lui connais, elle courra chez M. Creton, fera une scène de jalousie.... Il faut tout craindre de cette femme.

— Que faire ? dit Julien.

— Partir.

— Où ?

— N'importe où, dit Jonquières.... Ne me disais-tu pas que M. Creton allait à un congrès avec M. Bonneau ?

— Oui.

— Pars avec lui. S'il reste quelques doutes dans le public, ils tomberont devant ton départ avec l'avoué. Tu as eu tort de le délaisser depuis l'affaire du tribunal. On peut croire que les insinuations de l'avocat Quantin ont porté coup et qu'une brouille est survenue entre vous. »

Julien se rendit à ces raisons. Le soir même il partait, en compagnie de M. Creton du Coche, ivre de joie d'entrer dans une société savante dont la fondation faisait grand bruit.

Un grammairien, M. Vote, avait conçu le projet de fonder une académie en l'honneur de Racine. Son but était de produire une réaction en faveur du poëte, qu'une école nouvelle tendait à amoindrir. L'homme avait inventé une méthode pour lire Racine, qui consistait à noter musicalement chaque mot du poëte. Le livre n'eut aucun succès ; mais le grammairien, entiché de son idée, profita de la réprobation qu'inspiraient à la vieillesse les attaques véhémentes de jeunes exaltés, pour décider un pair de France à accepter la présidence de l'académie Racinienne.

On avait réuni un groupe composé des débris de diverses académies, de quelques athénées sans disciples, de congrès littéraires célèbres sous l'empire, et le noyau des admirateurs de Racine se trouva au grand complet. En même temps le professeur de grammaire fit un appel à tous les savants, archéologues ou lettrés, de la province qui avait donné naissance à Racine. C'est ainsi que M. Bonneau, appelé à faire partie de l'académie, y entraîna l'avoué, qui se trouvait alors à la tête de plusieurs dossiers d'observations météorologiques.

Grâce à la faveur publique dont jouissait l'archéologue, M. Creton du Coche eut l'honneur d'assister à une séance préparatoire de la société Racinienne, qui faisait une sorte de répétition dans une des maisons les plus considérables de Château-Thierry. Julien fut stupéfait de la société qui était réunie. On ne voyait, en entrant, que crânes chauves, irréguliers et mal construits, qui reluisaient, frappés par la lueur des bougies allumées. C'était un monde appartenant à une autre génération. Aussi Julien fut-il remarqué et les regards des vieillards se portèrent sur l'audacieux qui osait entrer dans le sanctuaire d'une académie les cheveux sur la tête.

Une seule personne fit un aimable accueil au comte, l'illustre Prudence Breteau, née Pichery, une célébrité poétique de la province, maigre, sèche, la peau parcheminée collant aux joues, mais qui avait une si belle chevelure qu'on se prenait à douter de sa véracité. En souriant au comte, la muse montra de si pures dents blanches, longues et larges, que Julien se crut devant une figure de cire. On rencontre certaines femmes qui offrent des mélanges de vieillesse si nettement accusés, que tout ce qui est jeune ne peut appartenir qu'à l'intrigue de l'art.

« Ça va bien, ça va bien, nous sommes au grand complet, dit un homme à grosses moustaches qu'on appelait *capitaine*, et qui n'était autre qu'un propriétaire du pays, M. Chamberlin, ancien maréchal des logis au huitième régiment de hussards.

— Messieurs, s'écria M. Vote en agitant sa sonnette, il faudrait s'entendre sur les morceaux à lire. L'heure nous gagne; nous nous réunissons demain en assemblée générale. »

Une grande confusion régnait dans le salon. C'étaient de petits groupes au milieu desquels un homme, déroulant un gros cahier, commençait une lecture intime avant de la rendre publique; chacun se faisait force compliments, se serrait les mains, se distribuait des éloges bruyants.

« Messieurs, du silence, s'écriait M. Vote, chacun aura son tour. M. Bonneau, M. Prudhommeaux jeune, M. Larson, un peu moins de bruit.... »

Il courait d'un membre à l'autre, prenait la main des orateurs pour les modérer et s'efforçait d'atteindre M. Bonneau, qui arpentait le salon, présentant son parapluie à tous les académiciens.

« Madame Prudence, dit-il à la femme célèbre, je vous en prie, montez avec moi au bureau; peut-être ces messieurs s'inclineront-ils devant une dame. »

M. Vote entraîna ainsi la muse et la força de s'asseoir dans le fauteuil du président, tout en continuant à agiter la sonnette.

« Messieurs, dit-il, un peu de silence, par respect pour une dame. »

Le calme ayant été obtenu non sans peine, Mme Breteau se leva et demanda que le spirituel président voulût bien ouvrir la séance par son remarquable travail sur les fureurs d'Oreste.

« Plus tard, dit M. Vote avec une feinte modestie.... N'est-ce pas à vous, belle académicienne, de commencer?

— Pardonnez-moi, mon cher président, je ne le souffrirai pas; je pense, du reste, que c'est l'avis de l'académie. »

M. Vote s'inclina :

« Je suis confus, messieurs, dit-il, de tant d'honneur. Plusieurs, parmi vous, pouvaient briguer l'honneur d'ouvrir la séance. Et d'abord Mme Breteau, dont la poésie est si maternelle qu'elle a pour ainsi dire des entrailles; et le fin et délicat Prudhommeaux jeune, qui a recueilli l'héritage de Voltaire dans la confection si difficile de l'épigramme; et M. Fauvel, qui emploie ses veilles à faire de si consciencieux travaux rétrospectifs sur l'art de l'artificier; et M. Chamberlin, qui a enrichi la science hippique de livres d'un intérêt profond sur le farcin du cheval; et M. Creton du Coche, l'un des plus dignes soutiens de la société de météorologie, que la Société de géographie appelait hier encore dans son sein, et qui sera à la place qu'il mérite quand la Société de géologie lui aura ouvert ses portes; et l'illustre Bonneau, à qui, dès ce jour, on peut retrancher le *monsieur*, certain que la postérité ratifiera cette impolitesse.

— Bravo! bravo! s'écria l'assemblée pendant que M. Vote buvait un verre d'eau.

— Les fureurs d'Oreste!... s'écria M. Vote. Art de la diction.... Où sont, messieurs, les Monvel, les Saint-Prix et les Duval-Cadet, ces tragédiens qui traduisaient noblement, avec art et simplicité, nos chefs-d'œuvre; où sont-ils? La tragédie est morte, les acteurs modernes l'ont tuée sous le coup de leur déclamation insensée. Nous avons vu dernièrement, dans cette ville, le dernier représentant de cet art, David, sociétaire de la Comédie-Française. Il me fit l'honneur de venir dîner chez moi. Et il me comprit, le grand tragédien! Il me dit ces paroles, que ma modestie m'empêche de répéter dans cette enceinte....

— Nous engageons M. le président, dit M. Bonneau, à ne rien nous céler.

— Puisque M. Bonneau m'y invite, dit le président, ma modestie se trouve à couvert. David me disait donc : « Avec votre méthode, vous renverseriez non seulement le Conservatoire, mais encore le théâtre moderne.... » Sans plus de commentaires, je commence :

Grâce aux dieux, mon malheur passe mon espérance.

Oreste a été un moment anéanti par la nouvelle de la mort d'Hermione: il reprend peu à peu l'usage de ses sens, mais c'est pour faire éclater la douleur la plus profonde. *Grâce aux dieux*, voix sombre, lente; sentiment de douleur et d'ironie prononcé; *mon malheur*, comme plaintes étouffées par la souffrance; *passe mon espérance*, prolongement des syllabes *pa* et *ran* dans le ton du premier hémistische.

> Oui, je te loue, ô ciel! de ta persévérance.

Amplification des sentiments précédents; *ô ciel*, plus appuyé; *persévérance*, bien articulé dans chacune des syllabes, en prolongeant sur *ran*, cependant sans affectation.

> Appliqué sans relâche au soin de me punir.

Ton d'énumération, avec reproche.

> Au comble des douleurs tu m'as fait parvenir.

Au comble des douleurs, désespoir intérieur; le second hémistiche gradué jusqu'à la syllabe *nir*.

> Ta haine a pris plaisir à former ma misère;

Ta haine, appuyé; *a pris plaisir*, avec amertume et ironie; *à former ma misère*, dans un sentiment douloureux.

> J'étais né pour servir d'exemple à ta colère;

J'étais né, ton de tristesse et de reproche; *pour servir d'exemple*, en renchérissant avec ampleur; *à ta colère*, appuyé et accentué.

> Pour être du malheur un modèle accompli.

Pour être du malheur, accentuation profondément triste; *un modèle accompli*, augmentation de gravité et d'importance.

« Messieurs, je n'abuserai pas plus longtemps de la parole, et je laisse à de plus dignes que moi la faculté de me remplacer à cette tribune.

— Il faut publier ces études, dit M. Bonneau en applaudissant; il faut que la Société les fasse imprimer....

— Vous êtes trop bon; mon estimable confrère, répondit M. Vote; j'ai laissé par testament ce soin à mes héritiers.

— Pourquoi priver la France de vos travaux? s'écria Mme Prudence Breteau; pourquoi priver notre académie de l'honneur qui doit rejaillir sur elle en la personne de son président?

— Il y a dans ces études trop de novations, trop d'opinions à froisser, dit M. Vote. On m'attaquerait violemment.... Mon âge, mes habitudes me défendent d'y songer. »

Il s'éleva alors dans l'assemblée un de ces sourds murmures approbateurs qui suivent les bravos bruyants et qui sont encore plus chers que ceux-ci à l'orateur; toutefois dans l'embrasure des fenêtres se tenaient les Zoïles nécessaires au triomphe. Le capitaine avait pris M. Creton du Coche par un bouton de son habit.

« Eh! monsieur, que pensez-vous de cela?

— Ce morceau me paraît fort beau, répondit timidement l'avoué.

— Je ne comprends pas, dit l'homme aux grosses moustaches, tous ces grands mots : énumérations sans reproches, accentuations d'importance, et le reste.... Vous entendrez tout à l'heure mon discours sur l'amélioration de la race chevaline.

— En effet, fit M. Creton du Coche, ce doit être très-curieux.

— Silence, messieurs, dit M. Vote en agitant sa sonnette, la parole est à M. Prudhommeaux jeune. »

Prudhommeaux, appelé jeune pour le distinguer de son père, avait soixante-cinq ans. Célibataire cité pour son esprit à Molinchart, il excellait dans les petits vers, et les autorités ne manquaient pas de l'avoir aux dîners d'apparat, afin de lui faire remplir des bouts-rimés.

« Épigramme! s'écria Prudhommeaux jeune, en lançant un regard satirique à l'assemblée. Aussitôt un sourire général se posa sur les lèvres de chacun, et quelques vieillards firent claquer la langue comme s'ils dégustaient un vin agréable. On entendait même de petits rires étouffés, annonce certaine d'un plaisir goûté par anticipation.

— Épigramme! répéta Prudhommeaux jeune. Et il récita :

> Le long d'une garenne un médecin chassait.
> — Hé! hé! dit un plaisant qui près de là passait:
> Pourquoi prendre un fusil durant vos promenades,
> En est-il donc besoin pour tuer vos malades?

A ces vers, dits du bout des lèvres, l'académie ne put contenir sa gaieté; le président agitait sa sonnette avec enthousiasme : rires et applaudissements se combinaient. Avec un profond sérieux Prudhommeaux jeune recueillit les hommages publics.

« Il est fâcheux que le docteur Prévost ne soit pas ici, disait-on.

— Comme c'est lui!

— Est-il bien dépeint en quatre mots!

— Je ne conseille pas à Prudhommeaux jeune de se faire soigner par le docteur Prévost.

— Voilà le modèle de la fine plaisanterie, disait M. Vote.

— Oserais-je prier M. Prudhommeaux jeune, dit Mme Breteau, de vouloir bien redire sa charmante épigramme? »

Le poëte monta à la tribune sans se faire prier, et répéta son quatrain aux applaudissements unanimes. Le maréchal des logis Chamberlin lui succéda.

« Messieurs, dit-il, j'ai un grand travail....

— Permettez, monsieur Chamberlin, fit M. Vote ce n'est pas encore votre tour.

— Et quand donc? demanda brusquement celui-ci.

— Mon cher confrère, dit le président, Mme Prudence Breteau n'a pas parlé.... Vous comprenez.... les dames avant tout.

— Bah! dit Chamberlin, de la *poasie*, toujours de la *poasie*; j'en ai assez de la *poasie* et vous, monsieur Creton? »

L'avoué, qui débutait dans une société savante, salua son interlocuteur en souriant de façon à laisser croire qu'il partageait les récriminations de l'ancien sous-officier de hussards.

« Messieurs, s'écria M. Vote, Mme Prudence Breteau, née Pichery, veut bien consentir à nous lire une de ses nouvelles et fraîches productions.

— Mes chers confrères, dit la muse, je vous demande un peu d'indulgence pour des vers que vous avez bien voulu trouver passables quelquefois. La pièce est intitulée : *Nésilda, la pauvre mère.* »

S'étant recueillie, elle dit d'une voix pleine de sanglots :

Dans son bercelet l'enfant dort.
Elle a des yeux bleus, l'enfant blonde.
Nésilda veille et l'enfant dort :
Beau lis sur qui l'orage gronde.

Soudain il rouvre sa paupière ;
Sa bouche a des sourires d'or.
Elle s'ouvre en criant : « Ma mère!... »
Pauvre mère!... L'enfant est mort!!!...

« Quel âme! quel cœur! s'écria le président.

— Ce n'est pas gai comme votre petite *machine*, dit Chamberlin à Prudhommeaux jeune. »

Quelques membres feignaient de verser des larmes; Mme Breteau, étendue sur le fauteuil, paraissait brisée par la douleur poétique.

« Remarquez, messieurs, dit le président, l'heureux choix du nom de Nésilda, qui indique déjà un ton général de douleur. Ce vers surtout m'a frappé :

Beau lis sur qui l'orage gronde....

D'autant plus que notre grande artiste, Mme Breteau y mettait un sentiment de bienveillance troublée, et qu'elle allait en renchérissant sur le mot *gronde*. M. de Lamartine serait jaloux de

Sa bouche a des sourires d'or!...

Enfin, je fais des compliments personnels à notre chère académicienne sur l'onction et la foi qu'elle a mises dans la diction de ce petit chef-d'œuvre. »

Le capitaine Chamberlin s'était précipité à la tribune.

« Messieurs, dit-il, l'heure se passe et j'ai à lire un grand travail sur l'amélioration de la race chevaline.

— La commission, dit le président, en a-t-elle eu connaissance? Lui avez-vous soumis votre manuscrit? »

Chamberlin répondit que non.

« Il est impossible, dit le président, que nous écoutions votre rapport aujourd'hui.

— Comment! s'écria d'un ton menaçant le maréchal des logis.

— Le règlement! lisez le règlement! s'écrièrent plusieurs académiciens. »

M. Vote lut l'article 307, par lequel tout travail d'un membre, soit adjoint, soit correspondant, devait être étudié par une commission de quatre sociétaires, renouvelée tous les mois, qui, dans une analyse rapide, déclarait si le travail présenté n'était pas contraire aux mœurs ou empreint d'une couleur politique.

« Sacrebleu! dit Chamberlin, j'attaque le ministère.

— Vous voulez donc faire fermer notre académie! fit M. Vote.

— N'est-ce pas indigne, s'écria Chamberlin, de voir la cavalerie faire sa remonte avec des mecklenbourgeois?

— Qu'importe? dit le président.

— Qu'importe! reprit Chamberlin hors de lui.... Déclamateur, vieil Oreste! »

Mme Breteau se pencha vers M. Vote :

« Faites une infraction à nos règlements en faveur de M. Chamberlin, il est si violent!...

— Mes chers confrères, dit le président, en présence de la situation, je vous prie de voter par assis et levé si nous pouvons entendre la lecture du travail de M. Chamberlin. Que ceux qui sont d'un avis contraire se lèvent. »

L'ex-maréchal des logis promena un regard si foudroyant sur chacun des membres qu'ils restèrent tous cloués sur leurs bancs.

« J'ai une simple observation à faire, monsieur le président, dit Prudhommeaux jeune qui se leva.

— Quoi? s'écria Chamberlin en allant à lui.

— C'était dans votre intérêt, monsieur Chamberlin, dit Prudhommeaux retombant terrifié sur sa chaise.

— A la bonne heure, reprit le maréchal des logis. Je commence. Messieurs, c'est quand les nations sont plongées dans la paix la plus profonde qu'il faut songer au fléau de la guerre. La France en particulier....

— Nous ne pouvons laisser l'orateur continuer sur ce ton, dit M. Vote; il sait que la politique, cette pomme de discorde, est exclue de notre sein.

— Nom d'un chien, laissez-moi finir ma phrase, reprit Chamberlin. Ainsi que je vous le disais, nous jouissons d'une paix profonde, nos armées sont dans l'inaction ; seulement en Afrique....

— Monsieur Chamberlin! monsieur Chamberlin! s'écria le président.

— C'est un peu fort, ajouta timidement Prudhommeaux jeune.

— Voulez-vous me laisser continuer, oui ou non? dit Chamberlin.... J'abandonne l'Afrique.... Il y a deux mois, j'envoyai un mémoire à la Société des haras; mais ces messieurs qui n'ont jamais mis le pied dans une écurie, méconnaissent les idées supérieures....

— Monsieur Chamberlin, la discussion est impossible sur ce terrain....

— Cependant, dit l'ex-maréchal des logis, la Société des haras n'est pas de la politique....

— Pardonnez, monsieur Chamberlin; si nous critiquons nos confrères, si nous attaquons la Société des haras, à quelles terribles représailles ne serons-nous pas exposés ? »

L'ex-maréchal des logis poussa alors les jurements qu'il avait recueillis dans diverses casernes, et interpella l'assemblée d'une façon si provoquante que Mme Prudence Breteau tomba dans des attaques de nerfs. Heureusement, les bougies touchaient à leur fin, et le président, pour conjurer l'orage, leva la séance.

XVII

Une visite à l'Observatoire.

La solennité avait été annoncée par tous les journaux de Paris et de la province ; ce fut une véritable fête pour la petite ville de la Ferté-Milon, qui, jusqu'alors, n'avait pas tenu à grand honneur d'avoir donné naissance à Racine. Il fallait un tel mouvement à Julien pour lui faire oublier les événements par lesquels il venait de passer.

A la séance d'ouverture, un vieux pair de France, sourd et goutteux, fit un long discours dont le but était de prouver aux académiciens, ses collègues, qu'il serait bon d'emprunter au grand siècle ses traditions; selon lui la meilleure manière d'honorer Racine consistait en grandes perruques à la Louis XIV, que les membres du bureau devaient porter dans les séances publiques. Cette motion ne fut repoussée qu'après une vive discussion.

M. Vote à qui appartenait l'idée de l'académie Racinienne récita *Britannicus* tout entier, en exposant les principes de sa méthode, et il déclama la tragédie en l'accentuant avec force, avec onction, avec un accent guttural, du bout de la langue, en soupirant, en aspirant.

Un tableau allégorique montrait le châtiment qui attendait les adversaires du poëte : c'étaient des jeunes gens à longue barbe et en gilets blancs à la Robespierre, lançant des pierres contre la statue de Racine, et blessés eux-mêmes par les pierres, qui, loin d'entamer la statue du poëte, revenaient sur ses ennemis.

Un membre de la section de peinture fournit ce tableau, qu'on voit encore à la mairie de Ferté-Milon. La séance ne dura pas moins de dix heures; il avait été permis à quelques savants de lire des travaux sans rapports avec l'hommage rendu à Racine, mais qui témoignaient du culte de la province pour les arts et les lettres.

Après avoir signalé les propriétés de son parapluie, M. Bonneau fut invité par le pair de France qui présidait l'assemblée, à vouloir bien l'ouvrir en public, et un tonnerre d'applaudissements témoigna à l'archéologue de la part que chacun prenait à ce merveilleux système d'étude des monuments.

M. Creton du Coche lut ensuite ses observations sur la température, et fit part à l'assemblée des résultats que la Société météorologique se proposait pour allonger la durée de la vie.

Un orateur succéda et plaignit vivement Racine d'avoir vécu à une époque où cette science n'était point encore découverte, car quelques années de plus auraient pu favoriser le grand siècle d'une tragédie de plus.

La séance fut terminée par la lecture du mémoire de M. Chamberlin sur le farcin des chevaux, sujet médiocrement racinien; mais il avait été décidé que tout savant de la province ayant donné le jour à Racine aurait le droit de lire une production quelconque à sa fantaisie.

Il y eut le soir grand bal à la mairie, et le sous-préfet délivra à tous les membres de l'académie une médaille de Racine, que chacun tint à honneur d'accrocher à sa boutonnière. La fête dura deux jours; après quoi M. Creton du Coche, jaloux de recueillir d'autres hommages, pria Julien de l'accompagner à Paris, où il se rendait au siége de la Société météorologique.

Julien brûlait d'envie de reprendre la diligence et de retourner à Molinchart, quand même il n'y eût pas rencontré Louise; mais il était lié par sa parole, et n'osait reparaître devant son cousin; d'ailleurs, il était prudent d'attendre le départ de la Carolina.

Après avoir lutté, la raison l'emporta; Julien accepta la proposition de l'avoué. Mais, avant de partir, il écrivit à Mme Chappe un mot par lequel il lui demandait une réponse prochaine.

« Je ne vis plus loin de Louise, lui disait-il; au moins, dans la ville, je respire l'air qu'elle respire, et il me semble qu'il y a entre nous quelque rapport mystérieux, quoique je ne la voie pas. Allez la trouver, je vous en prie, parlez-lui de moi, toujours de moi. Quelle dureté elle a montrée quand je suis parti avec son mari ! Elle a feint une indisposition pour ne pas me recevoir. Aussi, j'ai passé une nuit mélancolique en diligence, pendant que mes deux compagnons ronflaient en rêvant à leurs discours. Quel calme donne la science et même cette apparence de science dont sont frottés ces deux êtres! Ils n'abandonneraient pas une heure de leur archéologie pour un peu d'amour, et moi, je donnerais tous les monuments du monde pour que Louise voulût m'aimer un peu.

« Je pars pour Paris; mais je n'y serai pas arrivé, que je maudirai chaque minute qui s'écoule sans me rapprocher de Louise. Voyez-la tout de suite, n'est-ce pas? Écrivez-moi comment vous l'avez trouvée, son air, sa figure, la façon dont elle vous aura reçue, l'effet que produira mon nom! Ah! si vous ne me l'aviez pas recommandé, comme je profiterais de l'absence de son mari pour lui écrire! Une lettre est si peu compromettante.... Je n'y tiens plus, je lui écris; en vous désobéissant, je vous obéis encore. Vous trouverez cette lettre dans la vôtre; si vous jugez imprudent de la lui remettre, jetez-la à la poste; si vous croyez la poste dangereuse, déchirez-la. Mais songez que j'attends votre réponse par le retour du courrier. D'ici là, M. Creton du Coche est maître de ma personne: il peut me faire faire ce qu'il désire, me conduire où je ne veux pas; mais il ne saura tirer de moi un seul mot raisonnable, car je n'ai qu'une pensée: Louise!

« JULIEN DE VORGES. »

En arrivant à Paris, M. Creton du Coche décida, quoiqu'il fît encore nuit, qu'il serait bon de se rendre immédiatement au siége de la Société météorologique, où demeurait le célèbre Larochelle. Julien essaya inutilement de lui démontrer combien il était peu convenable d'aller chez les gens à cinq heures du matin; M. Creton du Coche se fit conduire rue de la Huchette.

La maison où le commis voyageur avait donné son adresse était une de ces maisons borgnes de Paris pour lesquelles les propriétaires ne font pas de frais de portier. Une petite allée noire et mal éclairée se prolongeait jusqu'à ce qu'un obstacle avertît les visiteurs qu'ils se trouvaient en présence d'un escalier. Le rez-de-chaussée était occupé par un cordonnier strasbourgeois parlant un baragouin à faire frissonner un Allemand lui-même.

En entendant M. Creton du Coche lui demander le siége de la Société météorologique, le savetier le regarda avec inquiétude; il ne comprenait pas le renseignement que l'avoué désirait de lui, et il envoya M. Creton du Coche au premier étage, où demeurait une blanchisseuse, qui, employant un certain nombre d'ouvrières, devait connaître la personne qu'il importait à l'avoué de trouver; la blanchisseuse n'étant pas encore levée, il fallut attendre dans un café voisin une heure plus convenable pour se présenter.

« Êtes-vous bien certain de l'adresse? demanda Julien. Cette maison me semble peu convenable pour recevoir une société savante.

— Au contraire, dit l'avoué; ces messieurs ne font pas de vains sacrifices au luxe, et je ne les en honore que davantage d'avoir fondé ici le siége de la Société. N'est-ce pas d'ailleurs le centre du quartier savant? Je brûle de voir mes confrères en séance et d'entendre cette série de rapports partis de tous les points de la France, et qui vont révolutionner la climatérique.... »

Là-dessus, M. Creton du Coche se livra à des considérations scientifiques que Julien n'écoutait pas, son esprit voyageant ailleurs.

« Si vous retourniez dans cette maison, lui dit le comte, pendant ce temps je ferais préparer le déjeuner.

— Vous avez raison, dit l'avoué, et vous me permettrez d'inviter à déjeuner M. Larochelle. Vous verrez quel homme instruit, comme il raisonne bien; je n'ai pas eu besoin de l'entendre un quart d'heure, qu'il m'avait développé clairement son système, et que je connaissais la science à fond. Ne croyez pas qu'il ait la mine renfrognée des vieux savants; M. Larochelle est jeune encore et nullement pédant.

— Amenez M. Larochelle, dit Julien. »

Après une demi-heure de recherches dans la maison sans portier, l'avoué, arrivé au cinquième étage, poussa un cri de joie en lisant le nom de Larochelle écrit à la craie sur une porte. Il frappa discrètement, et une voix de femme lui répondit:

« Entrez. »

Quoique surpris de ce qu'une société savante fût logée si haut, M. Creton tourna la clef et se trouva en présence d'une ouvrière, dans une pauvre chambre mansardée, dont le principal ameublement était représenté par du linge pendu sur des ficelles.

« Pardon, mademoiselle, je me trompe, dit l'avoué en se retirant.

— Que demandez-vous, monsieur?

— J'aurais désiré parler à M. Larochelle. Je venais ici croyant me trouver au siége de la Société météorologique.

— Monsieur, dit l'ouvrière, la Société ne reste plus dans la maison.

— Ah! s'écria M. Creton sous le coup d'un certain désappointement.

— Si vous voulez laisser votre adresse à M. Larochelle, il ira vous trouver. »

L'avoué laissa sa carte avec l'indication de l'hôtel où il était descendu, et revint l'air soucieux trouver Julien.

Sans avoir de soupçons défavorables contre la Société météorologique, l'avoué ne pouvait comprendre comment Larochelle lui avait donné une adresse rue de la Huchette, quand il n'y demeurait pas. Ayant raconté à Julien la singulière façon dont il avait été reçu:

« Il est un moyen, dit le comte de connaître la vérité. Garçon, apportez-moi l'*Almanach des adresses....* Vous y trouverez toutes les sociétés savantes de Paris. »

M. Creton du Coche saisit avec empressement l'almanach et le feuilleta inutilement dans tous les sens.

« Je ne trouve pas trace, dit-il en soupirant, de Société météorologique.

—Il faut aller à l'Observatoire, dit Julien; vous demanderez à parler à un des secrétaires, et s'il ne connait pas cette société, personne ne la connaît à Paris.

— Combien vous vous intéressez à la science, mon cher comte, je le vois maintenant.... »

La journée se passa tristement pour Julien, qui trouvait une médiocre satisfaction à accompagner M. Creton dans ses courses; mais le lendemain matin il reçut deux lettres dont l'écriture le fit tressaillir. L'une était de Jonquières, l'autre de Mme Chappe. Jonquières ne demandait plus à son ami qu'un peu de courage. Dans deux jours la Carolina quittait la ville; le départ de Julien était assez répandu pour que le bruit en fût venu jusqu'aux oreilles de l'écuyère.

Certaine que Julien n'était plus à Molinchart ni aux environs, elle s'était résignée à son sort et attendait même avec une certaine impatience que sa maladie lui permît de s'éloigner d'une ville qui lui rappelait des souvenirs douloureux.

Quoique le comte fût touché de la malheureuse passion de la Carolina, cette lettre lui enleva un grand poids. L'écuyère partie, il pouvait reparaître sans danger à Molinchart; il reverrait Louise, et l'avenir se présentait sous des couleurs favorables. Mme Chappe écrivait à Julien :

« Monsieur le comte,

« Je réponds immédiatement à votre honorée lettre, et j'ai exécuté vos intentions. Notre Louise est toujours dévorée par le mal inconnu que vous avez fait naître, et dont vous obtiendrez prochainement une cure miraculeuse. Elle me cache encore ses secrets sentiments, et si je ne connaissais pas les jeunes femmes, je lui dirais : Confiez-vous à moi, dites-moi vos tourments, ils seront à moitié diminués quand je les partagerai. Mais notre jolie Louise mourrait plutôt que d'avouer son secret. Je comprends, monsieur le comte, la passion que vous lui témoignez.

« C'est un ange de patience et de résignation; Louise est jalouse de l'amour qu'elle vous inspire, elle craindrait de l'éventer en le mettant au jour. Ne vaut-il pas mieux qu'elle se taise : si elle se confiait à moi, elle pourrait se confier à d'autres; vous ne savez pas combien Louise a d'ennemis acharnés, à commencer par la sœur de son tyran. Il faut montrer une extrême prudence, sans quoi tout est perdu.

« On parle beaucoup de vous dans la ville : on raconte vos amours avec cette étrangère que je ne connais pas; on va même jusqu'à dire qu'elle a voulu se tuer pour vous. J'ai été contente de ces bruits que vous avez eu l'adresse de répandre, et je vous trouve d'une sagesse de Mentor dans cette circonstance. Il y aura après-demain une soirée magnifique à laquelle je suis engagée; j'ai l'espérance d'y rencontrer notre Louise, car je l'ai fort engagée à y aller. Mais on ne trouve rien dans ce maudit pays; il me fallait absolument un châle cachemire carré, et les magasins de la ville n'ont que de petits méchants châles qui ne me conviennent pas.

« Seriez-vous assez bon, monsieur le comte, vous qui avez tant de goût, pour passer à *Malvina*, le grand magasin de nouveautés de la rue Saint-Denis, et d'y choisir un châle tel qu'il vous plaira; je laisse le choix du dessin à votre tact si fin. Cependant, je préférerais de grandes palmes de couleur sur fond jaune. En le mettant à la diligence ce soir, je le recevrai demain et je pourrai faire figure à cette soirée où je verrai notre belle Louise, autour de laquelle, bien certainement, tous les galants du pays vont papillonner; mais ils auront beau faire et beau dire, elle a fixé dans le cœur, avec une épingle qui la fait un peu souffrir, un jeune papillon qui s'appelle comme vous, monsieur le comte, et qui n'y laissera pénétrer personne.

« Dites que je suis bavarde, je vous entends; mais quand je vois des jeunes gens, dont l'affection est traversée par des êtres ridicules et méchants, s'aimer de toutes leurs forces, je ne peux m'empêcher de m'intéresser à eux et de lutter en leur faveur. Les dames de la ville vont être jalouses de mon châle; mais les hommes seraient bien autrement jaloux s'ils savaient quelle conquête vous avez faite. Ne vous ennuyez pas de traîner après vous dans Paris ce boulet de mari. Notre pauvre Louise l'a traîné encore plus longtemps que vous; maintenant vous êtes deux compagnons de chaîne, le boulet sera moins lourd. Adieu, homme sage, jeune et prudent.... Revenez vite, je vous attends avec impatience, et je suis sûre qu'*on* ne vous attend pas moins impatiemment.

« Votre toute dévouée servante,

« Femme CHAPPE. »

M. Creton du Coche ne trouva plus le Julien de la veille : les deux lettres avaient changé la physionomie du comte.

« J'ai quelques courses, dit-il à l'avoué ; permettez-moi de vous laisser à vos affaires. Faites-les promptement, afin que nous puissions quitter Paris le plus tôt possible. »

M. Creton du Coche, poursuivant sa grande affaire, se rendit à l'Observatoire, où il fut reçu par un secrétaire du bureau des longitudes.

Beau lis sur qui l'orage gronde. (Page 85, col. 1.)

« Pardon, monsieur, dit l'avoué, si je vous dérange, mais vous devez connaître M. Larochelle ? »

Comme le secrétaire ne répondait pas :

« Le célèbre Larochelle, reprit l'avoué ; il est de votre partie.

— Serait-ce, monsieur, un employé de l'Observatoire ?

— Précisément, dit M. Creton du Coche ; il est peut-être bien maintenant de l'Observatoire. Je venais lui soumettre mes observations météorologiques, dit l'avoué en présentant un énorme dossier.

— Monsieur s'occupe d'observations astronomiques ?

— Météorologiques, monsieur.... Je les ai faites à Molinchart depuis près d'un an.... Vous n'êtes peut-être jamais venu à Molinchart ?

— Non, monsieur, je ne connais pas Molinchart.

— Vous avez tort, monsieur. Molinchart est la ville la mieux située en France pour les études météorologiques.... Une jolie ville.... On y jouit d'une vue admirable; sa situation est très-élevée. M. Bonneau se décide à donner la hauteur précise de la montagne au moyen de son parapluie.

— De son parapluie ! s'écria le secrétaire de l'Observatoire.

— Vous ne connaissez pas M. Bonneau l'archéologue ?

— Voilà la première fois, monsieur, que j'entends prononcer son nom. »

M. Creton du Coche fit un imperceptible mouvement d'épaules qui signifiait : « Ces gens de Paris ne connaissent rien ; ils ignorent jusqu'aux noms de Bonneau et de Larochelle. » Alors l'avoué entreprit de donner une idée du parapluie au secrétaire de l'Observatoire, qui, à partir de ce moment, jugea qu'il avait affaire à un de ces nombreux excentriques qu'on rencontre sur tous les chemins de la science ; cependant il fit demander si on connaissait

M. Larochelle dans les bureaux. Le garçon de service répondit que le nom de M. Larochelle était tout à fait inconnu à l'Observatoire.

« Ah ! dit l'avoué, j'ai eu tort, monsieur, je l'avoue, de me présenter ici.... Je me rappelle maintenant que M. Larochelle m'avait prévenu d'une dissidence entre la Société météorologique et l'Observatoire.... Et si vous me permettez de dire la vérité, j'ai été frappé, en arrivant, de la situation de l'Observatoire ; vous êtes trop bas : il faudrait transporter l'Observatoire à Molinchart. »

L'avoué rapportait tout à sa ville. Il n'y avait qu'un Molinchart au monde ; même en admettant que Paris jouît de quelques avantages, Molinchart avait des qualités particulières qu'il était impossible de trouver ailleurs. Le secrétaire écouta d'abord avec patience la description de Molinchart et de ses environs ; toutefois il manifesta à l'avoué la crainte que la Société météorologique ne fût un simple titre forgé par un aventurier.

« En dehors des corps académiques reconnus par l'État, lui dit le secrétaire, il existe nombre de sociétés savantes qui se réunissent le plus souvent il est vrai, mais dont les travaux n'ont aucun poids auprès des savants. »

M. Creton du Coche, la honte peinte sur les traits, murmurait : « Ah ! le scélérat que ce Larochelle ! » quand un jeune homme entra, tenant à la main un papier qu'il apportait à signer au secrétaire. Il sourit en entendant les exclamations de dépit qui agitaient l'avoué.

« Bernard, je vous laisse avec monsieur, dit le secrétaire, qui s'était levé plusieurs fois pour congédier M. Creton du Coche. »

Bernard resta sans que l'avoué s'aperçût que son premier interlocuteur était parti ; il entendit les imprécations de M. Creton du Coche, qui craignait surtout d'être livré aux risées des gens de Molinchart quand ils apprendraient ses déconvenues scientifiques.

Bernard, jeune vaudevilliste, vivant d'un médiocre emploi à l'Observatoire, avait obtenu cette place plutôt comme une sinécure que pour le travail qu'on attendait de lui.

« Que vous a donc fait ce Larochelle, monsieur ? demanda-t-il à M. Creton du Coche. »

En entendant une voix inconnue, l'avoué leva la tête et parut surpris ; mais Bernard lui ayant expliqué qu'il remplaçait son supérieur mandé au dehors, M. Creton du Coche raconta une fois de plus ses malheurs, comme il arrive aux personnes accablées de douleur, qui s'en déchargent à tout venant. Bernard consola l'avoué du mieux qu'il le put : il connaissait Molinchart, il connaissait M. Bonneau, il connaissait Larochelle. L'avoué faillit sauter à son cou. Enfin il trouvait un homme qui admettait que Molinchart était une des plus remarquables villes du royaume.

« Monsieur Bernard, je vous en prie, dit l'avoué, donnez-moi des nouvelles de Larochelle.

— Il est mort, dit Bernard.

— Mort ! s'écria M. Creton du Coche.

— Hélas ! il n'est que trop vrai ; le pauvre garçon était monté sur une falaise dans les environs du Havre, lorsqu'une trombe subite l'a enlevé, lui et un monsieur qu'il initiait à la science.

— C'est une belle mort, dit l'avoué ; et moi qui insultais ses mânes ! Mais votre chef de bureau me faisait entendre que j'étais victime d'un intrigant.... »

Bernard se pencha à l'oreille de l'avoué :

« Ici, dit-il, on est jaloux de tout innovateur.... N'en parlez pas, vous me feriez destituer.

— Ne craignez rien, dit M. Creton du Coche. Cependant je ne comprends pas que, rue de la Huchette, on m'ait fait déposer ma carte pour la lui remettre.... Une blanchisseuse m'a parlé.

— C'était son amante, monsieur Creton.... On lui a caché la mort du malheureux Larochelle.

— Je vous remercie, monsieur ; vous m'expliquez bien des choses. »

Bernard était rarement à court d'explications. Molinchart et Larochelle lui étaient tout à fait inconnus ; mais il avait pour habitude de susciter d'innocentes farces dont il se récréait à lui seul. Une mauvaise journée pour Bernard était celle qui se passait sans l'avoir mis à même de rire aux dépens d'autrui.

« Je vais faire une notice nécrologique pour la société Racinienne, s'écria l'avoué.

— Je vous donnerai des notes précieuses pour la biographie de l'infortuné Larochelle, dit Bernard. »

Comme l'avoué prenait son chapeau :

« Vous seriez peut-être curieux, lui dit le vaudevilliste, de visiter l'Observatoire ?

— Je n'osais vous le demander, dit l'avoué ; une académie rivale se formalise si facilement.... Je respecte les convenances.... Cependant, je serais curieux de voir les instruments.

— Eh bien, monsieur Creton, suivez-moi. »

Bernard descendit un étage, accompagné de l'avoué, qui manifesta son étonnement de ne pas monter sur la coupole élevée qu'il avait aperçue du jardin du Luxembourg.

— Vous êtes un honnête homme, lui dit le vaudevilliste, un savant consciencieux comme il en existe malheureusement peu à Paris.... Vous croyez que ces messieurs de l'Observatoire montent là-haut pour observer les astres !... Ils sont trop podagres.... Jamais ils ne mettent le pied dans la salle d'observations.... C'est le concierge de l'hôtel qui passe les nuits ; il a six cents francs pour tout faire. »

M. Creton du Coche indigné déblatérait contre l'Académie.

« Ce pauvre Larochelle avait raison de s'insurger contre l'Observatoire, s'écriait-il.... Mais il me semble que nous descendons à la cave, M. Bernard ?

— Précisément. Je ne vous dirai pas que ces messieurs observent les astres à la cave, quoiqu'ils en soient capables; mais les nuits qu'ils devraient être occupés à veiller, il les passent dans leur lit.... C'est le concierge qui supporte toute la fatigue.... Comme il existe des inspecteurs du gouvernement, le concierge a une lunette excellente qui permet de voir jusqu'au commencement de la rue d'Enfer. Sitôt qu'il aperçoit la voiture d'un inspecteur, il tire une sonnette communiquant à la chambre à coucher de ces messieurs, qui se lèvent aussitôt. L'inspecteur arrive, leur trouve les yeux battus et leur fait des compliments de se fatiguer pour la science.... Et c'est ainsi que les gratifications, passent devant le nez du véritable travailleur, le concierge.

— C'est affreux ! s'écria l'avoué.

— Toutes les administrations sont menées de la sorte, continua Bernard; les affaires sont conduites ainsi par les portiers, les garçons de bureaux. C'est ce qui explique comment l'administration marche si mal en France. Ensuite, étonnez-vous que l'Observatoire annonce pour telle date des comètes qui ne se montrent pas, et qu'il n'annonce pas celles qui arrivent. Notre concierge n'a l'œil que sur la rue d'Enfer, dans la crainte des inspecteurs; pendant ce temps il se passe dans les nuages des symptômes significatifs dont personne ne tient compte.

— Je tombe de mon haut, s'écria M. Creton du Coche.

— Touchez cela, dit Bernard en prenant la main de l'avoué, qui frôla un objet froid qui lui parut être un tuyau de pompe; c'est un des mille instruments de précision que la science moderne enfante, et que l'Observatoire cache dans la cave, afin de ne pas se donner la peine de l'étudier et d'en faire l'objet d'un mémoire.

— C'est un assassinat ! dit l'avoué.

— Ne pouvant pas enterrer l'inventeur, ces messieurs enterrent l'invention, dit Bernard.... Regardez ce puits, M. Creton : je suis persuadé qu'on trouvera un jour au fond plus de quatre cents instruments nouveaux qui auraient fait la gloire du siècle.... Maintenant, prenons garde qu'on ne nous voie remonter de la cave; on me soupçonnerait de vous avoir divulgué ces épouvantables mystères.

— Mon voyage ne sera pas perdu, dit M. Creton du Coche; mais je retourne à Molinchart la mort dans l'âme.... Il n'y a donc d'honnêteté qu'en province?

— Toute la science y est refugiée, monsieur Creton.

— Que vais-je faire maintenant sans ce pauvre Larochelle ?

— Continuez vos travaux, faites-en part à la société Racinienne; le bruit ne peut manquer d'en venir aux oreilles de nos savants. Et un jour, monsieur Creton, la renommée saura bien triompher de l'inertie des corps académiques.

— Vous êtes honnête, M. Bernard, dit l'avoué en lui serrant les mains; mais ce portier qui observe les astres, cette cave où on enterre les instruments !... Ah ! je sors de l'Observatoire plein de désillusion. »

XVIII

La maison des dames Jérusalem.

Un matin, Louise, qui était à sa toilette, fut avertie que la servante de l'institutrice désirait lui parler.

« Mme Chappe, dit cette fille, vous présente ses hommages, madame, et vous fait prier de passer chez elle pour rendre visite à Mlle Élisa de Vorges, qui est un peu indisposée.

— Je serai à la pension entre midi et une heure, dit la femme de l'avoué. Si je n'attendais mon mari pour déjeuner, je partirais immédiatement; mais il va sans doute rentrer, ou plutôt, continua Louise, veuillez rester ici quelques minutes, et s'il revient, je vous accompagne. »

D'après le rapport de la bonne, Élisa n'était pas gravement malade; mais depuis quelque temps elle était triste, ne jouait plus avec ses compagnes, et avant de prévenir la comtesse de Vorges, qui pouvait s'affecter trop vivement de cette nouvelle, Mme Chappe avait jugé plus prudent d'en avertir une amie.

Si Mme Creton ne pouvait venir dans la matinée, la maîtresse de pension se croyait obligée d'en écrire dans l'après-midi à la comtesse, et elle craignait qu'une maladie sérieuse ne fût annoncée par cette mélancolie sans motifs.

Comme il arrivait à l'avoué de s'attarder dans la ville, Louise prit le parti de suivre la servante; elles longèrent les remparts, et en passant près de la cathédrale, Louise ne remarqua pas qu'Ursule Creton en sortait et la suivait des yeux.

Quoique la vieille fille marchât difficilement, la curiosité lui rendit l'usage de ses jambes, et elle suivit de loin le chemin que prenait sa belle-sœur.

Louise et la bonne avaient une forte avance sûr Mlle Creton, qui, toutefois, remarqua que sa belle-sœur entrait chez Mme Chappe.

En face de l'institution est la maison des dames Jérusalem, deux sœurs qui se sont retirées dans cette partie écartée de la ville, après avoir amassé une petite fortune dans le commerce de mercerie.

Les dames Jérusalem forment à Molinchart le tribunal de l'opinion. Quand une nouvelle se répand dans la ville, avec l'attestation : « Je le tiens des dames Jérusalem, » il est d'usage alors de s'incliner et de regarder la nouvelle aussi pure que de la bijouterie contrôlée à la Monnaie.

Ursule Creton entretenait commerce d'amitié avec les dames Jérusalem, chez lesquelles il était utile d'avoir entrée pour recueillir la chronique scandaleuse de la ville.

Louise entra dans le pensionnat et fut conduite par la servante dans un petit salon, avec prière d'attendre Élisa et la maîtresse de pension. Ce salon tenait de la physionomie du boudoir, grâce à un demi-jour qui pénétrait difficilement d'épais rideaux.

Louise, ayant entendu des pas qui se dirigeaient du côté de la porte opposée à celle par laquelle elle était entrée, se leva pour recevoir dans ses bras la jeune fille qu'elle venait visiter. Mais elle resta anéantie en voyant Julien.

« Vous ici, monsieur, dit la jeune femme stupéfaite; on me trompe?

— Non, Louise, dit Julien, on ne veut pas vous tromper.

— Monsieur, laissez-moi, je veux sortir, » fit-elle.

Julien tenait Louise par la main.

« C'est mal, monsieur, dit-elle en faisant un brusque effort et en se rejetant vers la porte qu'elle essaya inutilement d'ouvrir.

— Et vous avez cru triompher de moi par des moyens semblables, s'écria-t-elle?

— Louise, dit Julien d'un ton sérieux, nous nous revoyons sans doute pour la dernière fois; laissez-moi vous expliquer ma conduite depuis votre retour de la campagne. Vous me connaissez assez pour savoir que je n'emploierai jamais la violence vis-à-vis d'une femme; je me croirais dégradé, et je vous donnerais le droit de me regarder comme l'homme le plus vil qui soit sur la terre. Mais, vous ne vouliez pas me recevoir, vous ne m'écoutiez plus; j'ai tenté de vous donner une lettre, vous l'avez déchirée.... Que faire? Il y a des moments où j'ai été tenté de dire à votre mari : Vous n'aimez pas votre femme, vous ne la comprenez pas, elle ne vous intéresse en rien... Eh bien! je l'aime, j'espère la rendre heureuse, laissez-moi l'emmener loin d'ici.... Que vous importe! C'était de la folie, n'est-ce pas, Louise? Vingt fois pendant notre voyage à Paris, cette idée me revenait en tête.... Que serait-il arrivé? Nous serions partis à l'étranger. On peut vivre si heureux dans quelque coin quand on s'aime.... Il n'est pas besoin de société.... J'étais fou; j'ai dit mes chagrins à Mme Chappe, la suppliant de me venir en aide; ne lui en veuillez pas, Louise, d'avoir été trop bonne, d'avoir consenti à m'être utile.... Si vous saviez combien je la fatiguais de mon amour; tous les jours j'étais chez elle; je l'envoyais chez vous, afin d'avoir de vos nouvelles.... J'ai su que vous aviez été maladive.... J'aurais voulu vous voir malade, parce qu'alors vous auriez perdu toute volonté; la souffrance eût brisé vos forces, je me serais installé près de votre lit, ne vous quittant ni nuit ni jour; de la part d'un ami, votre mari l'eût permis, j'aurais montré tant de dévouement, tant de soins! J'espérais faire passer mon amour dans chaque parole, dans chaque geste, dans chaque regard.... Vous auriez été ingrate de ne pas me le rendre un peu.... Vous ne me répondez pas. Ne croyez-vous pas à ce que je dis? Pourtant il me semble que ma parole est vraie, que vous devez l'entendre.

— Après ce qui s'est passé, dit Louise; après cette liaison scandaleuse avec une écuyère!...

— Ah! je suis heureux, dit Julien, de vous entendre parler avec quelque amertume de cette femme.... Je le pensais bien, que votre froideur venait de là.... Mais comment avez-vous cru, Louise, que je pouvais aimer une femme un instant après vous avoir quittée.... Est-ce possible? N'est-ce pas pour vous que je suis revenu la nuit, que votre mari m'a surpris devant votre fenêtre, me contentant de vous savoir reposer en paix non loin de moi?... N'est-ce pas pour éteindre d'avance les soupçons qui pouvaient s'allumer chez votre mari que j'ai feint cette violente passion pour l'écuyère? N'est-ce pas désespérée de me voir un soir auprès de vous qu'elle est entrée dans cette furie qui faillit amener sa mort? Oh! Louise, aimez-moi pour me faire oublier les tourments que je supporte depuis qu'il ne m'est plus permis de vous voir!

— Et moi, dit Louise, croyez-vous que je restais calme?... »

Julien prit la main de Louise et la pressa longuement dans la sienne.

« Je ne devrais pas, dit-elle, vous pardonner de m'avoir fait tomber dans un piége.

— Si vous aviez voulu me recevoir chez vous, m'écouter....

— Et Mme Chappe qui connaît ce secret. Quelle imprudence!

— Elle est si dévouée.

— C'est une grande faute, dit Louise. Et cette fille?...

— La servante ne m'a pas vu entrer.

— Votre sœur n'est donc pas malade?

— Élisa est assez souffrante pour que Mme Chappe ait aggravé sa maladie devant la domestique.

— Je veux voir Élisa.

— Pas encore, Louise, dit Julien; une demi-heure ne peut pas remplacer un mois. Il y a un mois que je ne vous ai vue; laissez-moi vous regarder; vous êtes une nouvelle femme depuis notre séparation. Il me semble que je ne vous ai jamais vue; je ne saurais trop vous regarder.... Ah! que j'ai souffert, et qu'un peu d'amour me fait oublier ces désastres! Ce soir, j'irai chez vous, demain, après-demain, toute la semaine. Je deviens gourmand de vous voir.

— Qui sait ce qui nous est réservé? dit-elle tristement.

— Louise, que ce vilain mot d'avenir ne sorte plus de votre bouche; qu'importe demain, si nous sommes heureux aujourd'hui?

— Puis-je vous recevoir à la maison? Certainement mon mari n'y trouverait rien à redire; mais les gens de la ville sont d'une méchanceté, tout se sait.... je crains....

— Maintenant, dit Julien, que votre colère est passée, que je vous ai avoué que Mme Chappe est ma confidente, ne pourriez-vous venir ici de temps en temps, une fois par semaine, sous le prétexte de voir ma sœur? L'endroit est écarté, personne ne passe dans ce quartier, jamais on ne vous verra.

— Ouvrez la porte, dit Louise, je vous répondrai quand je serai libre. »

Le comte tira une clef de sa poche et ouvrit la porte.

« Vous partez ainsi, dit Julien, sans un mot?

— Combien vous êtes exigeant, dit Louise; je vous ai déjà pardonné, et vous ne trouvez pas la récompense suffisante. »

Julien étreignit Louise dans ses bras.

« Je ne reviendrai plus, dit-elle d'une voix pleine d'émotion. »

En sortant, Louise tressaillit. Mme Chappe était à quelques pas de la porte, et sa présence donnait à supposer qu'elle avait surpris l'entretien.

« Ah! chère Louise, dit la maîtresse de pension, je suis heureuse de vous voir! Quel beau jeune homme! lui dit-elle plus bas en la prenant familièrement par le bras. Vous pouvez être certaine d'être bien aimée. »

Louise rougissait et se sentait confuse.

« Il est aussi bon que beau, continua Mme Chappe; la première fois que je l'ai vu, il m'a semblé qu'il était fait pour vous!...

— Madame... dit Louise, que cet entretien blessait.

— Ce n'est pas, dit Mme Chappe, comme votre mari, ce vilain....

— Je vous en prie, madame.

— Moi, dit la maîtresse de pension, je suis contre les maris, c'est plus fort que moi. Est-ce qu'il est de votre âge, je vous le demande. Songe-t-il à vous être agréable? Tandis que ce cher Julien vous aimera à passer toute la journée à vos genoux.

— Madame, de grâce, dit Louise, voici Élisa, prenez garde. »

En voyant la jeune fille, Louise l'embrassa à plusieurs reprises et lui montra une affection dont la comtesse de Vorges eût pu se montrer jalouse.

« Avez-vous vu mon frère? » dit Élisa sans s'apercevoir du trouble que cette question jetait dans l'esprit de la femme de l'avoué, qui ne répondit pas et cacha son émotion en embrassant l'enfant de nouveau. Mme Chappe s'était éloignée; Louise put se retremper dans la conversation d'Élisa. Cet entretien servit à lui faire oublier l'impression fâcheuse des paroles de la maîtresse de pension. Louise ressentait une sorte de répugnance pour Mme Chappe, et le court entretien qu'elle venait d'avoir avec elle n'était pas de nature à faire paraître l'institutrice sous un meilleur jour.

Au fond de sa conscience, la femme de l'avoué ne se reprochait rien; elle était venue à la pension sans se douter du complot qui existait entre Julien et Mme Chappe. Louise pardonna au comte lorsqu'elle eut entendu sa justification; mais les exhortations de la maîtresse de pension, les éloges qu'elle faisait de Julien, entraînaient cette âme délicate dans une sorte de complicité. Aussi se promit-elle de ne plus revenir dans cette maison dangereuse, et Julien eut longtemps à triompher des répugnances de Louise, qui sentait sa faute en accordant au comte un rendez-vous hors de chez elle.

Beaucoup de femmes reçoivent sans remords des adorateurs dans leur salon. Leur politique leur fait trouver de nombreuses justifications : elles ne peuvent empêcher ces hommes de leur faire la cour; il faudrait chasser tout le monde, ne recevoir que des vieillards, s'enfermer dans un couvent. Ces coquettes, qui se laissent entraîner aux enivrements de la parole, ne donnent un rendez-vous qu'avec la certitude d'être vaincues. Dans leur esprit le raisonnement a prévu la défaite. Louise n'avait aucun point de ressemblance avec ces femmes. Les faits l'atteignaient sans qu'elle les eût prévus; elle aimait Julien, et cependant se jugeait malheureuse de ne pouvoir vaincre cet amour condamnable.

Souvent il lui arrivait d'examiner sa vie depuis le jour où elle avait juré fidélité à l'avoué, et d'en égrener les incidents. Elle ne trouvait pas dans les actions de M. Creton, ces *crimes* nombreux dont ne manque pas de charger la tête d'un mari la femme qui veut le tromper. Une fois le mari convaincu de culpabilité, la femme marche la tête haute, la conscience en repos; Louise n'avait pas de ces consciences complaisantes qui se prêtent à de telles transactions. Louise se trouvait coupable parce qu'elle ne voyait pas son mari coupable : l'égoïsme de M. Creton du Coche, l'indifférence qu'il témoignait à sa femme ne semblaient pas des motifs suffisants de condamnation.

Cependant Julien admis chez l'avoué, pressait Louise de lui accorder un nouveau rendez-vous.

« Vous ne verrez plus Mme Chappe, ma chère Louise, lui disait-il; je lui ai fait comprendre combien la présence d'un tiers vous gênait, vous pouvez venir sans crainte. La servante n'en saura rien; la porte de la rue est ouverte, vous entrez immédiatement dans le salon, dont j'ai fait faire une clef pour vous. »

Louise se défendait d'aller à ce rendez-vous; mais il arriva dans la conduite de M. Creton du Coche un changement qui fit triompher Julien des refus de celle qu'il aimait.

M. Creton du Coche n'avait jamais eu aucun souci, aucune maladie; il jouissait d'une de ces robustes santés bourgeoises qui sont le privilége de ceux qui pensent peu. Tout à coup son caractère s'assombrit; l'avoué perdit son humeur égale. Au lieu de sortir comme par le passé et de s'intéresser aux travaux d'embellissement de la ville, il resta dans son cabinet et inquiéta son maître clerc Faglain, obligé d'avoir l'air de travailler. Louise remarqua ce changement et lui en demanda les raisons; mais il répondit qu'il était comme par le passé. Son humeur égale fut remplacée par des airs de froideur qui étonnaient également Julien.

« Votre mari serait-il jaloux? demanda le comte à Louise.

— Je ne le pense pas, dit-elle; il n'est pas seulement froid avec vous, il l'est avec tout le monde, avec moi, avec ses amis. »

Comme l'avoué devenait de plus en plus sombre, Louise conseilla à Julien de ne pas venir de quelques jours.

« A une condition, dit Julien, c'est que je vous verrai chez Mme Chappe. »

Louise se fit longuement prier, et enfin accorda un rendez-vous au comte.

Le surlendemain, elle se rendit à l'institution, resta deux heures avec Julien, heureux de pouvoir librement causer avec celle qu'il aimait.

« Quand finiront mes arrêts? lui dit-il en la quittant et en faisant allusion à la défense de se présenter pendant quelque temps chez l'avoué.

— Le jour où vous pourrez venir, dit-elle, je mettrai des fleurs à ma fenêtre. »

Ils se quittèrent ainsi, pleins de rêves de bonheur. Louise sortit de la pension, comme elle y était entrée, sans avoir rencontré personne dans les corridors; mais à peine eut-elle dépassé la rue qu'elle poussa un cri.

Son mari était devant elle.

« Venez, madame, dit-il en lui serrant le poignet et en l'entraînant vers la maison des dames de Jérusalem; venez, on vous attend. »

Louise avait perdu le sentiment des choses extérieures. Il lui semblait qu'elle venait d'être frappée par un coup sourd qui l'empêchait de voir et d'entendre; tout son sang s'était réfugié au cœur, le reste du corps était froid et mort. Elle sentait à peine une légère pression au bras, quoique plus tard elle trouvât sa chair meurtrie par son bracelet. Elle entra, plutôt traînée que marchant, dans une maison qu'elle ne connaissait pas, et le sentiment ne lui revint qu'en se trouvant dans un vaste salon en face d'Ursule Creton, assise dans un fauteuil. Une joie cruelle était peinte sur les traits de la vieille fille.

« Ah! vous voilà, madame, dit-elle; il faut vraiment des circonstances extraordinaires pour qu'on vous rencontre. Vous préférez rendre visite à des étrangers, à une madame Chappe, plutôt qu'à votre belle-sœur. Il faut avouer que cette maîtresse de pension exerce un joli métier depuis qu'elle est arrivée; elle doit donner une singulière éducation aux jeunes filles.

— Malheureuse! dit M. Creton du Coche, avouez votre faute.

— Laissez-la, mon frère. Si elle ne veut pas parler, tout à l'heure, ce M. de Vorges va parler pour elle.

— Un ami! s'écria l'avoué. Le lâche!

— Eh! mon frère, vous croyez encore à l'amitié des jeunes gens? Si vous aviez cru à l'amitié de votre sœur, cela ne serait pas arrivé. »

Louise ne répondait pas; elle était atterrée et baissait la tête. Par une porte vitrée du fond, on voyait apparaître aux coins des rideaux les yeux curieux des dames Jérusalem, qui épiaient cette scène avec attention.

« Le voilà! ce beau séducteur, s'écria Ursule Creton. »

Julien sortait du pensionnat de Mme Chappe et causait avec l'institutrice.

« Oui, s'écria Ursule Creton en s'adressant au comte, comme s'il avait pu l'entendre, ris, beau jeune homme, donne des poignées de main à cette intrigante, fais l'aimable dans la rue; nous verrons si tu chanteras toujours le même air.

— Mon frère, dit-elle à M. Creton du Coche, ne sortez pas; je vous le défends. »

Mais l'avoué ne paraissait guère disposé à réaliser les craintes de sa sœur.

En passant devant les fenêtres des dames Jérusalem, Julien aperçut le profil haineux de la vieille fille, sans avoir conscience du drame qui se jouait dans cette maison, et dont il était le principal acteur.

Un silence profond régnait dans le salon où allait se décider le sort de Louise. L'avoué n'osait regarder sa femme; Louise pleurait la tête basse. Seule, la vieille fille triomphait; cette scène la rajeunissait.

« Venez, mesdames, dit-elle en ouvrant la porte du cabinet où les dames Jérusalem étaient tapies, venez, il est bon que je ne sois pas le seul témoin de cette scène; mon malheureux frère, plus tard, serait capable de dire que j'ai inventé tout ce qui est arrivé depuis ce matin.... Vous avez bien remarqué le comte de Vorges qui est sorti de chez Mme Chappe?

— Oui, mademoiselle, dit l'une des dames Jérusalem; j'étais montée au premier étage, et là, derrière mes persiennes, j'ai tout vu et tout entendu.

— Ah! s'écria Mlle Creton. Que se disaient ces deux honnêtes personnages?

— M. de Vorges remerciait Mme Chappe avec effusion, comme d'un grand service, et annonçait son retour prochain.

— Qu'il y compte, dit la vieille fille; dans une huitaine, nous nous arrangerons à ce qu'il n'y ait plus de Mme Chappe à Molinchard.

— Une pareille conduite de la part d'une femme qui a de jeunes enfants à élever est vraiment répréhensible, dit l'aînée des dames Jérusalem.

— C'est scandaleux pour le quartier, reprit sa sœur.

— Monsieur Creton, dit Ursule, vous adresserez un rapport au commissaire de police, sur la conduite de Mme Chappe.

— Vous voulez donc me déshonorer publiquement, ma sœur?

— Croyez-vous que toute la ville ne va pas le savoir? dit la vieille fille. Quand même ces dames Jérusalem ne parleraient pas, ne savez-vous pas que les jeunes gens se vantent toujours de leurs conquêtes? Dieu merci, cette fois, celui-ci peut se vanter sans mentir; il n'a pas besoin d'afficher madame, elle s'affiche toute seule.

— Monsieur, dit Louise en relevant la tête, vous êtes dans votre droit en me chassant de chez vous. J'ai de l'affection pour M. Julien de Vorges, je ne le cache pas; mais je ne supporterai pas d'insultes d'une personne qui m'a regardée comme une ennemie, dès que je suis entrée dans la famille. Réfléchissez-y; je peux paraître coupable, mais je n'ai pas violé mes devoirs d'épouse, quoique les apparences soient contre moi.... Si vous croyez que la vie commune soit impossible, si ma présence vous rappelait un souvenir fâcheux, je partirai aujourd'hui, et jamais vous n'entendrez parler de moi.

— Non, Louise, dit l'avoué.

— Comment, reprit Ursule Creton, vous faiblissez déjà?

— Me promets-tu, dit l'avoué, de rentrer chez moi, en revenant à tes devoirs?

— Je ne sortirai pas, je m'enfermerai pendant aussi longtemps qu'il vous plaira, je ne parlerai à personne, » dit Louise, qui fondait en larmes.

En voyant une réconciliation s'opérer si facilement, Mlle Creton changea de ton, car elle avait compté sur une rupture brutale et définitive.

« Mon frère, dit-elle en essayant de donner à ses traits et à sa voix une apparence de conciliation, vous avez raison. Le mieux est de pardonner, et j'espère que madame ne m'en voudra pas de l'irritation que m'a causée cet événement.

— Oh! ma sœur, s'écria Louise en se jetant dans les bras de la vieille fille, je vous jugeais mal; c'est moi qui vous méconnaissais. Quels trésors de charité avez-vous pour oublier aussi facilement ma conduite?

— La religion, mon enfant, dit Ursule Creton, nous enseigne à pardonner aux plus grands pécheurs. Nous allons donc ne plus faire qu'une seule et même famille, c'était mon seul désir; le mariage de mon frère nous avait séparés, le malheur nous réunira.

— Vous êtes bonne, mademoiselle Ursule! s'écrièrent les dames Jérusalem, qui feignaient une vive émotion et allèrent répandre le soir même, dans la ville, le bruit de cette aventure. »

XIX

Misères d'intérieur.

Dès le même soir, Julien fut frappé d'une certaine activité qui régnait à la porte de M. Creton du Coche : un commissionnaire traînait sur une brouette des malles, des meubles, et les déposait dans la maison de l'avoué. Le comte crut à l'arrivée d'un étranger; de temps en temps des personnes de la ville passaient sur la place et se montraient du doigt les fenêtres du premier étage. Julien attendit la nuit; Louise ne manquait pas, à l'heure où elle se couchait, d'ouvrir sa fenêtre, et d'envoyer au comte un signe d'adieu.

La fenêtre ne s'ouvrit pas comme de coutume, et Julien passa une nuit agitée en pensant à cet emménagement extraordinaire et à l'absence de Louise. Le lendemain matin, un domestique lui apporta un billet contenant ces mots : « Tout est découvert; je suis perdue. Ne manquez pas de venir à la nuit tombante par la porte du jardin. — Femme Chappe. »

Ce fut un coup de foudre pour le comte, qui courut à la chambre de Jonquières.

« Lis, lui dit Julien.

— Le mari sait tout, pensa Jonquières. Cela devait finir ainsi.... Pauvre Julien!

— J'enlèverai Louise! s'écria le comte; je ne peux plus vivre sans elle. »

Jonquières poussa une exclamation.

« Je t'en prie, mon ami, aide-moi, dit Julien; ne me laisse pas sous le poids de mon chagrin.

— Vois Mme Chappe, dit Jonquières; il faut connaître ce qui est arrivé.

— Mais ne le dit-elle pas? Tout est découvert.

— Tu vas sans doute recevoir la visite du mari?

— Si je savais qu'il fît souffrir Louise, je le tuerais, dit Julien. »

A peine le jour tombé, Julien se rendit à la porte du jardin de Mme Chappe. La maîtresse de pension portait son mouchoir à ses yeux.

« Déshonorée! monsieur le comte, déshonorée! s'écria-t-elle. Je suis perdue dans l'esprit public pour vous avoir montré trop de bienveillance! »

Elle sanglotta.

« Et Louise? dit Julien, qui oubliait les pleurs de Mme Chappe.

— Louise, aussi perdue!... Nous sommes victimes de Mlle Ursule Creton!... Ah! pourquoi ai-je eu le cœur si sensible?... »

Alors la maîtresse de pension raconta, en coupant son récit de sanglots exagérés, les événements arrivés depuis la veille; elle appuya longuement sur le dommage que ce scandale allait apporter à sa réputation. Son établissement était perdu; déjà, depuis le matin, trois élèves avaient été retirées par leurs parents. Mme Chappe s'attendait à voir partir une à une ses pensionnaires, à mesure que le bruit de l'aventure se répandrait au dehors. Ursule Creton ne manquerait pas de faire agir contre la maîtresse de pension par tous les moyens. Mme Chappe dit au comte combien était grande la colère de la vieille fille, qui n'avait pu tirer d'elle les renseignements désirables pour convaincre la femme de l'avoué de culpabilité.

« Je m'intéresse à la jeunesse, dit Mme Chappe, parce que j'ai le cœur jeune, et voilà comme j'en suis récompensée, par une ruine complète!

— Je vais partir pour Paris, dit Julien, quand il eut écouté le récit de la maîtresse de pension.

— Je ne connaissais ici qu'une personne bienveillante, s'écria Mme Chappe, et je ne la verrai plus.... Monsieur le comte, je me suis perdue par l'intérêt que je prenais à vos amours.... Mon pensionnat n'est pas payé, mes élèves s'en iront une à une. Qui remplira mes obligations?.. Si prochainement je n'ai pas payé la moitié du prix d'achat, je peux être renvoyée, saisie et mise sur la paille.... Et pourquoi? parce que deux jeunes gens s'aimaient et que je n'ai pu voir d'un œil sec leurs malheurs.

— Rien ne vous arrivera de fâcheux par ma faute, madame, dit Julien, et je réparerai, autant qu'il sera en ma puissance, le dommage que j'ai pu vous causer indirectement. Je pars; il me serait impossible de vivre ici; je connais les effets de la solitude, elle me rendrait fou de désespoir.... Voici mille francs.... Soyez tranquille, ne vous restât-il qu'une élève.... Je veillerai à ce que vous soyez largement récompensée de vos sacrifices.... Mais à tout prix, il faut que vous trouviez une femme qui arrive jusqu'à Louise, et lui remette mes lettres. Vous seule connaîtrez mon adresse à Paris, et vous aurez soin de me faire tenir régulièrement, chaque semaine, des nouvelles de Louise. »

— Si on ne se jetterait pas dans le feu pour un homme comme vous! s'écria l'institutrice. Oui, vous aurez des nouvelles de votre Louise, je vous le jure, foi de Mme Chappe, et je ferai l'impossible pour triompher de son tyran de mari.

— Ne ménagez pas l'argent, madame, dit Julien.

— Brave jeune homme. Il n'y en a pas deux comme vous sur la terre. »

A la suite de cet entretien, Julien alla retrouver son cousin.

« Mon cher Jonquières, lui dit-il, je te remercie de ce que tu as fait pour moi et t'en garderai toute ma vie une profonde reconnaissance. Maintenant tu peux reprendre ton existence tranquille que j'ai troublée.... Je pars.

— Tu es si tranquille et si froid, dit Jonquières, que tu dois couver quelque violent projet.

— Non, je vais embrasser ma mère et lui faire mes adieux.

— Et Louise? dit Jonquières.

— Louise reste ici. »

Julien ayant rapporté à son cousin les renseignements qu'il tenait de Mme Chappe:

« Si tu as besoin de moi, dit Jonquières, fais un signe, je suis à toi.

— Oui, dit Julien en se jetant dans ses bras, je sais quelle rare amitié tu m'as témoignée; mais je vais vivre seul pendant un an, deux ans, que sais-je? Ne m'en veux pas si je ne te donne pas signe d'existence.... Un jour viendra où nous nous retrouverons.

— Jure-moi, dit Jonquières, que tu n'as pas de mauvais projets.... Tu me parles de l'avenir de telle sorte que tu me fais trembler.

— Je te jure, dit Julien, que je veux vivre tranquille. »

En apparence résigné, Julien emportait en lui une douleur froide qui ne se trahissait pas sur son visage, mais qui lui servait de masque pour mieux tromper sa mère.

La comtesse, habituée aux fantaisies de son fils, ne trouva rien d'extraordinaire à son départ; mais à peine le comte fut-il à une lieue de la ville, qu'il se trouva seul, sans son ami Jonquières, sans rien qui lui rappelât directement le souvenir de Louise. Il se sentait comme privé de son âme, ouvrait de grands yeux en se surprenant à ne rien voir; sans pensée, son corps le fatiguait comme s'il eût porté un fardeau inutile.

Le séjour d'Ursule Creton fit oublier à Louise dans les premiers jours, la scène scandaleuse du pensionnat; frappée du pardon de son mari, croyant s'être méprise sur le véritable caractère de

Venez, Madame, on vous attend. (Page 94, col. 1.)

sa belle-sœur, elle essaya de se plier à ses exigences; mais à tout instant les ongles de la vieille fille déchiraient le cœur de Louise.

On commença par chasser sa femme de chambre, soupçonnée d'avoir servi les intrigues de Julien.

Louise se résigna à subir une femme que Mlle Creton employait depuis longtemps à préparer sa chétive cuisine. Louise comprit qu'elle avait une surveillante de plus dans cette femme; mais, décidée à se sacrifier pour rétablir la tranquillité domestique, elle ne craignait aucune espèce d'inquisition.

Elle demanda comme une grâce à son mari d'habiter une chambre sur le derrière de la maison, afin qu'on ne supposât pas qu'elle pût regarder dans la rue.

Le départ de Julien connu, les amis de M. Creton du Coche vinrent l'en avertir en lui faisant compliment; c'était tourner le fer dans la plaie.

L'avoué n'était pas de nature jalouse; mais l'idée qu'il servait de conversation aux gens de Molinchart le rendait sombre. En un mois, il changea de physionomie : les années s'abattirent sur lui comme une grêle subite.

Ursule Creton remarquait ces perturbations avec intérêt, quoiqu'elle eût échoué dans l'ensemble de son projet. Elle eût préféré une séparation absolue à cette paix domestique : la douceur, la complaisance, les soins de Louise, loin de la désarmer, l'irritaient; aussi s'en vengeait-elle en rappelant sans cesse à son frère l'événement qui avait donné lieu à son retour dans la maison.

Quelquefois, au coin du feu, le soir, quand Louise travaillait et que M. Creton regardait tristement les étincelles s'enfuir par la cheminée;

« Qui aurait dit, il y a un mois, s'écriait Ursule, que nous pouvions vivre heureux? Allons, Creton, ne t'assoupis pas; c'est un bien pour un mal. Il y en a tant qui trouvent un mal pour un bien. »

L'avoué ne répondait pas.

« Ne trouvez-vous pas, ma sœur, continuait la

13

vieille fille, qu'une réunion en famille vaut bien la société de cette mauvaise créature qui vous entraînait malgré vous ? Il ne faut pas rougir ; ce qui est passé est passé.... Je ne vous en fais pas de reproche ; au contraire, chacun me parle de vous et admire votre conversion. J'en suis flattée, car j'y suis pour quelque chose ; pas vrai, ma sœur ? »

Satisfaite d'avoir montré à Louise qu'elle conservait un souvenir implacable, Ursule Creton se taisait, laissant son frère et sa femme livrés à de tristes réflexions ; alors elle entamait avec son chien un monologue plein de caresses.

Les dames Jérusalem, sous prétexte de rendre visite à Mlle Creton, venaient étudier les drames qui se jouaient à l'intérieur entre la vieille fille et sa belle-sœur.

Elles affectaient de combler la femme de l'avoué de politesses plus poignantes que des insultes ; car, sous la douceur de leurs paroles, Louise sentait une intention aiguë. La causerie des dames Jérusalem semblait du lait empoisonné. Vivre seule, enfermée, eût été pour Louise le bonheur, en comparaison de la répugnance qu'elle avait à se trouver vis-à-vis de ces trois terribles inquisiteurs, dont le chef était Mlle Creton.

« Ma belle-sœur, ces dames Jérusalem viennent vous souhaiter le bonjour, criait Ursule du bas de l'escalier. Ne viendrez-vous pas un peu ? »

C'était surtout l'hypocrisie de la vieille fille qui faisait le plus souffrir Louise, car sous ces paroles d'invitation se cachaient des ordres. Dans le principe Louise avait refusé de voir les dames Jérusalem, dont la présence lui rappelait cruellement sa surprise en sortant de l'institution.

« Comment, madame, lui dit Mlle Creton, vous ne vous hâtez pas de descendre auprès de ces dames ; en voici bien d'une autre.... Ces dames ne vous font-elles pas honneur en voulant bien oublier le scandale que vous avez causé dans le quartier ? Madame préférerait peut-être recevoir la visite de comtesses.... Allons, descendez avec moi, qu'on sache par la ville que je vous ai pardonné ; une fois pour toutes, je vous avertis de ne pas me faire monter quand je vous appelle. »

Louise descendait recevoir les compliments des dames Jérusalem, qui feignaient de la traiter avec compassion. C'étaient alors des compliments sans fin.

« Mme Creton a meilleure mine *maintenant*.

— *Depuis quelque temps* Mme Creton gagne.

— *La vie tranquille* convient à Mme Creton.

— On se conserve plus longtemps en vivant *dans son intérieur*.

Les dames Jérusalem ne parlaient qu'en soulignant chaque phrase ; elles avaient la réputation dans la ville d'être des personnes spirituelles, et cette réputation faisait qu'elles pesaient sur les mots les plus vulgaires, parlaient lentement, et n'ouvraient la bouche qu'avec la persuasion qu'il n'en sortait que des effets brillants.

Il eût été dangereux dans Molinchart de paraître douter de l'esprit des dames Jérusalem, qui faisaient loi par leur dénigrement, et que chacun craignait. En présence de Louise, elles jouissaient de leurs méchancetés, car d'ordinaire elles ne pouvaient juger de l'effet de leurs coups.

Retranchées dans leur petite maison, au rez-de-chaussée, elles envoyaient de là mille traits comme des assiégeants envoient des bombes dans une ville ennemie ; mais, Louise présente, les dames Jérusalem pouvaient constater les ravages de leurs paroles : pâleurs subites, larmes dans le gosier, yeux humides. Un tel spectacle était intéressant pour des femmes jalouses de la distinction de leur victime.

Devant les dames Jérusalem, la vieille fille se taisait ; se trouvant inférieure, non en méchanceté, mais en paroles, Mlle Creton semblait juger les coups, et son œil, dans lequel passait une flamme, remerciait ses alliées de la jouissance qu'elle prenait à leurs discours.

Louise recevait ainsi nombre de blessures sans se récrier ; s'il lui arrivait de jeter les yeux sur son mari pour chercher un défenseur, elle ne rencontrait qu'un homme assoupi, à peine écoutant la conversation.

Fréquentant la société de Molinchart, les dames Jérusalem arrivaient presque quotidiennement chez l'avoué avec une provision de scandales d'une nature agréable à Ursule Creton. Elles faisaient des triages avant de venir ; leurs motifs de conversation roulaient sur des tromperies de maris, de femmes séduites et d'amants suborneurs. Maître Quantin leur passait en seconde main la *Gazette des Tribunaux*, et, comme il est rare de ne pas trouver dans ce journal quelque adultère, une des dames Jérusalem racontait l'acte d'accusation pendant que l'autre lisait les dépositions des témoins, les plaidoiries des avocats, et les commentaires venaient à la suite.

Louise semblait réellement l'accusée. Assise sur sa chaise basse, elle redoutait les attaques incessantes des dames Jérusalem ; loin d'y être accoutumée, de jour en jour elle les sentait plus vivement.

La rencontre imprévue de M. Creton du Coche à la porte du pensionnat avait porté le désordre dans le système nerveux de la jeune femme : devenue craintive, le moindre incident la froissait. Elle essayait de tromper les souffrances que lui causaient les amies de Mlle Creton en s'appliquant à une broderie ; mais les trois femmes avaient inventé des châtiments cruels. Quand Louise baissait les yeux :

« Que faites-vous là, ma belle ? lui demandait une des sœurs Jérusalem, qui craignait que Louise ne fût absorbée par son travail. »

Elle lui prenait des mains sa tapisserie, et la forçait de lever les yeux sur ses juges.

Les persécutions prenaient mille formes; les trois mégères passaient les jours et les nuits à en forger de nouvelles.

Un jour, Ursule Creton invita sa belle-sœur à rendre visite aux dames Jérusalem.

« Il n'est pas convenable, dit-elle, que ces dames viennent aussi souvent sans que vous leur rendiez leur politesse.... Elles pourraient s'en formaliser. »

Louise refusa.

« Je n'entends pas, dit Mlle Creton, que, par votre faute, je perde l'amitié de ces dames. Si vous étiez libre, madame, vous auriez le droit d'agir comme il vous semblerait convenable; mais ces dames viennent autant pour vous que pour votre mari et moi. Une politesse en vaut une autre. »

Louise refusa de nouveau, comprenant l'épreuve douloureuse à laquelle on se disposait à la soumettre. Retourner, en présence de son mari et de sa sœur, dans le salon des dames Jérusalem, traverser la rue où elle avait été surprise, revoir la fatale porte du pensionnat, se montrer aux gens de Molinchart, c'est ce que Louise ne pouvait supporter. Cette fois elle combattit avec tant de résolution que la vieille fille, craignant de la pousser à bout, laissa tomber son idée, en se promettant de la remplacer par une autre non moins cruelle.

Six semaines après avoir quitté la ville, Julien reçut une lettre de Mme Chappe. Jusqu'alors la maîtresse de pension n'avait écrit au comte que des lettres sans intérêt, car Louise se tenait si strictement renfermée qu'il était difficile d'avoir de ses nouvelles. Mais pour servir la passion du comte, la maîtresse de pension eût trompé la surveillance de dix geôliers.

Il semblait impossible de lutter avec Ursule Creton, que la haine, la jalousie, la cupidité rendaient le plus redoutable des Argus; seulement, la générosité manquait à cet Argus. Ayant pris des informations avec prudence, Mme Chappe sut que la femme de ménage était pauvre. Il ne fut pas difficile de la séduire.

L'institutrice annonçait cette bonne nouvelle à Julien. La femme de service regardait, écoutait, et chaque soir apportait à Mme Chappe des nouvelles de ce qui se passait dans l'intérieur. A en juger par la dernière scène entre Ursule Creton et sa belle-sœur, une rupture ne devait pas tarder à éclater. Malgré sa douceur et l'empire qu'elle prenait sur elle-même, froissée d'entendre la vieille fille lui rappeler sans cesse la scène du pensionnat, et démêlant ce qu'il y avait de dangereux dans ces souvenirs, qui redoublaient les rancunes de M. Creton du Coche, Louise avait prié sa belle-sœur de ne plus revenir sur ce sujet.

Autant les paroles de la jeune femme étaient empreintes de supplications, autant la vieille fille montra de colère et de haine. Elle éclata en reproches et dit à sa belle-sœur que de pareils faits ne s'oubliaient jamais; qu'elle était trop heureuse qu'on voulût bien la garder dans une famille honorable dans laquelle elle avait jeté la honte; que si Louise oubliait sa faute, cela témoignait de la légèreté de son caractère; qu'au contraire, il fallait qu'elle l'eût à toute heure devant les yeux, afin de se repentir et de devenir meilleure. Ursule Creton prit à part son frère, et lui demanda s'il avait oublié, lui qui couvait un mal intérieur dont il ne se relèverait jamais. A la suite de cette scène violente Louise s'enferma dans sa chambre pour y pleurer en paix.

Mme Chappe à l'affût de ces nouvelles, avait le même intérêt que la vieille fille à attiser le feu de tels troubles domestiques. Par ses ordres, la femme de ménage témoigna à Louise une pitié qu'elle ressentait réellement; il était impossible de ne pas être ému de sa douleur et de ne pas prendre parti contre Ursule Creton, qui chaque jour faisait preuve de nouvelles acrimonies contre sa belle-sœur. La femme de service devint peu à peu la confidente de Louise.

« On vous plaint dans la ville, ma pauvre dame, » lui disait-elle.

Et comme elle insistait, Louise voulut savoir quelle personne cachait ce *on*.

« Tout le monde, dit la femme de ménage, » qui avait ordre de ne pas faire connaître Mme Chappe.

Au bout de trois mois, Louise ne sortit plus de sa chambre, tant la vieille fille était devenue exigeante. Louise avait plus répandu de larmes en trois mois que dans toute sa vie; une seule jouissance lui restait, s'entretenir avec sa servante, pauvre créature, séduite dans sa jeunesse, qui vivait pauvre, sans se plaindre, et avait conservé une vive amertume contre les hommes. Dès les premiers jours de son entrée, elle prit en pitié la femme de l'avoué, croyant que Mlle Creton n'agissait que d'après les ordres de son frère. C'en était assez pour prendre parti contre le mari et la vieille fille; aussi ne fut-elle pas difficile à séduire, et quand vint le moment où elle entendit Louise parler de la mort comme d'un bonheur, elle comprit que la coupe d'amertume étant pleine, il était temps d'agir suivant les instructions de Mme Chappe.

« Ma pauvre dame, disait-elle à Louise pendant qu'elle faisait la chambre, mon cœur saigne de vous voir ainsi traiter par votre belle-sœur.... Si vous vouliez obtenir la paix!

— Hélas! telle que je connais Mlle Creton, je n'ai plus qu'à me résigner.

— Il vaudrait mieux vivre dans un désert, madame. »

Louise soupirait.

« Vous n'êtes pas adroite non plus, madame; vous recevez tranquillement des insultes comme un bœuf à l'abattoir.... Ça les encourage, soyez-en sûre.... Ah! si j'étais à votre place!... »

Louise tristement baissait la tête.

« Je voudrais les tenir; oui, avant qu'il soit deux jours mon mari et ma sœur seraient à mes pieds.... D'abord vous ne vivrez pas en paix tant que cette méchante femme mènera la maison; elle dehors, peut-être votre mari deviendrait-il plus humain.

— J'ai accepté cette situation, disait Louise.

— Saviez-vous ce qui vous attendait, madame? Vous n'étiez pas fautive et vous croyiez qu'on oublierait une simple imprudence.... Ah! les hommes n'oublient rien ou ils oublient trop, dit la femme de ménage en songeant à son passé. Enfin, madame, votre vie n'est pas tenable; toujours malade, toujours en pleurs, maigre à faire pitié, je vous vois avec chagrin changer à vue d'œil. Voulez-vous obtenir la paix?

— Est-ce possible ? » s'écria Louise.

Alors la servante lui dit qu'elle avait une parente à dix lieues de la ville qui la recevrait, si elle voulait s'y réfugier. Hors des atteintes de sa belle-sœur, elle écrirait à son mari et obtiendrait d'en être mieux traitée.

Peut-être M. Creton du Coche reconnaîtrait-il que la vie à trois était impossible. Louise pourrait goûter encore quelque tranquillité. Louise se laissa aller à ce projet; confiante dans l'affection que lui montrait la servante, elle organisa un projet de fuite sans se douter que Mme Chappe était l'âme du complot.

Au lieu de trouver à l'arrivée de la voiture une parente de la femme de ménage, Louise tomba dans les bras de Julien.

XX

Le bonheur.

Louise, saisie par l'émotion, se laissa entraîner. Avant qu'elle eût le temps de se reconnaître, elle était dans une voiture qui l'emmenait avec rapidité.

La route se passa sans que les deux amants pussent dire un mot; l'excès du bonheur faisait qu'ils ne trouvaient pas de paroles pour rendre leur émotion.

Depuis qu'ils s'étaient vus pour la première fois, enfin ils se trouvaient ensemble, sans crainte, libres. En un moment le passé était oublié; le monde, les lois, la société disparaissaient. Il n'y avait plus qu'eux sur la terre. Deux âmes se rencontraient dans des étreintes célestes. Ils n'avaient plus conscience de leur corps, obéissaient à leurs sensations, buvaient leur haleine, s'enivraient de regards et se sentaient mourir doucement pour reprendre un instant après une nouvelle vitalité.

La voiture roulait. Au dedans, c'étaient des étreintes poignantes et fiévreuses à briser des barres d'acier. Leurs âmes s'étaient fondues en une et faisaient sentinelle autour des deux amants pour en chasser les souvenirs, les chagrins et les craintes. Rien n'aurait pu les séparer en ce moment, ni périls ni dangers: ils se sentaient forts et libres.

La nuit ajoutait à leur extase; des larmes coulaient des yeux de Louise, mais ce n'étaient pas des larmes amères.

Les souffrances d'une année chargée d'inquiétudes s'envolaient sans bruit, et ne laissaient plus de traces dans leur esprit noyé d'immenses félicités.

Le calme de la nuit, la solitude de la campagne, le repos de la nature, la fraîcheur tiède de l'atmosphère, tout les portait au silence.

Ils semblaient avoir quitté leur ancien corps, celui qui avait tant souffert, pour entrer dans une nouvelle enveloppe, fraîche et embaumée.

La voiture roulait toujours, et ils ne se sentaient pas en mouvement. Lui comprenait qu'il était à côté d'Elle. Elle se rapprochait de Lui.

Ils étaient plongés dans cet ineffable égoïsme de l'amour qui rend indifférent à toutes les passions, à tous les vices, à toutes les misères de l'humanité.

On leur aurait dit: « Vous aller mourir! » Ils auraient répondu: « Nous mourrons avec joie, si nous mourons ensemble dans un dernier embrassement. »

Qu'importe la vie? Ces extases renaîtront-elles jamais plus grandes? Le bonheur est si rare qu'on craint toujours de le voir suivi de son éternel serviteur, le malheur, attaché à son manteau.

Aussi tous deux faisaient-ils fête à ce bonheur inattendu, et s'en gorgeaient-ils avec l'imprudence d'un convalescent à qui il est permis de manger pour la première fois. . . . .

. . . .

Une secousse de la voiture les tira de ce beau rêve; une voix humaine les rappela à la réalité.

Le postillon, arrêté devant une auberge, appelait les servantes, plongées dans le sommeil.

On était arrivé au village où Louise comptait s'arrêter.

Les deux amants, en voiture depuis cinq heures, croyaient s'être rencontrés depuis un instant.

Le réveil de l'auberge endormie, l'allée et venue des garçons et filles empressés devant la chaise de poste, les préparatifs du souper, le feu flambant dans une immense cheminée, la conversation du postillon et des filles, permirent à Louise de cacher son émotion. Cependant, elle baissait les yeux devant Julien et craignait de rencontrer ses regards. De tardifs remords couraient en elle, comme de petits nuages qui cherchent à se rejoindre et finissent par se dissiper.

Le souper était préparé sur la table.

« Pourquoi détournez-vous la tête, Louise, » dit Julien ?

Il la regarda en face ; mais elle baissa la tête et garda le silence.

Julien lui parlait, la questionnait, et elle ne répondait pas. La pourpre pudique de sa figure répondait éloquemment.

Il y avait dans la pose de Louise, dans ses gestes, dans sa physionomie, un doux abattement qui rendait Julien plus heureux que s'il l'avait entendue parler.

Maintenant, seul avec elle, il pouvait se jeter à ses genoux, lui prendre les mains, dénouer ses beaux cheveux ; elle se laissait faire, plongée dans la contemplation de cette idolâtrie et du souvenir des heures qui s'étaient écoulées aussi vite que chaque tour des roues de la voiture.

Elle pouvait savourer aujourd'hui cette passion qui, depuis un an, s'était souvent offerte à ses lèvres et qu'elle avait toujours repoussée. Si dans le fond de son imagination apparaissait, trouble et flottant, le fantôme bourgeois de sa première année de mariage, le mari rêvé était là, à cette heure, devant elle, lui parlant, l'adorant, et dans le miroir du cerveau de Louise se reflétait l'idéal époux, le seul véritable et unique, qui faisait de l'autre une chimère grimaçante, l'ombre de la lumière, le repoussoir du bonheur actuel.

Ces pensées, Julien pouvait les suivre, les voir naître, grandir, mourir, remplacées par d'autres, comme la vague succède à la vague.

Une paupière languissante, un mouvement des yeux, une ombre de sourire, une pulsation du cœur, des moiteurs subites, des lèvres qui s'ouvraient pour laisser échapper mille félicités accumulées, n'étaient-elles pas matières plus éloquentes que toutes les paroles ?

Dans chaque trait de cette physionomie ambrée, Julien constatait une nouvelle vitalité ; le comte pouvait jouir de la félicité que maintenant Louise laissait lire sur sa figure, sans essayer de l'affaiblir.

« Comme je veux te faire oublier tout ce que tu as souffert pour moi, ma chère Louise, j'essayerai de te payer en bonheur les inquiétudes que tu as subies si longtemps dans cette petite ville. Demain, nous partons pour Paris.

— A Paris ! s'écria Louise en tressaillant. Mais mon mari ?...

— Je t'en conjure, Louise, ne dis jamais : Mon mari. Il n'est plus ton mari. Tu es veuve, tu jouis d'une nouvelle vie ; tu renais d'une autre existence ; tu n'as jamais habité Molinchart.... N'est-ce pas que tu ne me parleras plus de cet homme ? »

Le lendemain, ils arrivèrent à Paris, et Julien se fit conduire à la place de la Madeleine, où il avait loué un appartement élégant, car il était prévenu depuis longtemps par Mme Chappe de se tenir prêt à recevoir Louise.

En se réveillant dans une jolie chambre à coucher qui donnait sur la place, en entendant le grondement des voitures qui se pressaient sous ses fenêtres, Louise se crut le jouet d'un rêve.

C'était en effet une nouvelle vie qui commençait pour elle. Depuis dix ans elle se trouvait au milieu de ce calme de province qui endort l'esprit et le laisse flotter dans des nuages gris, tandis qu'aujourd'hui elle allait goûter de la vie parisienne, qui apparaît si féerique à ceux qui ne la connaissent pas.

Louise soupirait !

On ne reste pas impunément dans une atmosphère calme sans être effrayé du tumulte de Paris ; les cœurs qui ont vécu tranquilles en province s'accommodent difficilement de la vie fiévreuse parisienne.

Le bonheur agitera-t-il longtemps ses ailes bleues ? se demandait Louise.

Heureusement, le souvenir de la vieille fille se plaça devant ses yeux et l'empêcha de penser plus longtemps à l'avenir.

Bientôt, d'ailleurs, une femme de chambre rompit les rêves de la jeune femme, en lui demandant si elle voulait recevoir les fournisseurs envoyés par le comte.

Une élégante robe de chambre était préparée, et Louise se sentit pénétrée des attentions de Julien avant son arrivée.

Quand Louise fut prête, la marchande de mode, la lingère, la marchande de nouveautés, furent introduites, car la jeune femme n'avait pu emporter de Molinchart les objets nécessaires à sa toilette.

Après le déjeuner, Louise parcourut le logement et montra une joie d'enfant en regardant ces petits meubles élégants, ces frivolités d'étagère dont Paris a le secret.

Tout avait été commandé par Julien, qui apporta dans le choix de l'ameublement un tact exquis.

Une autre que Louise se serait crue transportée dans un monde féerique en comparant le mobilier d'acajou de l'avoué, ses meubles lourds, disgracieux, aux chaises fines, élégantes, aux larges fauteuils étoffés, aux petites tables en bois de rose rehaussées de cuivres dorés ; mais Louise n'avait pas de ces étonnements de bourgeoises foulant des tapis pour la première fois ; elle était heureuse de cette coquetterie luxueuse et la comprenait aussitôt en la voyant.

Julien jouissait de la joie de celle qu'il aimait, et la regardait ouvrir, avec une curiosité naïve, les portes des armoires, les tiroirs des meubles.

Un élégant balcon donnait sur la façade de la Madeleine; à deux pas du salon on pouvait, sans sortir, se mêler au Paris vivant.

« Quelle existence ! dit Louise; on croirait que tout le monde est en fête journellement.... Est-ce ainsi tous les jours?

— Tous les jours, dit Julien.

— On ne s'en fatigue jamais? demanda-t-elle. J'ai peur, ami, de cette vie; le croyez-vous? Il me semble que ma tête n'est pas assez forte pour supporter tout ce bruit; il n'y a qu'une chose dont je ne me fatiguerai jamais, c'est de vous aimer. Nous resterons ensemble le plus possible, n'est-ce pas, seuls?... Je deviens jalouse, même d'un homme qui serait en tiers avec nous... Avez-vous beaucoup d'amis?

— Je connais quelques personnes que je rencontre au club; mais, ce ne sont pas des amis. Mon seul ami était Jonquières.

— Celui-là, je l'aime aussi, dit Louise, depuis que tu m'as dit combien il avait été bon et dévoué pour toi, pendant que j'étais si méchante.

— Oh ! tu n'étais pas méchante.... Je l'ai oublié et j'ai mieux compris mon amour en étant séparé de toi.

— Verrons-nous M. Jonquières à Paris?

— Je ne sais, dit Julien; Jonquières est enterré maintenant dans sa campagne. Il se fait ermite. Il a peur des passions qu'il a éprouvées vivement; moi aussi, j'aurais voulu le voir entre nous deux, cet hiver, au coin de notre foyer, et il eût été heureux de notre amour. »

Ainsi les deux amants parlaient sur le balcon, s'occupant plus de leur affection mutuelle que du mouvement de la rue; mais Julien, voyant la place de la Madeleine encombrée d'équipages, jugea que le moment était venu de conduire Louise aux Champs-Élysées, et il envoya chercher une voiture qui permît à Louise de tout voir sans être vue.

De la place de la Concorde à l'Arc de Triomphe de l'Étoile, la chaussée était sillonnée de voitures.

Quelques femmes du monde, en amazone, subissaient les regards des promeneurs du trottoir et des curieux. On voyait aux portières des omnibus les figures émerveillées des provinciaux; dans des coupés étaient étendues négligemment des filles, qui jouaient de la prunelle devant les hommes, afin de payer le soir la location de leur équipage.

Dans d'autres voitures se tenaient des femmes à la mode, escortées à la portière de cavaliers qui les accompagnaient au bois.

C'était un mouvement sans fin d'aller et de retour, où chacun semblait plus empressé de parader que de jouir de l'air et de la lumière; c'étaient des étalages de toilette, de sourires, de compliments, d'élégances, qu'on ne saurait trouver en aucun lieu de l'univers.

Louise ne parlait pas et regardait. Tout à coup elle pâlit, jeta un cri et se laissa retomber dans le fond de la voiture.

« Qu'y a-t-il, mon amie? s'écria Julien.

— Rien, dit-elle.

— Tu souffres? »

Louise se cachait la figure de ses mains. Le comte chercha à s'en emparer; mais Louise :

« Laisse-moi, je t'en prie.... Attends....

— Pourquoi as-tu poussé ce cri? »

Louise abattit une main et montra des yeux humides où se reflétait une vive émotion; puis une larme embrassa la prunelle et vint se pendre aux cils, pendant qu'une rougeur subite faisait place à sa pâleur habituelle.

« Tu m'inquiètes, dit le comte; dis-moi ce qui te fait éprouver cette émotion? »

Louise ne répondait pas. La figure de Julien se rembrunit; ce fut à son tour d'être livré à des réflexions pénibles dont la nature se lisait dans ses yeux. Louise le regarda; la vue de ses inquiétudes fit taire les siennes.

« Toi aussi? dit-elle.

— Laisse-moi, dit le comte.

— Regarde, dit Louise, je n'ai plus rien, il n'y paraît plus.... Allons, monsieur.... »

Julien tenta de sourire.

« Je ne veux pas te voir triste, dit-elle.

— Pourquoi ce cri? demanda Julien.

— Tu ne m'en voudras pas, si je te le dis?

— Je t'en voudrais de me le cacher.

— Eh bien, dit Louise, j'ai rencontré le regard d'une personne de Molinchart.

— N'est-ce que cela?

— Je n'ai pas été maîtresse de moi, et j'ai poussé un cri.

— Es-tu certaine que cette personne t'a remarquée?

— Je ne sais.

— Te connaît-elle?

— Elle me connaît comme chacun se connaît dans une petite ville.... Mais tu m'avais défendu de te jamais parler de Molinchart, voilà pourquoi j'ai essayé de te le cacher. »

Louise avait été singulièrement frappée à la vue de certaines beautés apprêtées, au regard hardi, à la toilette retentissante.

Julien lui expliqua la position de ces créatures, qu'il connaissait pour la plupart, malgré son absence de Paris depuis quelques années.

Louise avait pour ces femmes la curiosité dont sont éprises toutes les femmes du monde cherchant le secret d'une force et d'une puissance qui font que celles véritablement trempées conservent leur beauté à un âge avancé, malgré le désordre de leur existence.

Elle pressait Julien de questions, ignorante de ce monde particulier dans lequel le comte avait vécu dans sa jeunesse, et Julien lui racontait l'histoire de celles qu'il retrouvait, les hommes qu'elles avaient ruinés, les amants trompés, ceux qu'elles avaient entraînés dans le mal.

La vie parisienne est tellement remplie de vices, que ce qui fait l'étonnement d'une certaine classe de la société est la vertu. Une grande partie de la jeunesse riche, au bras des femmes vicieuses, rirait de l'étonnement d'un Franklin qui prêcherait le rétablissement des mœurs. Louise, malgré les explications de Julien, ne pouvait comprendre cette vie et devenait soucieuse.

Elle voulut rentrer immédiatement et pria le comte de la laisser seule.

En la revoyant, Julien fut étonné du changement qui s'était opéré en elle. Louise paraissait avoir pleuré; sa figure était pleine d'une expression particulière que le comte ne soupçonnait pas; la jeune femme avait repris ses habits modestes.

Julien tressaillit, car il crut lire dans cette physionomie, dans le costume, que Louise le quittait pour toujours.

« Mon ami, dit-elle, ce soir je ne serai plus ici. »

Julien, d'abord, ne trouva pas de paroles pour rompre une si ferme détermination.

« J'ai commis une faute, dit Louise en venant habiter cette maison, en m'habillant de ces étoffes, en me parant de ces bijoux. Ces vêtements, je ne veux plus les porter. J'ai eu un moment où je ne raisonnais pas, pendant lequel mon amour m'a entraînée. »

Julien fit un mouvement pour parler.

« Laissez-moi vous dire, mon ami, l'impression de notre promenade aux Champs-Élysées.... J'ai vu ces femmes, vous m'avez dit leur vie, je ne veux pas leur ressembler; en restant ici plus longtemps, en acceptant vos dons, chacun a le droit de me désigner de la sorte.... Il faut que ma vie future fasse oublier ma fuite.... Depuis que vous m'avez fait connaître la manière de vivre de ces femmes, j'ai frissonné d'avoir été rencontrée avec vous dans une toilette qui ne m'est pas habituelle et qui peut me faire confondre avec elles.... J'ai des goûts simples, vous le savez; vous m'avez aimée ainsi; ce n'est pas la liberté qui doit changer mes goûts. Ce luxe me mettait mal à l'aise, et je ne m'en rendais pas compte. Ce n'est pas là le bonheur.... Si vous m'aimez véritablement, comme vous le dites, vous me laisserez vivre à ma fantaisie, simplement....

— Vous êtes la meilleure des femmes, Louise, s'écria Julien; mais pourquoi vous comparer à ces créatures? Ne sommes-nous pas unis pour toujours?

— Pour toujours, dit Louise d'un ton mélancolique.

— Vous en doutez?

— Qui sait? » reprit-elle.

Malgré les preuves d'affection de Julien, Louise resta ferme dans ses projets. Le comte devait conserver son logement de la place de la Madeleine, et trouver dans la même maison un petit appartement que Louise habiterait, afin d'être plus rapprochée de son amant; mais, à partir de ce jour, elle ne voulait plus continuer à vivre de la vie luxueuse des femmes sans fortune.

Ses paroles étaient tellement convaincues que Julien s'abstint de les combattre.

« Ne sortons plus, dit Louise; restons toute la journée ensemble. Le monde m'effraye; il me semble que nous ne sommes plus aussi intimes au milieu de la foule.... Je travaillerai chez moi, tu me feras la lecture pendant ce temps; le soir, nous irons nous promener dans des endroits solitaires. »

Pendant un mois ce programme se réalisa; les deux amants ne recevaient personne. Les journées s'écoulaient roses et sans souci, remplies par la nouvelle installation de Louise, qui s'occupait de mettre en ordre son nouvel appartement.

Un matin arriva un homme de mauvaise physionomie, qui demandait à parler au comte de la part de Mme Chappe.

Julien fut blessé de ce que la maîtresse de pension lui envoyait un tel messager; toutefois étant en correspondance avec elle et tenant à connaître les événements qui se passaient à Molinchart, il fit introduire l'inconnu, qui dit être le frère de l'institutrice.

Dès l'abord, la physionomie de l'homme déplut à Julien, qui cachant cette prévention sous une exquise politesse, lui demanda à quoi il pouvait lui être utile.

Le frère de Mme Chappe tendit une lettre qu'il tira d'un mauvais portefeuille.

« Cher comte, écrivait l'institutrice, ne me trouvez-vous pas importune de vous prier de me rendre un service dont la nature est bien délicate. Mon frère a perdu malheureusement sa fortune en rendant service à des gens qui ne lui en ont pas tenu compte. Cette générosité tient de famille, et vous savez que je me jetterais dans le feu pour vous, cher comte.

« A force de me casser la tête pour sauver mon frère de la détresse, voici à quoi j'ai pensé :

« En attendant que vous puissiez lui procurer un emploi quelconque, grâce à vos relations dans Paris, ne pourriez-vous pas dire à mon frère que, n'ayant pas le temps de surveiller les biens que vous avez à Vorges, il vous ferait plaisir de vous y aider un peu?

« Comme je suis persuadée, cher comte, que vous n'avez besoin de personne, je vous ferai remettre ce que vous désirez que nous lui offrions pour rétribution. Si vous me rendez cet important service et que vous ne lui donniez que le temps de faire ses préparatifs de départ, je vous ferai tenir mille écus. Mon frère pourrait vivre à la campagne. Proposez-lui cela de manière, je vous prie, qu'il accepte.

« Quoique mon établissement n'aille guère, je serai exacte à vous rembourser cette petite avance, et je vous aurai une extrême obligation de vous prêter, de la manière dont je vous prie, à me rendre cet important service. Ce sera, hélas! je gémis de le dire, une des fortes épines que vous me retirerez du pied.

« Ah! cher comte, vous me rendrez heureuse si mon frère m'apprend que vous lui avez fait la proposition que je vous prie de lui faire. Ce secret serait à nous deux. Dieu veuille que vous sentiez ma position et que vous soyez assez bon pour l'alléger. »

Malgré l'habitude qu'il avait de cacher ses impressions, le comte put à peine dissimuler la surprise que lui causait cette lettre.

Il ouvrit son secrétaire, en tira l'argent que demandait Mme Chappe, et congédia l'homme, en lui disant qu'il allait écrire à sa sœur.

Depuis que Louise avait fui la maison de son mari, l'institutrice écrivait régulièrement deux fois par semaine; le facteur apportait des lettres timbrées de Molinchart, tantôt à l'adresse de Julien, tantôt à l'adresse de Louise.

Les lettres envoyées au comte contenaient des demandes incessantes d'argent, que le jeune homme acquittait comme des dettes sacrées.

Louise était chargée de la toilette de Mme Chappe, qui, à en juger par ses demandes, devait maintenant éclipser les femmes à la mode de Molinchart.

La maîtresse de pension avait une correspondance variée qu'elle appliquait suivant la nature des services qu'elle attendait; quelquefois elle semblait prise d'immenses remords en pensant à la fuite de Louise du domicile conjugal.

« Oui, écrivait-elle, ma conscience me force à ne rien vous cacher; lorsqu'on blâme mon amie, je me reproche ma faiblesse d'avoir adhéré à ses désirs. »

Et Louise se prenait à ces faux remords et les partageait réellement.

Dans d'autres circonstances, le pauvre M. Creton du Coche portait à lui seul les noms de toute une ménagerie : c'était un tigre, un loup, un Cosaque, une hyène, un monstre amphibie. « Barbe-Bleue a été dimanche de Pâques à la grand'messe, à vêpres et au salut, » écrivait Mme Chappe; « incessamment il fera son jubilé, je n'en serais pas étonnée, afin de pouvoir dire à ceux qui voudront le croire que vous l'avez toujours empêché de faire sa religion. »

Mme Chappe avait l'art de faire saigner le cœur de Louise à chaque trait de plume; elle lui rapportait les moindres propos de Molinchart, relatifs à sa fuite, et quoique Louise se trouvât heureuse dans son intérieur, tristement elle songeait qu'elle servait de fable à une petite ville, que son nom était cité à tout propos, et qu'elle passait pour une femme déshonorée.

Ces réflexions la tenaient plus vivement le soir, où elle restait souvent seule, car le comte avait pris l'habitude de retourner au cercle.

Six mois passés presque sans sortir n'avaient pas affaibli la passion de Julien ; mais il craignait la satiété, et avait essayé de conduire Louise en société. Louise préférait vivre seule.

L'été étant arrivé, Julien se décida à faire un voyage à l'étranger, et cette nouvelle combla Louise de bonheur. Elle allait donc échapper à ce Paris qui lui pesait.

XXI

Traité de paix contre deux méchantes femmes.

En apprenant la fuite de sa belle-sœur, Ursule Creton ne put contenir sa joie. Ses projets de vengeance se réalisaient; elle réussissait dans l'exécution de ses plans, qui étaient de s'emparer complétement de l'esprit de son frère. Cette aventure fit du bruit à Molinchart : les événements qui l'avaient amenée, l'incident du chevreuil, innocent instrument du malheur de l'avoué, firent créer un proverbe à l'usage des maris malheureux.

Toutes les fois désormais qu'un mari passa pour trompé, chacun se disait : « Un chevreuil est entré dans sa maison. »

La ville s'était partagée en deux camps; une faible minorité plaidait en faveur de Louise et de Julien. Quant à M. Creton du Coche, la curiosité dont il devint victime, les doléances maladroites de ses amis ne lui firent ressentir que plus vivement le côté fâcheux de sa situation. L'amour-propre, qui joue un si grand rôle dans ces questions, se réveilla avec une telle force chez l'avoué qu'il osait à peine sortir, sachant que sa vue entretenait chez ses concitoyens le souvenir de la fuite de Louise et provoquait des condoléances plus douloureuses que le mal lui-même.

Sa sœur revenait à tout instant sur ce chapitre; en déblatérant contre l'épouse infidèle, elle avait le secret de ficher de nouvelles épingles dans le cœur du mari, qui en était déjà tout garni. Par moments, une cruelle joie se dessinait sur la bouche pâle de la vieille fille, qui torturait son

Julien et Louise à Paris. (Page 107.)

frère goutte à goutte, comme certaines femmes font manger à leurs maris de l'arsenic en petites proportions. C'en était fait, la fuite de Louise avait résolu une séparation absolue : elle eût voulu revenir qu'Ursule était assez forte pour s'opposer au pardon de M. Creton. Désormais la vieille fille pouvait compter sur l'héritage de son frère.

Cependant il restait dans l'esprit d'Ursule un mystère dont elle eût voulu connaître le fond, c'était de savoir la résidence de sa belle-sœur et les événements qui avaient suivi sa fuite. On s'inquiétait alors dans la ville du train brillant que menait Mme Chappe : quoiqu'elle fût entièrement déconsidérée depuis le scandale propagé par les dames Jérusalem, et que les trois quarts de ses élèves eussent quitté son pensionnat, l'institutrice faisait figure. Elle avait rempli ses charges, payé les sommes dues sur sa maison, et offusquait les personnes honorables de la ville par sa mise exagérée; mais l'argent, qui fait taire bien des consciences, lui avait amené un cercle de gens d'une réputation douteuse, qui ne s'inquiétaient pas d'où provenait sa vie facile.

Ursule Creton, avec son instinct de vieille fille, croyant au mal, le dévidant toute la journée dans sa tête, se dit : « Cette femme vit des libéralités du comte de Vorges. » Après la demande d'emprunt faite à Ursule dès l'arrivée de Mme Chappe, il n'en pouvait être autrement, à moins que la maîtresse de pension n'eût trouvé un trésor. La vieille fille attendit une occasion de rencontrer par hasard l'institutrice et de relier connaissance avec elle.

Mlle Creton agissait comme un heureux diplomate à qui tout réussit. Six mois après la fuite de Louise, Mme Chappe fit prier par une tierce personne la vieille fille de la recevoir.

Ursule Creton bondit sur sa chaise et troubla le sommeil de son chien, peu accoutumé à ces manifestations. Il était arrivé dans cet intervalle que Julien, fatigué de demandes d'argent sans cesse renou-

14

velées, partit de Paris avec Louise sans répondre à la dernière lettre de Mme Chappe; celle-ci, attendant une réponse, stupéfaite de ne rien recevoir, fit agir son frère, qui vivait également des libéralités du comte.

En apprenant son départ, Mme Chappe comprit alors qu'elle avait trop vivement pressuré Julien; elle espéra d'abord que cette absence serait de courte durée, et qu'avec adresse, en variant les formules de ses demandes, elle arriverait à des donations déguisées sous le nom d'emprunt. Ce qui la confirmait dans l'idée que Julien et Louise ne s'absentaient que momentanément, c'était que le comte gardait son logement.

Le frère eut ordre de se présenter deux fois par semaine à la place de la Madeleine, et d'avertir immédiatement sa sœur du retour du comte; mais trois mois se passèrent de la sorte et laissèrent Mme Chappe dans la gêne, car elle s'était habituée à de folles dépenses. L'idée d'un grand coffre dans lequel il lui suffisait d'un mot pour puiser, l'empêchait de songer que ce coffre pouvait se fermer un jour.

Ayant reçu la nouvelle que Julien était revenu, elle lui écrivit alors une lettre touchante sur sa position, la gêne dans laquelle elle se trouvait; l'institutrice n'oubliait pas de faire un pompeux étalage des services qu'elle avait rendus au comte dans des circonstances difficiles.

Julien ne répondit pas; Mme Chappe écrivit à Louise une lettre pleine de larmes et de remords, la priant d'intercéder pour elle auprès du comte, qui se montrait ingrat pour une pauvre femme si dévouée. Louise supplia vainement Julien, qui donna des ordres pour que le frère de l'institutrice ne fût plus introduit.

Se regardant comme abandonnée, Mme Chappe forma des projets de vengeance et trama la perte de Louise; elle ne pouvait s'adresser mieux qu'à Mlle Creton. Du premier coup d'œil les deux méchantes femmes s'entendirent, et elles ne perdirent pas de temps à récriminer sur le passé.

« Vous avez bien voulu, mademoiselle, m'offrir jadis vos services, si je parvenais à découvrir l'intrigue qui existait entre le comte de Vorges et Mme Creton, dit Mme Chappe. Depuis, les événements ont mal tourné pour M. Creton du Coche; mais il est temps encore de faire cesser une liaison scandaleuse. Si vous étiez, mademoiselle, dans les mêmes idées, je suis toute disposée à vous donner les moyens d'arriver à faire cesser un scandale dont je gémis.

— Vous savez où ils sont? demanda Mlle Creton.

— Après ce qui est arrivé contre mon gré dans mon établissement, dit Mme Chappe, je me suis trouvée leur complice, bien innocente, il est vrai; j'avais des remords de ce qu'on trompait un si honnête homme que M. Creton du Coche; mais je n'y pouvais rien. M. le comte a voulu me payer le dommage causé à mon pensionnat par son scandale; hélas! répare-t-on un dommage causé à l'honneur? Perdue de réputation, je ne pouvais songer à conserver mes élèves; effectivement, elles sont parties une à une, et je me trouve aujourd'hui dans la dure nécessité d'emprunter une somme destinée à payer un billet qui va échoir dans la huitaine.... Après l'éclat, je devais quitter le pays, mademoiselle; mais pouvais-je laisser un pensionnat pour lequel j'ai déjà fait de si grands sacrifices? Si j'avais pu le céder! Personne n'en voulait, car il faudra un certain temps pour faire oublier les scènes qui s'y sont passées.... Ah! mademoiselle, je suis bien malheureuse de n'avoir pu arrêter le malheur qui planait sur votre respectable famille! »

Mlle Creton, sans être la dupe de ce repentir, joua l'attendrissement, et les deux femmes s'embrassèrent. Ces marques d'amitié n'étaient point ce qu'attendait Mme Chappe, qui mit de nouveau en avant la question d'argent. Après de nombreux débats, il fut convenu que la maîtresse de pension livrerait la correspondance de Julien et de Louise, qu'elle ferait connaître leur domicile à Paris, et qu'une somme de deux mille francs lui serait délivrée en échange de ces preuves. Il était nécessaire toutefois que l'avoué consentît à cette transaction.

« Tu es triste, mon pauvre Creton, dit au dîner Ursule à son frère; sais-tu pourquoi? C'est de ne pas t'être vengé de cette malheureuse. »

Alors elle lui confia l'entretien qu'elle avait eu avec la maîtresse de pension, et la manière dont il fallait agir désormais avec Louise, qui serait maintenant facile à retrouver, grâce aux indications de Mme Chappe. La vieille fille mettait un tel feu dans ses propos, que M. Creton du Coche sentit en lui l'aiguillon de la vengeance; désormais sa vie avait un but; punir la perfide Louise. L'avoué sortit de l'assoupissement maladif auquel il était en proie depuis la fuite de sa femme, et entra dans les projets de sa sœur avec plus d'énergie qu'elle ne lui en supposait.

Sa colère éclata contre Louise; cependant Ursule Creton, quoique avec les apparences d'avoir pardonné à la maîtresse de pension, ne pouvait se dépouiller de la rancune qu'elle nourrissait contre la femme qui avait favorisé la passion de sa belle-sœur et de Julien.

« Tu tiendras prêts mille francs pour Mme Chappe, dit-elle; mieux encore tu les lui porteras. N'ayons pas l'air de nous défier d'elle, et n'attendons pas ses confidences pour les payer. Quand tu seras certain de l'adresse positive de cette malheureuse, quand tu auras des preuves certaines, que tu seras sur les lieux prêt à agir, n'hésite pas à sacrifier une nouvelle somme de mille francs. Ne crains rien, ces deux mille francs ne seront pas perdus; je ne veux pas les perdre; mais tu auras soin de faire racheter par Faglain, les billets de Mme Chappe qui courent dans Molinchart, et, à un moment donné, nous la ferons chasser honteusement de la ville. Ah! elle s'imagine que je lui ai pardonné! La coquine aura de nos nouvelles, n'est-ce pas, Creton? »

Le plan de la vieille fille était conçu habilement; deux mille francs ne pouvaient éteindre les obligations de l'institutrice, qui avait à peine payé le quart de son établissement. L'affaire de Louise avait été colportée dans la ville avec tant de méchanceté, que Mme Chappe ne pouvait remonter son pensionnat sur l'ancien pied. Quoique malicieuse, elle s'était trompée en croyant rentrer dans les bonnes grâces de Mlle Creton et, par son influence, recouvrer la bonne opinion des gens de Molinchart.

Il est facile de perdre l'estime des habitants d'une petite ville, il est impossible de la faire renaître. Si, sur de simples propos, un homme s'aliène la sympathie de ses concitoyens, que devait-il arriver pour Mme Chappe, dans la maison de laquelle des faits trop positifs avaient été recueillis par des témoins tels que les dames Jérusalem?

Les gens dans l'embarras se donnent avec tant de facilité au diable, qu'on ne s'imagine pas ce que le diable peut faire d'une si nombreuse clientèle. Mme Chappe se donna à pis qu'au diable en se livrant à la vieille fille, car la correspondance de Louise et du comte, qu'elle remit entre les mains de M. Creton contre un premier payement de mille francs, la compromettait assez pour qu'il fût possible de l'accuser de complicité dans la fuite de Louise.

Mme Chappe, égarée par le silence de Julien, livrait des armes empoisonnées contre elle. Ursule Creton, en lisant ces lettres, passa une heureuse journée.

Jamais calomnie ne causa autant de joie à la vieille fille, qui donna cette correspondance à copier à Faglain, et, pour plus de sûreté, fit descendre le maître clerc dans la chambre où elle se tenait. Poussant la prudence à ses dernières limites, la vieille fille défiante dicta cette correspondance au maître clerc, qui souriait, peu habitué à transcrire de pareils actes. C'est muni du double copié de cette correspondance que M. Creton du Coche partit pour Paris, après avoir reçu les instructions de son aînée.

XXII

Julien à Jonquières.

« Combien tu dois m'en vouloir, mon ami, depuis si longtemps que je ne t'ai écrit. Je te l'avoue, j'étais froissé de tes conseils que je trouvais trop sages. Maintenant tu pourrais t'applaudir de ma situation si tu n'avais le cœur excellent; tout ce que tu m'avais prédit est arrivé, plus encore que tu n'avais prédit. Laisse-moi donc te faire une longue lettre qui me servira de confession, et après laquelle tu me pardonneras, je l'espère. Prévenant le scandale qui allait résulter dans la ville, je ne voulus pas que ma mère pût m'écrire. Tout ce qu'elle avait à me dire, je me l'étais dit; mais la passion était plus forte que la raison, et je ne me confiai qu'à Mme Chappe, qui, jusqu'alors, avait paru nous protéger avec tant de bonté.

« Exprimer la joie que j'éprouvai en retrouvant Louise libre est impossible; ces beaux temps sont déjà loin. Après six mois, nous décidâmes que nous partirions pour Paris, afin de dépister les gens qui tenteraient de nous inquiéter; nous avons été en Belgique, en Allemagne, et ne nous sommes arrêtés qu'en Suisse. Là pendant cinq mois j'ai goûté le bonheur le plus pur de ma vie; nous ne nous quittions pas d'un instant, nous étions libres en pays étranger, vis-à-vis de la nature. Retirés dans un petit village de l'Oberland, combien de jours avons-nous passés sur la balustrade d'un chalet, les mains l'une dans l'autre, sans nous quitter des yeux! Jamais je n'ai rencontré une femme comme Louise, douce, aimante, empressée, égale de caractère, et n'ayant conservé de son mariage qu'un air de résignation que je tâchais de dissiper. Son seul défaut était de n'être pas assez capricieuse; elle allait au-devant de mes désirs et me récompensait des souffrances qu'elle m'avait causées jadis. Les paysans étaient étonnés de voir une Française si douce. Il en passe quelquefois par là qui transportent en Suisse leurs manières parisiennes, et s'en vont devant la *Yung-Frau* comme à l'Opéra, dans des toilettes extravagantes, regardant la montagne avec une lorgnette, et criant *bravo* à la *Yung-Frau*.

« Pour nous, nous nous gardions bien de nous mêler à ces touristes; nous parcourions souvent les montagnes. Louise marchait bravement avec son bâton ferré. Elle m'aurait suivi ainsi jusqu'à Milan si j'en avais manifesté le désir. Les soirs, quand nous ne faisions pas d'excursions dans les environs, nous prenions un petit batelet, et un paysan nous conduisait sur le lac, où nous restions de longues heures sans parler d'autre chose que de notre amour. Vers la fin du cinquième mois, craignant que Louise ne se fatiguât de cet isolement, je lui dis :

« Partons pour Paris; on a perdu nos traces, nous pouvons y vivre tranquillement maintenant.

« Pour toute réponse, elle m'embrassa, et se mit immédiatement en mesure de préparer ses bagages.

« En chemin, le souvenir de ma première maîtresse qui m'a rendu si malheureux, me revint; je repassai dans mon esprit les raisons qui m'avaient tant fait souffrir. Je crois réellement que cette fille m'a aimé dans le principe, mais qu'elle s'est dégoûtée de moi parce que je la fatiguais de mon amour. On ne se doute pas dans la jeunesse combien peut être fatigant un homme qui, sans cesse, chante à la femme la même litanie : Je vous aime! L'homme s'étonne un beau jour de rencontrer de la froideur, puis de l'indifférence; il devient de plus en plus aimant, la froideur augmente chez la femme. Elle s'ennuie, elle vous connaît à fond; vous vous battriez les flancs que vous seriez incapable de trouver quoi que ce soit d'*imprévu*.

« La femme vous abandonne.

« Alors l'amant se désespère, il parle d'ingratitude, conte ses chagrins à qui veut les entendre, cherche à revoir l'ingrate, la supplie, jure de mourir à ses pieds. Il trouve une femme froide qui n'a nulle pitié de lui; rien ne saurait l'attendrir. Cet homme, qu'elle a cru au début plus spirituel, plus beau que les autres, est devenu tout à coup un être vulgaire, qu'elle s'étonne d'avoir pu aimer un instant. L'amant chassé devient moins intéressant qu'un bossu, car le bossu est inconnu à la femme, et a plus de chance, à ce moment, de s'en faire aimer. Je pensais à ce qui m'était arrivé pour que le même fait ne se reproduisît pas avec Louise.

« Certainement, elle n'a rien de commun avec les coquettes, mais elle est femme, pouvait se fatiguer de moi, et je mis à profit la science que j'avais puisée dans mes chagrins passés. Il fut décidé que nous ne demeurerions pas ensemble à Paris; je donnai à Louise des motifs de convenance, mais, au fond, je craignais la satiété. Par prudence je lui choisis un appartement dans les environs du Luxembourg; comme elle aime la promenade, je prétextais une rencontre avec des provinciaux, et d'après ce que m'écrivait Mme Chappe, les colères de pays n'étaient pas encore éteintes.

« Combien tu avais raison, mon cher Jonquières, de me dire de prendre garde à cette femme. J'ai longtemps été pour elle un banquier; chacune de ses lettres était un mandat à vue tiré sur moi. A Louise elle écrivait en secret, et par une sorte de perfidie, troublait sa tranquillité lui répétant les méchants propos de la ville et la colère de M. Creton du Coche suspendue sur sa tête.

« Quelquefois, trouvant Louise triste, je lui demandais la cause de ses préoccupations, et elle m'embrassait en pleurant. Cela me blessa et jeta d'abord quelque froideur entre nous, jusqu'à ce que je fusse arrivé à connaître la méchanceté de la maîtresse de pension. Alors j'écrivis à Mme Chappe en lui envoyant les derniers mille francs qu'elle devait recevoir de moi; c'était l'engager à ne plus correspondre. Nous a-t-elle trahis depuis? Je ne sais; toujours est-il qu'un soir j'aperçus un homme dans la rue qui semblait observer ma fenêtre avec curiosité.

« Peu de temps avant on était venu s'informer si je restais dans la maison, si je vivais seul et si je ne recevais pas habituellement une jeune femme.

« Dès le soir même, je pris un parti et j'allai m'établir à quelque distance de la maison où logeait Louise. Ce fut là que pris d'un sentiment affreux de jalousie, je me figurai que Louise me trompait. Pourquoi? Rien ne me le faisait croire, excepté une sorte d'indifférence que je surprenais sur sa physionomie. Regretterait-elle sa petite ville et la maison de M. Creton du Coche? Tu ne saurais croire combien je souffrais sans oser le lui dire. Il me revenait sans cesse en tête : « Si elle a trompé son mari, elle « peut aussi te tromper. »

« Cette raison reparaissait avec insistance, et pourtant mon amour lentement diminuait, je le constatais; je ne le voyais pas fuir, pas plus qu'on ne voit marcher les lentes aiguilles d'un cadran. Pourquoi suis-je jaloux? Si je n'aime plus Louise, que m'importe?

« En même temps se dressaient les idées de devoirs de famille, et de même que la nuit fuit devant l'aurore, l'amour est faible quand les idées de famille sont dominantes. J'ai sacrifié ma mère à ma passion, je n'ai plus de ses nouvelles; elle doit pleurer mon ingratitude, mon absence. Lâche que j'étais! Une vingtaine de lieues me séparent d'elle, et je n'ai pas le courage de me séparer pour quelques jours de Louise. Elle aussi semblait se douter de ce qui se passait en moi, car elle reflétait mes propres sensations.

« Si je la trouvais indifférente, c'est qu'elle me sentait indifférent. Elle a été trop douce, trop aimante!... Je suis entré dans la vie, cravaché par une femme qui, par ses coquetterie, m'a fait supporter mille tortures, et quand j'ai été broyé, elle m'a laissé étendu sans même me donner le coup de la mort, comme ces martyrs penseurs que l'Inquisition broyait et laissait privés de sentiment pour la vie.

« Un jour, la jalousie me tenant vivement, j'ai décidé que je ne pouvais vivre plus longtemps éloigné de Louise. Nous nous sommes installés dans le quartier du Jardin des Plantes : j'avais loué sous un faux nom et nous vivions ensemble comme un étudiant et sa maîtresse. Levé de grand matin, j'allais dans le Jardin des Plantes, où je rencontrais quelquefois des grisettes qui venaient accompagner leur amant jusqu'à l'hôpital de la Pitié. Crois-tu que je me surprenais à envier le sort de ces jeunes gens libres, qui s'attachent et se détachent sans remords? Je craignais que Louise ne se fatiguât de moi, et c'était moi qui étais fatigué d'elle! Je n'osais me l'avouer, me trouvant froid et réservé quand je rentrais.

« J'ai aimé Louise passionnément; je me serais fait tuer pour obtenir un regard d'elle; pour moi, elle a quitté son mari, et j'en suis las après un an! Ce sont de ces situations douloureuses par lesquelles il faut avoir passé pour s'en faire une idée. Pénibles combats intérieurs! On se fait horreur à soi-même. Plus on se dit : Il faut que j'aime, moins on aime.

« Quel mal pour se composer une figure, avoir l'air aimable comme par le passé; et si la figure ne vous trahit pas, la façon d'écouter, les réponses à des paroles qu'on n'a pas entendues, témoignent de l'état secret du cœur. Je n'osais plus regarder Louise, tant j'avais peur qu'elle ne lût la vérité dans mes yeux. Comme l'homme est singulier! Si elle avait deviné ce qui se passait en moi, si un soir je ne l'eusse pas trouvée, si elle m'avait quitté, j'aurais été très-malheureux.

« Avant-hier matin, un commissaire de police est venu frapper à notre porte et nous a présenté un mandat d'arrêt du procureur du roi. Louise s'est trouvée mal; pour éviter une scène douloureuse, je l'ai quittée avant qu'elle reprît ses sens. On m'a conduit à la Conciergerie.

« Il y a quinze jours!... — Je l'aime plus que jamais, maintenant que j'en suis séparé. Mon avocat me conseille de faire faire des démarches auprès de M. Creton, afin d'éviter la prison préventive. En payant un cautionnement je serais libre jusqu'au jour de ma condamnation, car elle est certaine. Je préfère ne demander aucune grâce.

« Plus tard je retrouverai Louise.

« Mais ensuite!...

« JULIEN DE VORGES. »

Chien-Caillou et le père Samuel.

CHIEN-CAILLOU.

I

Silhouette de mon oncle.

« Un lit et une échelle....

— Bon, ce n'est pas possible !

— Cependant, puisque je vous l'affirme.

— Ah ! vous autres auteurs, nous vous connaissons, et de toutes vos histoires, nous savons ce qu'en vaut l'aune. »

Remarquez, s'il vous plaît, ô mon maître le lecteur, le : *Ce qu'en vaut l'aune* de mon oncle. Cette locution ne vous dépeint-elle pas mon interlocuteur? *Ce qu'en vaut l'aune!* Il n'y a guère qu'un boutiquier qui ose se servir d'une pareille expression.

Ce qu'en vaut l'aune m'arrêta tout à coup. On ne saurait résister à de pareils chocs ! La fameuse histoire des moutons que racontait Sancho à Don Quichotte ne put être continuée par suite d'interruption.

« Tu disais donc, mon neveu, un lit et une échelle....

— Mon oncle, je ne me rappelle vraiment plus les détails, je terminerai l'histoire un autre jour. »

II

Avis au lecteur.

Mon maître le lecteur, que ceci soit pour vous un avertissement! Ne dites jamais que vous savez *ce que vaut l'aune* de telle histoire. Souvent cette histoire si gaie en apparence, aura germé arrosée de larmes, dans l'esprit de celui qui l'écrira plus tard.

III

Inventaire.

Chien-Caillou demeurait dans la rue des Noyers. C'est aux environs de la place Maubert, un quartier où l'on a souvent faim. Chien-Caillou habitait au septième étage une petite chambre de quarante francs. Voulez-vous savoir ce qu'est un logis de *quarante* francs par an?

On entrait dans cette chambre, c'est-à-dire, on n'entrait pas *dans* cette chambre, mais *dans* le lit ou *sur* une échelle. Le lit prenait les deux tiers de la place, l'échelle l'autre tiers. Le lit était à gauche s'enfonçant sous le toit : un lit avec couverture douteuse et des draps qui, à force de rapiécetages, ne formaient qu'une vaste reprise. Les draps couvraient à peu près un matelas d'une maigreur de lévrier. Ce pauvre matelas, qui dans un temps avait contenu de la laine, la misère l'avait converti en paillasse. Un jour une poignée enlevée à propos pour dîner, un autre jour une poignée pour déjeuner avaient fait vivre Chien-Caillou un mois du matelas, et il trouva aussi bon de dormir sur la paille, quand il fut forcé de remplacer la laine.

Pour l'échelle, c'était un meuble d'une utile invention. Une table eût gêné; une commode n'aurait pu tenir dans la mansarde, en raison de l'angle formé par le toit; un secrétaire était un meuble trop fastueux; — au lieu que l'échelle, d'allure solide, avec ses marches plates, servait d'étagère portant le plus étrange mobilier.

Dans l'origine, le principal but de l'échelle avait été de conduire à la fenêtre, un trou pratiqué dans le toit, ne pouvant donner passage à la tête, mais destiné à renouveler l'air.

Sur le premier échelon demeurait un lapin blanc, tranquille et réfléchi. Le second échelon portait une brosse, quelques planches de cuivre; le troisième, une boîte de bois contenant du fil, des aiguilles emmanchées dans du bois, un pot de cirage; le quatrième, un carton ventru d'où s'échappaient du papier blanc et des estampes.

Rien aux murs qu'une gravure, la *Descente de croix* par Rembrandt, non pas de celles qui traînent sur les quais, abominables contrefaçons à quinze sous, mais une épreuve de maître. Cette rare estampe d'un grand prix au milieu de ce mobilier boiteux disait toute la vie de Chien-Caillou.

Chien-Caillou appartenait à la race de bohêmes malheureux qui restent toute leur vie bohêmes. Son père était ouvrier tanneur au faubourg Saint-Marceau. Chien-Caillou apprit la tannerie, jusqu'au jour où le métier lui déplaisant, il se mit à colorier des images pour la rue Saint-Jacques. Un jour son père le battit; l'enfant s'enfuit, heureux de rencontrer un groupe de rapins qui voulurent bien l'admettre dans leur société. Il n'avait que dix ans et déjà dessinait d'une façon si naïve, qu'on accrochait ses œuvres dans l'atelier.

Ce fut à cette époque que ses camarades lui donnèrent le sobriquet de Chien-Caillou. Il ne sut jamais pour quelle raison, ses amis non plus; les rapins ne sont pas forts en étymologies. Le surnom lui resta.

Chien-Caillou, préoccupé de gagner sa vie, songea dès lors à faire de la gravure, mais la gravure ressemblait à ses dessins : c'était quelque chose de primitif, de gothique religieux, qui donnait à rire à toute la bande.

Chien-Caillou, fatigué d'être sans cesse goguenardé, quitta ses amis et ne reparut plus. Il s'installa économiquement rue des Noyers, comme il a été dit; et le matin couché, ses hardes lui servant d'édredon et de couvre-pied, suivant l'habitude des pauvres gens, en s'éveillant il appelait son lapin :

« Petiot, arrive ici. »

Petiot, à cette voix amie, dressait les oreilles, descendait de l'échelle, prenait mille précautions, évitant de déranger sur son passage la brosse, la boîte aux outils, et sautait doucement sur le lit. Chien-Caillou l'embrassait et le réchauffait sous les couvertures. Car il aimait son lapin plus que Pélisson son araignée.

« Attends, dit un jour Chien-Caillou au lapin, je vais chercher à manger; nous avons faim, pas vrai? »

Il grimpa en chemise à son échelle, prit dans la boîte un morceau de pain dur, quelques carottes, et revint se fourrer dans les draps. Jamais repas ne fut pris avec plus d'avidité que celui-là. Si Petiot avait un faible pour les carottes, son maître ne les aimait pas moins. Le pain était dur, il est vrai, mais on est jeune et on a faim.

« Ah! Petiot, dit Chien-Caillou, quand nous aurons notre bateau!... »

Le lapin, qui semblait comprendre tout ce que cette phrase contenait de béatitudes futures, se frotta le dos contre son maître, en manière de caresse.

« Allons, Petiot, il faut travailler. »

Chien-Caillou se leva, passa son pantalon, frangé au bas comme un châle, et prit une planche de cuivre commencée. Puis il emmancha une aiguille dans un morceau de bois, et s'assit sur le lit.

Pendant ce travail, la figure du graveur s'illumina d'un rayon qui prouvait que son travail n'était pas tout matériel et que sa pensée passait dans son burin. Il gratta le cuivre ainsi pendant quatre heures. La planche esquissée, Chien-Caillou endossa un misérable paletot et sortit après avoir embrassé son lapin.

« Mon voisin, dit une jolie voix musicale qui partait d'une mansarde voisine, entrez un moment, qu'on vous parle. »

IV

Les mansardes de poëtes.	Les mansardes réelles.
Voici à peu près le procédé employé par les poëtes pour décrire une mansarde :	Voici ce que pourraient écrire les poëtes, s'ils avaient l'amour de la réalité :
Une petite chambre au septième étage, gaie et avenante. Pas de papier, des murs blanchis à la chaux. Un violon accroché (en cas de masculin), un rosier fleuri (en cas de féminin). Un rayon de soleil vient tous les jours faire sa promenade dans la chambrette. On a vue sur le ciel ou sur un jardin garni de grands arbres dont les odeurs volent à la mansarde.	Une petite chambre au septième, triste et sale. Pas de papier; des murs jaunis, album mural qui porte les traces de tous les locataires. Le soleil n'y vient jamais : quand il y vient, c'est pour convertir la mansarde en plombs de Venise. Pour toute vue, des cheminées, des toits, des gouttières. En hiver, les mansardes sont aussi humides qu'un marais.
Il est convenu qu'une mansarde n'est jamais solitaire, et qu'elle a un pendant. Dans la mansarde d'en face se trouve une voisine, on s'envoie des baisers; les baisers sont rendus; on se rencontre dans la rue. Un jour, la mansarde nº 1 va rendre visite à la mansarde nº 2. Et voilà une nouvelle paire d'amoureux....	Le plus souvent la mansarde est isolée, et l'on n'aperçoit guère que d'horribles créatures, des juifs, des vieilles femmes, des chats maigres, des enfants déguenillés, jaunes et hâves; la musique qui sort de là est le cri d'un enfant au berceau qui semble se plaindre d'être né.
On rit, on chante, on boit dans les mansardes de poëtes. Quelques vaudevillistes audacieux y font *sabler le champagne*.	Il fait faim dans ces mansardes; on y chante peu, on y boit moins encore. Peut-être pourrait-on trouver à boire des larmes....
Les commis-voyageurs ont chanté partout :	Malgré ce qu'a dit Béranger :
« Dans un grenier qu'on est bien à vingt ans! »	Dans un grenier qu'on est mal à vingt ans!

V

Le logis de mademoiselle Amourette.

« Bonjour voisin, dit Amourette en riant de la figure stupéfaite du graveur. »

Chien-Caillou avait raison de s'étonner de cette subite connaissance. Il n'avait jamais vu ni entendu parler de sa voisine, s'inquiétant peu des femmes; le graveur dépensait tout son amour pour son lapin, et il ne songeait guère à mieux placer ses affections.

« Vous sortez, voisin? continua Amourette, qui était couchée sur un mauvais lit de sangle.

— Oui, mademoiselle, répondit Chien-Caillou.

— J'aurais bien voulu que vous disiez à la fruitière de nous monter pour quatre sous de *frites*.

— Si vous le désirez, je vous les rapporterai moi-même; je n'ai qu'une petite course.

— Ah! mon voisin, vous êtes bon!... Mais ça ne se peut pas, dit Amourette en hésitant.... Avez-vous quatre sous? »

Quoique cette demande fût faite un peu brusquement, en raison de la nouveauté des relations, Chien-Caillou la trouva naturelle. Les malheureux sont si vite frères!

« Ma foi, dit-il, je suis aussi pauvre que vous.

— Eh bien, je ne vous en remercie pas moins. Dites à la fruitière de monter les frites; quand elle sera ici, elle n'osera pas les remporter, quoique nous lui devions déjà quelque chose.

— Je ferai comme vous dites.

— Voisin, vous reviendrez nous voir, j'espère? Pourquoi ne venez-vous jamais?

— Je sors si rarement que je ne savais pas que vous fussiez si près de moi.

— Il faut que vous voyiez ma sœur. Vous avez l'air triste, nous vous ferons rire. Ah! comme nous nous amusons toutes les deux! Est-ce que la petite

Chien-Caillou était devenu aveugle.

folle n'a pas vendu hier ma robe et mes jupons! Nous n'avons plus qu'une robe pour nous deux. Elle me laisse en chemise. Tenez.... »

Et Amourette releva la couverture, non par effronterie, mais par misère joyeusement cynique, ce dont fut tellement ému Chien-Caillou, qu'il ouvrit la porte et descendit précipitamment l'escalier.

Quelque temps après, la sœur d'Amourette rentra.

« Nini, as-tu de l'argent?

— Pas un liard; mais j'ai faim.

— Le voisin est descendu chez la fruitière; nous allons manger. Tu n'as donc pas trouvé M. Clément?

— Il est parti à la campagne, à ce que prétend sa bonne. Dis donc, Amourette, la bonne me fait une fière paire d'yeux quand j'y vais.

— Elle se doute peut-être de quelque chose.

— Qu'est-ce que cela lui fait? Ne dirait-on pas que je ruine M. Clément!... Ah! le vilain avare! Faut-il que nous ayons besoin de manger.... Il est laid, il prise, il a une perruque....

— Je ne veux pas que tu y retournes, Nini; c'est pour moi que tu te sacrifies, parce que je suis une paresseuse. Mais demain je veux retourner *chiffonner* avec papa. Il me battra, ça m'est égal; au moins tu ne seras pas obligée d'aller avec *ton vieux*.

— Tu resteras, Amourette; je veux que tu restes avec moi, dit Nini, dont les paupières s'emplissaient de larmes. Tu voudrais donc me laisser seule? Tu sais bien que nous sommes trop grandes pour *faire* le chiffon, que le métier ne va pas, et que, si papa nous a renvoyées, c'est qu'il ne pouvait plus nous nourrir. J'ai rencontré une femme qui m'a dit qu'elle nous apprendrait la brochure; nous gagnerons tout de suite chacune six sous par jour.

— A la bonne heure, dit Amourette, nous pourrons vivre avec les six sous. Tu n'auras plus besoin du *vieux*.

— Je tâcherai de mettre quelque chose de côté, dit Nini ; je m'achèterai une robe comme j'en ai vu l'autre jour, à sept sous le mètre ; un petit dessin à fleurs très-gentil. Avec ma robe, j'aurai un bonnet tout neuf à la Charlotte Corday, des brodequins pas chers ; on en vend d'*occase*, pour presque rien. Et puis, nous irons au bal.

— Oui, chez Constant.... Entends-tu monter, Nini ? Si c'était la fruitière !

— Ma voisine, c'est moi, cria Chien-Caillou au dehors.

— Ne parle pas de M. Clément devant lui, » dit Amourette.

Chien-Caillou entra la mine triste.

« Elle ne veut pas ? » dit Amourette, qui comprit.

VI

Comment on dîne quelquefois.

— Elle m'a insulté par-dessus le marché....

— Qui ? demanda Nini.

— La fruitière, répondit Chien-Caillou. Elle a fini ainsi, en mettant ses poings sur ses hanches : — Pas d'argent, pas de *frites*.

— Si nous avions seulement du pain, dit Amourette.

— Du pain ! s'écria Chien-Caillou, j'en ai à votre service ; il est noir, mais il est bon. J'ai aussi des carottes. Vous ne les aimez peut-être pas. Moi, je n'aime que ça ; mon lapin aussi.... Je cours vous chercher à manger.

— Voisin, vous êtes trop bon, vraiment.

— Vous avez un lapin chez vous ? dit Nini.

— Oui, un beau lapin blanc, Petiot, qui est gentil !

— Oh ! amenez-le, nous rirons un peu. »

Chien-Caillou sortit, et revint aussitôt avec du pain de munition et une botte de carottes. Gravement le lapin se tenait sur son épaule. Ce furent des cris de joie sans nombre, dans la mansarde, à la vue du lapin.

Amourette le prit dans ses bras et le baisa sur le nez ; après quoi, il passa dans les bras de Nini, qui le dévora de caresses. Jamais le lapin n'avait été aussi embrassé, ce qui ne lui faisait pas perdre son sang-froid. Tous quatre s'installèrent sur le lit et mangèrent avec appétit ce repas improvisé. Entre deux bouchées :

« Voisin, comment vous appelle-t-on ? dit Amourette.

— Chien-Caillou.

— Oh ! le singulier nom ! Moi aussi j'en ai un drôle, on m'appelle Amourette ; c'est à cause d'une romance, voilà ce que je sais.. . Il est bien bon, votre pain....

— Les carottes aussi, dit Nini. Ça doit vous coûter encore cher, monsieur Chien-Caillou, de nourrir votre lapin ?

— Je ne le nourris pas toujours si bien ; quelquefois il n'a que du son ; quelquefois il jeûne. Un matin j'ai cru que mon pauvre Petiot allait mourir ; nous avions été deux jours sans manger : j'étais couché, moi, comme un propre à rien. Je ne pensais plus au lapin ; il vient tout à coup se frotter contre moi, me regardant avec ses grands yeux. Faut-il être lâche ! me dis-je ; parce que tu meurs de faim, tu laisses mourir de faim les autres ! Je descends quatre à quatre dans la rue ; heureusement la fruitière avait épluché des choux, je rapporte bien vite les mauvaises feuilles. Ah ! il était temps ! Pauvre Petiot ! Couché sur le flanc.... J'ai d'abord cru qu'il était mort.... Pensez quel chagrin, il n'y a que mon lapin qui m'aime.... En m'entendant, il dresse les oreilles, je lui jette les feuilles. Il l'a échappé belle....

— Pauvre Petiot ! s'écria Nini en l'embrassant. Quel dommage, s'il était mort !...

— Vous êtes un brave garçon, monsieur Chien-Caillou, reprit Amourette, et je vous aime déjà comme si je vous connaissais depuis deux ans.

— Écoutez, mademoiselle, dit le graveur ému, demain j'aurai sans doute de l'argent ; le père Samuel viendra, nous dînerons mieux....

— Nous ne voulons pas vous ruiner, dit Amourette.... Nous en aurons peut-être aussi.... On en doit à ma sœur....

— Allons, à demain, dit Chien-Caillou !

— Adieu, monsieur Chien-Caillou ! » firent les deux enfants.

VII

Le père Samuel

Chien-Caillou finissait sa planche, lorsqu'on frappa à sa porte et le père Samuel entra. Un vieillard grand, maigre et barbu ; des vêtements en défaillance ; sur la tête, un chapeau qu'une marchande du Temple rougirait d'étaler ; des souliers de poëte du quartier latin : tel était le père Samuel, protecteur de Chien-Caillou, juif connu dans tous les ateliers de Paris, échangeant des crayons, des canifs, des couleurs contre de vieux habits, achetant des esquisses aux jeunes peintres, et faisant l'usure avec les étudiants.

« *Foyons foir la blanche*, dit-il dans son baragouin.

— J'en ai tiré une épreuve, répondit Chien-Caillou, mais je ne suis pas content.

— *Evegdifement, il n'est bas drès pien fenu.*

— Si vous saviez comment je l'ai tirée !

— *Gomment ça?*

— Avec du cirage et une brosse à souliers.

— *Bourquoi?*

— Une épreuve coûte deux sous chez les imprimeurs ; vous ne payez pas assez cher....

— *Allons, allons ; fous n'édes chamais gondent.*

— Père Samuel, voilà trois jours que je travaille là-dessus, je ne peux pas vous donner cette gravure pour cinq francs comme les autres.... J'aime mieux garder mes machines pour moi, à ce prix-là.

— *Pah! nous nous arrancherons, che fous tonnerai une ponne retincode pour l'hifer.*

— Non, non, dit Chien-Caillou ; une redingote, je n'en ai pas besoin. Avez-vous des pommes de terre ?

— *Gomment, des bommes dé derre?*

— Oui, je veux dix francs, et vous m'assurerez un boisseau de pommes de terre par semaine, en admettant que je continue à travailler pour vous.... Il me faut dix francs par planche....

— *Fous foulez mé ruiner. Bonchour, ché né beux pas à cés gontisions.* »

Et le père Samuel s'en alla. Chien-Caillou, qui connaissait cette ruse particulière aux juifs et aux marchands d'habits, le laissa faire. Un instant après, le vieillard remontait, offrant cinq francs et les pommes de terre, et jurant ses grands dieux qu'il était ruiné pour toujours ; le graveur tenant bon, il s'en alla une seconde fois. Cependant il revint encore, car il avait ses motifs pour ne pas rompre avec Chien-Caillou.

Le père Samuel, brocanteur d'objets d'art, ayant vu des eaux-fortes de Chien-Caillou, devina la valeur de ces croquis. Les longues contemplations de Rembrandt avaient donné au graveur une manière particulière, savante et naïve, qui faisait que sa pointe semblait parente de celle du grand maître hollandais.

Pour comprendre les eaux-fortes de Chien-Caillou, il fallait une initiation. La plupart des gens n'y auraient rien vu ; les véritables amis de l'art y découvraient un monde. Rarement la pointe s'était jouée d'autant de difficultés. L'instinct de brocanteur du père Samuel fit qu'ayant compris au premier coup d'œil le génie de Chien-Caillou, il se mit en rapport avec lui et lui acheta ses gravures à vil prix.

Le juif connaissait beaucoup d'amateurs : il porta les eaux-fortes chez quelques-uns qui répondirent qu'ils ne voyaient rien dans ces *griffonnages;* mais un vieux collectionneur d'estampes, mieux avisé, poussa un cri d'admiration à la vue de ces croquis et demanda le nom de l'auteur. Le rusé père Samuel répondit que l'auteur était un Hollandais inconnu, que le hasard l'avait mis sur les traces de ce trésor, et qu'il ne soupçonnait pas le nom de l'auteur.

Le collectionneur intrigué alla au cabinet des estampes montrer cette rareté au conservateur qui y perdit sa science. On remua nombre de portefeuilles, on feuilleta l'œuvre des Flamands, des Hollandais, des Allemands, sans rien trouver : on en conclut que ces gravures étaient d'un élève de Rembrandt. Le vieil amateur acheta chaque estampe dix louis au juif, qui, pour ne pas éveiller les soupçons, les jaunissait, les maculait, et leur donnait l'aspect d'épreuves anciennes.

On voit par là que Samuel ne faisait pas un mauvais trafic avec Chien-Caillou. Aussi, après avoir juré contre la misère des temps, accorda-t-il les dix francs et le sac de légumes, ce qui mit le pauvre graveur en joie : jamais il ne s'était vu si riche. Après avoir arrêté rigoureusement les clauses du marché, le juif s'en alla en recommandant à Chien-Caillou de soigner ses planches.

VIII

Un mariage au soleil.

Le lendemain, Amourette vint réveiller Chien-Caillou en grattant à sa porte.

« Voisin, venez vite déjeuner. Nini a rapporté toutes sortes de bonnes choses. N'oubliez pas d'apporter le lapin. »

Amourette était entrée sans attendre la réponse. Chien-Caillou se leva, prit Petiot dans ses bras et sortit. En ouvrant la porte de ses voisines, il fut frappé de l'odeur qui emplissait la mansarde. Le lapin dressa les oreilles et agita son nez mobile.

Sur une petite table était un plat contenant des côtelettes dont la chaleur s'échappait en fumée. Les côtelettes nageaient dans une sauce appétissante, parsemée de cornichons d'un vert joyeux. A côté des côtelettes s'élevait une pyramide de pommes frites, dorées et agrémentées de grains de sel argentés. Chien-Caillou, qui n'avait jamais assisté à pareil festin, ouvrait de grands yeux.

« A table, voisin, dit Amourette, à table, pendant que tout est chaud ! »

Chacun s'assit sur le lit et mangea avec un appétit de vingt ans. Il y avait en outre une bouteille de vin qui redoubla la gaieté de l'assemblée, peu habituée aux capiteux.

« Je suis riche aussi, dit Chien-Caillou, le père Samuel est venu.

— N'est-ce pas un vieux bonhomme, dit Nini, qui a un *bolivar* tout bosselé ?

— Lui-même. Il ne faut pas en dire de mal; il me fait vivre, et bien. Maintenant je suis sûr de passer un bon hiver.

— Voisin, demanda Amourette, sans être trop curieuse, qu'est-ce que vous faites ?

— De la gravure. Et vous ? »

Amourette rougit et balbutia :

« Nini travaille un peu ; j'ai essayé de faire des fleurs en porcelaine, mais je n'avais jamais assez d'argent pour avoir des outils.

— Ah ! dit Chien-Caillou, si j'avais mon bateau !

— Quel bateau ?

— Petiot le sait bien, lui ; avons-nous causé du bateau ! Quand j'aurai amassé quelques sous, ce qui ne sera pas long, j'achète des planches d'occasion et je me fais un petit bateau. Je mets dedans des pommes de terre, un sac de pain de munition, des carottes, du son pour mon lapin, tout ce qu'il faut pour graver.... Il y aura une petite chambre où on pourra allumer du feu l'hiver.... Je porte mon bateau au Pont-Royal, je monte dedans avec Petiot. Nous allons en Belgique, en Hollande, partout où il y a des tableaux de Rembrandt.... Pendant que nous serons en pleine eau, je graverai. J'aurai aussi quelques économies pour renouveler mes provisions.... D'ailleurs, je vendrai mes gravures : il y a de riches amateurs en Hollande. Voilà ce que j'ai rêvé toute ma vie....

— Et on ne vous verra plus ? dit Amourette, dont la voix s'altéra.

— Oh ! je reviendrai !

— Vous nous oublierez, méchant? Vous ne pensez donc plus à nous, à moi ? dit Amourette.

— Je vous emmènerais bien avec moi toutes les deux : mais le bateau ne serait peut-être pas assez grand.

— Je veux partir avec vous, moi, s'écria Amourette. Je ne suis heureuse que quand vous êtes là. Je vous aime encore plus qu'hier, et demain j'ai peur de vous aimer encore plus qu'aujourd'hui. M'aimez-vous un peu, monsieur Chien-Caillou ? »

Le graveur, embarrassé par la présence de Nini, murmura avec un soupir :

« Oh ! oui.

— Moi, dit Nini, je ne veux pas aller dans le bateau. D'abord, je vous gênerais, et puis il n'y a pas de bal, on ne dansera pas dans votre bateau. J'aime bien monsieur Chien-Caillou, je t'aime encore plus, Amourette, mais j'aurais peur de me noyer.... Vous m'écrirez, je pleurerai souvent en pensant à vous.... Je pleure déjà, dit-elle en sanglotant.

— Allons, Nini, nous ne sommes pas encore partis, ne pleure pas? Fi ! tu veux donc me faire du chagrin ! »

Les deux sœurs s'embrassèrent, et la joie reprit son cours.

Comme Chien-Caillou s'en allait, Amourette lui dit à l'oreille : « Attendez-moi ce soir. »

Chien-Caillou s'en retourna ému, et, la nuit venant, il s'étendit sur son lit. Amourette vint peu après.

« M'aimez-vous beaucoup, monsieur Chien-Caillou ? dit-elle d'un ton sérieux.

— Plus que je ne saurais le dire.

— Voulez-vous que je sois votre femme pour toujours ?

— Je le veux bien, » balbutia Chien-Caillou.

Là-dessus Amourette raconta sa vie passée à Chien-Caillou, sans cacher ses fautes. Le pauvre graveur tenait la main d'Amourette dans sa main, et il était heureux, car jusqu'alors il n'avait pas pensé aux trésors d'amour qui sommeillaient dans son cœur.

Le matin, les deux amants furent réveillés par Petiot, qui vint s'abattre sur le lit.

« Je crois que je t'aime cent fois plus que mon lapin, » dit le graveur à Amourette.

Pendant une heure, les projets du ménage futur allèrent leur train. Le bateau jouait toujours un grand rôle. Amourette devait apprendre un état qui lui permettrait de soutenir le ménage de son côté.

Nini vint embrasser Chien-Caillou, qu'elle appela son frère, et la petite mansarde, si noire et si triste, prit un air de fête.

IX

La queue du bonheur.

Les amoureux furent heureux un grand mois. Cependant Chien-Caillou avait les yeux fatigués; il travaillait beaucoup. Amourette chantait à ses côtés; jamais elle n'avait été si gaie. Le graveur avait installé ses outils dans la mansarde de ses voisines à cause du jour meilleur.

Un matin, il sortit pour aller chez le père Samuel.

La portière monta chez Amourette :

« Le propriétaire veut qu'on le paye, à la fin !...

— Je n'ai pas d'argent, dit Amourette.

— Vous n'avez pas d'argent ! Eh bien ! vous allez filer à la minute, et toutes les deux....

— Mais..., dit Nini.

— Qu'est-ce que c'est que des gueuses pareilles !... Ah ! vous n'avez pas d'argent... Vous mangez donc tout ? Le propriétaire ne veut pas de coureuses dans sa maison.... Allons, qu'on file, et bien vite....

— Laissez-nous attendre au moins M. Chien-Caillou....

— Oui, en voilà encore une autre bonne pratique, qui doit deux termes et plus.... Son compte ne sera pas long.... Allons, sortez d'ici à l'instant, ou je vous fais mener par la garde chez le commissaire ! »

Les enfants sanglotaient et ne trouvant rien à répondre à la mégère, firent un petit paquet de leurs habits. Nini écrivit quelques mots sur la porte de Chien-Caillou, et les deux sœurs descendirent tout en pleurs, pendant que la portière leur disait :

« Vous êtes encore bien heureuses que je vous laisse emporter vos effets et que je ne vous dénonce pas à la police, petites rouleuses ! »

Chien-Caillou, en rentrant le soir, lut sur sa porte ceci :

« *Nous ceron à midi à vousse attendrr dan le lussamboure.* »

Il descendit, plein d'émotion, chez la portière qui lui dit sèchement :

« *Monsieur* a commandé qu'on les mette à la porte. Si vous croyez qu'on peut garder, pour l'amour du bon Dieu, des locataires qui ne payent pas.... Du reste, elles ne sont pas les seules, et il y en a d'autres qui.... »

Sans en écouter davantage, Chien-Caillou, courut au Luxembourg.

Il était six heures du soir. L'hiver commençait, le brouillard tombait. Le graveur fit le tour du jardin, s'arrêtant à chaque femme qu'il rencontrait. Il ne trouva pas les deux sœurs.

Bientôt le tambour battit : on ferma les portes, et le pauvre garçon revint seul à la maison. Il ne pleurait pas, mais il avait la mine sombre et l'œil égaré.

Petiot vint se frotter à lui. Pour la première fois Petiot fut repoussé brusquement. Chien-Caillou ne dormit pas ; toute la nuit sa petite chambre retentit de soupirs.

Le lendemain, à six heures du matin, il était à la grille du Luxembourg, attendant l'ouverture des portes.

Toute la journée, il resta sans manger, marchant à l'aventure, fouillant les moindres buissons, comptant les heures, parcourant les allées, et regardant sous le nez les filles du quartier, qui riaient bruyamment de cette mine effarée.

Pendant huit jours le graveur fut fidèle à son poste. Pas d'Amourette ! Il revenait quelquefois les habits trempés, la tête pleine de sombres projets. Un matin, le lapin ayant manifesté ses caresses trop longuement, Chien-Caillou le prit par les oreilles et le lança contre la muraille.

Petiot poussa un faible cri et, mort, retomba sur le plancher !

Il est impossible de peindre la douleur de Chien-Caillou. Il ramassa le lapin, le baisa, le mit réchauffer dans son paletot, car il croyait qu'il n'était qu'étourdi. Mais Petiot ne bougeait plus !

Chien-Caillou s'étendit sur son lit et jura de se laisser mourir de faim.... Il avait les yeux tout grands ouverts, secs et rouges ; s'il avait pu pleurer, il eût été moins malheureux, mais il était pris d'une douleur sourde et incessante qui ne trouve de fin que dans le suicide.

Peu à peu la vue du malheureux s'obscurcit ; il entendit sonner les heures de l'église voisine. Huit heures du matin tintèrent ; ses yeux étaient ouverts.

« Ah ! dit-il en poussant un grand cri, je ne vois plus ! »

Quelques locataires montèrent, entendant ce cri.

Le pauvre Chien-Caillou n'est plus aujourd'hui un homme, ni un graveur ; il est le numéro 13 d'un hôpital.

SIMPLE HISTOIRE D'UN RENTIER

ET D'UN LAMPISTE

Soyez certain que celui qui a dans son gousset une montre sera tyrannisé par ce meuble, s'il n'a pas à son service un caractère ferme ou une intelligence robuste. J'ai fréquenté dans la province un homme, le type du provincial, de l'honnêteté, de la candeur.

La petite ville était célèbre aux alentours par ses moulins à vent et ses églises. Les moulins à vent s'en sont allés tout d'un coup, aussi les églises. Pourtant jamais situation ne fut plus propice aux moulins. Ils étaient on ne peut mieux sur la montagne, se croisant rarement les bras, attendu que le vent par là n'est pas rare. On a cherché à me faire comprendre que l'industrie avait trouvé des *broyeurs* de blé plus alertes que les moulins à vent. Tant pis; c'étaient des constructions bizarres qui faisaient bien dans le paysage, et qui, la nuit, semblaient de grands cyclopes géants doués de quatre bras.

Toutes les villes ont la rage d'avoir des rues de Rivoli : elles adorent être tirées au cordeau. Ce que ces opérations de voirie, ces expropriations pour cause d'*utilité publique*, ces alignements ont fait sauter de monuments, est incalculable; mais aussi les bourgeois ont à la place des trottoirs et de grandes imbéciles de maisons, droites comme des I, et toutes en pierre de taille.

Deux églises cependant restèrent debout au milieu de cette *iconoclastie*, toutes deux avec des horloges au front. L'hôtel de ville aussi avait sa sonnerie particulière. — Pour en revenir au propriétaire de la montre, il fallait voir son inquiétude quand les trois horloges n'allaient pas à l'unisson. C'étaient des courses infinies, des questions sans nombre à chacun de ses compatriotes pour expliquer le désagrément que lui causait le peu d'accord des trois horloges. Plus tard, notre original, afin d'avoir moins à souffrir, adopta la cathédrale. Il donnait l'heure à tous ses parents, ses amis, ses connaissances; mais, ne voulant tromper personne, il avait soin d'expliquer que « c'était l'heure de la cathédrale. » Ce type si fréquent se retrouve à Paris. Les employés ont tous « l'heure de la ville. » Je sais un rentier de la place Royale, qui fréquente depuis des temps immémoriaux le Jardin-Turc, et qui n'a pas cru devoir donner de meilleures preuves de son estime à cet établissement qu'en tirant sa montre : « Monsieur, je vais on ne peut mieux : j'ai l'heure du Jardin-Turc. »

Pendant quelques mois, la montre du rentier se trouva d'un accord parfait avec la cathédrale; mais voici que l'horloge, de construction assez vieille, plantée sur un rocher élevé, donc exposée à tous les vents, à tous les brouillards, à toutes les pluies, fut malade de l'intempérie des saisons. La malheureuse horloge déraisonnait; elle oubliait les *quarts*, d'autres fois les *demies*. Plus souvent elle sonnait douze heures quand il n'en fallait qu'une. On comprend le violent désespoir qui s'empara de l'homme à la montre. Il avait choisi l'horloge la plus sûre, la plus accréditée dans le pays, et l'horloge adultère lui *faisait des traits*. Le provincial courut chez le lampiste de la petite ville. Vous me direz : Qu'est-ce qu'un lampiste peut avoir à faire là dedans? Ceci n'est pas du badinage; croyez-en ce que vous voudrez : ce lampiste était chargé de régler l'horloge de la cathédrale; toutes les quinzaines, il lui fallait grimper les trois cent soixante-quinze marches du clocher pour aller remonter la machine, la nettoyer, la *graisser*. — On sent ici le besoin du lampiste, et on comprend sa nomination. — Rien qu'en voyant entrer son compatriote à la mine blême, à la marche indécise et flottante, le lampiste devina qu'il s'agissait de l'horloge de la cathédrale. « Je n'y peux rien, dit-il en répondant à la demande muette de l'homme désolé, c'est une machine capricieuse comme tout. » Le provincial poussa un soupir, et d'un geste muet, d'un geste comme n'en trouvera jamais Mlle Rachel, il plia son coude en deux, la seconde partie de l'avant-bras fit un nouvel angle, les doigts de la main droite eux-mêmes se courbèrent, — en tout quatre angles, — et de cette manœuvre géométrique il résulta que la main droite fouilla dans le gousset du gilet. Une montre en sortit.

Elle était sans aiguilles !!!

Trouvez-moi dans les romans anciens ou modernes une douleur plus éloquente, plus sentie, plus profonde que celle-là. Le lampiste avait l'âme sensible; d'un esprit peu cultivé d'ailleurs, il ne s'inquiétait ni de la politique, ni de la Pologne, ni de la réforme électorale, ni de l'Irlande affamée. Non, il lisait tout bonnement le journal de son chef-lieu, et toute son attention se portait vers le cours des graines oléagineuses, dont voici le tableau exact :

Huiles. — Graines oléagineuses.

COURS DE LILLE. — 5 *mars.*

	GRAINES.		HUILES.		TOURTEAUX.	
Colza nouv.	20 00	27 00	80 00	00 00	15 50	16 50
Œillette	24 50	26 00	85 00	00 00	14 25	15 25
Lin	20 00	25 00	82 25	82 00	18 09	20 00
Cameline	20 00	24 00	77 00	00 00	15 50	16 00
Chanvre	00 00	00 00	00 00	00 00	15 00	15 25
Huile bon goût sur march.			00 00	00 00		
Id. d'œillette bon goût			00 00	00 00		
Id. froissage soutirée			00 00	00 00		
Id. épurée pour quinquets			86 00	00 00		
Id. pour réverbères			00 00	00 00		

Suif fondu du pays........ 110 à 000

Paris, 5 *mars.* — Huile colza disponible, fr. 88 00 ; courant du mois, 00 00 ; 4 derniers mois, 88 58 à 89 25 ; 4 premiers. 00 00 à 00 00.

Mais cet esprit vierge comprit le trouble du possesseur de la montre. Car lui aussi était affligé des écarts et de la mauvaise conduite de l'horloge. Il ne répondit pas un mot, ce qui prouve combien il partageait la douleur de l'autre, et il eut raison. Je saurais très-mauvais gré à l'ami qui viendrait m'apprendre que mon amie est morte, et qui tenterait de me consoler par un flux de paroles. Qu'il se taise, qu'il pleure avec moi, ou qu'il me laisse un peu me cogner la tête contre le plafond.

Le lampiste quitta son tablier huileux de serge verte, que le cuivre avait rendu noir par son contact, endossa son habit noir ; entendez-vous ? son habit noir, l'habit des cérémonies douloureuses, l'habit des joies, l'habit des noces et des festins, l'habit des dimanches pour tout dire, et il passa son bras sous celui du bourgeois. Et tous deux, sans dire un seul mot, sans saluer personne, tant était poignant leur chagrin, montèrent ensemble les trois cent soixante-quinze marches de la cathédrale. Le voilà donc en face de son amie, le provincial attristé ! Ses yeux se raniment, ils s'ouvrent aussi grands que la nature l'a permis : il regarde longuement et fixement l'horloge. La folle était impassible ; seulement son gros tic tac, — qui est le pouls de ces machines, — battait d'une façon un peu fiévreuse. Les roues tournaient avec une activité fébrile : tout cela chantait, dansait, craquait ; mais le lampiste : « Ah ! monsieur, je me trompais, ce n'est pas un caprice, elle est malade, elle a la tête détraquée. »

Les provinciaux ont très-peur des fous ; notre rentier recula de trois pas, d'autant plus que ce tapage, auquel il n'était pas habitué, lui semblait un fâcheux augure. Il n'avait jamais vu ni ouï de machines à vapeur.

« Faudra l'envoyer à Paris, dit le lampiste ; je ne suis pas assez habile pour essayer de la guérir.

— Mais le voyage ?

— Oh ! nous la coucherons avec soin dans un bon lit de foin, avec des planches tout autour.

— Et qu'est-ce que je deviendrai, moi, pendant son absence ? »

Le lampiste n'osa proposer au bourgeois une nouvelle liaison avec d'autres horloges ; c'étaient de jeunes pimprenelles, à la mode nouvelle, qui étaient coquettes et chantaient les heures d'une voix très-claire. Celle de la cathédrale, au contraire, était une personne grave, d'un âge mûr, et qui avait vu tant d'événements, de révolutions, de changements de maires, d'adjoints, de sous-préfets, qu'elle avait acquis cette expérience si douce dans le commerce de l'amitié.

. . . .

L'horloge partit pour Paris, et avec elle le sommeil de l'honnête bourgeois.

Un matin qu'il était occupé à regarder mélancoliquement sa montre sans aiguilles, le lampiste entra. Il avait remis son habit noir, mais non plus en synonyme de crêpe et de pleureuse ; d'ailleurs, les jeux et les ris (pardon pour ce mot de nos pères !) se peignaient sur sa physionomie. Le bourgeois tressauta, et, avec un hoquet causé par la joie :

« Elle est revenue ! » s'écria-t-il.

Et, sans attendre la réponse, il sauta au cou du brave lampiste. — Le lampiste m'a même dit plus tard qu'il sentit deux grosses larmes, de ces bonnes franches larmes qu'on rencontre si rarement, lui couler sur les deux joues et se dérober dans les profondeurs de son vaste faux col.

« Oui, elle est revenue, et en bonne santé, répliqua le lampiste tout ému.

— Vous viendrez manger la soupe avec nous ? »

Pour le coup, ce fut au lampiste d'essuyer ses yeux. Rien de plus aristocratique que la bourgeoisie de province. Là vous verrez rarement, même ceux qui ont beaucoup voyagé, des lampistes partager la *soupe* du rentier. Notre lampiste comprenait d'autant mieux cet insigne honneur, qu'il était honnête homme, petit commerçant, pas envieux, ne briguant pas les faveurs : au fond, un de ces braves gens dont le coutelier Diderot, de Langres, a laissé un si beau type. Il me serait facile ici de placer quelques phrases sur le fils du coutelier, sur Diderot fils, non pas l'encyclopédiste, mais l'auteur du *Neveu de Rameau* ; non pas l'adorateur de Voltaire, mais l'auteur des *Entretiens d'un père de famille*. Eh bien, je m'en dispense, laissant ces charmantes digressions à Sterne ; et j'en reviens à l'histoire de l'horloge.

Le rentier avait dit : « Nous mangerons la soupe ensemble ; » mais c'est une façon de parler proverbiale. Le lampiste, quand il eut déployé sa serviette damassée, trouva dessous une paire de boucles d'oreilles en or qui lui firent un grand plaisir, car il n'avait jamais eu le moyen d'en porter qu'en argent. Après le bouilli, apparut sur la table un cochon de lait qui voudrait, pour être décrit, le pinceau d'un coloriste. Le petit cochon était de ce blond presque roux, si cher à Rubens. Que de soins et de veilles n'avait-il pas fallu près de la broche pour arriver à ce ton presque impossible aux cuisiniers parisiens. Ceux-là, les sans-soins, auraient stigmatisé le corps du petit cochon de lait d'une tache noire. Oui, ils l'auraient laissé brûler, au moins par un côté. Et la meilleure preuve que toutes ces opérations culinaires et gastronomiques avaient été préparées avec un soin de Gérard Dow, la tête du petit cochon de lait était calme et tranquille, plutôt mélancolique que souffrante. Ses yeux étaient fermés doucement et sans effort. Cela va paraître peut-être invraisemblable (j'en appelle aux admirateurs de Brillat-Savarin), le petit cochon de lait semblait être heureux d'avoir été aussi bien cuit !

Le rentier plongea dans les flancs du joli animal un couteau prudent, et l'enveloppe dorée, cette croûte d'une confection si difficile, se détacha tout simplement du corps blanc et vierge du petit cochon.

« Votre assiette, mon ami, dit le bourgeois au lampiste, que je vous donne *du d'or*. »

Je me suis souvent acharné après les provinciaux à cause de leurs mœurs rapetissées; eh bien, dans ce moment, je bénis le ciel d'avoir vécu vingt ans dans une petite ville. Les jolis mots qu'on y apprend! le charmant argot qu'ont ces braves provinciaux! Cherchez dans toutes les langues, les mortes et les vivantes, celles de l'Orient et de l'Occident, du Nord et du Midi, vous n'y trouverez jamais un mot aussi ingénieux, aussi naïf et aussi coloré que celui-là : *Du d'or!* pour exprimer la croûte rôtie et luisante d'un petit cochon de lait mis à la broche.

Le dîner se passa dans des élans de gaieté; pour couronner le festin, il fut question d'un verre de ratafia, qui mit les esprits en plus belle humeur sans attaquer la tête. Après le ratafia vint le café, servi dans de jolies tasses sur lesquelles étaient peintes des lyres dorées qui contenaient la *torréfaction de moka*, suivant l'idiome du bourgeois. Cette nuit-là, il dormit comme il n'avait jamais dormi de sa vie. Il rêva les rêves les plus roses et les plus folâtres. A huit heures du matin, notre rentier se leva frais, reposé, la tête légère; il oublia de se vêtir de son caleçon. Jamais, depuis quarante ans, il ne s'en était séparé. Quel événement avait donc pu jeter un tel désordre dans ses idées? c'est qu'il devait assister, en compagnie de son ami le lampiste, à la pose de l'horloge.

Dans ma jeunesse, mon père étant secrétaire des affaires de la mairie de L.... et par conséquent à la tête de la municipalité, — car il n'y avait jamais de maire, — une députation de paveurs vint un jour me chercher, le bouquet à la main, pour poser la première pierre d'une place. On pense quelle joie me procura cet honneur malgré le mal que me donna la *demoiselle* quand il s'agit de la soulever.

Les naïves bouffées d'amour-pourpre qui s'emparèrent de ma petite personne, âgée de dix ans, ne furent rien, si j'en crois le lampiste, auprès des accès du rentier en allant à la cathédrale. Il enjambait trois marches à la fois; il souriait, se disait des petits mots sans suite, à lui tout seul. Bref, il arriva en cinq minutes au clocher.

Par le même geste que j'ai déjà décrit, — les quatre angles, — il tira sa montre du gousset du gilet. Les aiguilles avaient repris leur place!!! Le lampiste décrocha d'un clou une énorme clef, aussi grosse que celles de saint Pierre, et se mit en devoir de remonter la machine. — *Cric, crac, cric, crac, cric, crac.* — Les roues commencèrent à sortir de leur torpeur et reprirent leur ancienne partie de concert. Le lampiste fit d'abord sonner une heure, et, à cette voix si connue, le bourgeois se trouva presque mal de bonheur; il y avait si longtemps qu'il n'avait entendu le timbre chéri de son amie! En même temps, après avoir introduit sa clef dans la virole de la montre, il la mettait à une heure. L'horloge, sous la conduite du lampiste, sonna docilement deux, trois, quatre, cinq, six, enfin jusqu'à onze heures, et les aiguilles de la montre obéissaient à tous ces appels.

« Il est midi trois minutes, » dit le lampiste en tirant une vénérable montre de famille, dont la cuvette d'argent, solide comme un cheval, avait dû résister à l'attaque des années.

C'était un de ces meubles dits *bassinoires* en langage familier. Le brave lampiste allait donc mettre à l'heure l'horloge restaurée, lorsque le timide bourgeois, craignant une rechute, l'arrêta par le bras.

« Croyez-vous qu'elle ira?

— Elle ira *comme un charme*, maintenant.

— Ah! tant mieux, » s'écria le rentier en soupirant.

Quand elle fut arrivée au chiffre XII, à cette heure douzième qui s'étalait sur la façade de l'église en larges chiffres romains, l'horloge sembla prise d'une folie furieuse. — Avez-vous été réveillé en sursaut par un réveille-matin? mettez-en une douzaine ensemble, qui carillonneront sans relâche, et vous n'aurez encore qu'une faible idée de l'égarement de l'horloge. Le grand ressort tournoyait convulsivement sur lui-même et faisait tous ses efforts pour s'échapper du *barillet*; les *pivots* et les *goupilles* sortaient de leurs gonds et montraient leurs grosses têtes de fer. Le *cliquet*, qui doit engrener dans la *roue à rocher*, s'était séparé violemment de sa compagne; la *fusée*, qui correspond au *cliquet*, sifflait solitaire; la *roue de champ* avait engagé un duel terrible avec la *roue de rencontre;* la *roue de minuterie* avait perdu connaissance; seule, la *roue de chaussée*, peu révolutionnaire, semblait effrayée du vacarme que faisait la *roue de canon;* les *palettes* cliquetaient; le *balancier* semblait un diable dans un bénitier.

A cette révolution inattendue, le bourgeois fut terrifié; ses yeux et sa bouche étaient grands ouverts. Il n'avait pas plus de salive qu'un condamné à mort qui marche au supplice. Ses doigts s'étaient crispés d'épouvante, et de fauves lueurs passaient par instants dans ses yeux.

« Seigneur! » s'écria le lampiste hors de lui.

Cette exclamation n'arrêta nullement les écarts de l'horloge; mais le rentier, ramené un moment vers les choses humaines par cette parole, regarda une dernière fois sa montre et la lança dans l'espace.

. . . .

. . . .

Il n'a jamais dit un mot depuis ce fatal événement; le malheureux a la tête perdue. On ne lui parle pas, car alors il répond par des onomatopées intraduisibles qui imitent le tapage d'une pendule détraquée. Les galopins de la ville, cruels comme tous les enfants, ne manquent jamais de lui demander l'heure.

L'usurier Blaizot à son ami l'huissier Tête.

LES OIES DE NOËL

I

Le reneuvier.

Dans la rue du Tillô, à Dijon, demeurait, il y a quarante ans, le bonhomme Blaizot; on l'appelait bonhomme à cause d'une certaine rondeur de manières et de langage.

Quelques gens portent des habits que l'on pourrait appeler *accusateurs.* Blaizot ne s'était jamais fourni dans cette garde-robe. L'hiver il s'enveloppait d'une houppelande marron et allait aux offices les mains perdues dans un petit manchon dont l'usage n'appartient aujourd'hui qu'aux femmes. Ses jambes de cerf, sèches, n'avaient jamais eu le moindre rapport avec le pantalon. Depuis sa jeunesse, les mollets du bonhomme, protégés par un simple bas blanc, subissaient, sans les craindre, les injures des saisons. Soleil et pluie, neige et grêle, les mollets avaient tout supporté, sans jamais varier de forme.

Mieux que les almanachs, le bonhomme Blaizot indiquait à ses compatriotes l'arrivée du printemps. Comme tout Dijon le connaissait, ses habits servaient de baromètre aux Dijonnais. Après les giboulées, Blaizot se revêtait de nankin.

« Bon, disaient les commères de la rue du Tillô, le bonhomme Blaizot a mis ses habits printaniers. »

Si un incrédule hasardait l'opinion que les froids n'étaient pas encore passés et qu'il y aurait des pluies en avril :

« Vous ne savez guère ce que vous dites, lui répondait-on : jamais le bonhomme Blaizot ne s'est trompé. Il est plus savant que Matthieu Laensberg. »

Blaizot était propriétaire d'une de ces maisons bourgeoises, ni trop vieilles, ni trop jeunes, qui n'apprennent rien à l'œil du curieux. Les femmes entre deux âges déroutent les observateurs : il en est de même des maisons; cependant il est rare que la maison, si elle est habitée depuis quelques années, ne prenne pas trace des habitudes de son propriétaire. L'homme imprime partout son empreinte, comme s'il se laissait tomber sur une nappe de neige.

Deux bancs de pierre, adossés à la maison indiquaient que le bonhomme recevait de nombreux visiteurs. Dans certaines provinces, les bancs de pierre sont les antichambres des gens d'affaires. Tous les notaires de petites villes ou de villages ont des bancs de pierre aussi obligés que les panonceaux.

Les bancs de la maison Blaizot étaient usés en décrivant une courbe vers le milieu.

Les juges d'instruction, dont l'esprit sait découvrir le bout de fil dans l'écheveau emmêlé d'un crime, auraient deviné par ce banc de pierre, légèrement creusé au milieu, que des groupes de clients nombreux venaient s'asseoir fréquemment en cet endroit.

A quelque distance du banc, des anneaux de fer étaient fichés au mur, indice certain du séjour d'hommes à cheval ou en voiture.

Le bonhomme Blaizot était reneuvier.

A Dijon, moyennant une certaine somme, les faiseurs d'affaires, qui jadis prêtaient un bœuf à un laboureur, tenu d'en rendre un du même âge à la Saint-Jean, étaient dits *reneuviers*.

Les reneuviers, honnêtes gens dans le principe, s'aperçurent, après un certain nombre d'expériences, que l'argent rapporte plus que le meilleur lopin de terre au soleil.

De cette école fut le bonhomme Blaizot, qui appliqua en grand la médecine aux métaux. Son argent paraissait dévoré de fièvre, tant il savait le faire suer. Blaizot commença par prêter des bœufs, suivant les us et coutumes; mais, comme les emprunteurs venaient tous les jours en groupes plus serrés, le bonhomme pensa que tous les bœufs de la Bourgogne n'y suffiraient pas, et que la ville ne serait pas assez grande, quand bien même elle serait convertie en une seule étable.

Il prêta de l'argent.

Les Dijonnais n'en surent rien, ou, ce qui est plus présumable, n'en voulurent rien savoir, car Blaizot n'exerça son industrie qu'avec les paysans des environs. Pour ses concitoyens de la ville, il resta le bonhomme Blaizot, un richard, allant à l'église régulièrement et rendant volontiers service. Le reneuvier fut tout miel pour les citadins, tout vinaigre pour les campagnards.

Aussi les samedis, qui sont les jours de grand marché, la rue du Tillô était-elle encombrée de voitures de fermiers qui, venant traiter d'affaires avec le bonhomme, remplissaient de bruit et de tumulte cette rue, si calme d'ordinaire. Les paysans s'asseyaient sur les bancs de pierre, et ne pénétraient dans le cabinet du bonhomme que tour à tour, appelés par la Rubeigne.

Cette servante, les dix doigts de Blaizot, était une paysanne de quarante ans, qui criait et glapissait dans la maison comme si elle en eût été la dame. Au fond, elle avait pour son maître un vif attachement, que de mauvaises langues commentaient en mauvaise part. La vie de Blaizot était tellement réglée et ses mœurs si régulières au dehors, que la Rubeigne devait avoir tous les droits des gouvernantes, basés sur de longues relations.

Le samedi qui précéda la fête de Noël, la Rubeigne remarqua, non sans étonnement, la couturière Alizon, attendant sur le banc que les fermiers fussent introduits.

Alizon était une des plus jolies ouvrières de Dijon.

« Que vient-elle faire chez mon maître? Elle doit savoir qu'il ne reçoit que les gens de campagne. Cette fille est jeune et jolie. » Telles furent les impressions de la Rubeigne, qui fit la moue en entrant dans le cabinet du bonhomme Blaizot.

« Il y a à la porte, dit-elle, la *couzaigne* Alizon qui attend. »

Ce mot *couzaigne*, qui veut dire à la fois cousine et blanchisseuse, ne s'emploie guère qu'en mauvaise part, et trahissait les pensées de la gouvernante.

« Qu'est-ce que me veut la *couzaigne?* dit Blaizot. Puis il ajouta : Fais-la entrer. »

Alizon fut introduite; elle rougit dès le pas de la porte. La Rubeigne sortit.

« Eh! dit Blaizot, c'est la jolie fille à Cancoin.... Tu viens pour le loyer, n'est-ce pas?

— Oui, monsieur Blaizot.... comme vous dites.

— Je m'en vas te préparer la quittance.

— Pardonnez, monsieur Blaizot, tout du contraire. Le père m'a envoyé pour vous dire qu'il était bien fâché d'être en retard.

— Ah! dit Blaizot.... Eh bien! pourquoi n'est-il pas venu lui-même?

— C'est qu'il est allé livrer une commande de tonneaux.

— Où ça? demanda Blaizot.

— A la Mal-Chaussée.

— Et quand reviendra-t-il, ton père?

— Demain, monsieur Blaizot.

— Tu lui diras de passer me voir.... Sais-tu, dit le père Blaizot en la reconduisant, que t'es un joli brin de *femmelôte?* »

Alizon sans répondre sortit du cabinet. Dans l'antichambre se tenait la Rubeigne, qui semblait fort occupée à brosser une paire de souliers.

« Bonjour, madame Rubeigne, dit Alizon.

— Adieu, la couzaigne, » répondit la gouvernante.

II

Ce qui arriva au hameau de la Mal-Chaussée.

Ce jour-là, dès cinq heures, Cancoin était parti pour livrer sa cargaison de tonneaux.

Le hameau de la Mal-Chaussée est composé de six maisons écartées, qui ont été bâties dans l'emplacement le plus mal choisi de toute la Bourgogne. Le terrain, fertile partout ailleurs, est en cet endroit sablonneux et d'un maigre rapport.

Sur les six maisons, on compte cinq méchantes cabanes, où demeurent de pauvres gens, qui gagnent misérablement leur vie en travaillant pour le fermier Grelu.

Ce fermier possède l'habitation de meilleure apparence; mais si elle brille au milieu des masures, c'est grâce au principe de la royauté du borgne dans le pays des aveugles. De grandes herbes décharnées se dressent sur le toit principal, des herbes qui n'ont pas la couleur réjouissante des vieilles mousses sur les tuiles. Les haies qui entourent le jardin potager sont poussiéreuses et mal entretenues.

Dans la cour picorent des coqs et des poules; les poules sont maigres, et le chant des coqs a un timbre qui ne ressemble pas au joyeux cri des coqs de bonnes maisons. Un dindon morne, à la crête pâle, est monté, par extraordinaire, sur une charrette cassée. Deux pigeons mélancoliques se tiennent en haut d'un pigeonnier dont le toit est troué.

L'étable ouverte laisse entrevoir un âne qui a une genouillère de toile à la jambe : outre cette blessure, l'âne paraît avoir supporté de longues fatigues, car un de ses côtés est pelé par le frottement du bât. Il a pour compagnon un cheval de labour maigre, dont les yeux troubles ressemblent à ceux des gens qui ont porté toute leur vie des besicles.

Cancoin, qui avait passé toute la journée à siffler gaîment dans sa voiture, suspendit son sifflet en apercevant un filet de fumée sans consistance qui sortait timidement d'une des cheminées de la première cabane. Le tonnelier n'était plus qu'à une portée de fusil de la Mal-Chaussée, dont le nom change suivant les gens qui en parlent. Les Dijonnais de distinction l'appellent la Mal-Bâtie; les bourgeois la Mal-Chaussée; les ouvriers, la Mal-Fichue, et plus énergiquement encore.

Ces surnoms semblent avoir porté malheur à ce hameau, auquel se rattache une lugubre histoire d'assassinat dont les vieillards de Dijon parlent encore. Cet assassinat, faux ou vrai, car on ne sait le nom du meurtrier ni de la victime, fut commis, dit-on, avant la bâtisse du hameau, et les superstitieux prétendent que rien, ni hommes, ni bêtes, ni plantations, ni semailles, ne peut réussir sur un terrain souillé par le meurtre.

Pour ces raisons, Cancoin cessait de siffler aux environs du hameau. Il entra donc avec sa voiture dans la cour silencieuse; les animaux s'enfuirent comme étonnés d'être dérangés dans leur fainéantise.

Le tonnelier attacha son cheval à l'anneau d'une auge, et se dirigea vers le corps de bâtiment. La première chambre d'une ferme a d'habitude quelque chose de réjouissant. D'abord se présente à la vue le grand foyer noir avec les fagots qui petillent sur les hauts chenets de fer. Au-dessus de la cheminée, sur le mur que les mouches ont décoré d'agréments noirs, Napoléon fait pendant au Juif errant. Un râtelier, portant des fusils au canon brillant, cache quelques parties des estampes aux vives couleurs. A droite, un buffet-dressoir déroule la collection de vaisselle en faïence dite porcelaine de Tours. On guérirait un hypocondriaque en ornant sa chambre de ces plats d'un ton brutal, mais gai, où des coqs et des fleurs sont peints avec autant de candeur que de simplicité. A gauche, tient un large espace le lit, qui a conservé l'ampleur des couches du moyen âge. Les rideaux sont de cette ancienne toile de Perse, que les amateurs recherchent aujourd'hui avec tant de persévérance. Dans un coin ombreux, la lumière pique de points blancs la batterie de cuivre, et la fait ainsi sortir de son obscurité.

A la ferme de la Mal-Chaussée, la vaste cheminée, les fusils, les images d'Épinal, la faïence, le lit et les instruments de cuisine avaient subi des accrocs, des dégradations, des déchirures, de la rouille, des ébréchures, et étaient souillés de toiles d'araignées. Les vitres de la chambre, verdies par la poussière, ne donnaient passage qu'à un jour maussade.

Cancoin, qui entrait brusquement, s'arrêta en voyant la fermière devant un lit d'enfant. L'enfant était saisissant de beauté, les yeux extraordinairement allongés en amandes. Deux taches roses sur les joues tranchaient particulièrement sur une teinte jaune de cire. L'enfant était coiffé d'un haut bonnet de coton rond, sans mèche, qui paraissait soufflé.

Sur la tête du petit malade, le comique bonnet de coton devenait mélancolique et chassait toute idée de joie.

« M'nenfant, disait la fermière, parle-moi voir un peu. »

Mais l'enfant était aussi muet que son grand bonnet de coton. A chaque instant il semblait que ses grands yeux fixes s'allongeaient : son regard prenait des rayons d'une fixité impossible à rendre. L'enfant semblait chercher à traverser les murs, et une mélancolie profonde ressortait des mouvements du petit être plein de résignation.

« Madame Grelu? » dit Cancoin, attristé par cette scène.

La fermière tressaillit en entendant une voix.

« Votre petit est donc malade? dit le tonnelier.

— Oh! oui, bien malade, le pauvre chéri! »

En même temps la fermière se courba sur le lit pour embrasser l'enfant : elle devenait gourmande de baisers.

« Qu'est-ce qu'il a? demanda Cancoin.

— Est-ce qu'on sait, disait-elle; il n'y a pas huit jours l'enfant *gipaillait* (folâtrait), *gâdru* (gros, bien portant); il était gentil comme les amours, jamais on n'en avait vu de pareil. Puis, tout d'un coup, il *a* devenu triste, pâlot, maigrichon, plein de dégoûts pour la nourriture....

— Ce n'est rien, dit Cancoin, c'est la croissance.... tous les enfants de son âge sont comme ça. »

La fermière secoua la tête d'un air de doute :

« Oh! non, dit-elle. Regardez donc ses pauvres petites *babaignes* (lèvres) pâles; elles étaient, n'y a pas si longtemps, rouges comme des pommes à sucre. D'ailleurs, l'médecin l'a condamné, m'nenfant.... Il dit que les drogues n'y peuvent rien faire et qu'il faut tout attendre du bon Dieu.... C'est pourtant comme mon enfant Jésus. Et le père, si vous voyiez son chagrin!... Ca lui a fait tant de peine de voir son *fieu* dans un état pareil, qu'il est parti aux champs.

— Il faut toujours conserver de l'espoir, dit Cancoin. A quoi ça sert de se désespérer pareillement?... On en a vu de plus malades revenir au soleil... »

L'enfant fit un mouvement dans le lit.

« Est-ce que tu n'es pas bien? dit la fermière, qui courut chercher des oreillers à son lit pour les mettre sous la tête du malade. Tenez, dit-elle en arrangeant les couvertures, voyez donc ses pauvres chers petits bras.... Il n'y a plus que les os; ça ferait pleurer la nature.... Il ne parle plus, il ne mange plus; il m'aimait tant, et maintenant plus d'*aimorôtes* (caresses)!

— Il fait bon soleil dehors, madame Grelu, vous devriez ouvrir la fenêtre, » dit le tonnelier.

Comme la fermière, les yeux fixés sur son enfant, ne répondait pas, le tonnelier alla lui-même à la croisée, et le soleil, qui renonçait à pénétrer la crasse des carreaux, se précipita dans la chambre. Le petit malade parut réjoui de cette chaleur bienfaisante.

« Qué bonne idée vous avez eue, mon bon monsieur Cancoin, dit la mère; ça le ravigote, m'nenfant.

— Voyez-vous, madame Grelu, il ne faut pas être triste près de l'enfant.... Ils ne comprennent que trop. Tâchez de l'amuser un peu; si on les laisse dévorer par la maladie, ils sont perdus; moi, je sais ce que c'est. J'ai eu sept enfants : eh bien, quand je les voyais malades, vite je tâchais de les distraire. C'est comme pour le mal de dents, si on peut l'oublier, on ne l'a plus.... A-t-il des joujoux, votre petit?

— Oh! ce n'est pas ça qui lui manque.

— Eh bien, allez les querir, et mettez-les sur la couche. »

La fermière courut à l'armoire et en rapporta un petit chien de carton peint, une poupée et un sifflet. L'enfant resta morne à la vue de ces jouets, quoique Cancoin essayât de faire aboyer le chien de carton. Mais le chien paraissait triste de ne pouvoir faire entendre ses cris; il y avait une fissure dans le soufflet de peau. La poupée n'avait jamais été destinée à donner signe de vie : c'était une personne aux rouges couleurs, d'une physionomie remplie tout à la fois de candeur et de niaiserie. Le sifflet força Cancoin à enfler ses joues d'une manière démesurée sans arriver à aucun résultat : il était bouché.

« Ils sont bien abîmés, vos joujoux, dit Cancoin, je n'en donnerais point une *arnôte* (une obole). Il n'y en a pas d'autres?

— Non, dit la fermière.

— Alors, madame Grelu, égayez-le n'importe comment.... je ne sais pas.... Chantez-lui quelque chose.

— Vous croyez? dit-elle.

— Sans doute. »

Alors la fermière chanta d'une voix plaintive cet ancien noël, populaire dans les villages aux alentours de Dijon :

Laissez paître vos bêtes,
Pastoureaux,
Par monts et par vaux;

Laissez paître vos bêtes,
Et venez chanter Nau.

J'ai ouy chanter le rossignô,
Qui chantait un chant si nouveau,
Si bon, si beau,
Si résonneau;
Il m'y rompait la tête,
Tant il prêchait
Et caquetait;
Adonc pris ma houlette,
Pour aller voir Naulet.

Le petit malade ne disait rien; mais il ouvrait la bouche comme quelqu'un qui écoute avec grande attention. A la fin du second couplet la fermière essuya ses larmes.

« Vous chantez ça trop tristement, dit Cancoin; il faut y mettre de la réjouissance, sans quoi vaut mieux se taire. »

Le brave tonnelier unit la pratique à la théorie; et cherchant à adoucir sa rude voix, il continua le noël :

Je m'enquis au berger Naulet.
As-tu ouy le rossignolet
Tant joliet,
Qui gringotait
Là-haut sur une épine?
Oui, dit-il, oui,
Je l'ai ouy;
J'en ai pris ma doucine,
Et m'en suis réjoui.

Malgré le soin que prenait Cancoin de mettre une sourdine à sa voix, elle rendait de tels sons que Grelu, qui rentrait, s'arrêta à la porte, étonné d'entendre un chant si joyeux dans une maison qu'il avait quittée morne et silencieuse.

Le fermier entra et regarda avec inquiétude son enfant, dont les yeux clignaient, comme offusqués par la vibration puissante du chant du tonnelier.

« Comment va le petit, dit-il?

— Je ne sais, répondit la fermière; il m'a quasi l'air effrayé.

— Bonjour, monsieur Grelu, dit Cancoin interrompu dans sa chanson; j'ai amené vos tonneaux.

— Ah! fit en soupirant le fermier, qui ne se souciait guère de tonneaux en ce moment. »

Grelu était un paysan de haute taille, les épaules voûtées. La campagne ne lui avait pas communiqué cette grosse santé qui fait la richesse des paysans. Le chagrin ressortait de chaque trait de son visage; ses cheveux étaient gris et rares.

Pour habit Grelu avait une mauvaise veste de toile, appelée *biaude* dans le pays; c'est le vêtement des pauvres gens. Encore sa biaude était-elle déchirée en maints endroits. Il passait chez ses voisins pour un caractère *dangraignar*, c'est-à-dire en dessous, et par là n'inspirait pas grande amitié. Bon nombre de gens jugent ainsi sur la mine. Ils ne s'inquiètent pas de la vie antérieure, des malheurs de chagrins d'un homme; ils le jugent sur l'état présent.

Cependant Grelu était bon et serviable; il aimait sa femme comme on aime celle qui a suivi l'homme dans la voie douloureuse; il aimait ses enfants comme on aime des innocents qu'il faut élever à subir une vie semblable à la sienne; mais, hors de la famille, hors du foyer domestique, le fermier devenait triste. Il avait malheureusement une intelligence au-dessus de celle des gens de la campagne, et son intelligence ne l'avait mené qu'à des mal-réussites.

Grelu avait acheté à bon compte la ferme : ce bon compte fut en réalité le plus mauvais des marchés. Quand, au bout de quelques mois de séjour, il eut calculé les réparations à faire, les fumages considérables qu'il fallait faire subir aux terres pour en bonifier la nature, Grelu tomba dans l'abattement, n'étant pas assez riche pour toutes ces dépenses.

Au lieu de prendre son courage à deux mains, il entretint sa femme de ses désillusions. C'est souvent la plus contagieuse des maladies. La fermière fut saisie des confidences de son mari. A tous deux l'avenir parut chargé de malheurs. Le mari et la femme passaient des nuits sans sommeil à se dire : « Comment ferons-nous? » sans penser à arracher cette terrible racine de découragement qui s'empare si facilement de l'esprit.

Grelu, en dernier ressort, fréquenta la maison du bonhomme Blaizot; dès lors ses terres furent plantées d'hypothèques, autre mauvaise graine qui rapporte des saisies et des procès.

L'enfant malade poussa tout à coup un long soupir. La fermière croyant que c'était le dernier, tomba à genoux anéantie.

« Seigneur du bon Dieu, s'écria-t-elle, notre *fieu* est mort!

— Non, dit Cancoin, il respire un peu gros seulement.... N'ayez garde, je suis certain que l'enfant reviendra.

— Si ce n'est pas triste, dit le fermier, de voir notre innocent dans un tel état! J'aimerais mieux le voir aller tout d'un coup au pays de claque-dents que de l'entendre souffrir en détail si longuement.

— Ce n'est pas bien parler, monsieur Grelu, reprit le tonnelier; est-ce que dans ce monde nous n'avons pas besoin d'un peu de résignation?... Il faut se faire une raison, sans quoi il n'y aurait plus qu'à se jeter à l'eau la tête la première.

— Vous ne savez guère ce que je souffre, dit Grelu.

— Bah! dit Cancoin, moi qui vous parle, j'ai sept enfants. Eh bien, le dernier a été l'autre jour maladif : il ressemblait au vôtre, le médecin l'avait condamné.... Ils condamnent toujours maintenant, et ils ont raison. Si le malade revient, on ne pense plus à ce qu'ils ont dit, tandis que s'ils promettaient de le guérir et que le malade s'en aille *ad patres*, on recevrait un plus rude coup, puisqu'on ne s'y attendait pas. Donc je vous disais que mon dernier souffrait cruellement et qu'il s'éteignait tous les jours. Moi, je suis obligé de travailler; que je me porte bien ou non, la famille est là qui compte sur mes bras. Je partais le matin pour la tonnellerie; mais, sacristi, que de courage il me fallait pour lever mon marteau! A chaque coup j'étais obligé de me remonter le moral. Il me semblait que mes forces s'en allaient avec celles de mon enfant. Un matin, j'apprends qu'il a une crise, le délire, le tremblement, quoi; parole d'honneur, j'étais dans le même état, je frappais sur mes tonneaux à tort et à travers, je *bûchais* sur tout. Le soir, je retourne à la soupe.... mon enfant était guéri. Ah! quelle joie ça nous a fait dans la maison! Ma femme en était folle : « Voilà, dit-elle, la meilleure preuve que le bon Dieu nous entend. J'ai passé la nuit à le prier de sauver notre garçon, et il m'a accordé ma demande.

— Vous êtes un brave homme, vous, dit le fermier; j'ai le cœur si gonflé que, ma parole, j'avais oublié qu'il y a un Dieu. Ma femme, prions pour l'enfant! »

La fermière tomba à genoux, sans abandonner la main de son fils, qu'elle pressait dans ses deux mains. Le tonnelier et Grelu s'agenouillèrent près du berceau, et ces âmes naïves s'unirent par la prière.

L'enfant regarda d'un dernier regard ces trois têtes, baissées pieusement vers la terre, et poussa un long soupir.

« Ah! dit la fermière en se levant brusquement, sa main se roidit. »

Grelu se précipita vers le berceau.

« Mort! » dit-il d'une voix sourde.

La fermière se laissa tomber sur une chaise, sans mouvement.

« Monsieur Grelu, dit Cancoin pour distraire le père de sa douleur, votre femme se trouve mal.... Vite! courez chercher quelque chose.... »

Le fermier vaguait par la chambre, sans trouver ce qu'il cherchait.

Il ne cherchait rien : la mort de son fils le rendait comme ivre.

« Eh bien! dit Cancoin qui voyait le trouble dans lequel était plongé Grelu; eh bien! un peu de courage!

— Bah! dit le fermier, je voudrais crever aussi.

— Ah! monsieur Grelu, vous n'êtes pas raisonnable; vous n'êtes donc pas un homme? s'écria le tonnelier. Allons, venez près de votre femme, la voilà qui revient à elle. Aidez-moi à la consoler; les femelles ont le cœur faible. »

La fermière ouvrit les yeux. Son premier regard fut pour le berceau; elle y courut d'un bond, croyant qu'elle sortait d'un mauvais rêve; mais elle ne s'aperçut que trop vite de la terrible réalité.

« Ah! » s'écria-t-elle d'une voix brisée.

Tout à coup deux flots de larmes jaillirent de ses yeux, et les sanglots emplirent la salle. Les larmes sont contagieuses; Grelu pleurait comme un enfant. Le mari et la femme étaient affaissés sur eux-mêmes, la tête dans les mains. Le tonnelier respectait leur douleur, et se gardait d'interrompre leurs larmes par de vaines paroles.

Seulement il alla vers le lit de l'enfant et le recouvrit de son drap, afin que la mère, en levant les yeux, n'aperçût pas cette figure pâle et privée de vie.

Les époux passèrent deux heures dans la désolation. Le fermier le premier reprit courage.

« Mon brave Cancoin, dit-il, il est temps de vous reposer; laissez-nous veiller la nuit auprès du corps de notre enfant. »

Cancoin obéit et se coucha l'esprit attristé en pensant au malheureux événement qui venait de frapper le fermier; cependant il s'endormit à la tombée de la nuit, mais d'un sommeil agité. Cancoin voyait en rêve sa famille qu'il avait laissée en pleine santé, tandis que le deuil était chez Grelu. Tout à coup le tonnelier s'éveilla brusquement; il lui semblait avoir entendu, dans le calme profond de cette maison visitée par la mort, un roulement de voiture.

« Je rêvais, » se dit Cancoin.

Alors il ferma les yeux, essayant d'appeler le sommeil; mais de nouveau, ses yeux furent subitement blessés par une lumière ardente. Par un mouvement machinal, Cancoin porta sa main sur ses sourcils, et la nuit revint. En retrouvant le sommeil, le tonnelier laissa tomber son bras; encore une fois une lueur extraordinaire le réveilla.

« Qu'est-ce? dit-il en sautant de son lit. D'où vient cette clarté? »

En même temps il ouvrit la fenêtre, qui donna entrée à une épaisse fumée.

« Au feu! au feu! cria Cancoin en saisissant à la hâte son pantalon et sa veste; au feu! »

Ce cri sinistre, qui réveille en une seconde toute une ville, qui prend des tons menaçants dans le silence, resta sans réponse. Cancoin, d'une violente poigne, enleva la serrure de la porte plutôt qu'il ne l'ouvrit, et descendit l'escalier en continuant d'appeler au secours.

Il lui fallait traverser la pièce où reposait le mort. Cette pièce n'était pas éclairée; mais l'incendie y répandait ses premiers rayons sanglants.

Le tonnelier aperçut la fermière agenouillée près du berceau de l'enfant. Il crut d'abord qu'elle était morte : ni le feu ni les cris ne l'avaient dérangée.

« Madame Grelu! dit Cancoin en courant à elle et en la tirant par le bras.

— Laissez-moi, dit la pauvre mère sortant de son immobilité.

— Le feu est à la ferme, sauvez-vous, » reprit Cancoin.

Il ouvrit la porte de la première salle; le feu parut plus menaçant.

« Où est votre mari? demanda le tonnelier.

— Je ne sais, dit la fermière.

— Vite.... relevez-vous! Il faut vous sauver.... »

Cancoin, qui ne recevait pas de réponse de cette pauvre désolée, courut dans la cour. L'incendie venait des étables ou du grenier à foin : il était impossible de sortir de la ferme par la porte charretière.

Tout à coup les animaux se réveillèrent à demi asphyxiés en remplissant l'air de leurs cris. Le tonnelier courut à l'étable, dont la porte était brûlante : des flammèches de feu tombaient du fointier sur le dos de l'âne malade, qui poussait des cris lamentables. Le cheval maigre s'était réfugié dans un coin de l'écurie et hennissait des sanglots. Malgré tout son désir de sauver ces animaux, Cancoin fut obligé de sortir vivement de l'étable remplie de vapeur et de feu. Il tira son couteau, et coupa la longe qui retenait l'âne; mais à peine cet animal fut-il libre qu'il recula dans le fond de l'étable, près du cheval, et tous deux mêlaient leurs cris de terreur. Il était impossible à Cancoin de pénétrer jusque-là, d'autant plus qu'il savait la ténacité des animaux à rester, par frayeur, dans les lieux incendiés.

Il retournait vers la fermière, lorsque le pigeonnier, qui brûlait intérieurement, tomba presque à ses pieds, laissant sur le fumier des pierres et des pigeons également calcinés. L'incendie, qui jusqu'alors avait travaillé mystérieusement comme un voleur, se montra audacieux quand il fut sûr de sa proie. Les flammes sortirent victorieuses du pigeonnier abattu, et se séparèrent, les unes montant vers le ciel, les autres rampant sur les toits voisins.

Le corps d'habitation de la ferme était en danger; il n'y avait plus un moment à perdre. Cancoin courut à toutes jambes vers la fermière, qu'il retrouva près du cadavre de son enfant.

Une chaleur intense régnait dans la première pièce.

« Sauvons-nous, » dit le tonnelier.

Et il ouvrit la fenêtre qui, heureusement, donnait sur la route.

« Laissez-moi mourir avec mon *fieu*, dit la fermière.

— Du courage, diable! dit Cancoin. Passons vite par la fenêtre; il n'est que temps.

— Ah! mon chéri, dit la mère en sanglotant et en se précipitant sur le cadavre de son enfant.

— Il ne faut pas qu'il brûle, dit Cancoin, » qui tenta un dernier moyen de sauver la fermière.

Il saisit l'enfant dans ses bras et enjamba la fenêtre. La Grelu le suivit aussitôt.

« Restez là, dit Cancoin en la conduisant à quelque distance de la ferme.... Je vais chercher à sauver le peu que je pourrai. »

Le tonnelier retourna vers la maison qui brûlait, et jeta par la fenêtre tout ce qui lui tombait sous la main. Pendant qu'il travaillait avec courage, les habitants du hameau avaient eu l'éveil et accouraient vers la ferme, guidés par l'incendie. Mais leurs secours étaient inutiles : le feu était le maître et prenait la part du lion. Quelques meubles, quelques ustensiles de cuisine, seuls, étaient jetés sur le gazon, quand Cancoin jugea prudent de se retirer.

Il fut entouré à l'instant des gens du hameau, qui regardaient tristement les progrès du feu et demandaient des détails.

« Tas de lâches, dit Cancoin, ne feriez-vous pas mieux, au lieu de vous croiser les bras, de m'aider à transporter plus loin ces meubles qui vont brûler. »

Les paysans, dominés par le tonnelier, se préparaient à lui obéir, lorsqu'un homme noir, les vêtements brûlés, sauta par la fenêtre d'où venait de descendre Cancoin, et roula sur le gazon.

« D'où sort-il, celui-là? dit le tonnelier. »

Et il se baissa pour lui porter secours.

« Seigneur, dit-il, c'est Grelu!... Qu'on le porte à la première maison et qu'on tâche de le faire revenir.... Il n'est qu'évanoui. »

Deux paysans prirent le fermier par les jambes et par la tête, et le conduisirent à la plus proche cabane. Cancoin suivait ce triste cortége.

« Vous ne l'avez pas vu entrer dans la ferme? demandait-il aux paysans. Je l'ai cherché au commencement du feu.... il n'y était pas; seulement sa femme veillait auprès de l'enfant mort. »

Quand Grelu put recevoir les soins que nécessitait son état, Cancoin, qui perdait la tête au milieu de ces embarras, se rappela alors que la fermière était abandonnée dans la prairie. Il recommanda aux paysans de veiller sur le fermier, et partit pour chercher la mère infortunée. L'étonnement du tonnelier fut grand en ne retrouvant plus la fermière. Il chercha, croyant s'être trompé de chemin; mais rien ne lui indiqua la trace de la Grelu. Il appela de sa plus forte voix. L'incendie répondit seul, par ses craquements et ses petillements, à son appel.

Le tonnelier courut vers la ferme brûlée, dont à chaque minute un mur disparaissait avec fracas, mêlant à la fumée de l'incendie des nuages de poussière. Un doute cruel s'était emparé de l'esprit de Cancoin. Il pensait que la pauvre mère s'était jetée avec le cadavre de son enfant dans les flammes, pendant que la ferme avait été laissée en proie au au feu.

Inquiet et craignant de voir ses appréhensions confirmées, Cancoin revint vers le hameau.

Grelu avait repris connaissance; sitôt qu'il aperçut le tonnelier :

« Ma femme! s'écria-t-il, ma femme! »

Cancoin détourna tristement la tête. A ce geste, le malade comprit son malheur et perdit de nouveau connaissance. Le tonnelier resta près du lit du malade, épiant les moindres symptômes qui passaient sur la figure du fermier. Bientôt Grelu fut pris du délire.

Un paysan entra et vint annoncer qu'on avait retrouvé près de la ferme une voiture chargée de tonneaux et tout attelée.

« Tiens, dit Cancoin, je la croyais brûlée.... comment ça a-t-il pu arriver? Hier soir, quand je me suis couché, ma voiture était sous le hangar, dans la ferme. »

Le paysan secoua la tête.

« Ma parole, j'aime mieux ça, dit Cancoin. Je vais emmener chez moi ce pauvre Grelu; on le soignera plus facilement à la ville qu'ici. Eh! vous autres, aidez-moi à le porter dans la carriole. »

Grelu fut entouré de couvertures; on disposa les tonneaux de façon à laisser un espace libre au malade, et Cancoin rentra à Dijon, moins gaiement qu'il n'en était sorti la veille.

III

Le bonhomme Blaizot montre ses griffes.

« Femme, dit Cancoin en arrivant à sa porte, viens m'aider à dételer et à porter chez nous ce pauvre désolé. »

En entendant la voix du tonnelier, une troupe d'enfants sortit de la boutique, appelant leur père d'une voix joyeuse.

— Silence, mioches, dit Cancoin; il y a un malade dans ma voiture. »

Les voisins et voisines du tonnelier, qui ont l'habitude, dans les beaux jours, de travailler sur le seuil de leurs portes, s'empressèrent autour de la voiture autant par compassion que par curiosité. Ils aidèrent Cancoin à transporter le fermier dans sa boutique et l'assaillirent de questions.

« Parbleu! dit le tonnelier, c'est le fermier de la Mal-Fichue; sa ferme a brûlé cette nuit.

— Ça devait arriver un jour ou l'autre, dit une commère superstitieuse.

— On me donnerait des mille et des cent, dit un autre, que je n'irais pas me loger sur ce terrain-là.

— Et sa femme? reprit une nouvelle curieuse.

— Sa femme, dit Cancoin, on ne sait ce qu'elle est devenue.

— N'avaient-ils pas un *piaut* blond qu'ils amenaient avec eux au marché?

— Il est mort hier, dit le tonnelier.

— Ah! qu'est-ce que ces gens-là avaient donc fait au bon Dieu? s'écria la foule.... C'est pis qu'une peste. Seigneur, que le pauvre homme doit avoir du chagrin!

— Je m'en vais voir à aller chercher le médecin, dit Cancoin. Hé! femme, notre fille n'est pas revenue de la couture?

— Non, pas encore, dit la tonnelière.... A propos, elle m'a recommandé de ne pas oublier de te dire que M. Blaizot veut te parler sitôt ton retour.

— Plus tard. Je passe d'abord chez le médecin; tu lui diras ce qui est arrivé à ce malheureux Grelu, afin qu'il prenne ses mesures. »

Cancoin embrassa ses enfants qui tournaient autour de lui, le tirant par la blouse; après avoir prévenu le médecin, il prit le chemin de la maison du bonhomme Blaizot.

« Je vous fais excuse, dit-il en arrivant, si je ne vous apporte pas l'argent du loyer.... Vous savez l'événement?

— Quel événement? demanda le reneuvier. »

Alors Cancoin raconta ce qu'il avait vu depuis son arrivée à la Mal-Bâtie.

« Je comptais revenir avec l'argent de mes tonneaux livrés; mais vous comprenez, monsieur Blaizot, qu'on ne peut pas réclamer son dû à un malheureux dont l'enfant meurt, dont la femme est perdue, peut-être brûlée avec la ferme. Bien heureux encore que mes tonneaux me restent.... Je vais tâcher de les vendre à n'importe quel prix.... c'est comme de l'argent trouvé, puisqu'ils devaient brûler.... »

Le bonhomme écoutait froidement et ne paraissait pas s'apitoyer sur le sort du fermier.

« Voilà un homme ruiné, dit-il.... Il me doit beaucoup d'argent....

— Vraiment? fit le tonnelier.

— Mais enfin, monsieur Cancoin, il faudrait voir à solder ce bail.... C'est une petite affaire, cinquante écus par an.

— Pour vous, monsieur Blaizot, oui, c'est une petite affaire; mais cinquante écus ne sont pas toujours dans la poche d'un honnête homme.

— Justement, dit le reneuvier, je comptais tellement sur ce payement et sur votre exactitude que j'ai refusé cette boutique à quelqu'un qui m'en offre dix écus de plus par année.... Je vous loue pour rien; il faudrait me savoir gré de ma bonne volonté.... Point, vous venez me demander des

« C'est la Grelu! » (Page 12, col. 1.)

délais : j'aimerais autant laisser ma maison vide....

— Est-ce que je ne vous ai pas toujours payé exactement, monsieur Blaizot?...

— Sans doute, sans doute ; mais les maisons sont d'un si mauvais rapport qu'on aime à toucher le loyer le jour dit.... Enfin, quand pouvez-vous me promettre cette somme ? »

Le tonnelier ne sut que répondre.

« Si vous me donniez un à-compte, » dit Blaizot.

L'honnête tonnelier, en présence de son propriétaire, se sentait le cœur serré; il n'osait promettre à époque fixe, craignant de ne pas être en mesure.

« Avez-vous assez d'une huitaine?... Vous voyez, je suis large, » dit le bonhomme.

Cancoin ne répondait pas; pour Blaizot, il se promenait dans son cabinet, laissant son locataire réfléchir.

« Tenez, dit-il en s'arrêtant devant le tonnelier, je vous donne huit jours.

— Merci, monsieur Blaizot; vous êtes bien bon, dit Cancoin qui remerciait trop vite, car le bonhomme vint mettre un terme à son apparente générosité.

— Seulement, je vous recommande d'être exact.... Si dans huit jours vous n'aviez pas payé, je me verrais malheureusement forcé de louer à un autre. Faites attention au quantième, recommanda le bonhomme.... Nous sommes aujourd'hui le 28 ; j'attendrai jusqu'au 6 du prochain mois. »

Le tonnelier s'en retournait tristement à sa boutique, regardant les nuages comme tous les pauvres gens, qui semblent prouver par là que le ciel est pavé de pièces de cent sous, et qu'il doit en tomber quelques-unes dans leurs poches.

En tournant le coin de la rue qui mène à la tonnellerie, Cancoin fut surpris d'apercevoir à l'autre bout, en face de sa boutique, un rassemblement de curieux. Un malheur vient rarement seul; ce proverbe lui causa de l'inquiétude. Serait-il arrivé un accident à quelqu'un de sa famille ? Grelu serait-il mort ? A peine ces réflexions avaient-elles germé dans l'esprit du tonnelier qu'il se trouva près du groupe.

Deux gendarmes gardaient la porte de sa boutique.

« Qu'est-ce qu'il y a ? demanda-t-il à ses voisins.

— Entrez, monsieur Cancoin, répondirent quelques voix ; le commissaire de police vous attend. »

Le tonnelier se précipita à travers la foule et trouva, dans la première pièce, en compagnie de deux agents, le commissaire ceint de son écharpe. Toute la famille se tenait silencieuse, près du lit du fermier, personne n'osant parler en présence des gens de la police.

« Vous allez venir avec nous, monsieur Cancoin, chez le procureur du roi.

— Pour quoi faire ? demanda le tonnelier.

— Vous le saurez là-bas.

— C'est bien, dit Cancoin, je vous suis. »

Dans un coin de la salle, sa femme pleurait ; les enfants, quoique ne comprenant pas la portée de cet événement, restaient tranquilles, sans oser remuer, intimidés par le commissaire de police. En sortant, celui-ci donna à voix basse une consigne aux gendarmes. La tonnelière se jeta en larmes dans les bras de son mari.

« Soyez tranquille, dit le commissaire, monsieur Cancoin reviendra. »

Quoique, en province, la police ne s'occupe guère que de l'exécution des arrêtés municipaux qui aboutissent à de simples procès en justice de paix, le commissaire remplit de terreur ses concitoyens, par le seul mot de police qui s'attache à son titre. Son écharpe, d'un caractère pacifique quand elle l'accompagne lisant dans la ville des arrêtés de la mairie, précédé du roulement du tambour de ville, cette écharpe tricolore prend des couleurs sinistres dans les autres occasions. La foule, qui vit sortir Cancoin entouré du commissaire et de ses agents, pensa que le tonnelier avait commis un crime. Cancoin rencontra partout des yeux curieux, nulle part des yeux amis : l'honnête homme, froissé de ces soupçons, baissa la tête, ne voulant plus regarder aucun de ses voisins, avec l'entourage de la police.

Le cortége s'arrêta devant le palais de justice, et toute la bande grimpa un petit escalier au-dessus duquel est écrit, en gros caractères, ce terrible mot : Greffe.

Dans un bureau se trouvaient réunis le procureur du roi, un substitut, le juge d'instruction et le greffier.

« Vous avez assisté à l'incendie de la Mal-Bâtie, demanda le procureur du roi à M. Cancoin ?

— Oui, monsieur.

— Dites-nous tout ce que vous savez de cet événement. »

Cancoin peignit de son mieux l'incendie ; mais il fut interrompu dès le début de son récit par le procureur du roi, qui insista sur son arrivée à la ferme, sur la mort de l'enfant, sur la tristesse du père et de la mère, en un mot sur les *précédents* de l'affaire.

Ce ne fut que pressé de questions que le tonnelier pensa à la circonstance de la voiture, fait qu'il avait oublié et qui servait de base à l'accusation. Il ajouta qu'il avait entendu, ou cru entendre, dans son premier sommeil, le roulement d'une voiture sortant de la ferme ; mais il pensait avoir rêvé. Seulement, le lendemain, il avouait son étonnement d'avoir vu ramener, par des paysans, sa voiture attelée et chargée de tonneaux, fait que dans le trouble des événements il n'avait pas cherché à approfondir.

En faisant cette déposition, Cancoin sentit un nuage passer sur ses yeux. Il comprit alors pourquoi on l'interrogeait ; il comprit que le fermier était accusé d'avoir incendié sa ferme, il comprit que devenu le principal accusateur, il fournissait des armes contre le malheureux Grelu. Il eût voulu rétracter ses paroles, mais déjà elles étaient inscrites sur le registre du greffier.

L'interrogatoire dura deux heures, après quoi le tonnelier demanda l'autorisation de retourner chez lui.

« Faites immédiatement transporter à la prison le sieur Grelu, dit le procureur du roi aux gendarmes.

— Mais, monsieur, ce pauvre homme est dans un état pitoyable, s'écria Cancoin.

— Il y a à la prison une infirmerie. Monsieur le commissaire, veillez à ce que le prévenu ne puisse communiquer avec personne.

— Puis-je m'en retourner ? demanda Cancoin.

— Non ; vous allez partir avec nous pour visiter le théâtre du crime et nous guider dans l'instruction. »

Les chevaux, qui avaient été commandés pendant l'instruction, étaient arrivés avec la voiture sur la place du Palais-de-Justice ; le procureur du roi, le juge d'instruction, le greffier et Cancoin y montèrent.

Pendant la route, le tonnelier resta muet ; il réfléchissait à l'immense malheur qui s'était abattu en un jour sur les fermiers de la Mal-Bâtie, et il oubliait ses propres infortunes en songeant à celles d'autrui. Il se refusait à croire le fermier coupable ; mais les faits semblaient tellement convaincants qu'il était impossible de les nier.

La voiture qui emmenait à grande vitesse les principaux acteurs de cette instruction criminelle arriva à la Mal-Bâtie en peu de temps. Cancoin désigna la maison où le fermier avait été déposé, ce qui motiva de nouveaux interrogatoires des paysans, dont la déposition était importante, quoiqu'ils n'eussent assisté qu'à la fin du désastre. Ils répondirent tous que le tonnelier leur avait dit que Grelu était absent de la ferme lors de l'incendie.

La fermière n'avait pas reparu. La commission d'instruction se transporta vers le lieu de l'incendie. Quatre principaux murs étaient encore debout, lézardés et noircis par les flammes. Le feu n'était pas éteint et couvait sous le fumier, sous des débris informes, mutilés et salis, d'où sortait une fumée noire et épaisse. Le procureur du roi ordonna des fouilles, espérant trouver quelques indices épargnés par l'incendie. Il voulut aussi s'assurer de la mort de la fermière; mais le feu avait sans doute réduit en cendres les ossements de la femme et de l'enfant.

En même temps, le juge d'instruction était allé à la porte charretière, pour essayer de découvrir quelques traces de pas. Le terrain de ce pays est formé de cailloutis et de sable qui ne garde pas, même dans les pluies, trace de passage : toutes les recherches furent vaines. Seul, un paysan, nommé Picou, fit une déposition longue et emmêlée qui tint trois heures en éveil le greffier et le juge d'instruction.

Les membres du tribunal allaient repartir, lorsqu'une voiture qui semblait venir de Dijon, s'arrêta. C'était l'inspecteur de *la Vigilante*, compagnie d'assurance contre l'incendie. Il s'adressa d'abord au procureur du roi, et demanda à l'entretenir en secret. Si le ministère public parle toujours contre l'accusé, les compagnies d'assurance jouent le même rôle en matière d'incendie. On voit fréquemment, en cour d'assises, le danger que courent les gens accusés d'assassinat qui, dans leur jeunesse, étaient paresseux au collége. Les *pensums* alors deviennent, dans la bouche du ministère public, de nouvelles preuves que l'accusé est coupable de vol ou d'assassinat. Les gens assurés, dont la maison brûle, sont dans le même cas que les prévenus, déclarés paresseux dans leur jeune âge. Pour peu qu'on ait fait assurer sa maison de quelques centaines de francs au delà de sa valeur, il y a, suivant les compagnies d'assurance, preuve évidente de crime.

Grelu se trouvait malheureusement dans ce cas. Le directeur de *la Vigilante* déclara que la Mal-Bâtie était assurée au double de sa valeur ; dès lors l'accusation devint plus fondée contre Grelu, la cause de l'incendie étant trouvée.

IV

Comment le brave Guenillon trouva une femme sauvage.

Quand la fermière se vit seule sur un chemin avec le cadavre de son enfant, la tête lui tourna. Elle comprit qu'elle n'avait plus de toit pour reposer en paix, qu'elle n'avait plus de fils à caresser. Il fallait rendre à la terre ce corps si chéri ! La Grelu se sauva, tenant son enfant serré dans ses bras.

Le pays, par là, est d'une telle infertilité que les hommes ont désespéré d'en tirer parti ; à part la Mal-Bâtie, on n'y rencontre ni villages, ni hameaux, ni maisons, ni hommes, ni plantations. La fermière marcha pendant toute une journée sans rencontrer âme vivante. Elle arriva, après cette marche fiévreuse, à un bois touffu qui appartient à la commune de Dijon et qui pousse au hasard. Aussi est-il plein de broussailles, d'épines, de plantes grimpantes, qui le rendent difficile à traverser.

La Grelu s'y hasarda, ne craignant pas de laisser accrochés aux épines des morceaux de sa jupe : seulement elle pressait l'enfant contre son sein pour qu'aucune branche ne lui déchirât la figure. La nuit vint. La pauvre femme parlait à son enfant comme à l'ordinaire, oubliant qu'il était mort. Elle le berça en lui chantant ces douces monotonies que toutes les mères savent d'instinct. Puis elle se débarrassa de sa jupe, enveloppa l'enfant dedans et le coucha sur ses genoux.

Peut-être eût-elle dormi plus longtemps, si elle n'eût été réveillée par un singulier incident.

Une pie, perchée sur l'arbre au pied duquel la mère dormait, avait tout vu. Cette pie resta tranquille toute la nuit; mais le matin, ne pouvant plus garder le secret, elle alla réveiller ses compagnes en leur tenant un long discours, à la suite duquel les oiseaux curieux vinrent voltiger au-dessus de la fermière en poussant des cris qui semblaient des commentaires sur l'étrangère et son enfant. Peu à peu, les pies s'enhardirent, descendirent d'une branche, de deux, de trois, de cinq, et arrivèrent au tronc. L'une d'elles s'aventura jusqu'à voltiger au-dessus de la Grelu ; les battements d'ailes réveillèrent en sursaut la pauvre mère. Elle jeta un cri ; les pies s'enfuirent à tire-d'aile.

Alors la triste vérité se fit jour dans le cœur de la Grelu; elle regarda longuement son enfant et poussa de tristes soupirs. Elle comprit que son enfant était mort, et elle frissonna, car elle crut que les oiseaux voulaient déchiqueter son cadavre. Jamais mère n'eut si grand courage que la Grelu; sa douleur lui donna des forces. Elle arracha un jeune arbre déjà robuste, et s'en servit pour labourer avec acharnement le gazon.

Quand le gazon fut enlevé, la mère fouilla la terre avec ardeur, enfonçant ses ongles dans la terre humide et la rejetant de côté.

A la tombée du jour, la fosse fut creusée. La Grelu se jeta sur l'enfant froid et l'arrosa de ses larmes; puis elle le prit avec précaution et le coucha dans la fosse.

Quelques rayons de soleil couchant se glissaient dans les éclaircies du bois et atténuaient le sombre vert du feuillage. La Grelu, à genoux près de la fosse fraîchement creusée, priait Dieu pour l'âme envolée de l'enfant dont les deux mains étaient croisées sur la poitrine. Après une heure de prières, la fermière donna un dernier baiser à son enfant; puis lentement elle jeta sur le corps des poignées de terre. Seule, la figure du petit mort, qu'une poignée de terre aurait suffi à couvrir, resta à l'air; mais la Grelu, avant d'enterrer son fils, contempla une dernière fois les traits de son visage, après quoi elle couvrit la figure d'herbes et de terre.

Elle eut le courage de piétiner la terre sur le corps de l'enfant, afin qu'il ne fût pas déterré par les animaux. Alors la fermière se coucha sur cette tombe, attendant elle-même la mort. La mort ne vint pas; elle envoya la faim, mille fois plus cruelle. Combien de suicidés ont senti, au dernier moment, leurs mouvements contractés par l'instinct de la conservation, qui fait dévier l'arme mortelle!

N'en est-il pas de même des chagrins les plus cuisants?

La Grelu erra toute la nuit, déchirant ses vêtements aux branches, ne trouvant pas d'issue à ce bois, mangeant des feuilles d'arbres. Vers le matin elle arriva sur la lisière, et se jeta avec avidité sur des feuilles d'oseille sauvage qui poussait au hasard.

Elle entendit le chant d'un homme qu'on ne voyait pas, et prêta l'oreille à ces sons humains qui lui étaient étrangers depuis deux jours. L'homme semblait approcher; la chanson devenait plus bruyante. Bientôt la Grelu distingua quelques paroles, et elle voulut fuir; mais ses forces l'avaient abandonnée, et elle retomba sur le gazon.

L'homme qui tournait l'angle du bois fut surpris de voir une femme presque nue dans un endroit si peu fréquenté. Cependant s'étant approché :

« C'est la Grelu.... Qu'est-ce qu'elle fait là? » dit-il en voyant qu'elle était sans connaissance.

Il prit sa gourde, la déboucha et en versa quelques gouttes sur les lèvres de la fermière. Cette liqueur éveilla les sens de la malheureuse mère, qui ouvrit de grands yeux effarés. Voyant qu'elle était trop faible pour marcher, l'homme la prit sous son bras et la porta plutôt qu'il ne la conduisit.

Il lui faisait des questions sans nombre, auxquelles la Grelu ne répondait pas.

Cet homme était Guenillon, que tout le Dijonnais connaît, comme le dernier représentant de ces bardes populaires que la Monnoye appelait « des chantres forts en gueule. »

Guenillon portait le nom de son costume. Sa *gipe*, sorte de souquenille large, avait autant de trous qu'une écumoire : les *marronnières* de Guenillon conservaient tout au plus la décence; mais l'homme se faisait pardonner sa pauvreté de vêtements par sa bonne humeur! Nul ne savait, à vingt lieues à la ronde, autant de chansons, autant de noëls. Jamais un cabaretier ne voulut recevoir un sou de Guenillon en payement de la *pitainche* (petit vin) qui arrosait sa joyeuse voix. On était trop heureux de lui entendre chanter le *Coupau*, une vieille gaudriole de nos pères, dont Molière seul pourrait donner la traduction.

Guenillon comprenait à merveille toutes les jouissances de la vie. Quand il avait débité ses chansons et ses *Armonacs borgaignons*, il se mettait à table avec cette bonne volonté de mangeur que la Monnoye a dépeinte dans ce couplet :

> Voisin, c'est fait,
> Les trois messes sont dites;
> Deux heures ont sonné,
> Le boudin est cuit,
> L'andouille est prête, allons déjeuner.

On peut aimer la grosse boisson et la forte nourriture sans être un malhonnête homme. Guenillon était la crème des braves gens. Poëte et faiseur de chansons un peu brutales, il comprenait la bonne et franche poésie, la poésie naïve.

L'hiver, Guenillon se retirait dans son village, près de sa femme et de ses enfants, pour composer des chansons et manger ses économies de la belle saison. Aux premiers beaux jours, il se remettait bravement en route, le sac au dos, des rames de *canards* dans le sac, pour enchanter les oreilles de ses compatriotes.

Guenillon comprit instinctivement la douleur de la fermière et la respecta en ne chantant plus. Il avait toujours été bien reçu à la Mal-Bâtie, et plus d'une fois il avait essayé de faire sourire le petit garçon des Grelu, qui était plutôt mélancolique que gai.

Cependant la fermière, même en se soutenant sur Guenillon, ne pouvait plus marcher; le chanteur se douta qu'elle avait faim. Il s'arrêta, fit asseoir la pauvre femme et débrida son sac.

La Grelu se jeta sur le pain noir qui représentait tout le dîner du colporteur.

« Bah! dit-il, nous arriverons bientôt à la ferme. »

Et il reprit le bras de la pauvre femme.

La Mal-Bâtie se voit de loin et se reconnaît à ses toits élevés qui dominent les pauvres chaumières environnantes. Par hasard Guenillon leva la tête et remarqua avec surprise l'absence des grands toits et du pigeonnier.

« Ah! Seigneur, dit-il, qu'est-ce que je vas apprendre? »

N'osant pas aller plus loin, fatigué d'avoir traîné la fermière par les chemins, il frappa à la première cabane dont, par hasard, le loquet ne s'ouvrait pas.

« Qui est là? demanda une voix à l'intérieur.

— Guenillon, » répondit le colporteur, étonné de voir un paysan qui fermait sa porte.

La chaumière s'ouvrit et laissa passer la tête du paysan Picou, qui poussa un cri de terreur en voyant Guenillon accompagné de la fermière. A vrai dire, la pauvre femme était si pâle, si défaite, et ses vêtements si mal *accoutrés*, qu'elle semblait revenir de l'autre monde.

Picou, comme beaucoup de paysans, croyait que la Grelu avait été brûlée dans l'incendie de la ferme.

« Allons, lui dit Guenillon, ouvre ta porte grande; quand tu resteras comme un flandrin à nous regarder, tu vois bien que la fermière est malade. »

Picou fit la grimace. Il n'avait pas la mine d'un homme qui aime à rendre service; cependant il céda aux instances de Guenillon en l'aidant à déposer la Grelu sur un grabat fait d'un matelas de feuilles sèches et d'une mauvaise couverture.

« Raconte-moi donc ce qui est arrivé à la ferme? demanda le colporteur.

— Je ne sais rien, dit Picou.

— T'en sais toujours plus que moi, Roussin, dit Guenillon, qui n'aimait pas le paysan et se plaisait à lui donner un sobriquet que la couleur de ses cheveux motivait.

— Ah! *nom dé gu!* si j'avais su que tu venais ici pour m'embarguigner, je n'aurais point ouvert ma porte.

— Aussi, dit Guenillon, il faut toujours te prier pour mettre ta langue en train.... Où est-ce qu'est Grelu?

— A l'ombre.... à la prison de la ville.

— En prison! s'écria Guenillon.... Pourquoi donc? »

Pressé de questions, Picou entra dans quelques détails sur l'incendie, s'étendit sur la visite des juges et sur la culpabilité certaine du fermier.

« On lui coupera le cou, dit-il comme conclusion; et il ne l'aura pas volé.

— Comme tu y vas! dit Guenillon. Grelu est un brave homme.... Il n'est pas possible qu'il ait mis volontairement le feu à la ferme, à moins que ce ne soit de chagrin. »

Picou fit la moue.

« Ah çà, dit le colporteur, tu lui en veux donc beaucoup à ce pauvre Grelu.... Il faut avouer que tu es un fier rancunier....

— C'est bien fait, dit Picou, le mal retombe toujours sur la tête des mauvais. Est-ce qu'il ne m'a pas fait passer dans le pays pour un voleur?

— Grelu n'avait pas tort, dit le colporteur; j'aimerais quasiment mieux voir dans ma basse-cour un renard que toi. Pourquoi aussi allais-tu lui dérober ses poules?

— C'est pas vrai, dit Picou.

— Dame, il paraît que le tribunal de Dijon a jugé le contraire, puisqu'il t'a condamné à huit jours de prison.

— M'en parle pas des juges; ils condamnent à tort et à travers. Ils se disent : un pauvre paysan de plus ou de moins, qué qu'ça fait.... Va, je les ai toujours sur le cœur, leurs huit jours de prison. Et c'est pas aux juges que j'en veux le plus....

— C'est à Grelu, dit Guenillon; tu as tort, tu volais son bien : car enfin, des poules, c'est du bien comme de la terre.... et, Dieu merci, le fermier a fait tout ce qu'il a pu au tribunal pour t'empêcher d'être condamné.

— Laisse donc, c'est un faux.... Il m'a dénoncé en dessous main, et puis, devant les robes noires, il a fait l'hypocrite.... le gredin! »

En disant ces mots, Picou montrait le poing; sa colère, réveillée par le colporteur, s'attisait comme si on eût soufflé dessus. Ses cheveux roux prenaient une teinte sinistre. Défiez-vous des roux, surtout de ceux qui ont sur les joues de petites excroissances de chair, où la méchanceté tapie a donné naissance à de petits bouquets de poils couleur de feu.

Picou rasait soigneusement, contre l'habitude des paysans, ses lèvres et son menton; mais il semblait entretenir avec jouissance ces poils longs, sales et inégaux, jetés sur ses joues comme par hasard, et qui semblaient de mauvaises herbes semées par le vent sur le premier mur venu.

Tout en parlant, Picou trouvait un certain plaisir à friser ces quatre poils, ainsi que d'autres caressent une belle barbe. Les yeux vitreux de ce paysan étaient traversés de points verts, des gouttes de fiel. Quand il parlait et que la peau de son masque mobile mettait en mouvement les bouquets de poils, Picou était d'une physionomie odieuse et criminelle.

« Je te laisse un moment, dit le colporteur; j'ai à voir quelques-uns des voisins.

— Tu ne les trouveras pas, dit Picou; ils sont aux champs.

— J'irai aux champs, reprit Guenillon.... Dis donc, je peux coucher cette nuit chez toi?

— Dans quoi? dit Picou.

— Nous étendrons une botte de foin par terre; n'aie garde, je ne te causerai pas d'embarras. Demain matin, au petit jour, je pars pour Dijon et j'emmène la fermière.... Faut espérer qu'elle ira mieux.... Surtout tâche de ne la point réveiller. »

Guenillon s'en alla aux champs, et rencontra les manouvriers voisins de la Mal-Bâtie, qui lui racontèrent, les larmes aux yeux, le peu qu'ils savaient du désastre. Ces gens ne trouvaient une faible occupation qu'à l'aide de la ferme; l'incendie, comme dit l'un d'eux, leur ôtait le pain de la bouche.

« Sarquedieu ! dit le colporteur, Picou en sait plus long que vous sur le malheur !

— C'est drôle, répondit une femme, il est arrivé en même temps que nous au feu, à moins qu'il n'en invente ; il faut se méfier de ses histoires.

— Moi, dit un paysan, en une minute j'ai eu tout dit au juge; mais Picou a resté, pour le moins, trois quarts d'heure. »

Le colporteur mangea la soupe avec ces braves gens, et retourna, vers le soir, à la cabane de Picou, qui était assis, fumant. Guenillon tira de sa poche un tronçon de pipe, et se mit à fumer en face du paysan; de temps à autre, Guenillon regardait Picou d'une façon indifférente, ce qui semblait contrarier le paysan.

Le marchand de chansons rompit le premier le silence.

« A quoi que tu penses quand tu ne penses à rien ? » dit-il ironiquement à son compagnon.

Picou ne répondit pas à cette facétie.

« Je gage une chopine que tu penses au feu ?

— Eh ! dit Picou d'un ton de colère, tu me scies avec ton feu.... Qu'est-ce que ça me fait à moi ? J'ai assez de m'occuper de mes affaires.

— Je comprends ça, dit Guenillon; on a souvent des affaires plus embrouillées qu'on ne croit.

— Çà, dit Picou, vas-tu bientôt cesser tes propos ! Qu'est-ce que tu as l'air de parler d'affaires embrouillées ?

— Rien, Roussin, je parle en général; tant pis pour celui qui relève la pierre, c'est qu'elle lui a fait mal.

— Je ne te comprends pas, dit Picou, inquiété par les paroles mystérieuses du colporteur. Tiens, je vas me coucher; demain matin il faut que je sois dès quatre heures aux champs, et j'ai juste le temps de faire un somme.

— Je me couche aussi, dit Guenillon ; auparavant, je veux voir si la Grelu n'a besoin de rien pour cette nuit. »

La fermière, épuisée par la fatigue, dormait profondément. Cependant son sommeil était agité, sa respiration précipitée le prouvait. Le marchand de chansons revint vers Picou, déjà étendu sur la paille. Dans ce moment le soleil donnait une teinte de feu aux pauvres murs de la cabane du paysan. Picou avait les yeux fermés.

« Tu dors, Picou ? demanda le colporteur.

— Oui, laisse-moi en repos.

— C'est qu'on dirait qu'il y a des flammes ici. »

Ces quelques mots firent tressauter sur la paille le paysan, qui regarda tout à coup fixement Guenillon, et s'écria :

« Oh ! mon Dieu ! pardon.... »

Il s'arrêta brusquement, et reprit d'un ton plus tranquille :

« Ce n'est pas vrai, menteur de Guenillon, c'est le soleil.... Que tu es bête de me faire des peurs pareilles !

— Tu demandais pardon à Dieu, tout à l'heure; pourquoi ?

— Moi ! dit Picou en feignant la surprise.

— Certainement, toi, Roussin.

— Je ne me le rappelle déjà plus.... Et puis, quand ça serait, rien de plus naturel; tu cries au feu : il y a déjà eu le feu la nuit passée ; ça serait pire qu'un sort jeté sur le pays. Il y a de quoi avoir peur.

— Tu as raison, Picou, dit le colporteur en s'étendant près du paysan sur la paille. Va, dors tranquillement sur tes deux oreilles, et n'aie point peur du feu ; des accidents ne se voient point tous les jours, et, à moins que quelqu'un ne s'amuse à nous faire rôtir cette nuit.... il y a de méchantes gens partout.... nous nous lèverons demain bien portants. »

Picou, pour échapper aux discours de Guenillon, ne répondit pas. De son côté, le marchand de chansons cessa de parler. Bientôt un calme profond régna dans la cabane du paysan. On n'entendait d'autres bruits que ceux causés par les ronflements du colporteur, aussi réguliers que le tic-tac d'une horloge.

Deux heures à peine s'étaient passées que Picou se leva avec précaution du méchant grabat qu'il partageait avec le colporteur; il étendit d'abord les mains par terre pour être sûr de ne pas rencontrer de fétu de paille qui aurait pu grincer en s'écrasant sous ses pieds. Quand il fut debout, il s'arrêta quelques instants, étudiant la régularité de la respiration de Guenillon ; puis il marcha droit à la fenêtre.

En ce moment la lune illuminait la partie de la chambre où était situé le lit du colporteur.

Le brave homme, qui avait passé une rude journée, dormait de ce bon sommeil qui annonce une âme tranquille; ses grosses lèvres rouges étaient à demi ouvertes et laissaient passer un souffle pur comme son cœur. Picou, les dents serrées, la figure blême, semblait jaloux du repos de Guenillon.

Le paysan alla vers une armoire boiteuse qui renfermait sa défroque : une blouse, un pantalon de toile, un bissac. Il s'habilla lentement pour ne pas réveiller le dormeur; entre chaque vêtement il laissait un moment de repos. La toilette, quoique interrompue, fut vivement faite. Dans un coin de la chambre était un four abandonné. Picou enleva avec précaution le couvercle de ce four et s'y glissa comme un serpent; puis il en sortit pour prendre au mur une hachette destinée à fendre le bois. Il parut alors plus satisfait, et se remit en mesure de s'introduire dans le four.

La paille cria, Guenillon se retourna; Picou fit un bond et accourut vers le lit, la hache levée. Il croyait que le colporteur était réveillé; mais il s'aperçut que son alarme était fausse et continua ses recherches. A peine était-il dans le four qu'on put entendre, au milieu du calme, un bruit d'argent. Picou reparut tenant dans ses bras un sac, qu'il serrait contre lui comme s'il avait renfermé les richesses du Pérou.

Il alla doucement vers la porte, souleva le loquet avec précaution, l'ouvrit de façon à ne pas faire crier les gonds, puis disparut.

V

La prison.

Aussitôt après son arrestation, Grelu fut conduit à la prison de Dijon et mis au secret. Le fermier se laissa mettre les menottes comme s'il eût été privé de sensibilité; il ne parlait pas et regardait le guichetier sans le voir.

Il comparut devant le juge d'instruction, répondit par un signe affirmatif de tête à toutes les questions qu'on lui posait, avoua son crime à la première interrogation, et signa sans le lire le papier qu'on lui présentait.

Le *secret* est un cabanon sous terre, une sorte de cave humide où le jour pénètre à peine par un étroit soupirail grillé. C'est là que fut enfermé Grelu. Pour lit, il eut une botte de paille, encore froissée par le dernier condamné sorti de là pour aller à l'échafaud.

Les murs du cachot ne portaient pas même les ornements ordinaires des prisons, illustrations grossières et cyniques que produit le désœuvrement des accusés; car ce cabanon était de ceux où on n'entre qu'accusé ou condamné. Les accusés habitants de l'endroit étaient presque condamnés d'avance. Seuls, les *gros* crimes y logeaient, et ils n'y logeaient que *bridés*. Peut-être préférera-t-on *bouclés;* les deux mots se valent.

Grelu fut assis par deux geôliers sur la paille, et resta sans mot dire pendant cinq heures, les mains sur sa poitrine, les yeux tournés vers le soupirail, regardant avec convoitise les quelques miettes de jour qui n'entraient qu'à regret dans ce lieu humide. Peut-être pensait-il en ce moment à sa ferme brûlée, à son enfant mourant, à sa femme désolée, au paysage sablonneux de la Mal-Bâtie!

Après quelques heures de torpeur, il se remua et essaya de changer de position. Le malheureux fermier était brisé de fatigue; mais il est difficile de se retourner quand les jambes sont séparées par une barre de fer, et que les mains sont jointes par des poucettes. L'accusé n'a qu'une position à garder : rester immobile couché sur le dos.

« Mon Dieu, vous qui me voyez et qui m'entendez, s'écria Grelu, je m'accuse d'être la cause de tous nos malheurs.... Je me suis laissé aller au découragement au lieu d'avoir travaillé ferme. Je suis bien puni, mais je le mérite, ô mon Dieu! Faites seulement que ma femme ne soit pas trop malheureuse et qu'elle ait le courage de supporter l'adversité comme je la supporte.... »

Grelu en était là de sa prière, lorsque des grincements de la serrure lui annoncèrent un visiteur. C'était le geôlier.

« Eh bien? dit celui-ci, comment vous trouvez-vous dans votre petit local?

— Grelu secoua la tête.

— Il faut prendre patience; dans une huitaine, quand l'instruction sera terminée, on vous changera d'appartement.... Vous verrez comme vous serez bien; c'est un palais à côté d'ici. Il faut avoir mangé longtemps du pain noir pour savoir jouir du pain blanc; vous aurez quasi un vrai matelas, avec de la vraie laine, pourvu toutefois que vous ayez quelque monnaie en poche.

— Je n'ai pas d'argent, dit le fermier, et, si j'en avais, je le ferais passer à ma femme.

— Vous êtes encore bon de penser à ceux qui sont au soleil, dit le geôlier. Je n'ai guère connu de prisonniers pareils à vous; ceux qui ont un peu de monnaie la boivent, rien que pour se remonter le moral; aussi ils sont pleins de joie après. Ils vous chantent des chansons comme des chardonnerets; ils oublient la cage, ils oublient les juges : j'en ai connu qui oubliaient monsieur coupe-tête. »

Grelu aurait voulu que le bavard geôlier le laissât à ses réflexions au lieu de se livrer à ses propos grossiers.

« Il n'y en a qu'un, continua le geôlier, qui est continuellement triste dans notre paroisse.... C'est un imprimeur, un libraire, un marchand de papiers, je ne sais quoi, enfin, qu'est enfermé ici pour dettes. Ça n'a pas un sou vaillant, et ça fait le fier. Monsieur ne parle pas aux prisonniers; il me répond à peine, comme s'il n'était pas aussi coupable que les autres.... Est-ce qu'il n'a pas fait tort d'argent à beaucoup de gens? Que ce soit en volant ou en dansant, c'est toujours la même chose. Il écrit toute la journée sur des carrés de papier.... A quoi ça lui sert, je me le demande. Si encore il avait pris un logement à la pistole, mais rien; il serait désolé, l'homme à la dette, de me faire gagner un liard.... Vous ne vous douteriez pas comment il passe son temps : à apprendre à lire aux jeunes détenus. Il faut en avoir du temps de reste, de s'occuper de ces beaux pages qui finiront au bagne.... M. le préfet est venu l'autre jour visiter la maison; il a interrogé tous les prisonniers; l'imprimeur l'avait tellement enjôlé, qu'il avait l'air de le plaindre.... Je crois, Dieu merci, que M. le préfet lui a fait des compliments sur ses leçons de lecture. En sortant, il m'a recommandé d'avoir des égards pour lui. Je t'en donnerai des égards, que je me suis dit.... Il aime à fumer, l'imprimeur, ça le distrait; mais il y a un arrêté qui défend de fumer dans la prison.... on peut mettre le feu; et puis ça amuse trop : si on était ici comme chez soi, amenons les violons alors. Tout le monde voudrait demeurer en prison; parbleu, il y a assez de *faignants* sur la terre qui seraient heureux d'être nourris, chauffés, logés, blanchis.... Mais j'ai mis ordre à tout; j'ai empêché le tabac d'arriver jusqu'à l'imprimeur. Ah! j'ai été vengé. Notre homme est deux fois plus triste qu'auparavant.

— Ce que vous avez fait là est mal, dit Grelu, et vous ne devriez profiter de votre position que pour tâcher d'adoucir le sort des malheureux prisonniers.

— Ma parole, vous me faites rire, dit le guichetier; vous parlez là comme un curé. On ne dirait guère, ma foi, que vous êtes au secret; si je fermais les yeux, je croirais que je suis à confesse, et que la robe noire tâche de me rappeler mon *Pater*. »

Le fermier fit un brusque mouvement; il avait oublié ses fers, il aurait voulu se lever pour jeter le misérable à la porte.

« Laissez-moi, dit-il. Si vous venez ici pour faire entendre vos injures contre les prêtres et contre les malheureux, je ne suis pas disposé à vous entendre.

— Ah! c'est comme ça que vous êtes aimable? dit le guichetier; eh bien! on vous en donnera de la conversation.... A partir d'aujourd'hui, je n'ouvre plus le bec. Nous verrons combien durera votre envie de causer avec les murs. »

VI

La famille Cancoin.

La boutique du tonnelier se trouve dans la rue Cadet, une des plus étroites ruelles de Dijon : les gens riches de la ville n'habitent pas là. Deux grands ormes verts qui sont plantés près des barrières, car les voitures n'y passent pas, donnent un aspect joyeux à ces habitations de pauvres gens.

Un puits est devant la maison du tonnelier, la corde suspendue à une élégante grille de fer ouvragé. Autour du puits, un amas de sable permet aux enfants du voisinage de *faire la cutimbló* (la culbute).

Alors la rue est égayée par les cris de tous les marmots. De temps en temps une tête de femme paraît aux fenêtres : c'est une mère qui veille sur son enfant, et l'admire dans ses ébats.

La Cancoin sortit tout à coup de sa boutique enfumée, où le jour se perdait dans le ventre de grandes cuves.

« Allons, les enfants, dit-elle, à la *papôte!* »

La tonnelière tenait à la main une vaste gamelle remplie de bouillie dont l'odeur fit lever en l'air tous les petits nez roses.

La Cancoin était de cette race de grandes et solides femmes qui donnent envie de goûter de leur cuisine. Ces grosses personnes à plusieurs mentons n'ont jamais laissé le chagrin se loger dans les plis et dans les fossettes de leur chair. A la bonne heure, la joie! Voilà le meilleur des fards!

Les enfants, groupés autour de la Cancoin, recevaient, chacun à son tour, une énorme cuillerée de papôte, dont quelques gouttes s'étalaient sur leurs joues; mais ils n'y regardaient pas de si près.

Cancoin apparut au bout de la rue, en costume de travail, les marteaux passés dans sa ceinture; il avait la mine chagrine.

« Qu'est-ce que tu as, mon homme? dit la tonnelière. Est-ce que l'affaire du fermier s'embrouillerait?

— Ce n'est pas ça; le pauvre homme est assez à plaindre.... Mais il s'agit d'Alizon.

— Quoi, Alizon? dit la Cancoin.

— Il y a que notre fille est grande, jolie, et qu'il faut la surveiller.

— Est-ce qu'elle aurait donné à parler?

— Je ne sais pas, je ne veux pas savoir; seulement le voisin Catoire m'y a fait penser aujourd'hui. Il paraîtrait qu'à sa couture elles ont toutes un amoureux; quand je dis amoureux, je suis bien honnête. Si Alizon remarquait un brave ouvrier, un garçon honnête, je la laisserais faire, parce qu'enfin on est jeune. Nous deux, femme, nous nous sommes connus de la sorte, et nous nous en sommes bien trouvés; mais on me dit que des jeunes gens riches, des avocats, des clercs d'avoué, des commis de boutique attendent tous les soirs à la porte de la couture, et ça ne me va pas.

— Je le crois bien, dit la Cancoin.

— Je ne veux pas qu'Alizon devienne une gaudrille.... Je lui tordrai le cou plutôt!

« Malheureux ! c'est vous qui avez perdu mon mari ! » (Page 22, col. 1.)

— Allons, mon homme, voilà que tu exagères. Alizon est une brave fille incapable de mal agir; parce qu'on t'a dit un mot en l'air, ce n'est pas une raison.

— C'est égal, dit Cancoin, il vaut mieux prendre des précautions : la jeunesse se laisse si vite tourner la tête; il ne faut qu'un moment. Quel mauvais exemple, si Alizon se laissait entraîner à mal ! Ses sœurs le sauraient plus tard. Quand une brebis a sauté le fossé, toutes y passent.

— Au fait, la voilà, dit la tonnelière; demande-le-lui plutôt à elle simplement.

— Elle est avec quelqu'un, » reprit Cancoin.

Alizon venait de paraître à un bout de la rue Cadet, donnant le bras à une grande femme pâle et souffrante, qui s'appuyait aussi sur le bras de Guenillon.

« C'est la fermière ! s'écria Cancoin. Comme elle a l'air exterminé ! Vite, femme, prépare un lit pour elle.

— Bonjour, Cancoin, dit Guenillon, je vous amène la femme à Grelu.

— Et vous avez bien fait.

— A-t-elle besoin de manger quelque chose, de se rafraîchir? dit la tonnelière ; elle a la mine à l'envers.

— Non, dit Guenillon, nous sommes venus en voiture de la Mal-Fichue; elle est abattue, mais seulement de chagrin.

— Eh bien ! je vais préparer un lit pour elle, dit la tonnelière.... Vous mangerez bien la soupe avec nous, monsieur Guenillon.

— V'là bien de la gêne que je vous donne.

— Mais non.... sans façon.... Cependant, je vous préviens qu'il n'y a pas grand'chose à dîner.

— Parbleu ! dit Guenillon, ne dirait-on pas que je suis un prince, et qu'il me faut des assiettes d'argent? Un peu de pain, du fromage, une bouteille avec des amis pour trinquer, me voilà heureux. »

La tonnelière amena la Grelu, qui continuait à garder un silence profond, plus chagrinant que ses larmes. Alizon aida sa mère. Pendant ce temps, le colporteur interrogeait Cancoin sur ce qu'il avait vu la nuit de l'incendie, et sur ce qu'il savait de l'arrestation du fermier.

Cancoin s'étendit longuement sur l'incendie et raconta à Guenillon les charges nombreuses qui accablaient Grelu. A son tour, le colporteur dit comment il avait trouvé la fermière dans le bois et son immense désespoir.

« Mais l'enfant? demanda Cancoin.

— Je n'ai rien pu tirer de la bouche des paysans rapport à l'enfant. Il aura été brûlé.

— Que non, dit le tonnelier. Je l'avais déposé sur l'herbe à côté de sa mère; après le feu, on ne les a plus retrouvés ni l'un ni l'autre.

— Alors, dit Guenillon, je retournerai dans quelques jours à la Mal-Fichue, et j'essayerai de le retrouver. »

La tonnelière vint avertir que le dîner était prêt; et tous se préparèrent à manger. Guenillon, par ses propos joyeux, fit oublier à Cancoin ce qu'il s'était promis de dire à Alizon.

« Ah! dit Cancoin, que vous êtes heureux d'être toujours aussi *remargôtore* (enjoué)!

— Il faut savoir prendre la vie ribon-ribaine; j'aurais les yeux trop rouges si je m'inquiétais de demain. Vive la joie! dansons la tricotée, jetons nos sabots par-dessus les moulins. Tout ça n'empêche pas de compatir aux peines des autres, bien du contraire; seulement je dis que les hommes sont un peu lâches, et que s'ils me ressemblaient, ils chanteraient tous: « Vive la joie! »

— Votre femme doit être bien heureuse, dit la Cancoin.

— Eh non! c'est ce qui vous trompe. Ah! je n'ai fait qu'une bêtise de ma vie, ç'a été de prendre femme, surtout celle-là. Avec un autre homme, elle le forcerait à enterrer sa joie dans ses souliers. D'abord ma femme est maigre; je crois, Dieu merci, qu'elle est jalouse de ma graisse: comme s'il n'y en avait pas pour tout le monde! Eh bien! non, elle se figure que le bon Dieu a décidé dans sa caboche qu'il devait y avoir seulement tant de livres de graisse pour l'homme et pour la femme, et que moi j'ai tout pris sans lui en laisser. Quand je suis au cabaret, dans l'hiver, à boire une bonne pinte avec les amis, et que j'entends: « Guenillon, fainéant, paresseux! » il me semble qu'on jette du vinaigre dans mon vin. Ma femme n'est jamais contente de rien. Ma campagne terminée je rapporte quelques sous, vous croyez qu'elle va me sauter au cou.... Jamais! Elle se lamente! elle fait des comptes de Robert-mon-oncle pour deviner combien j'ai pu boire de pintes. Et puis elle me dit: « Travaille, fais des chansons, puisque tu ne sais pas d'autre état, fainéant. » Ah! la maupiteuse!

— On ne se douterait jamais de ça à vous voir, dit le tonnelier.

— N'est-ce pas? reprit Guenillon. Ma femme croit qu'on fait des chansons au coin de son feu, toutefois quand il y a du feu. Eh non! il faut le vin, il faut le cabaret, il faut les amis: alors ça coule, les vers viennent tout seul; mais aussi, quand Mme Guenillon me fait trop aller *de guingoi* (de travers) je lui administre sur les épaules une petite chanson avec des archets qui ne servent pas au violon. Vive la joie! Alors madame devient aimable pour une huitaine. »

Sans se le faire demander, Guenillon entonna le chant:

Les pauvres lavandières,
Au son de leur battoir,
En chantant à la rivière,
La tête au vent, les pieds mouillés;
Nous, devant le feu,
Pour le mieux,
Chantons-en jusqu'à minuit.

Les enfants de Cancoin s'étaient formés en groupe autour de Guenillon, et écoutaient avidement ces chansons à boire, qui prenaient un caractère jovial dans la bouche du chanteur.

« Eh! dit-il, les enfants, ça vous amuse. Je m'en vais vous donner quelque chose qui vous ira encore mieux. »

En même temps il alla chercher son sac déposé dans un coin, le déboucla, et en rapporta une immense image qui représentait la Passion. Aussitôt les petits enfants se rapprochèrent de lui: les uns montaient sur les bougeons de la chaise pour mieux voir; les autres montraient du doigt le groupe qui leur plaisait le plus. Tous ouvraient de grands yeux.

Après avoir étalé ses imageries coloriées, où le profane coudoyait le sacré, telles que *le Miroir du pécheur*, et *le Jardinier galant*, *le Royaume des Cieux* et *l'Arbre d'amour*, *les Sept Péchés capitaux* et *Isabeau et Colas*, Guenillon s'arrêta et dit:

« J'en ai gardé une pour la bonne bouche. C'est la plus belle; vous n'en avez jamais vu de pareille.

— Oh! montrez voir, s'écrièrent les enfants, séduits par le plaidoyer du colporteur.

— Eh bien! il faut que vous deviniez le sujet rien qu'à l'image.... »

Guenillon ayant déroulé la feuille:

« C'est Jacquemart! cria avec enthousiasme toute l'assemblée.

— Mme Jacquemart aussi!

— Ils ressemblent bien les Jacquemart,

— Vois-tu la grosse pipe de M. Jacquemart?

— Et puis les marteaux.

— On ne voit pas le petit Jacquemart, demanda avec anxiété un des enfants. »

En effet, cette image était de nature à provoquer

la joie de la famille Cancoin ; car la peinture brutale de l'image, sortie des imprimeries de Strasbourg, rendait vivement les statues coloriées de l'horloge de Notre-Dame de Dijon.

Quoique originaire de la Flandre, Jacquemart est en grande religion chez les Dijonnais.

Le duc de Bourgogne ayant enlevé cette horloge aux habitants de Courtrai, pour les punir d'avoir refusé de rendre à Charles VI les éperons dorés des chevaliers français tués sous ses murs, en 1312, depuis cette époque, Jacquemart et sa femme ont été naturalisés Dijonnais ; s'ils conservent le costume flamand, leur cœur est devenu français. Ils frappent les heures à Dijon avec le même zèle qu'à Courtrai. Aussi Changenet, un vigneron poëte du seizième siècle, a-t-il chanté les vertus et bonnes mœurs du ménage Jacquemart en vers francs qui encadrent d'ordinaire les gravures de Strasbourg.

Guenillon chanta cette poésie sincère, qui laisse bien loin les combinaisons savantes des poésies académiques :

Jacquemart de rien ne s'étonne :
Le froid de l'hiver, de l'automne,
Le chaud de l'été, du printemps,
Ne l'ont su rendre mécontent.
Qu'il pleuve, qu'il neige, qu'il grêle,
Il a sa tête dans son bonnet
Et les deux pieds dans ses souliers.
Il ne veut pas sortir de là.

Guenillon dit tous les couplets du vigneron Changenet, au grand contentement des Cancoin. Mais il fut interrompu par un des garçons qui avait déjà demandé des nouvelles du petit Jacquemart, et qui répéta sa question.

Il est bon de dire qu'on voit aujourd'hui, à l'église de Dijon, un enfant tout nu qui est chargé de frapper les quarts d'heure, les demies et les trois quarts sur de petites cloches appelées en patois *dindelles*. Le graveur en bois qui a taillé les images de Strasbourg sans avoir un vif sentiment de l'art, a supprimé le fils de Jacquemart. Et il a eu raison ; car ce petit dénudé a été rajouté au *Jaccomachiardus* vers le commencement du seizième siècle.

Guenillon n'en savait pas si long en archéologie :

« Ma foi, dit-il, on a retiré le petit Jacquemart parce qu'il avait trop froid.

— Mais, reprit un des enfants, poussant son raisonnement jusqu'au bout, qui est-ce qui sonnera sur la *dindelle?*

— Mme Jacquemart, répondit sans hésiter Guenillon, qui, sans s'en douter, détruisait, par cette réponse, tout le savant mécanisme de l'horloge.

— Malheureusement, dit Cancoin, il n'est pas consigné dans votre chanson, que Mme Jacquemart a perdu le mois dernier sa boucle d'oreille. C'est un fier anneau, allez ; en tombant, il a fait un trou dans le toit du savetier Givat.

— Et qu'est-ce qu'a dit de ça M. Jacquemart ? demanda Guenillon.

— Ma foi ! dit Cancoin, je n'en ai pas eu connaissance ; vous savez que Jacquemart n'est point causeur, et qu'il se ferait tuer plutôt que d'ôter sa pipe une minute de ses dents. On a retrouvé la boucle d'oreille dans une vieille botte de la boutique à Givat ; et ç'a été quasi une fête quand on l'a renfilée dans l'oreille de Mme Jacquemart. »

A peine Cancoin avait-il commencé l'histoire du ménage Jacquemart, que le bonhomme Blaizot entra. Il avait quitté ses habits printaniers, et apportait l'hiver dans les plis de sa vaste redingote.

« Oh ! oh ! dit-il, nous sommes en nombreuse société.

— A votre service, monsieur Blaizot, répondit le tonnelier. Femme, apporte une chaise.

— Je ne veux pas vous déranger, dit le bonhomme, je n'ai qu'un mot à vous dire, monsieur Cancoin. »

Le tonnelier savait d'avance le mot du bonhomme ; mais il l'engagea à s'asseoir, reculant ainsi le plus qu'il pouvait une explication avec son terrible créancier. Il espérait aussi que la présence de son propriétaire lui fournirait peut-être quelques bonnes raisons pour s'excuser du retard du payement.

« Comment vont les affaires ? dit Blaizot.

— Dame, monsieur Blaizot, vous savez, pas trop bien ; je voudrais pouvoir dire tout à la douce.

— C'est vrai, dit le reneuvier, que l'argent devient bien rare à Dijon.... On n'entend plus parler que de faillites. Ce n'était pas comme ça dans le temps. Les marchands d'aujourd'hui font leur possible, ma parole, pour arriver là. Ils mettent tout leur argent en pas de porte.... Je vous demande si leur marchandise en est meilleure.

— Vous n'avez pas tort, dit le tonnelier.

— Tâchez de voir, reprit Blaizot, que je commande une redingote d'hiver à ces tailleurs qui arrivent de Paris, et qui voudraient nous faire croire qu'ils ont été coupeurs chez le tailleur du roi.... Graine à niais, tout ça !... Jadis, j'avais le petit Carré, qui me faisait une redingote qui durait des six ans ; on n'en voyait pas la fin.... Du drap solide et beau ; il y avait la qualité et la quantité.... Eh bien ! maintenant que mon petit Carré est mort, jamais je ne trouverai à le remplacer. Malgré son honnêteté, il a laissé quelque chose à sa veuve. Voilà ce que j'appelle le bon commerce ; mais aussi le petit Carré n'avait pas une boutique avec six ouvriers fainéants ; il n'encadrait pas les carreaux de sa montre dans des tringles d'or. Aurait-il ri, mon pauvre petit Carré, ri de pitié, en voyant le nouveau tailleur qui vient de se loger sur la place, et qui vous a mis à sa porte un portrait à l'huile de grandeur naturelle, habillé comme un prince, plein de chaînes d'or !... N'est-ce pas une dérision ? Le plus souvent que j'entrerai là dedans ! Je me dirais avant : Blaizot, songe que ce portrait-là a coûté bigrement d'argent, et qu'on va te voler au moins deux aunes de ton drap pour payer un pied de peinture.

— Je l'ai vu tantôt pour la première fois, le portrait, dit Alizon ; il y avait beaucoup de monde amassé pour le regarder.

— Savez-vous, dit Blaizot, que vous avez là une belle fille, comme il n'y en a guère à Dijon ? J'ai été tout étonné quand elle est venue dernièrement chez moi.... Elle est sage, au moins. »

Cette dernière phrase réveilla chez le tonnelier le souvenir de la conversation de l'après-midi ; il fronça le sourcil.

« Vaudrait mieux, s'écria-t-il, qu'elle ne fût pas s ge ! »

Alizon rougit du compliment de Blaizot et du ton de voix de son père.

« Non-seulement, dit Guenillon qui n'avait pas soufflé mot depuis l'entrée du reneuvier, elle en a l'air, mais la chanson. Ça se voit bien dans les yeux, allez. Moi qui cours tous les villages, je me connais en filles, et je peux leur dire sans être sorcier : Toi, t'as un amoureux ; toi, t'en as deux ; toi, t'en as six.

— Oh ! six, dit Blaizot en ricanant.

— Alizon, monte à ta chambre, dit le tonnelier, il est temps. Et toi, femme, va coucher les mioches qui s'endorment. »

En effet, depuis l'arrivée de Blaizot, les enfants avaient paru intimidés et s'étaient réfugiés les uns dans le giron de la tonnelière, les autres sur leurs petites chaises, où ils n'avaient pas tardé à sommeiller. Mme Cancoin obéit à son mari et sortit.

« Je n'aime pas, Guenillon, dit le tonnelier, qu'on parle trop librement d'amour et d'amoureux devant les jeunes filles en âge de comprendre. Ça leur donne des idées.

— Bah ! dit Guenillon : au contraire, vaut mieux en parler ouvertement que d'avoir l'air d'en faire un mystère. Si vous êtes trop sévère, votre fille n'osera jamais vous rien dire. Et il faudra bien qu'un jour Alizon s'amourache de quelqu'un ; vous ne pouvez l'empêcher, c'est dans l'air, c'est dans la nature. Je ne dis pas qu'elle tournera mal. Que le bon Dieu l'en préserve ! Mais, un amoureux qui sera bon pour le mariage, voilà ce qui est à souhaiter. Tant mieux si vous le savez, vous y veillerez, vous connaîtrez le jeune homme, vous l'inviterez à venir chez vous ; nos deux amoureux sortiront le dimanche, avec leurs beaux habits ; ils iront sauter à la danse, et puis ils rentreront bien fatigués ; en chemin, à votre porte, vous n'empêcherez pas qu'ils se donnent un petit baiser. Voilà une fille heureuse toute la semaine, travaillant à coudre et repassant dans sa tête les moindres mots que son amoureux lui aura dits. Vous n'y voyez point de mal, pas vrai ?

— Non, dit Cancoin.

— Tandis que si vous bronchez en dressant les oreilles au moindre mot d'amour, comme un cheval emporté, Alizon n'en parlera jamais. Elle aura raison ; elle le dirait peut-être à sa mère, mais elle aurait peur que la maman Cancoin, une fois la tête sur l'oreiller, ne régalât le père Cancoin de l'aventure. Alors, elle prendra un amoureux ; mais tout se passera en tapinois, pour que vous ne sachiez pas. Vous ne connaîtrez point le jeune homme ; vous ne saurez d'où il vient ni où il va, si c'est un bon ou un mauvais sujet. Au lieu de le voir le dimanche, votre fille le verra dans la semaine. Le fruit défendu est si bon, que les deux amoureux se rencontreront six fois dans la huitaine. Par exemple, ils n'iront pas à la danse ; ils s'en garderaient bien. Il y a toujours des âmes charitables qui vous en avertiraient. S'ils ne vont pas à la danse, où iront-ils ? Un beau jour, Alizon reviendra, pâle, pleurant, les yeux rouges, et elle vous avouera....

— Allez au diable, Guenillon, avec vos suppositions de malheur, » s'écria le tonnelier.

Blaizot écoutait attentivement le pour et le contre du colporteur.

« Il n'a peut-être pas tort, dit-il.

— Mon brave Guenillon, reprit Cancoin, je vous demande pardon de m'être laissé emporter : vous êtes un homme prudent ; vous avez assez roulé les chemins pour amasser de l'expérience. Je suivrai vos conseils ; dès demain il faut qu'Alizon se confesse de son amoureux, bon gré, mal gré.

— Voilà encore la dureté qui vous reprend, dit Guenillon ; vous n'y êtes pas. Soyez bon comme à l'ordinaire ; parlez doucement à Alizon ; elle est brave fille, je gage qu'elle vous dira tout. »

Blaizot se leva tout d'un coup et s'adressant au tonnelier :

« Je m'en vais aussi : il se fait tard.... Venez-vous, monsieur Cancoin, que je vous dise un petit mot ?

— Il n'y a pas de danger, monsieur Blaizot ; vous pouvez parler devant Guenillon : c'est un ami. »

Le tonnelier se rattachait à ce dernier brin d'espoir, pensant que la présence d'un témoin gênerait son propriétaire et rendrait l'explication plus amiable.

« Comment se fait-il, demanda Blaizot, que vous, monsieur Cancoin, qui vivez modestement, qui faites tranquillement vos petites affaires, comment se fait-il que vous vous fassiez autant tirer l'oreille pour régler notre petit compte ?

— Hé, monsieur Blaizot, petit compte pour vous, mais gros pour moi.... Je suis désolé, croyez-le, de ne pouvoir acquitter cette malheureuse dette ; mais je n'ai pas eu grand ouvrage cette année : la vigne n'a pas donné, on a moins commandé de tonneaux.

— Vous concevez, dit le bonhomme, que je ne peux pas me payer de telles raisons ; si tous mes locataires m'en disaient autant, il vaudrait mieux ne pas avoir de maisons.

— Je le sais, monsieur Blaizot. Aussi ça me tracasse de ne pas être en mesure. Ma femme est accouchée il n'y a pas longtemps encore d'un nouveau : tout ça mange, les grands comme les petits. Chaque jour l'appétit s'agrandit avec la bouche, et la nourriture ne tombe pas du ciel.

— Il faudrait pourtant trouver un moyen, reprit Blaizot. Je ne suis pas riche, quoique j'en entende qui disent que je remue des louis à la pelle. Je voudrais les voir à ma place, ceux-là ; il est facile de vous faire millionnaire de réputation. Dans ce moment-ci, je retranche sur ma nourriture pour aller ; les rentrées ne veulent pas rentrer.... L'argent est timide, il se cache, on ne le voit plus. Vous ne savez pas le chagrin qu'on a de donner la volée à des pièces de cent sous en cage ; des oiseaux sauvages qui ne reviennent jamais, c'est le diable pour en avoir d'autres. Mais il faut se faire une raison. Celui qui doit, qu'il se coupe plutôt un membre que de ne pas payer.

— Cependant, dit Guenillon, supposons que je sois joueur de violon et que je vous doive : vous serez donc bien avancé si je me coupe la main gauche et que je vous la porte?

— Il n'est pas question de violon ni de main gauche, monsieur le plaisant, reprit Blaizot, blessé de l'intervention de Guenillon ; je dis qu'on doit se remuer, se mettre en quatre, faire l'impossible pour payer ce qu'on doit, si on est homme d'honneur.

— Je suis un homme d'honneur, vous le savez ! s'écria Cancoin.

— Sans doute, dit Blaizot ; mais, quand mes deux termes seront payés, vous le serez bien plus. Maintenant, nous perdons notre temps à discuter sur les mots ; quand est-ce croyez-vous me payer? »

Cancoin hésitait et ne répondait pas.

« J'attends votre réponse, monsieur Cancoin.

— Vous savez, monsieur Blaizot, dit le tonnelier, que je vous avais fait prévenir par Alizon que je payerai tel jour....

— Et vous ne m'avez pas payé....

— Voilà pourquoi, dit Cancoin, je n'ose plus vous donner une date certaine ; il arrive tous les jours des événements qui changent la position d'un homme et contrecarrent ses projets.

— Des phrases, dit le reneuvier, mais pas d'argent au bout.

— Que voulez-vous, monsieur Blaizot, je vous payerai le plus tôt possible.

— Le plus tôt possible, s'écria le bonhomme en sautant, le plus tôt possible ! Ce n'est pas dans le calendrier. Je ne connais pas saint Le-plus-tôt-possible ; c'est le frère de saint Jean-va-te-promener. Ah ! je n'entends pas de cette oreille-là. Dites-moi plutôt : Je vous payerai la semaine des quatre jeudis ; faites-moi un billet pour le trente-six du mois.... Le plus tôt possible ! Ça n'a pas cours dans le commerce, une monnaie pareille ! Adieu mon argent, alors.... Vous vous imaginez donc, monsieur Cancoin, que je suis de ceux qui croient qu'on attrape les hirondelles en leur mettant un grain de sel sur la queue !... Le plus tôt possible ! Je ne suis point un *grapignan* (procureur), mais il vous faudra trouver des espèces plus sonnantes.

— Cependant, monsieur Blaizot....

— Cependant ne me suffit pas, mon brave homme.

— Vous savez....

— Je ne sais pas, dit le bonhomme Blaizot, je ne sais rien, je ne veux rien savoir ; je sais que mon terme n'est pas payé.

— Diable ! s'écria Cancoin en frappant du poing sur la table, si vous ne voulez pas m'écouter, faites ce que vous voudrez.

— Parlez alors, mais parlez bien, dit Blaizot radouci par l'emportement de son débiteur.

— Je vous avais fait dire par Alizon que j'allais à la Mal-Fichue livrer une commande de tonneaux, et que je reviendrais avec de l'argent. Est-ce ma faute si ce pauvre Grelu est ruiné, si dans la nuit où j'arrive la ferme brûle ?...

— En voilà une autre bonne paye celui-là ! s'écria Blaizot.... Il me fait tort de plus de deux mille francs.... Ah ! le scélérat ! il brûle sa ferme lui-même.... On n'a pas idée d'une invention pareille. Il pouvait s'en aller, demander l'aumône ; il se serait fait pauvre : ils ne sont pas déjà si malheureux, les pauvres !... Au moins il aurait laissé sa ferme debout. Point ! Le satané a tout mangé ; il ne lui restait plus la valeur d'une épingle, il se dit : Je veux que mes créanciers perdent tout ; et il met le feu, le misérable, à sa ferme ! Ça ne valait pas grand'chose, c'est vrai ; mais, quand je n'aurais eu que dix du cent, il y en a assez pour se consoler.... Ah ! le tribunal va arranger son affaire. Il n'en sera pas quitte à bon marché, ce maudit Grelu !

— Eh bien, moi, dit Guenillon à Blaizot, je vous ai laissé parler tout à votre aise ; je ne vous connais pas ; mais je dis que vous êtes dans votre tort de parler ainsi. Grelu était un honnête homme.

— Un coquin, dit Blaizot.

— Non, un brave et digne homme !

— Un misérable ! s'écria Blaizot, que ces contradictions irritaient.

— Et je ne souffrirai pas, dit Guenillon en s'adressant au reneuvier, qu'on insulte devant moi un malheureux avant que les juges aient donné leur opinion. »

Blaizot ricanait et haussait les épaules, jusqu'au

moment où la peur le prit en voyant Guenillon se lever et dérouler sa haute taille.

« Est-ce que tout le pays ne l'accuse pas? reprit Blaizot. Est-ce moi qui ai inventé ça? D'ailleurs la justice ne se trompe pas; quand un homme est au secret, c'est qu'il y a des motifs. Les innocents ont une langue; ils n'ont qu'à parler.

— Je gage, dit le colporteur, que Cancoin n'a pas si mauvaise opinion du pauvre Grelu.

— Je mettrai presque ma main au feu que c'est Grelu qui a brûlé sa ferme, dit Cancoin, et ça me fait d'autant plus de peine que je l'estime.

— Parbleu, c'est sûr, reprit Blaizot, Grelu est condamné d'avance; il ira aux galères, et avant il s'asseoira sur le tabouret.... »

S'asseoir sur le tabouret, c'est être exposé assis, lié au poteau.

« Peut-on tenir des propos pareils! dit Guenillon.

— Oui, continua Blaizot, fort de l'opinion qu'avait émise le tonnelier, et Grelu dînera à la table sans nappe. »

Cette autre expression populaire, *la table sans nappe*, indique le plancher de l'échafaud qui sert aux expositions.

« Malheureux, c'est vous qui avez perdu mon mari! » s'écria tout à coup une voix qui partait du fond de la chambre.

Les trois hommes tressaillirent en entendant cette voix. A ce moment, la lampe suspendue à la cheminée ne donnait plus qu'une faible lueur; la mèche noircie faisait tous ses efforts pour avaler quelques larmes d'huile. La flamme vacillait et éclairait tour à tour les trois têtes de Guenillon, du tonnelier et de Blaizot, qui causaient ensemble.

Par hasard, Blaizot se trouva éclairé par la lampe mourante. La voix de la fermière l'avait terrifié. Sa figure s'était plissée de mille nouveaux plis; dans chacun d'eux logeait un rayon de terreur.

« C'est la fermière! s'écria Guenillon.

— Elle se sera réveillée et aura entendu le nom de Grelu, dit Cancoin. Il faut la recoucher. »

Comme il allait se lever, une main se posa sur son épaule et le força de s'asseoir. C'était la main de la Grelu. Une main maigre, hâve et décharnée.

La fermière, depuis l'incendie était devenue méconnaissable. Les larmes avaient fait des caves de ses orbites; un ruban noir accusait en demi-cercle la paupière inférieure. Le rouge joyeux s'était envolé des lèvres de la Grelu, et avait envoyé, pour le remplacer, un sang pâle et funèbre.

La fermière arrivait, les yeux inquiets et remuants.

« Rendez-moi mon mari, » s'écria-t-elle.

Cancoin, craignant qu'elle ne se jetât sur Blaizot, lui avait pris les mains; mais la fermière était pleine de force, et se serait échappée des étreintes du tonnelier sans l'assistance de Guenillon.

« Voyons, madame Grelu, dit-il, voyons....

— Tu l'as fait aller aux galères, mauvais homme, mon pauvre mari.... Il ne me restait plus que lui sur la terre.... L'enfant est mort.... Ah! fit-elle en se débarrassant des deux hommes qui la tenaient.

— Prenez garde.... prenez garde, dit Blaizot tremblant et se recoquillant sur sa chaise, prenez garde!

— Ma femme, ma femme! appelait Cancoin.

— Cœur indigne, s'écriait la Grelu en lançant des regards de flamme à Blaizot, lâche, tu as ruiné le village.... C'est toi qui as mis le feu à la ferme, c'est toi, carcasse sans pitié.... Je voudrais te voir manger par les loups dans les champs quand il tombe de la neige.... Vrai, je rirais le lendemain en voyant ton sang de chrétien qui remplirait les ornières.

— Tenez-la bien, dit Blaizot dont la voix haletait.

— Quel tapage vous faites! dit en entrant la tonnelière, qui n'aperçut pas d'abord la Grelu. »

Cancoin, en entendant sa femme, voulut lui faire signe de préparer de l'eau pour calmer les nerfs irrités de la fermière; il la lâcha. Celle-ci profita de ce moment de répit et s'élança d'un bond sur le bonhomme Blaizot. La lampe tomba et s'éteignit.

On n'entendit plus que des cris et des hurlement de rage.

« Elle m'étrangle, au secours! » criait le reneuvier, qui sentait entrer dans les chairs de son cou les ongles de la Grelu.

Dans un mouvement de rage, la fermière fit tomber de sa chaise Blaizot; tous deux roulèrent sur les pavés de la chambre. Guenillon s'était précipité sur la fermière et essayait de lui faire lâcher prise. Cancoin, courant par la chambre, maudissait sa femme de ne pas apporter de lumière. Les enfants, réveillés par ce tapage, pleuraient. Les voisins, qui n'avaient jamais ouï semblables bruits dans le ménage du tonnelier, frappaient à la porte.

Enfin Cancoin reparut avec une lampe nouvellement arrosée d'huile, et trouva la chambre tout en désordre. Guenillon serrait dans ses bras la fermière, en détournant la tête pour ne pas attraper les coups de poing dont elle remplissait l'air.

Blaizot, étendu par terre, s'écriait:

« Je suis mort!... je suis mort! »

Cancoin le releva. Les vêtements du bonhomme étaient indignes d'être offerts au plus pauvre des fripiers. La redingote semblait avoir été déchiquetée par un corbeau à jeun.

« Voyez mon cou, dit-il, je ne peux plus parler; la criminelle m'a étranglé.

— Ce n'est rien, dit Cancoin, il n'y a que de petites égratignures. »

Blaizot se tâta le cou et frémit en sentant sa peau éraillée par les ongles de la fermière.

« Elle est plus calme maintenant, dit Guenillon. Madame Cancoin, veillez, je vous prie, à ce qu'elle ne manque de rien. Frottez-lui les tempes de vinaigre....Brûlez une plume sous son nez. »

La fermière était sans connaissance. On l'assit sur une chaise et on la frictionna de vinaigre.

« Oh ! s'écria tout à coup Blaizot qui se palpait tous les membres pour en faire l'inventaire, je sens froid à la jambe gauche.... le sang doit couler !... Je me trouve mal. »

Il se laissa tomber sur une chaise. Guenillon alla à lui, prit une de ses mains et frappa de sa large paume dans celle du reneuvier, qui revint à lui immédiatement.

« Avez-vous visité ma jambe ? demanda-t-il tremblant.

— C'est peu de chose, dit Cancoin ; seulement, dans la lutte, votre culotte s'est débouclée, et je cherche votre bas et votre soulier qui se promènent bras dessus bras dessous je ne sais dans quel coin.... Bon ! voilà le soulier.

— Je la ferai condamner aussi, s'écria Blaizot, pour m'avoir étranglé....

— Je vous conseille, dit Guenillon, de n'en rien dire.... C'est votre faute que les choses se soient passées de la sorte.

— De ma faute ! On verra.... Vous vous entendiez tous.... Quelle idée ai-je eue de venir ici ce soir ! J'aurais mieux fait de ne jamais réclamer mon argent par la douceur.

— Monsieur Blaizot !... fit Cancoin.

— Je ne me laisse plus prendre à vos protestations.... Vous entendrez parler de moi....

— Voilà votre bas, dit le tonnelier ; mais il est tombé dans l'huile.

— A bientôt !... Je ne veux pas de mon bas, » fit le bonhomme Blaizot, qui sortit furieux en fermant rudement la porte.

VII

Profil d'huissier.

Le lendemain samedi, qui est jour de grand marché, Blaizot se leva aussi bon matin que de coutume, malgré les émotions de la veille, pour aller chez son huissier habituel, M. Tête.

Jamais on ne connut d'aussi gai compagnon que ce Tête, qui semblait avoir servi de type à la série de vaudevilles des *Jovial*.

Frais comme une pomme d'api, Tête regardait les gens avec ses joues ; car ses yeux se perdaient entre ses sourcils et deux montagnes roses, veloutées comme des pêches.

De même que les joues usurpatrices, le ventre avait dévoré les jambes de Tête ; il ne marchait plus, il roulait. L'huissier semblait une petite tonne joyeuse qui parlait et chantait. Aussi exerça-t-il de tout temps son ministère, à Dijon, sans choquer les gens saisis, peu disposés d'habitude à trouver un huissier aimable.

Depuis longtemps une plaisanterie traditionnelle de la basoche l'avait surnommé *Mauvaise Tête*, innocent jeu de mots que l'huissier acceptait avec joie, et qu'il répétait complaisamment à toutes les filles de la campagne qu'il prenait pour servantes.

« Je suis mauvaise Tête et bon cœur, » leur disait-il en les embrassant dès le début.

Le petit huissier avait en effet bon cœur ou plutôt grand cœur. Mme Tête, en quinze ans, accoucha de quatorze enfants.

Les quatorze enfants moururent successivement. Jamais Tête ne fut père plus de trois mois ; il n'en était pas plus chagrin.

On remarqua seulement dans la ville qu'à ces jours de funérailles, Tête buvait au café trois bouteilles de bière de plus qu'à l'ordinaire.

Tête avait la réputation d'être le meilleur joueur de piquet de l'estaminet de la Côte-d'Or. Quelques vieillards de Dijon se rappellent encore ces fameuses parties de *piquet à trois* qui avaient pour acteurs principaux, le cafetier, Vincent, chapelier de la rue des Moineaux, et Tête.

A cause de ces parties innocentes de piquet, à cause de son naturel plaisant, Tête était mal vu du tribunal. Un fait plus grave indique pourquoi il *n'avait pas l'oreille du président ;* l'huissier changeait si souvent de bonnes qu'on voulut y voir des galanteries antimatrimoniales.

Cependant Mme Tête ne se plaignait jamais ; mais le président du tribunal fut particulièrement blessé de ce qu'une de ses plus jolies servantes avait été engagée au service de l'huissier.

Malgré la fécondité de sa femme, malgré les parties de piquet, malgré ses habitudes galantes, Tête menait rondement les affaires de son étude.

Le meilleur client de l'étude était représenté par le bonhomme Blaizot. Aussi l'huissier prenait-il sa mine grave quand venait le reneuvier.

« Eh bien ! Tête, demanda Blaizot, venez-vous faire un tour avec moi ? »

Faire un tour, dans le langage de Blaizot, voulait dire faire une affaire, ou plutôt faire une saisie.

« Comment donc ! monsieur Blaizot, s'écria Tête ; je suis tout à vous !

— Vous aurez soin, Tête, de poursuivre Cancoin....

— Bah ! dit l'huissier, le tonnelier !

— Immédiatement et sans répit. »

L'huissier était étonné, Blaizot ayant coutume de patienter pour ses débiteurs de la ville.

« Cancoin, dit-il, est un brave homme.... Il faudrait peut-être attendre.

— Lui ! honnête homme.... Ah ! Tête, vous ne le connaissez guère ; ils m'ont assassiné hier.... Si j'avais des témoins, je les poursuivrais, même au criminel. Ils ont lâché sur moi la femme du brûleur de la Mal-Fichue. Un moment j'ai cru que je prenais le chemin du purgatoire, car tout chacun a toujours quelques fautes à expier, je ne me fais pas meilleur que je ne suis ; mais les scélérats !... Je vais chez eux tranquillement leur réclamer le loyer arriéré. Ce qui est dû est dû.... Si personne ne me paye, demain je n'ai plus qu'à mourir de faim. Pendant que je m'expliquais, la Grelu sort de sa cachette, me saute au cou avec ses ongles. Ils s'étaient donné le mot pour éteindre les lumières, et les traîtres ont profité de la nuit pour crier comme s'ils venaient à mon secours.... Je voudrais les voir tous sous la roue....

— En effet, dit Tête, l'affaire est grave ; je m'en vais faire la signification, le commandement, le récolement et la saisie. Ce ne sera pas long.

— A propos, dit Blaizot, avez-vous terminé l'affaire Picou ?

— Terminé ? répondit l'huissier ; j'ai bien peur que nous ne soyons enfoncés. Picou est parti de la Mal-Fichue, à la suite de l'incendie, sans dire au revoir à personne. On ne sait pas ce qu'il est devenu.

— Il fallait saisir.

— Saisir quoi ? dit Tête. Je me suis borné à faire un procès-verbal de carence.

— Diable ! s'écria le bonhomme, pourquoi ne m'avertissez-vous pas ? Si je vous prends pour faire mes affaires, ce n'est pas pour me ruiner. Je vous demande toujours, quand un paysan vient chez moi, si je peux lui prêter sans danger pour mes écus, et je me rappelle, comme si c'était hier, que vous m'avez dit qu'un billet de Picou était bon.

— Je ne peux pourtant pas lire dans l'avenir, monsieur Blaizot, dit l'huissier. Si je savais ce qui arrivera demain, dans huit jours, dans six ans, je vendrais ma charge d'huissier et je m'établirais sorcier. Tout ce que vous avez prêté du côté de la Mal-Fichue a mal tourné ; est-ce ma faute ? Voilà Picou qui mange tout à boire, qui perd un procès, qui se sauve ; voilà Grelu qui brûle sa ferme. Quand vous leur avez prêté, ces paysans étaient bons ; aujourd'hui le hasard veut que leurs affaires s'embrouillent, je ne peux pas empêcher ça.

— Hein ! dit Blaizot, me voilà à la tête de deux morceaux de papier timbré.... ça me fait lourde poche. »

Tout en parlant ainsi, le reneuvier et l'huissier étaient arrivés sur la place où se tiennent les marchandes de volailles et de légumes.

De tous côtés partaient les cris :

« Bonjour, monsieur Blaizot ! »

A chaque étal, on l'arrêtait pour lui faire des compliments sur sa santé.

Le bonhomme faisait des affaires avec la plupart des fermiers des environs.

« Je vous quitte, lui dit Tête.

— Surtout ne manquez pas de préparer la saisie Cancoin.

— Tout de suite il sera assigné, » dit l'huissier.

Blaizot continuait à se promener dans le marché ; tout à coup, il fut heurté violemment par un paysan qui se retourna brusquement.

« Maladroit, s'écria le reneuvier.... Eh, dit-il en regardant la tournure du paysan qui avait failli le renverser, je ne me trompe pas ?... »

Blaizot courut quelques pas.

« Vous voilà, Picou ! » dit-il.

Picou, dont le chapeau de paille était enfoncé sur les yeux, fut embarrassé un moment.

« Salue bien, monsieur Blaizot !

— Nous ne pensons donc plus à notre petit billet ? demanda Blaizot.

— Pardon.... au contraire, dit Picou, j'espère être en mesure.

— Comment, vous espérez ? mais l'échéance est passée !

— Allons donc, dit Picou, ce n'est que demain ; je suis venu exprès aujourd'hui à Dijon.

— Vous faites erreur, Picou ; il y a huit jours que votre billet est échu.... Rappelez-vous bien.

— C'est vous, monsieur Blaizot, qui êtes dans votre tort ; ces choses-là, c'est sacré. Les pauvres gens n'ont que leur honneur....

— Sans doute, Picou, je vous crois honnête....

— A l'avantage, monsieur Blaizot, dit le paysan ; je passerai demain chez vous sans manque.... »

Le bonhomme tenait son débiteur et n'était pas fâché de voir s'il pourrait en tirer quelque à-compte, le jour même.

« Demain, dit-il, je ne suis pas à Dijon ; venez donc un instant à la maison, vous boirez bien un verre de vin avec moi. Je vous montrerai le billet par la même occasion.... Ça n'engage à rien, puisque vous payez demain. Nous nous entendrons pour que vous versiez chez Tête. »

Picou suivit son créancier en hésitant.

« Comment vont vos affaires à la Mal-Fichue ? demanda le bonhomme, feignant d'ignorer que le paysan avait quitté le hameau.

— Toujours la même chose, répondit Picou pris au piége.... Il n'y a que la ferme de Grelu de moins....

— Est-ce que cet incendie ne cause pas de tort au hameau ?

— Du tort ! dit Picou... Les meilleurs médecins

François, ôtez vos bouts de manche. (Page 27, col. 2.)

du monde ne rendraient pas la vie à un mort; on ne trouve pas de diamants au cou d'un cochon.... La Mal-Fichue sera toujours un pays abandonné de Dieu. Il aurait mieux valu que tout brûle d'un coup, et nous avec; ça serait fini, on n'en parlerait plus.

— Mais, dit Blaizot, il y avait par là quelques familles qui vivaient de la ferme.

— Ils vivaient sans vivre. Ce fainéant de Grelu passait son temps à regarder les nuages.

— Au fait, dit Blaizot, vous êtes témoin dans l'affaire; avez-vous déjà déposé? »

Picou parut embarrassé.

« Je ne sais rien, répondit-il, je ne dépose pas. Qu'ils s'arrangent comme ils voudront au tribunal, on peut bien condamner Grelu sans moi.

— Vous n'avez donc rien vu de l'incendie?

— Pas un fichtre!

— Allons, nous voilà arrivés, dit Blaizot; je vais vous faire goûter d'un petit vin de mon clos. »

Le créancier et le débiteur entrèrent dans le cabinet; c'était un musée provincial d'un goût particulier.

Des lithographies de Boilly, représentant différentes expressions de têtes, ornaient les murs.

Un des sujets, colorié avec soin et encadré plus richement que les autres, accusait chez Blaizot d'autres goûts que l'argent; c'était une jeune fille endormie, le sein découvert, que trois têtes de vieillards contemplaient avec une avide curiosité.

Les merveilles de l'industrie étaient représentées par deux bougies, l'une bleu de ciel, l'autre jaune, qui attendaient vainement sous leurs globes, depuis de longues années, l'honneur d'éclairer le cabinet.

La pendule servait d'étagère, et étalait divers objets singuliers des phénomènes naturels, une noisette trois fois mère, des coquillages, des animaux en verre filé.

Les meubles étaient de toutes les époques et de

toutes les conditions, signe certain que le bonhomme avait glané dans chaque saisie opérée par Tête.

« Asseyez-vous, dit Blaizot à Picou, pendant que je vais *aveindre* la fine bouteille. »

Blaizot grimpa sur une chaise, se haussa sur la pointe du pied, et atteignit le flacon; il prit sur la cheminée un grand verre orné, d'une mode antique, et versa dedans quelques gouttes de liqueur.

« Buvez-moi ça, » dit-il à Picou.

Le paysan porta le verre à ses lèvres et fit la grimace, pendant que le bonhomme riait aux éclats.

« Eh! eh! eh! vous voilà pris comme les autres, » dit Blaizot.

Picou jura entre ses dents de la plaisanterie de son créancier; le verre était taillé de telle sorte, qu'en l'approchant des lèvres, le vin, par une ouverture, coulait dans le cou du buveur. Cette farce était particulière à Blaizot, qui manifestait ainsi son humeur plaisante.

« Nom de nom! vous ne m'y reprendrez plus, dit Picou, qui aurait volontiers tordu le cou du bonhomme.

— Allons, Picou, dit Blaizot, ne nous fâchons pas : je vais vous donner à boire dans un gobelet qui ne fuit pas.

— Non, dit Picou, je ne crève pas de soif; d'ailleurs, le cabaret n'a pas été inventé pour les brebis galeuses.

— On ne peut donc pas rire une goutte? dit le bonhomme.... Tenez, voilà mon gobelet d'argent tout plein rasibus; vous me direz des nouvelles de ce *vinot;* il n'y en a pas de pareil au cabaret. »

Picou but le verre d'un trait, s'essuya la bouche avec sa manche, et ne marqua ni approbation ni désapprobation.

« Maintenant, dit le bonhomme, je vais chercher le billet....

— C'est bon, dit Picou, je vous crois.... je me serai trompé....

— Non, non, dit Blaizot, je veux que vous lisiez vous-même la date.

— Quel homme vous faites! s'écria Picou; il faut en passer par tous vos désirs. »

Le bonhomme fouilla dans un carton plein de notes, de petits carrés de papier sales et jaunes, et en retira le billet.

« Quand je vous disais, Picou; est-ce clair? »

Picou prit le billet et le regarda attentivement; Blaizot tendait la main pour le reprendre.

« Vous pouvez le garder, ça ne tient qu'à vous, dit Blaizot, dont la main était attirée comme par un aimant vers la petite image du timbre.

— Vous m'en faites cadeau alors, répondit Picou?

— Eh! dit le bonhomme, qui saisit vivement un des coins du billet, j'entends que vous devriez bien le solder aujourd'hui.

— Puisque c'est convenu pour demain, » dit Picou.

Blaizot s'empara de la moitié du billet que tenait toujours son débiteur.

« Prenez garde, vous allez le déchirer, dit Picou.

— Rendez-moi le billet alors, fit le bonhomme.... Vous payerez demain sans manquer, n'est-ce pas?... Mais vous pourriez peut-être aujourd'hui me donner un petit à-compte.

— Seigneur! dit Picou, que vous êtes soupçonneux!... Je vous dis que demain vous aurez tout!...

— Alors lâchez le billet.... »

Picou rendit le billet à Blaizot, dont la figure s'épanouit tout d'un coup; il avait eu une sueur froide en songeant à son imprudence de laisser un billet impayé dans les mains du débiteur.

Blaizot remit le billet sur la table et posa dessus une poire pétrifiée qui servait de serre-papier. On entendit quelqu'un marcher dans le corridor qui communiquait au cabinet.

« Bon! dit le bonhomme, c'est la Rubeigne qui ouvre la grande porte pour les fermiers qui vont arriver tout à l'heure.

— Moi, je m'en vais, dit Picou.... A l'avantage! monsieur Blaizot. »

Il ouvrit la porte du cabinet.

« Vous ne voulez donc rien donner aujourd'hui? » dit Blaizot.

Le paysan revint sur ses pas.

« Alors, Picou, demain passez chez mon huissier Tête, vous savez....

— Oh! je le connais bien, dit Picou....

— C'est que je serais obligé d'agir contre vous, si demain, à midi, les fonds n'étaient pas arrivés à l'étude de Tête. »

Picou s'était approché de la cheminée et regardait les curiosités sous globe.

« Quelle drôle d'invention! » dit-il. En même temps Picou, par un geste rapide, saisit vivement le billet et l'avala.

— Eh bien! » cria le bonhomme, qui avait vu ce manége dans la glace.

Picou sortit brusquement, traversa le corridor et courut à toutes jambes.

Blaizot resta anéanti une seconde. La surprise que lui causait ce vol audacieux avait fait fléchir ses jambes.

« Au voleur, cria-t-il, au voleur! »

En un clin d'œil la servante arriva et cria à l'unisson :

« Au voleur! au voleur! »

Les deux portes étaient ouvertes. Les voisins entendirent et répétèrent le cri : toute la rue fut en rumeur. On avait vu Picou fuir à toutes jambes. Blaizot sortit de sa maison pâle et défait : la Rubeigne suivait et criait d'une voix glapissante, étendant les bras vers un point noir qui diminuait à vue d'œil, et qui allait disparaître.

En effet, Picou allait s'engager dans une rue transversale, lorsqu'il fut renversé par une voiture de maraîcher qui débouchait de la rue opposée; il tomba roide.

On se précipita sur lui, et on le porta dans la maison du boulanger.

Blaizot arriva, suivi de sa servante ; le bonhomme se trouva mal en apercevant son débiteur mort.

De minute en minute la foule grossissait autour de la maison du boulanger; le commissaire de police et un médecin qu'on avait été prévenir purent à grand'peine la traverser.

Le médecin ausculta Picou.

« Il n'est pas mort, dit-il.

— Et mon billet! » s'écria Blaizot.

Pendant que le médecin saignait Picou, qui n'avait qu'un étourdissement causé par le choc, le commissaire de police recueillait la déposition du bonhomme Blaizot.

Picou revint à lui.

« Brigand ! s'écria Blaizot.

— Buvez cela, dit le médecin à Picou; vous devez avoir besoin de prendre quelque chose.

— Et vous, monsieur Blaizot, dit le commissaire de police, laissez un peu de tranquillité au prévenu. »

A peine Picou avait-il bu la potion préparée par le médecin qu'il soupira, ferma les yeux et fit entendre des gémissements.

« Un vase ! s'écria le docteur; baissez la tête. »

Le malade fut pris de vomissements. Blaizot sauta de joie; on venait de recueillir dans un plat la preuve du vol.

« C'est à moi le billet, dit le bonhomme, qui avança sa main vers le plat.

— Pardon, monsieur Blaizot, dit le commissaire de police, cette pièce d'accusation ne peut vous être remise; je vais la déposer au greffe. »

Après ces incidents, la gendarmerie fut mandée et conduisit Picou à la maison d'arrêt.

VIII

Le clerc amoureux.

Tête avait pour clerc un jeune homme nommé François, fils d'une pauvre femme du faubourg. François travaillait comme un nègre, et gagnait quarante francs par mois, somme considérable à l'époque.

A l'aide de ces quarante francs, François nourrissait sa mère, la logeait, et trouvait encore moyen de s'habiller de noir, car les fonctions qui l'appelaient au tribunal nécessitaient une tenue décente.

« François, ôtez vos bouts de manches, » dit Tête après sa conférence avec Blaizot.

Toutes les fois qu'il envoyait son clerc en course, l'huissier débutait par ces paroles :

« Otez vos bouts de manches. »

François obéit et ploya ses bouts de manches, qu'il rangea dans un coin du pupitre; mais ses bouts de manches ne semblaient avoir servi qu'à faire reluire davantage les coutures du pauvre habit sur les coudes duquel on se serait miré.

François se leva lentement; il paraissait craindre de se faire voir en pied. Qu'on pense à l'effet que devait produire l'habit du gros et court patron sur le dos d'un jeune homme long et maigre; car tous les deux ans Tête récompensait son clerc en lui faisant cadeau de son vieil habit.

Beaucoup trop large pour la poitrine, l'habit était trop court pour les bras; la taille arrivait au milieu de l'épine dorsale; le pantalon faisait froid à regarder. Forcé de porter du noir, François achetait du lasting, une cruelle étoffe l'hiver. Le reste du costume, le chapeau, le gilet et les souliers offraient tout un monde de misère et de propreté.

Tête expliqua à son clerc l'affaire du tonnelier Cancoin. François fut plus étonné que son patron en entendant ce nom; et se troubla.

« Eh bien ! ne m'entendez-vous pas, grand Nicodème? dit Tête.

— Pardonnez-moi, monsieur; vous dites, il faudra saisir?

— Vous le savez mieux que moi, et presto encore.

— Saisir Cancoin ! s'écria François qui se parlait à lui-même, oubliant complétement la présence de l'huissier.

— Qu'est-ce que vous voyez là d'extraordinaire? Ah çà, François, vous perdez la tête; je voudrais vous voir déjà en courses.

— Mon Dieu ! dit le clerc.

— Je vous demande ce qui vous prend, François, cria l'huissier; notez bien que je vous dirais demain d'aller saisir les meubles du pape, qu'il n'y aurait pas à reculer.

— C'est bon, monsieur, je vais au tribunal. »

François partit, la mine décontenancée. Dans la rue, il regarda si Tête n'était pas à la fenêtre, et prit la rue opposée à celle qui conduit au tribunal. D'habitude le long clerc marchait lentement, les yeux cloués sur le pavé, craignant de rencontrer quelque regard ironique attaché sur ses habits; ce jour-là il courait follement, se heurtant aux volets des maisons, aux étalages des boutiques; il gesticulait et faisait aller les bras d'une façon extravagante. François arriva ainsi à la maison du tonnelier et l'entraîna d'une façon mystérieuse.

« Monsieur Cancoin, lui dit-il, préparez-vous à un malheur.

— Encore un malheur ! dit le tonnelier; quoi donc?

— Je ne sais comment vous dire.... Seigneur!

— Est-ce qu'Alizon aurait été écrasée par une voiture? demanda Cancoin tout ému.

— C'est bien pis, dit François, je vais au tribunal....

— Je comprends! s'écria le tonnelier; il y a du nouveau dans l'affaire Grelu.... Pauvre femme! Vous avez bien fait de ne pas en parler à la maison....

— Ce n'est pas encore ça, dit François.

— Que le diable vous emporte! s'écria Cancoin, avec toutes vos *gieries*, vos mystères.... Nom de nom, parlez donc, je ne crains rien. »

François s'engagea dans mille détours, pour expliquer au tonnelier qu'il allait être saisi.

« Je m'y attendais, mon pauvre garçon, dit le tonnelier.

— Vous ne m'en voulez pas? dit François.

— Moi t'en vouloir, moi qui sais combien tu travailles et la peine que tu te donnes pour soulager ta mère! Je n'en veux pas non plus à M. Tête; il faut que tout le monde vive.... Son métier est de se nourrir des malheureuses gens, qu'il fasse son métier. Je n'en veux même pas au bonhomme Blaizot, et, si Dieu lui pardonne aussi franchement que moi, il ira tout droit en paradis.

— Mais comment allez-vous faire? demanda François.

—Bah! un jour chasse l'autre. Le boulanger cuira encore demain; il ne me refusera pas crédit pour quelque temps. Tant qu'on a du pain, on vit. Je suis connu dans Dijon pour un honnête homme, ma femme aussi et mes enfants; avec ça on trouve de l'ouvrage.

— Vous n'avez donc pas dit tout ça à M. Blaizot? dit François.

— A lui! J'aimerais mieux jouer du violon pour les pierres de la cathédrale! Le bonhomme est plus sec que de l'amadou. Mon pauvre François, son habit de nankin me fait peur comme une peau de tigre. Cours au tribunal et presse mon affaire, que l'huissier ne te gronde pas.

— J'ai pourtant l'idée de voir M. Blaizot, dit François.

— Je te le défends, dit le tonnelier; je te le défends dans ton intérêt comme dans le mien. Ça serait capable de te faire perdre ta place. Comment nourrirais-tu ta mère, dis-moi? »

François secoua la tête tristement.

Le bonhomme, dit Cancoin, croirait que je m'humilie, que je me prosterne; d'ailleurs je lécherais ses souliers que ça ne servirait à rien. Allons, mon garçon, va-t'en.... Ne vas-tu pas pleurer maintenant? Mon Dieu, que tu es bête!

— Je ne pourrai jamais remplir l'assignation qui vous concerne, dit François en sanglotant.

— Ah! le mauvais huissier que tu feras! dit Cancoin en prenant les mains du clerc. Je te remercie toujours, mais sauve-toi; voilà ma femme qui nous regarde, elle se doute de quelque chose. Adieu, François. »

Le pauvre clerc partit pour le tribunal en s'essuyant les yeux; il fut tiré de ses tristes réflexions par une fraîche voix de jeune fille qui criait:

« Bonjour, François.

— Bonjour, mademoiselle Alizon.

— Vous ne me dites rien, François? »

Le clerc d'huissier fut forcé de s'arrêter devant Alizon, mais il n'osa la regarder. Jamais homme ne fut aussi embarrassé de ses bras: il mettait les mains dans ses poches, puis les croisait sur la poitrine; enfin il finit par les cacher derrière le dos. Le pauvre garçon était humilié de ses manches d'habit si courtes, et cherchait un moyen de les dissimuler.

« Dieu! François, que vous êtes drôle! » dit Alizon en riant.

Les oreilles du clerc rougirent considérablement.

« Mademoiselle Alizon, je suis pressé, dit François en levant sa longue jambe gauche pour courir.

— Je comprends, dit Alizon en souriant; voilà midi qui sonne, et vous avez peur de manquer votre amoureuse qui sort de la couture.

— Peut-on dire des choses pareilles, mademoiselle? répondit le clerc, qui devenait pourpre. Vous savez pourtant....

— Qu'est-ce que je sais? »

François balbutia quelques mots inintelligibles, eut le courage de regarder en face la jolie couturière, et fondit en larmes, laissant Alizon fort étonnée d'une douleur si subite.

« Pauvre François! » se dit-elle.

IX

Le juge d'instruction.

« Les prévenus sont-il arrivés? demanda M. Romain à son commis?

— Pas encore, répondit celui-ci.

— Veuillez sonner Legros. »

M. Romain, juge d'instruction au tribunal de Dijon, était un homme à nez pointu, orné de besicles très-fines. Un pareil nez inquiétait les accusés; il paraissait entrer comme une vrille dans les consciences. M. Romain, homme intelligent, passant dans la société dijonnaise pour un homme spirituel et sarcastique, était glacial dans son cabinet de magistrat.

Legros, le concierge du tribunal, entra : ce personnage à triple menton, toujours essoufflé, justifiait bien son nom. Attaché depuis trente-cinq ans au parquet de Dijon, il jouissait d'un libre parler et s'associait si intimement aux actes et aux condamnations du tribunal, qu'il se servait ambitieusement du *nous*.

« Eh bien ! monsieur Romain, dit-il au juge d'instruction, *nous* allons avoir une belle session.

— Alors, demanda plaisamment M. Romain, *vous* condamnez Grelu ?

— Il n'y a pas de doute, dit le concierge.

— En attendant que vous ayez prononcé sur sa peine, préparez les deux sellettes.

— Nous avons donc deux accusés à interroger ? demanda Legros.

— Sans doute : le nommé Picou, dont l'affaire est claire, et le nommé Grelu, qui me tracasse un peu plus. »

On entendit les pas des gendarmes dans le corridor.

« Legros, dites au brigadier de m'amener d'abord le prévenu Picou. »

Picou entra, les menottes aux mains, entre deux gendarmes; on le fit asseoir sur une chaise dans l'angle d'une petite construction en bois treillagé, affectée aux prévenus dans quelques cabinets de juges d'instruction.

Picou, après de longs débats, avoua avoir avalé le billet.

« Ce n'est pas pour la somme, dit-il, c'est pour faire une niche à M. Blaizot, qui m'en avait fait un tas d'autres. »

Et il expliqua l'innocente farce du verre de vin coulant dans la poitrine du buveur au lieu d'entrer dans son gosier.

« Cependant, dit M. Romain, ce projet était médité; vous êtes venu à Dijon dans cette intention.

— Oh ! non, monsieur le juge. Le père Blaizot le dira bien, s'il ne craint pas que la vérité l'étouffe ; c'est lui qui m'a forcé de l'accompagner à sa maison.

— Alors expliquez-moi cette contradiction : M. Blaizot prétend que vous lui avez dit demeurer toujours à la Mal-Bâtie; cependant il est bien constaté par l'assignation de l'huissier Tête que vous aviez abandonné le hameau le lendemain de l'incendie.

— Tout ça est vrai, monsieur le juge ; je disais à M. Blaizot que je demeurais à la Mal-Fichue, croyant qu'on ne s'était pas encore présenté pour toucher ce que je lui devais.

— Très-bien.... Où résidiez-vous alors ?

— J'ai un peu roulé dans tous les villages, cherchant de l'ouvrage; n'en trouvant pas, je suis venu à Dijon.

— Comment avez-vous vécu pendant ce voyage ?

— J'avais de l'argent....

— Et, demanda M. Romain, il vous en restait encore dans une ceinture de cuir qu'on a saisie sur vous le jour de votre arrestation.... D'où venait cet argent ?

— De mes économies, dit Picou.

— Vous gagniez par jour ?

— Dix-sept ou dix-huit sous.

— Quelle somme emportâtes-vous en quittant le hameau.

— Cinquante-cinq francs.

— Dites-nous en quelle monnaie : en or, en argent ou en cuivre ?

Picou hésita, se gratta la tête.

« Ah ! je ne me rappelle pas.... Faudrait une mémoire d'ange pour répondre.

— Le tribunal est curieux, dit M. Romain ; voyons, cinquante-cinq francs en cuivre, en sous ou en liards seraient d'une lourdeur....

— Je crois bien, dit Picou.... il y aurait la charge d'un mulet.

— Ce n'était pas en liards ni en sous, vous en êtes sûr, prévenu ?

— J'en prendrais à témoin le bon Dieu.

— Votre ceinture en cuir était toute neuve ?

— Oui, monsieur le juge, je l'avais achetée il y aura demain huit jours.

— Il est présumable, dit M. Romain, que vous n'aviez pas acheté une ceinture exprès pour y mettre un double louis ou deux louis.

— C'est encore vrai, dit le prévenu.

— Alors puisque vous avouez n'avoir en votre possession ni or ni cuivre, la somme dont je vous demande justification consistait en argent.

— Je ne l'ai pas dit, s'écria vivement le prévenu pris dans les raisonnements du juge d'instruction.

— Avez-vous connaissance, Picou, d'un quatrième métal ? »

Le paysan ne répondit pas.

« Vos cinquante-cinq francs étaient en argent; il s'agit maintenant de chercher à vous rappeler combien de pièces de dix sous, de quinze, de trente, de quarante, de cinq francs servaient à former le total.

— Ma foi, monsieur le juge, vous qui êtes si savant, et qui devinez si bien que mon argent était en argent, tâchez de trouver le reste; moi je n'en sais rien. »

M. Romain ne jugea pas à propos de relever la malice du paysan ; il affirma.

« C'étaient des écus de cent sous ?

— Oui, dit en goguenardant Picou, des écus de cent sous.

— Greffier, dit le juge d'instruction, écrivez que le prévenu avoue que ses cinquante-cinq francs étaient des écus de cent sous.

— C'est pas vrai, s'écria Picou, c'est pas vrai.

— Ne l'avez-vous pas dit à l'instant ?

— Je l'ai dit pour rire.

— Mais je ne ris pas, dit M. Romain en regardant fixement le prévenu; nous ne sommes pas ici au spectacle, songez que vous êtes sous le coup d'une accusation de vol qualifié ; et rappelez-vous surtout, prévenu, que des aveux peuvent vous mériter l'indulgence du tribunal.... Ce n'étaient donc pas des écus de cent sous?

— Monsieur le juge, aussi vrai qu'il y a un enfer, que ma langue m'étouffe si je ne dis pas comme je me rappelle. C'était de l'argent mêlé.

— A la bonne heure, dit M. Romain ; reconnaissez-vous ce petit rouleau de pièces de trente sous cousu dans la toile et saisi sur vous?

— Je le reconnais, dit Picou.

— Vous n'êtes pas marié ?

— Non, dit le prévenu.

— Vous ne vivez pas en concubinage avec une femme ?

— Non plus, dit Picou.

— Qui est-ce qui a cousu ce rouleau de pièces de trente sous ?

— C'est moi, dit le paysan.

— Il est fort bien cousu, reprit le juge; les points sont faits régulièrement, et une ménagère habile de Dijon ne s'en tirerait pas mieux. Combien y a-t-il dans ce rouleau ? »

Picou se leva un peu de son siége ; mais le juge d'instruction mit la main sur le rouleau afin que le prévenu ne pût en deviner le contenu.

« Je n'en sais rien, dit Picou.

— Il est bizarre, continua M. Romain, qu'un homme qui se donne tant de peine pour renfermer des pièces de trente sous ne sache pas ce que le rouleau contient.

— Mettons qu'il y a six francs.

—Est-ce une supposition? demanda le juge d'instruction.

— Il y a peut-être bien dix francs, dit Picou.

— *Peut-être* n'est pas répondre ; voulez-vous que le greffier écrive que vous ne savez pas ce que contient le rouleau ?

— Non, non, fit Picou; attendez, qu'il n'écrive pas encore.... Si, il y a dix francs. »

Le greffier écrivit.

« Vous comptez mal, prévenu... Jamais des pièces de trente sous ne peuvent faire dix francs. »

Picou jura et sauta sur sa chaise; le gendarme lui mit les mains sur l'épaule et le contraignit à s'asseoir.

« Un peu de calme, prévenu, dit tranquillement M. Romain. A quoi cela vous sert-il de jurer par le nom de Dieu? Vous vous êtes trompé dans votre compte, ce n'est pas un crime; tous les jours il arrive pareille chose. Vous n'êtes pas condamné d'avance pour ignorer ce que contenait ce rouleau cousu avec tant de précaution. Un moment j'avais cru que vous aviez soigneusement cousu ce rouleau pour payer ce que vous deviez à M. Blaizot : il eût été naturel alors d'acheter un sac de cuir pour ne pas perdre votre argent, et de venir à Dijon ; mais vous avez déclaré que vous étiez en ville pour chercher de l'ouvrage et que votre dette ne vous y attirait nullement. Aviez-vous cousu pareillement d'autres petites sommes ?

— Je ne sais pas, répondit Picou.

— Il est singulier que vous ne vous rappeliez rien. Combien mettriez-vous de temps à coudre ce rouleau ?

— Un quart d'heure, fit le paysan.

— Cela me suffit pour le moment, reprit M. Romain. Greffier, veuillez me passer l'interrogatoire. »

Le juge d'instruction se renversa sur son fauteuil et lut attentivement chaque demande et chaque réponse.

M. Romain avait pour système de ne pas bâtir son interrogatoire d'avance ; il arrivait dans son cabinet sans s'être préoccupé des faits recueillis précédemment; mais une fois la première question lancée, il se jetait dans la controverse avec le prévenu, avec tout le recueillement du prêtre au confessionnal. Froid en apparence, M. Romain dépensait pour recueillir la vérité autant d'ardeur enthousiaste qu'un de ces pauvres génies méconnus qui s'occupent encore des sciences occultes. Toute la joie du juge arrivant à la découverte du crime ne se manifestait que par un signe que le prévenu ne pouvait deviner : les narines du nez de M. Romain s'écarquillaient et occasionnaient un léger soubresaut aux lunettes.

Jamais un prévenu ne fut acquitté quand ces symptômes avaient paru sur la figure du juge d'instruction.

« C'est donc pas fini? » demanda Picou au gendarme chargé de le surveiller.

Le brigadier de gendarmerie fit un signal indiquant qu'il n'en savait rien ; M. Romain lisait toujours l'acte d'accusation avec la mine ennuyée d'un teneur de livres. Il passa l'interrogatoire à son greffier et continua :

« Connaissez-vous ce sac, Picou? »

Et le juge, en même temps qu'il posait la question, faisait voir un sac en grossière toile bleue. Le paysan regarda le sac et ne répondit pas.

— Eh bien ! Picou, vous ne le reconnaissez pas?

— Je voudrais le voir de plus près, » dit le prévenu, essayant de gagner quelques secondes pour trouver une réponse.

Le greffier porta le sac et le retourna en tous sens afin que Picou fût bien édifié sur la physionomie du sac.

« Non, dit Picou, ce sac n'a jamais été à moi.

— Il a été trouvé, dit M. Romain, en une petite mare, dite la Mare-aux-Crapoussins, à une portée de fusil de la Mal-Bâtie.

— Je connais la Mare-aux-Crapoussins, dit le prévenu; mais le sac, je ne l'ai jamais vu.

— Il y avait une marque dans le principe, reprit M. Romain, une marque en fil rouge; on semble l'avoir arrachée.

— Voyons la marque, dit Picou; votre *écrivain* ne me l'a pas montrée.

— Que vous importe? s'écria le juge; la grandeur du sac, l'étoffe, ne vous suffisent-elles pas pour le reconnaître, s'il vous appartient?

— Non, dit Picou, le sac n'est pas à moi; jamais.

— Alors la marque au fil rouge ne vous sert à rien?

— Peut-être, fit le paysan; puisque vous dites qu'on a trouvé le sac dans la Mare-aux-Crapoussins, ce n'est pas une hirondelle qui l'aura laissé tomber là. Comme les enfants vont souvent se rouler là dedans, il se pourrait qu'ils l'aient pris à leur père; moi, je connais tout le monde des environs; en cherchant bien, avec la marque, je trouverais peut-être. Je ne demande pas mieux que de vous aider, monsieur le juge, quoique vous preniez plaisir à vouloir m'entortiller.

— Vous dites donc, dit le juge; que les enfants du village vont souvent jouer aux abords de la mare?

— Oh! je crois bien, ils se roulent dedans comme des canards, se jettent de la boue; il n'y a rien qui aime plus l'ordure que les enfants. Après ça, les mioches pourraient avoir trouvé le sac sur la route et l'avoir apporté là....

— Greffier, faites voir le sac au prévenu. »

Le greffier s'était levé.

« Arrêtez, » s'écria vivement le juge d'instruction qui ne quittait pas des yeux les yeux de Picou, et qui avait vu un éclair passer sur sa figure en voyant le greffier lui apporter le sac.

« J'étudierai moi-même la marque, dit M. Romain. Brigadier, l'interrogatoire est clos pour aujourd'hui. Reconduisez le prévenu à la prison. »

Picou sortit, non sans avoir jeté un regard sur le juge, espérant y découvrir quelques traces des sentiments qu'avait laissés l'interrogatoire; mais M. Romain était calme, et sa physionomie ne laissait rien percer.

Peu après on introduisit Grelu. Le fermier, qui sortait de l'infirmerie de la prison, était d'une pâleur mortelle; un gendarme le soutenait sous les bras, car il ne pouvait marcher.

« Comment vous trouvez-vous, Grelu? demanda le juge d'instruction.

— Mieux, monsieur, je vous remercie.

— On a eu des soins pour vous, n'est-ce pas?

— Oh! monsieur Romain, je ne passerai plus un jour sans prier pour les bonnes sœurs de l'hôpital et pour M. le curé, qui ont fait tout ce qu'il est possible pour adoucir ma position.

— Vous voyez que la justice n'est pas si dure qu'on le croit; maintenant que vous voilà en convalescence, il faudrait reconnaître ces soins par des aveux complets....

— Je ne peux vous avouer, monsieur le juge, un crime que je n'ai pas commis.

— Est-ce que M. le curé ne vous a pas donné le même conseil?

— Pardonnez-moi, monsieur Romain; je lui ai répondu comme à vous. Bien mieux, je me suis confessé, j'ai avoué toutes mes fautes; mais je ne puis pas dire que j'ai brûlé ma ferme, puisque cela n'est pas.

— Vous avez désiré voir votre femme?

— Oh! je crois bien, ma femme, ma pauvre femme! Ah! monsieur Romain, dit le fermier en pleurant, faites que je la voie, je n'en demande pas plus: je ne lui dirai rien; elle non plus, je vous le garantis, mais que je la voie.... Ça me donnera du courage, ça me remettra en santé.

— Je ne peux satisfaire à votre demande, dit M. Romain. Si vous aviez fait des aveux, le soir même, vous auriez pu revoir votre femme; mais, puisque vous persistez à nier votre crime, il faudra attendre à la fin de l'instruction.

— Ah! Seigneur!.... que vous êtes cruel! s'écria Grelu.

— Vous sentez-vous de force à supporter une heure d'interrogatoire? demanda M. Romain.

— Je ne sais pas.... si vous le voulez....»

Le fermier s'évanouit.

« Brigadier, dit le juge d'instruction, emmenez Grelu à l'infirmerie; qu'on lui laisse encore quelques jours de repos.... ensuite nous verrons. »

X

L'atelier de madame Paindavoine.

Sur la place des Orfèvres on remarque une vieille maison, plus élevée que ses voisines; au dernier étage, qui forme pignon, se voit une singulière peinture à fresque, qui est d'un joyeux peintre d'enseigne.

Cette fresque représente un long balcon sur lequel se promènent de jeunes souris; derrière un balustre apparaît un gros chat, les prunelles pleines de feu, le corps gonflé d'une joie cruelle. Ce sujet peint à la colle, dévoré par la pluie, est devenu pâle et n'a plus que peu d'années à briller; malgré tout, on le cite aux voyageurs, qui s'en reviennent un peu désappointés d'avoir visité la *Maison au Chat*.

Au premier étage du même bâtiment est un grand tableau représentant un homme vêtu à la mode de 1818, avec des manches à gigot et jouant de la pochette. On lit au bas du cadre : PAINDAVOINE, élève de *Lefèvre*, professeur de danse et de musique.

Au rez-de-chaussée, les rideaux tirés laissent voir des gravures de modes, non pas des plus modernes. C'est l'atelier de couture de Mme Paindavoine, la couturière de Dijon « qui habille le mieux. »

Alizon qui travaillait dans cette maison, en compagnie de dix ouvrières, revint à une heure de l'après-midi, émue des pleurs du clerc de Têfe; elle n'avait pas osé en parler au tonnelier, qui déjeuna avec ses enfants sans dire un mot.

La sœur de François travaillait aussi chez Mme Paindavoine, et confiait ordinairement ses secrets à Alizon; celle-ci n'hésita pas à lui demander la cause de la douleur du clerc d'huissier.

« Mon frère, dit Françoise, est un singulier garçon, il n'est pas bâti comme les autres; il ne me dit rien; comme il a été élevé au collége, il a peut-être peur que je ne le comprenne pas.

— Est-ce qu'il serait fier?

— Oh! fier, jamais; il est sauvage par timidité, voilà tout. Il étudie la nuit à faire trembler; il ne dort pas trois heures; et quand il n'étudie pas, il copie des rôles pour la recette : ça lui rapporte à peu près vingt-cinq francs par mois, qu'il donne à maman.

— Brave garçon! dit Alizon.

— Veux-tu que je te dise pourquoi il se sauve ordinairement quand il te voit; c'est parce qu'il est mal habillé. Il a honte de lui, des lubies! Quelquefois il m'a demandé si tu ne te moquais pas de lui.

— Et pourquoi ça? dit Alizon.

— Ah! c'est que tu as un air moqueur, sans le savoir.

— Eh bien, Françoise, la première fois que je le rencontrerai, je lui dirai bien le contraire.

— Ne t'en avise pas, ma chère Alizon; s'il se doutait que je t'ai répété cela, il ne me reparlerait plus....

— Avez-vous bientôt fini, chuchoteuses? s'écria Mme Paindavoine, grande personne sèche et maigre, qui trônait comme une impératrice sur une chaise haute. Quand la langue court, l'aiguille ne pique pas. Je vous demande ce qu'elles peuvent se conter de si intéressant.... Allons, Françoise, raconte-moi ta petite histoire, que ces demoiselles en profitent. »

Françoise ne répondit pas.

« Maintenant que je la prie de parler, elle se tait. »

Heureusement pour Françoise et Alizon, on entendit au dehors une voix grêle qui criait :

« Peut-on entrer, madame Paindavoine?

— Oui, » dit la maîtresse couturière.

Alors apparut une singulière caricature, qui n'était autre que M. Paindavoine, professeur de danse. Ses insignes étaient renfermés dans un sac de serge verte qui lassait dépasser un archet menaçant.

M. Paindavoine marchait comme les zéphirs de l'Opéra, les jambes pleines de coquetteries et de séductions.

M. Paindavoine ne fit qu'un bond de la porte auprès de sa femme.

« Mimiche, dit-il en lui baisant la main.

— Ah! qu'il est léger, le monstre! s'écria Mme Paindavoine.

— Mesdemoiselles, dit le maître de danse, vous savez que j'ai organisé un bal à votre intention?

— Oh! merci, monsieur Paindavoine.

— Seigneur! dit la maîtresse couturière, Charles, que vous avez la langue subtile! nous étions convenus de ne pas en parler sitôt.

— Eh bien! Mimiche, battez-moi de votre douce main, je l'ai mérité, » dit le maître de danse en se posant devant sa femme dans l'attitude d'un berger suppliant.

Ces fausses querelles matrimoniales mirent les couturières en bonne humeur.

« C'est pour Noël le bal, mesdemoiselles, dit le maître de danse.... On sautera jusqu'à la mort des jambes, n'est-ce pas, Mimiche? Et je vous exécuterai le fameux pas de Lefèvre, de Dijon, celui qu'il eut l'honneur de danser devant le roi dans le ballet d'*Elizida ou les Amazones*.

— Allons, monsieur Paindavoine, dit sa femme, il est temps d'aller à vos leçons.... J'ai des robes à essayer aujourd'hui, et il ne serait pas convenable pour vous d'être remarqué au milieu des ouvrières.

— Je suis à vos ordres, Mimiche, dit le maître de danse.

— Monsieur Paindavoine, dit une ouvrière, faites-nous donc le salut de Lefèvre. »

Le maître de danse, flatté de cette invitation, partit en faisant subir à son chapeau et à ses jambes mille évolutions distinguées.

XI

Comment la famille Cancoin prit la place d'une relique.

Un matin, Guenillon qui, depuis huit jours, roulait la campagne à vendre ses chansons, fut ébahi en arrivant à l'habitation des Cancoin. Sur la porte était placardé : *Maison à louer*.

La petite famille était accroupie. (P. 34, col. 2.)

« Oh! dit-il, le vieux pillard de Blaizot a fait des siennes. »

Il demanda aux voisins ce qu'étaient devenus le tonnelier et sa femme; mais, avant d'obtenir une réponse, il eut à écouter les plaintes et doléances des braves gens de la rue Cadet. Chacun se répandait en imprécations contre le reneuvier; chacun le maudissait. Si Blaizot eût entendu ces plaintes, il eût tenu quitte Cancoin des termes échus, car sa réputation devait être écorniflée de ce qui se disait relativement à la saisie.

« Ah! mon brave homme, disait à Guenillon une cardeuse de matelas, occupée en ce moment à secouer la laine au bout de longues baguettes, c'était à fendre le cœur que de voir la pauvre Cancoin quitter une maison qu'elle habite depuis bientôt trente ans, avec ses trois enfants, dont le plus petit, qu'elle portait sur le dos, ne peut pas marcher à cause de ses *anjaulures!*

— C'est tout de même vrai, reprenait le matelassier, celui qui a dit : Cent ans bannière, cent ans civière. Vous vous exténuez le corps pour donner un morceau de pain à vos enfants; vous travaillez jour et nuit; vous vous privez d'un verre de vin pour mettre ensemble les deux bouts; tout d'un coup le propriétaire arrive, qui vous flanque tout nus dehors pour une malheureuse somme.

— A quoi sert-il d'être honnête! disait Marion le fripier. Moi, j'aurais mieux aimé mettre la tête sur le billot que d'acheter un meuble saisi chez Cancoin. Ça doit porter malheur. Si tous les revendeurs pensaient comme moi, ils ne mettraient pas une *arnôte* d'enchère sur les objets que la main de l'huissier a touchés. Alors les propriétaires, voyant leurs meubles traités comme des Judas Iscariote, regarderaient à deux fois avant de faire de la peine à un honnête homme.

— Où demeurent les Cancoin à cette heure? demanda Guenillon, que ces récriminations n'éclairaient pas.

— Alizon surtout me faisait peine, reprit la matelassière; de grosses larmes coulaient de ses yeux. Il faut dire aussi que le père est trop rigide. Pendant trois jours il a eu le temps d'emporter un tas de petites choses qui servent dans les ménages; il n'a pas voulu.... C'est trop fier de sa part. Je ne dis pas qu'il fallait détourner les meubles; pour mon compte je le ferais si je pouvais, et j'aurais raison. Mais M. Cancoin a décidé que les robes d'Alizon, avec quoi elle s'habille le dimanche, devaient rester en gageries, comme ils disent. Cette jeunesse, avec sa méchante robe de tous les jours, ne se sentait guère à la fête.

— Dites-moi donc où les Cancoin demeurent s'écrie Guenillon.

— C'est pourtant la fermière de la Mal-Fichue qui leur a porté malheur. Il ne s'agit pas de faire le bien, dit la cardeuse; il s'agit de le faire à propos, parce que souvent le bien tourne contre vous. Voilà que le mari est en prison.... On dit partout dans la ville qu'il n'y aura pas de choses atténuantes; la grande pâle qu'ils nourrissent à rien faire est peut-être bien aussi dans le complot.

— Ah çà, vieille bavarde, s'écria Guenillon, avez-vous fini de *barguigner* de la langue? »

Les baguettes de coudrier qui secouaient la poussière s'arrêtèrent à ce mot du marchand de chansons; elles se tinrent droites d'abord et commencèrent à décrire une courbe dont le point d'arrêt pouvait bien être les épaules de Guenillon.

« Eh bien! femme, dit le matelassier. »

Les baguettes se redressèrent prudemment, pour retomber avec colère sur la laine du matelas.

« Voilà une heure, dit Guenillon, que je vous demande où sont les Cancoin, et vous me racontez un tas d'affaires qui ne sont pas de mon besoin.

— Vous voulez les voir? demanda la matelassière.

— Oui, je les cherche.

— Fallait donc le dire, dit la matelassière.

— S'il n'y a pas vingt fois que je le demande, il n'y en a pas une.

— Voyez-vous, continua la cardeuse de matelas, ce malheur-là m'a frappée. Ça peut arriver à tout le monde. Il n'y avait que Cancoin qui avait l'air résigné : c'était lui qui soutenait la fermière, et on ne m'ôtera pas de la tête que.... »

Guenillon poussa un juron énorme.

« Ah! la pie borgne qui recommence! Nom d'une pipe! je ne connais pas d'avocat qui ait une *loquence* pareille. »

Le fripier Marion vint mettre un terme à ces discussions.

« Connaissez-vous, dit-il au colporteur, l'église Saint-Béat?

— Ma foi non! dit Guenillon.

— C'est que les Cancoin demeurent dedans.

— Il est donc sacristain? demanda plaisamment Guenillon.

— Eh! non, c'est une église abandonnée où il mettait le surplus de ses tonneaux.

— Bon, dit Guenillon, je vois ça, ce n'est pas loin de la rue de Brosses.

— Précisément, dit le fripier.

— En ce cas, bonjour, je suis pressé. »

Tout près de la rue de Brosses, qui a pris son nom du facétieux premier président au parlement de Bourgogne, est une église abandonnée qui n'est pas la seule dans Dijon. Des unes on a fait des magasins de fourrages, des autres des marchés publics. Ainsi dans beaucoup de provinces, depuis la révolution, ont été démolis, pour faire place à l'industrie, des monuments sur lesquels l'art n'a guère à pleurer. Nous sommes étonnés aujourd'hui, en voyant d'anciennes gravures de petites villes, de ces quantités de flèches dans l'air; ce ne sont que cathédrales, églises, couvents, chapelles, maisons de dévotion, établissements monacaux qui portent de grandes ombres ou écrasent les petites maisons des bourgeois, les boutiques obscures des marchands, les échoppes des ouvriers.

Par un singulier retour, l'ouvrier, aujourd'hui, peut demeurer dans une église.

Cancoin, chassé de sa petite maison, avait à sa disposition la chapelle de Saint-Béat.

Mais le brave tonnelier ne pensait guère à ces antithèses : il trouvait le nouveau logement froid.

Guenillon ouvrit sans difficulté le petit loquet de fer qui branlait dans une vieille porte noire ornée de dessins formés par de gros clous, et il aperçut la grande salle haute et froide, avec ses fresques naturelles et ses fresques peintes par les hommes.

Les fresques des peintres morts étaient en mauvais état. Le temps est quelquefois intelligent : il détruit les mauvaises œuvres. Ce qui restait des anciennes fresques donnait raison à la destruction; mais les fresques naturelles peintes par l'humidité en camaïeux verdâtres, et qui formaient des nuages sans formes arrêtées, menaçaient de se propager abondamment.

Près du mur du fond était une échelle courte qui conduisait à une ouverture obscure. Là avait été jadis la châsse du saint. Cancoin l'avait convertie en appartement.

A droite était disposé tout le matériel de la tonnellerie qui n'avait pas été saisi; à gauche Guenillon remarqua des tonneaux disposés dans un certain ordre. Il y en avait cinq rangés à la suite les uns des autres et solidement calés. De chacun de ces grands tonneaux s'échappaient des linges blancs et des couvertures.

Cancoin en avait fait des lits pour ses enfants.

« Ce n'est pas dommage de vous rencontrer, dit Guenillon en entrant. Bonjour, les amis. »

La petite famille, qui était accroupie devant un pauvre feu fait avec des débris de cerceaux, accourut au-devant de Guenillon.

« A ce que je vois, la santé n'a pas été saisie avec le reste, dit le marchand d'images. »

Guenillon, comme quelques gens d'apparence brutale, avait cependant une certaine délicatesse. Il n'eût pas prononcé le mot *saisie*, s'il ne se fût aperçu de la tranquillité qui régnait dans l'église habitée par les Cancoin.

« Nous n'y pensons seulement pas, dit la tonnelière. Tenez, auparavant nous n'avions pas de fauteuils; mais, comme mon mari est habile, au bout de deux jours nous étions assis comme des empereurs. »

Du doigt, elle montra à Guenillon la fermière se reposant dans un des meubles créés par l'imagination de Cancoin. Il avait scié des tonneaux par la moitié, en conservant un demi-cercle qui servait naturellement de dossier.

Ces tonneaux répondaient à tous les besoins : lit, chaises, fauteuils, armoires et commodes.

« Ce n'est pas un fainéant dit Guenillon, qui aurait trouvé une pareille invention. Je veux avoir des fauteuils pareils, à mon village; j'en ferai cadeau à ma femme, et j'aurai soin d'arranger les planches de telle sorte que, quand Mme Guenillon criera, je la ferai descendre au fond du tonneau, où je la laisserai un jour tout entier. A propos, savez-vous du neuf sur Grelu?

— Rien du tout, dit Cancoin en baissant la voix; nous en parlerons dehors, s'il vous plaît.

— Tout à votre disposition, vous savez. Mais dites-moi comment le brigand de Blaizot a été aussi vite dans ses poursuites.

— Je n'en sais rien; mais je ne me plains pas. Un brave homme, poussé par ce bon garçon de François, m'avait offert la moitié de la somme. Le reneuvier a été plus dur que les pierres : « Il me faut tout ou rien, » a-t-il dit.

— Je me demande quelquefois, reprit Guenillon, à quoi pense la Providence de sauter à pieds joints sur le corps d'honnêtes gens, tandis qu'elle en enrichit d'autres qui ne valent pas la corde qu'on serait tenté de leur mettre au cou.

— Bah! dit Cancoin. Laissez donc tranquilles les riches, et ne vous faites pas mauvais sang à les envier. Nous sommes plus heureux qu'eux. Voilà le bonhomme Blaizot : il m'a mis sur la paille; croyez-vous qu'il en mangera de meilleur appétit? Je dors mieux que lui. Son argent lui tinte dans les oreilles la nuit, comme s'il avait une cloche sous son oreiller; ou bien il rêve qu'on le vole. Je ne changerais pas de peau avec lui, j'aime mieux la mienne. Seulement je suis tracassé par une idée : Alizon se fait grande tous les jours; j'aurais voulu lui mettre quelques sous de côté pour la marier.

— Elle est assez belle femme pour qu'on ne lui achète pas un homme. De l'argent pour se marier! s'écria le colporteur, en voilà encore des sottises de vos villes! Nous ne connaissons pas ça à la campagne : chacun apporte un gros rien entre deux plats, et le lit des mariés n'en est pas plus froid.

— Oui, dit le tonnelier, c'est la faim qui épouse la soif.

— Eh bien! moi, dit Guenillon, je me charge de trouver un épouseur à Alizon, pourvu qu'elle ne fasse pas trop la difficile. Je te lui amènerai un solide gars, bâti comme un cheval de labour, et qui travaillera comme un bœuf. Ça vous va-t-il, père Cancoin?

— Nous verrons, répondit le tonnelier en ouvrant la porte; il ne s'agit guère du mariage d'Alizon en ce moment. Vous avez vu la Grelu dans notre hangar?

— Oui, elle a toujours l'air singulier, dit Guenillon en agitant les mains au-dessus de son front. Est-ce qu'elle vous parle quelquefois de son mari?

— Elle n'en dit pas plus que vous n'en avez entendu.

— Elle n'en a pas ouvert la bouche, dit Guenillon, quand je l'ai rencontrée dans le bois.

— Eh bien, jamais je n'en entends davantage. Le jour, je ne sais pas quelles idées la tourmentent en dessous. Les enfants jouent et crient, quoique ma femme les empêche; la Grelu ne bouge pas. On dirait que ce qui se passe sur terre ne la regarde pas.

— Avez-vous prévenu un médecin? demanda le marchand d'images.

— Attendez, vous allez voir. Au contraire, la nuit, il semble qu'un démon la travaille. A peine qu'elle est couchée, ses agitations la reprennent. Elle se remue, se remue, comme si elle était possédée. Depuis deux jours, ça augmente. Nous étions tous endormis, lorsque ma femme me pousse dans le lit en me disant : « J'ai peur. » Moi je crois que c'est la grande chapelle qui l'effraye. « De quoi as-tu peur? c'est des bêtises. — Tu n'as donc pas entendu? demande ma femme. — Entendu quoi? — Je ne sais pas trop; des soupirs, des gémissements. » J'allais me rendormir, lorsque ma femme me dit : « Entends-tu, maintenant? » Vous savez, Guenillon, que je suis un homme; ma parole, j'ai senti mes cheveux se dresser sous mon bonnet. Ça n'a duré qu'une minute, car je me suis vite rendu compte. La Grelu gémissait comme quand je suis arrivé à la ferme et que son enfant se mourait. Je me suis jeté bien vite à bas du tonneau. « Qu'est-ce qu'il y a, madame Grelu? » Rien, elle ne répond rien. « Où souffrez-vous? » que je lui demande. Elle ne répond pas davantage. Je crus qu'elle dormait, lorsque tout à coup elle se met à parler des paroles que je ne comprends pas. J'ai cru remarquer qu'elle semblait répondre à une voix mystérieuse, car il n'y avait pas de suite dans son discours.

— C'est ça, dit Guenillon, la tête n'y est plus.

— Il était toujours question de l'Encharbôté.

— L'Encharbôté! s'écria le marchand d'images.

— Qu'est-ce qui vous étonne?

— C'est dans le bois de l'Encharbôté que j'ai trouvé la Grelu, quand elle était quasiment morte de faim. Ça lui aura resté dans la tête.

— Il y a donc quelque chose d'extraordinaire dans ce bois-là?

— Rien du tout, dit Guenillon, excepté qu'il est si touffu, si plein d'épines, que les arbres y viennent comme il leur plaît, et que c'est pour ça qu'on l'appelle dans le pays l'Encharbôté.

— C'est drôle, dit le tonnelier, qu'un simple bois lui reste dans la tête. J'aurais plutôt pensé qu'elle rêverait d'incendie ; quelquefois j'y pense bien.... Vous ne m'avez jamais dit, Guenillon, ce qu'elle faisait quand vous l'avez rencontrée.

— La Grelu ne faisait rien, elle avait l'air d'une grande âme abandonnée.

— Ce n'est pas tout, reprit Cancoin, elle parle aussi à son enfant la nuit; elle a l'air d'en avoir peur. « Va-t'en, dit-elle, va-t'en ! » Et puis elle ajoute : « J'ai cru bien faire. » C'est comme un remords qui lui pèse.

— Voyons, dit Guenillon, racontez-moi, vous, à votre tour, qui est-ce qui les a sauvés du feu, Grelu d'abord!

— Le fermier s'est sauvé tout seul, dit Cancoin. Puisqu'il avait mis le feu, il ne tenait pas à griller.

— Et sa femme?

— C'est moi, dit le tonnelier, je l'ai prise dans mes bras pour la faire vite passer par la fenêtre; il n'était que temps.

— Et alors? dit Guenillon.

— Alors je l'ai assise par terre.

— Mais l'enfant?

— L'enfant mort était à côté d'elle.

— Après? demanda le marchand d'images.

— Je sais que plus tard je n'ai plus retrouvé ni femme ni enfant.

— Quand je l'ai rencontrée dans le bois de l'Encharbôté, se dit Guenillon, comme s'il se fût parlé à lui-même, la fermière était seule. C'est de la Mal-Fichue au petit bois que l'enfant a disparu. Il a dû se passer quelque chose de terrible pendant la route.

— Ah ! que vous raisonnez bien ! dit Cancoin. Avez-vous fouillé le bois?

— Je ne savais rien à cette heure, répondit Guenillon. Je chantais pour égayer la route, sans me douter des calamités qui étaient arrivées en une nuit aux Grelu.

— L'enfant n'aurait-il pas été emporté par une bête.....par un loup? demanda le tonnelier.

— J'ai jamais vu de loups ni de grosses bêtes dans les environs de l'Encharbôté.

— Une idée, s'écria Cancoin. Si j'emmenais la Grelu par là.... Un jour de marché, il ne me sera pas difficile de trouver deux places dans une voiture de fermière. Peut-être bien que la vue du pays ne lui ferait pas de mal.

— Bah ! dit Guenillon, je ne vois pas de grand soulagement dans votre remède. Est-ce qu'au contraire les restants des murs noircis de la ferme ne lui rappelleraient pas son infortune ? Si vous me croyez de bon conseil, vous me laisserez arranger cela. D'ailleurs, vous n'êtes pas dans de trop bonnes affaires pour aller courir la campagne en compagnie d'une pauvre femme qui a le cerveau affecté. Le lendemain de la Noël, mon ouvrage étant *faite*, j'aurai quelques écus ; c'est mon chemin pour retourner au village. Je me charge de la Grelu et je vous en réponds. Maintenant, je vous quitte pour aller à l'imprimerie, où ils me font languir pour une malheureuse rame de noëls. Et vous, Cancoin, bon courage : nous ne serons pas longs à nous revoir. »

XII

La première oie.

C'est aux approches de l'Avent que certaines boutiques de Dijon prennent une gaie physionomie; surtout à la fête de Noël, les charcutiers dépensent toute leur imagination à faire leur *montre*.

Quelques-unes de ces boutiques ressemblent à un conte de fées où le prince aborde dans l'île de la Ripaille. On installe les gros quartiers de porcs sur des linges blancs, comme pour un reposoir. Les bordures sont faites de guirlandes de boudins noirs mariés à des boudins blancs, et entrelacés de cervelas, de saucisses, d'andouilles.

Certains charcutiers, plus artistes encore, élèvent à grands frais des monuments d'architecture en graisse blanche, où sont reproduits, avec une extrême exactitude, le Panthéon, la Bourse, la Madeleine.

Les montagnes de pâtés lourds et ventrus comme un banquier goguenardent la bourse des pauvres gens qui, huit jours à l'avance, vont voir les boutique

A ces montres que l'œil brille, que le nez s'allonge vers ces grosses friandises ! On comprend, en voyant ces désirs inassouvis, le mot d'un conteur espagnol, qui rapporte qu'un de ses héros regarda un pâté avec des yeux tellement ardents, que le pâté s'en dessécha.

A leur débit de vin les cabaretiers joignent, pour cette époque, le commerce des oies. Dans les rues les moins passagères de Dijon, il est facile d'assister à l'engrais de ces blanches bêtes, qui ont un fond de mélancolie, quoi qu'en ait dit le savant Grimod de La Reynière.

Déjà, dans Dijon, on commencait à flairer le Noël; depuis huit jours la ville, chaque soir, entrait en fête. Le vin blanc coulait à flots dans les cabarets, et, pour attiser la soif des buveurs, sur chaque table s'élevaient de pleines assiettes de marrons.

La veille de Noël, Blaizot envoya aux provisions la Rubeigne, qui était une cuisinière habile. Le bonhomme célébrait Noël à sa façon. Il ne lui survenait pas, ce jour-là des bouffées religieuses; il obéissait, comme la plupart des gens du pays, à une vieille coutume.

Les fermiers qui faisaient des affaires avec le reneuvier avaient envoyé leurs redevances de volailles, de cochons de lait et de fromages.

La Rubeigne dépensa toute son invention dans les apprêts de l'oie, qui était la pièce la plus importante du repas.

Enfin, le 24 décembre de l'année 1829, on vit arriver en grande tenue, rue du Tillô, les convives de Blaizot, qui appartenaient pour la plupart aux corps des notaires, des avoués et des huissiers.

Il faut dire que Maître Tassier, le notaire, et Maître Parcheret, l'avoué, étaient gens un peu véreux, ayant eu plus d'une fois maille à partir avec la corporation dont ils faisaient partie. D'autres officiers ministériels, d'une meilleure réputation, se seraient crus ravalés de dîner en compagnie d'un huissier, qui tient le bas de l'échelle parmi la gent ministérielle.

Mais l'avoué et le notaire étaient à la dévotion de Blaizot; sans la clientèle du bonhomme, les panonceaux du notaire n'auraient pas étalé le brillant de leur dorure. L'avoué, long personnage blême, était à la tête d'une étude si pauvre, qu'il n'avait pas même de clerc, et qu'il lui fallait, dans les longues soirées d'hiver, copier des rôles pour l'administration des contributions.

Aussi était-il plein de respect pour l'huissier Tête qui occupait un clerc.

Le repas commença vers les six heures du soir. L'avoué mangea le potage avec l'avidité des personnes maigres que la vue des hommes gras excite. Il en redemanda.

« C'est un bon plat, le potage, dit-il, quand il est bien accommodé. J'en ferai mes compliments à Mlle Rubeigne.

— Toujours fraîche, mademoiselle, dit Tête, comme la servante entrait. Ah! monsieur Blaizot, que vous êtes heureux d'avoir une cuisinière aussi appétissante!

— Mademoiselle Rubeigne, c'est un bon plat, » reprit l'avoué pour se mettre au ton gaillard de l'huissier.

Le notaire ne disait rien et approuvait par un signe de tête les compliments de son confrère.

« Ah çà, dit Blaizot, qui est-ce qui aime le gras ou le maigre dans le bouilli?

— Le bouilli, s'écria l'avoué, c'est un bon plat. Je vous demanderai un peu de gras.... et aussi un peu de maigre. »

Blaizot n'avait pas manqué, à ce dîner, d'apporter le fameux verre à surprise, dont le vin disparaissait dans la cravate du buveur. Le notaire, quoique sur ses gardes, fut victime de cette plaisanterie qui mit Tête au comble de la joie.

« Vous savez la grande nouvelle, dit l'huissier; le procès Grelu se complique. Nous allons avoir une affaire fort intéressante. Le juge d'instruction et le procureur du roi sont retournés à la Mal-Bâtie, emmenant cette fois avec eux la fermière et un colporteur qui a, prétend-il, des communications importantes à faire. On croit connaître maintenant le mot de l'affaire, d'après ce que j'ai pu savoir au greffe....

— Monsieur Blaizot, je demanderais volontiers un peu de cette échinée de porc; c'est un bon plat, dit l'avoué.

— Maître Parcheret, attendez un moment, dit Blaizot; que j'écoute avec attention. Vous disiez donc, Tête.

— Qu'on connaît maintenant le motif qui a porté Grelu à incendier sa ferme. Ce n'est pas par intérêt, quoi qu'en dise la compagnie d'assurance, qui cependant conserve son recours au civil.

— Ça lui rapportera beaucoup, le recours, dit Blaizot.

— N'importe! Le fermier, à ce qu'on suppose, désolé de ce que son exploitation n'allait pas, voulait se suicider, lui et sa femme, à cause aussi du chagrin de la mort de leur enfant.

— Ce ne sont pas des raisons, Tête, dit le reneuvier. Je n'en perds pas moins mon argent.

— Je mangerais bien, dit l'avoué, une de ces cailles grasses, qui me paraissent un bon plat.

— Il faut pourtant prendre son parti de l'incendie, fit l'huissier.

— Vous avez bientôt dit une dure parole : on voit bien que ça ne sort pas de votre sac, grommela Blaizot. Mais je ne vous comprends pas, Tête, vous avez l'air d'absoudre Grelu.

— Oh! ça regarde les jurés.... Il s'est passé encore à la Mal-Bâtie un fait assez étrange ; comme je vous le disais, un témoin important, un colporteur qu'on nomme Guenillon....

— N'est-il pas ami des Cancoin? demanda Blaizot.

— Précisément, c'est lui qui a retrouvé la fermière.

— Et il n'est pas arrêté?

— Guenillon? demanda l'huissier.

— Mais c'est encore un gibier de potence, celui-là, un sacripant, un *gradasse*....

— Vous vous trompez, monsieur Blaizot.

— Si, c'est un *mandricar*, s'écria le reneuvier plein de colère, en pensant à la scène qui s'était passée le soir chez les Cancoin. La Grelu, son mari, les Cancoin, Picou sont tous complices; ils s'entendent, je vous le dis. Il n'y en a pas un qui paye. Qu'est-ce que c'est que des gens sans argent? des voleurs! Ils empruntent avec l'idée qu'ils ne rendront pas : des voleurs! Ils louent des maisons sans payer leur terme : des voleurs! Ils vous font des billets sur papier marqué; ils ne les payent pas : des voleurs, je vous dis! Ils vous achètent des bestiaux pour les brûler : des voleurs! des voleurs! des voleurs! »

Pendant que l'huissier Tête frémissait d'avoir provoqué un tel réquisitoire, et que Blaizot buvait un coup de vin pour rafraîchir son gosier allumé par la colère, l'avoué maigre mangeait avec la férocité d'un tigre de ménagerie qu'on aurait oublié de servir pendant deux jours. A lui seul il avait fait disparaître un plat de cailles.

« J'aime beaucoup les cailles, c'est un bon plat, disait-il au notaire. Faites-m'en passer un fragment.

— Il n'y a plus de cailles, dit le notaire.

— Oh! la! la! » s'écria l'avoué du ton d'un homme à qui on apprendrait une catastrophe.

La Rubeigne entra avec un plat contenant l'oie dorée. L'avoué se livra à une joie extrême. Appuyant sa chaise sur les deux pieds de derrière afin de se reculer de la table, il regardait l'oie de loin, comme on regarde de la peinture. Puis il se rapprochait et inclinait la tête comme s'il eût rendu hommage à une princesse. Ses yeux s'ouvraient et se fermaient avec une expression de volupté inouïe : ses narines s'élargissaient.

« Ah! monsieur Blaizot, s'écria-t-il, l'oie!!! Ah! monsieur Blaizot! »

Ne trouvant pas de mots pour rendre son enthousiasme :

« C'est un bon plat, l'oie! s'écria-t-il.

— Eh bien! dit Blaizot, chargez-vous de la découper. »

La Rubeigne passa le plat à l'avoué qui, armé d'un grand couteau, commença par l'attaquer aux cuisses. Le notaire, qui jusque-là n'avait pas dit une parole, fit entendre des murmures significatifs.

« Monsieur Parcheret, dit-il, vous commettez une grande faute : tout l'esprit de la bête s'évapore.

— C'est un goulu, dit Blaizot, il n'y entend rien.... Heureusement il n'a encore massacré qu'une cuisse; gardez-la.

— J'aime beaucoup la cuisse, dit l'avoué; c'est un bon plat. »

Le notaire alors se livra à d'ingénieuses estafilades de la bête; il appartenait à l'école des gourmets. Il leva diverses aiguillettes sur le corps de l'oie, et offrit à Blaizot celles du milieu comme plus *fondantes*.

« Les personnes qui savent vivre, dit-il, ne divisent jamais les membres dès le début, car la bête rend moins de jus et paraît moins tendre. »

L'avoué, qui dévorait la cuisse, ne prêtait aucune attention à ces leçons gastronomiques.

« Malheur à celui qui s'attache d'abord à découper les cuisses de l'oie!

— C'est vrai, disait l'avoué, c'est un bon plat. »

Tête, qui avait aussi quelque science dans ces sortes de matières, et qui voyait les aiguillettes diminuer avec une sensible rapidité, proposa de lever encore quelques filets sur la partie charnue des cuisses.

« Non, dit l'avoué qui regardait la seconde cuisse comme sa propriété, ne détruisons pas ce fragment; je le demanderai si personne n'y tient.

— Ah! si j'avais su, dit Blaizot, M. Tête me l'a donnée sur mon assiette.

— Oh! la! la! s'écria l'avoué avec un énorme soupir.

— Tenez, dit Tête, en emplissant l'assiette de son voisin de marrons, voilà.

— Avec un peu de carcasse, si vous permettez, dit l'avoué, j'aime beaucoup la carcasse.

— Si je prenais des pensionnaires, monsieur Parcheret, dit Tête, je vous nourrirais volontiers, vous n'êtes pas difficile, vous aimez tout.

— Avec tout ça, dit Blaizot, vous ne m'avez pas achevé l'histoire des ravageurs de la Mal-Bâtie.

— Et je ferais aussi bien de ne pas continuer; ça vous irrite la bile, et je le comprends. Nous sommes là à dîner, tranquilles; pourquoi nous faire du mauvais sang?

— Non, dit le reneuvier, maintenant j'écouterai sans me fâcher.

— J'en reviens donc au procureur du roi et au juge d'instruction, qui sont partis avec la Grelu et Guenillon. C'est sur les conseils du marchand de chansons que la voiture a fait un détour pour ne pas passer devant la ferme brûlée; ils sont tous arrivés au bois de l'Encharbôté que vous connaissez bien. Là, la fermière est devenue comme une folle, m'a-t-on dit. Elle a pris sa course au milieu des ronces, des épines; il n'y avait que le paysan qui pouvait la suivre, ces messieurs du parquet se seraient arraché la figure et les habits dans le taillis. A un endroit du bois la Grelu s'est arrêtée. C'est alors qu'on a remarqué que la terre avait été remuée, qu'on avait arraché des gazons.

— Pour cacher leur argent, s'écria Blaizot.

— Non, c'était là qu'elle avait enterré son enfant. Guenillon a couru à un village voisin pour ramener le curé; alors on a dit la messe des morts et le corps a été transporté dans le cimetière du village.

— Ça ne m'avance pas à grand'chose, dit le reneuvier. Qu'est-ce qu'une messe fait au procès ?

— Je n'en sais pas plus long, dit Tête. Mais quel coup elle a fait là, la fermière ! Ah ! si madame Tête m'avait monté des scènes pareilles, moi qui ai eu quatorze enfants défunts !

— Allons, buvons un coup, dit le bonhomme Blaizot, qui n'aimait pas à entendre parler d'enterrement.

— Oui, dit Tête ; à votre santé !

— Je prendrais bien de ces épinards accommodés à la graisse d'oie, s'écria l'avoué ; c'est un bon plat. »

Le dîner se passa ainsi jusqu'à onze heures, tous mangeant d'un grand appétit et buvant largement, à l'exception de l'avoué engloutisseur, qui semblait craindre de dissiper par le vin les grosses viandes du repas.

Après quoi chacun se sépara.

XIII

La seconde oie.

Le fermier Grelu sortit de l'infirmerie guéri ; il ne fut plus remis au secret et obtint la permission de voir sa femme en présence d'un gendarme. Combien de fois se serrèrent-ils les mains à travers les barreaux du parloir ! Le mari et la femme ne se tenaient pas de longs discours; mais chaque mot était plein de douces affections, de plaintes et d'espoirs.

Depuis l'enterrement de son enfant, la Grelu semblait revenir à la vie. L'emprisonnement de son mari lui serrait encore le cœur; et si les murs de la prison lui tiraient des larmes, le sourd désespoir l'avait abandonnée.

« Ma pauvre femme, disait Grelu, que de fois j'ai pensé à toi dans le cachot ! je ne croyais plus te revoir.

— Moi aussi j'ai bien souffert, et je souffre encore; mais je suis bien consolée aujourd'hui.... Quel honnête homme que le juge qui a donné la permission ! Il y a encore de braves gens. Si tu savais comme Guenillon a été bon pour moi ! Et les Cancoin, jamais nous ne pourrons les récompenser de leur attachement.

— N'aie garde, dit le fermier; les bons se retrouvent toujours, et ils ont des façons de se payer à eux qui valent mieux que les richesses des gens comme M. Blaizot. »

En un clin d'œil se passa l'heure qui avait été accordée à la Grelu, et elle quitta son mari pleine de joie de l'avoir revu, mais chagrine en pensant à son incarcération. Elle rencontra le geôlier, et lui mit dans la main cinq francs que Guenillon lui avait donnés :

« Je vous en prie, monsieur, si Grelu a besoin de quelque chose, faites-le-moi savoir, je tâcherai de le lui procurer; c'est un honnête homme, allez ! et vous verrez qu'on finira par connaître son innocence.

— Honnête ou non, ça ne me regarde pas, dit le geôlier. Mais il suffit que vous me le recommandiez à chaque visite comme aujourd'hui.... »

La Grelu sortit. Quelque temps après, le fermier put se promener pour la première fois dans le préau, en compagnie d'autres prisonniers. Tous le regardaient avec curiosité, car ils connaissaient l'accusation qui pesait sur sa tête. Plus d'une fois il en avait été question. Les événements sont si peu nombreux en prison, qu'on s'occupe avec avidité des nouveaux venus; ils sont, pour ainsi dire, jugés d'avance. C'est là que sont débattus les moyens de défense, et fabriqués ces éternels alibis devenus si communs qu'ils viennent en aide à l'accusation.

Grelu ne semblait pas d'humeur communicative; les prévenus ne tentèrent pas d'entrer en conversation avec lui. Le fermier se promenait à grands pas et cherchait l'air et le soleil; il en avait été privé si longtemps, lui habitué à vivre dans les champs, qu'un endroit où les murs ne portaient pas d'ombre lui sembla plus beau que campagne.

Des enfants jouaient dans ce coin et s'amusaient comme en pleine liberté. Près d'eux était assis un homme de quarante ans, d'une haute taille, les cheveux grisonnants, qui souriait à leurs jeux.

La pensée avait semé son visage de rides qui rendaient un peu sévère sa physionomie; son sourire n'en était que plus expressif. Cet homme, par ses habits et ses manières, contrastait tellement avec les autres prisonniers, que Grelu s'arrêta pour le regarder; par hasard, les yeux de l'homme habillé de noir rencontrèrent ceux du fermier.

Grelu salua l'étranger, qui répondit poliment à cette avance.

« Pardon, monsieur, vous devez être l'imprimeur ? demanda Grelu.

— Vous me connaissez ? répondit celui-ci.

— Je n'ai pas cet honneur, mais j'ai entendu parler de vous dans mon cachot, dit le fermier.

— Et qui a pu vous parler de moi ?

— Le geôlier. En entrant dans cette cour, je n'ai rencontré qu'une figure honnête, et je ne me suis pas trompé.

— Sans vous faire de compliments, dit l'imprimeur, vous me semblez pas non plus un criminel audacieux. Seriez-vous enfermé pour dettes ?

— Je suis prévenu d'incendie à ma ferme.

— Je ne l'aurais pas cru, dit l'imprimeur.

— Et vous auriez eu raison, dit Grelu.

— D'ailleurs, reprit l'imprimeur, je ne m'occupe pas de ce qui se passe ici. Les enfants me suffisent, croyez qu'ils me donnent du tracas; cependant je suis parvenu à ce que je voulais. Regardez ces quatre petits qui jouent. Ceux-là, si on me les confiait, je les sauverais et j'en ferais de bons ouvriers. Il n'y a qu'à les redresser; vous, qui êtes de la campagne, vous savez combien doit rester auprès de l'arbre faible le solide tuteur. Si on enlève ces enfants à ma direction, je ne réponds plus d'eux. Ils retomberont. Ils ont le caractère ouvert; ils sont bons au fond, mais faciles à entraîner. Je me garde bien de les laisser seuls avec un petit garnement que vous pouvez voir là-bas avec les autres prisonniers. Celui-là est farouche, peu communicatif; il a douze ans et déjà ses moustaches poussent. Il sera très-fort de caractère et de corps; mais il n'aime que les cartes et retient tout ce qui est mauvais, des chansons ordurières, des mots d'argot. Il a étonné le fameux Lerouge, qui a trouvé moyen de s'évader trois fois d'ici. Je crois qu'il y a des natures vouées fatalement au mal; je crois aussi que l'hérédité y entre pour beaucoup. La mère de ce garçon était une fille de mauvaise vie, son père est un forçat. Tous deux ont été condamnés pour avoir assassiné un homme A neuf ans, ce garçon, qui débutait par un vol, a été mis dans une maison de correction. Il en est sorti et a recommencé. J'ai essayé de tout avec lui, rien n'a réussi. Maintenant je le laisse, heureux s'il ne corrompt pas mes petits élèves.

— Que je suis aise, dit Grelu, de rencontrer ici un homme comme vous. N'est-ce pas triste qu'on soit enfermé pour de l'argent?

— Je ne me plains pas, dit l'imprimeur. Je n'ai pas perdu mon temps ici, et je ne demande qu'une chose, c'est qu'on ne m'en fasse pas sortir trop vite, avant que j'aie fait l'éducation de ces enfants; où je voudrais être assez riche pour les faire sortir d'ici; ils savent lire maintenant, je les prendrais avec moi, ou je m'en servirais comme apprentis dans mon imprimerie. J'ai de l'ouvrage maintenant pour dix ans; j'ai composé ici de petits livres que je ferai tirer à des nombres considérables pour les répandre à bas prix dans les villes et les campagnes. Ce sont des livres utiles. Avant cinquante ans vous allez avoir une France nouvelle, qui s'inquiétera du passé et plus encore de l'avenir. Et je plains ceux qui, avec une mauvaise éducation, ne comprendront que la surface des idées. C'est surtout l'amour du vrai qu'il faut tâcher d'inspirer : le mensonge nous tue. Il y a des esprits intelligents qui ne demanderaient pas mieux que de s'associer aux idées nouvelles; mais habitués à vivre avec des gens sans conviction, ils regarderont comme de la même bande les premiers qui se présenteront, les mains ouvertes, semant la vérité.

— Je ne suis pas assez savant, dit Grelu, pour voir aussi loin que vous, mais je vous crois.

— Tout homme qui tient une plume, dit l'imprimeur, doit avoir quelque chose à dire; mais il faut qu'il soit sincère et qu'il croie à son œuvre. S'il n'y croit pas, l'œuvre est mauvaise et malfaisante. Malheureusement, parmi ceux qui pratiquent l'enseignement, je n'en vois pas beaucoup qui croient. Ils redisent ce qu'on leur a dit; ils refont ce qui a été fait, et ont peur d'une vérité comme s'il s'agissait de les saigner aux quatre membres. »

Le geôlier entra à ce moment dans la cour; il fit sa tournée en disant à ceux qu'il supposait avoir quelque argent, qu'en considération de la Noël, il avait obtenu la permission de vendre de l'oie aux prisonniers.

Le matin, la femme du geôlier avait acheté une oie tellement maigre, que le mari entra en fureur à la vue de cet animal, qui semblait atteint de phthisie.

Le geôlier ne trouva rien de mieux que de mettre l'oie en souscription parmi ses prisonniers. Quelques-uns, les voleurs, recevaient de l'argent par divers moyens; mais, habitués à être trompés par le geôlier, ils discutèrent longuement chaque partie de la bête qu'ils devaient recevoir en échange de leur argent.

Grelu fut tout étonné quand le geôlier lui dit d'un ton plus bienveillant que de coutume :

« Je vous ai mis un bon morceau d'oie de côté.

— Oh! dit l'imprimeur, vous avez ici une mystérieuse protection. »

Le fermier raconta alors en détail ses entretiens avec le geôlier, sa mise au secret, sa translation à l'infirmerie, et enfin l'affaire de la Mal-Bâtie.

« Je ne connais, dit-il, que le juge d'instruction, un jeune avocat qui veut bien se charger de me défendre, et M. Blaizot.

— Soyez certain que le bonhomme n'est pour rien dans l'amabilité du geôlier. C'est lui qui me tient ici, et il me tient bien, dit l'imprimeur; plein d'adresse, il n'est pas en nom dans mon affaire. Il a une espèce d'endosseur qui se charge pour lui de tous les mauvais coups.

— Ma femme est venue me voir aujourd'hui, dit Grelu.

— Alors tout s'explique, dit l'imprimeur. Le geôlier lui aura tiré de l'argent.

— C'est difficile : elle n'a rien.

— Elle vous aura apporté une oie, sur laquelle le geôlier prélève une dîme.

— Je ne le pense pas, dit Grelu, elle me l'aurait dit. »

Le geôlier revint et appela le fermier.

« Vous faites des amitiés, dit-il, à un homme que je n'aime guère; mais, à cause de la fête d'aujourd'hui, nous ne sommes pas forcés à voir si clair.

Ah! mon Dieu! dit Alison. (P. 46, col. 1.)

Si vous voulez dîner en compagnie de l'imprimeur, je vous laisserai volontiers une heure de plus.

— Ah! merci, dit le fermier : vous êtes bon, et je regrette les paroles que j'ai pu lâcher quand j'étais au cachot. »

Le geôlier se laissa remercier comme s'il avait fait une bonne action. Il ne dit pas que le juge d'instruction permettait de laisser à Grelu quelque liberté; il ne dit pas qu'il avait reçu le jour même une lettre à l'adresse de l'imprimeur, lettre qu'il soupçonnait contenir un mandat sur la poste.

A six heures du soir, Grelu et l'imprimeur étaient dans une petite chambre, où le geôlier apportait un morceau d'oie qu'il avait jugé à propos d'entourer d'une forêt de navets, afin d'en dissimuler la maigreur. Pendant le repas, Grelu raconta à l'imprimeur l'accusation qui pesait sur lui.

Par extraordinaire et contre toutes les habitudes, François, le clerc de Tête, fut introduit dans la prison; mais ses rapports avec le greffe, avec les gens de justice, lui faisaient obtenir quelques priviléges.

François avait connu l'imprimeur au temps de sa prospérité. Il était dans la destinée du pauvre clerc d'huissier d'employer toutes les rigueurs de la loi contre ceux avec lesquels il était lié; aussi ne manquait-il jamais, depuis l'emprisonnement de l'imprimeur, de venir lui rendre visite à chaque huitaine. Il croyait par là effacer ce qu'il regardait comme la souillure de son métier.

François était tenté, toutes les fois que Tête lui donnait à expédier des pièces de saisie, de les anéantir. Jamais on ne vit un ouvrier souffrir autant de sa profession. Quoique travailleur, François était lent dans ces sortes d'écritures, qui lui donnaient des hallucinations de bienfaisance. En transcrivant des commandements, des protêts, des récolements, il rêvait que des millions étaient tombés chez sa mère. Alors le clerc faisait ses comptes, remboursait les frais, arrêtait la saisie, allait porter l'argent aux débiteurs, beaux rêves que troublait l'arrivée de Tête.

Le plus souvent ses rêves se traduisaient en actions plus directes : ainsi, depuis l'emprisonnement de l'imprimeur, François faisait l'impossible auprès des créanciers pour obtenir un concordat qui venait toujours se briser contre les opiniâtres refus de Blaizot.

L'imprimerie marchait sous la direction des intéressés ; et François, appelé par l'imprimeur à tenir les livres, avait conservé, depuis la faillite, cette place qu'il lui était facile d'exercer au sortir de son étude.

M. Fromentin avait intérêt à avoir des nouvelles de son établissement ; il espérait y rentrer et craignait que son absence n'apportât de grands dommages à l'imprimerie.

M. Fromentin fut une *intelligence en province*; c'est-à-dire une nature méconnue, souffrante, incomprise et broyée par les ignorances de la bourgeoisie. L'un des premiers, M. Fromentin introduisit en province le journal politique, qui succomba sous les amendes de la restauration.

Ce fut au moment où il venait d'acheter une presse mécanique qui devait servir à tirer à grand nombre une série de livres populaires, que Blaizot mit un terme à ses projets.

« Et l'imprimerie ? demanda-t-il à François. Quoi de neuf ? Les ouvriers, que disent-ils ?

— Ils s'attendent à vous revoir un jour ou l'autre, ils en seraient bien heureux, car ils vous aiment. Mais ils ne sont guère contents de ceux qui tiennent aujourd'hui l'imprimerie, qui veulent se mêler de tout et qui n'y entendent rien. »

Après que le clerc de Tête eut rendu compte à l'imprimeur des événements peu importants qui se passaient en dehors de la prison, Grelu continua le récit de l'incendie de la Mal-Bâtie.

« M. le juge d'instruction, dit-il, m'a tourné dans tous les sens pour me faire expliquer une chose que je ne comprends pas moi-même, la sortie de la charrette sur laquelle étaient les tonneaux de Cancoin. C'est comme un tour de sorcier. J'ai entendu, la nuit, un bruit sourd pareil au roulement d'une voiture ; je sors sans déranger ma femme, qui avait assez de chagrin avec notre enfant mort. Plus de charrette dans la cour ! Je pense qu'il est entré un voleur ; ce n'est pas qu'il aurait eu gros à grapiller.... j'entends encore le roulement. Dans la nuit, ne pouvant m'orienter qu'au bruit, je cours du côté du bruit, rien ! J'allais toujours sans voir clair ; plus d'une fois je me suis buté aux arbres. Je crois, ma foi, que j'ai fait une bonne lieue. Lorsque je suis revenu, tout était en feu. Je rentre par derrière, craignant pour ma femme ; je ne l'ai plus trouvée, ni Cancoin. Et on m'accuse d'avoir mis le feu. Si c'est Dieu possible ! Malheureusement tout ça était dans la nuit, sans quoi on m'aurait peut-être rencontré courant après ma charrette de tonneaux.

— Si vous aviez eu de l'argent chez vous, dit l'imprimeur, on pourrait soupçonner que le feu a été mis à la ferme pour permettre de vous voler plus facilement.

— C'est juste ce que soutient le juge, dit le fermier. Il m'a montré un sac bleu que je reconnais bien comme à moi ; seulement, je ne conçois pas qu'il n'ait pas été brûlé. Il paraît maintenant qu'il a été retrouvé dans la mare aux Crapoussins, qui est à une portée de fusil de la ferme. Le juge m'a demandé s'il y avait de l'argent dedans quand le feu a pris. Je lui ai répondu qu'il ne devait pas être lourd. Je ne sais pas ce qu'il voit dans ce sac, il y revient toujours ; il me fait mille questions. Ne voulait-il pas savoir combien il y avait d'argent au juste dans le sac, en quelle monnaie !... Pour ça, lui ai-je dit, adressez-vous à ma femme, c'était la ménagère, elle tenait la bourse. Si elle ne le sait pas, personne n'en sait rien.

— Et depuis deux jours on a levé le secret ? demanda l'imprimeur.

— Oui, dit Grelu.

— Alors l'instruction est terminée. Votre femme aura été entendue.

— Je l'ai vue chez M. Cancoin, bien triste, dit François. Maintenant elle reprend..... Il n'y a plus que les Cancoin..... que j'ai saisis aussi. Ah ! monsieur Fromentin, je m'en veux comme si j'avais commis un crime. »

En ce moment le geôlier entra et vint prévenir les prisonniers de rentrer dans leurs cellules.

XIV

La troisième oie.

Le repas n'était pas splendide chez les Cancoin, quoique la tonnelière eût mis en branle toute son imagination pour tâcher d'arriver à déguiser la pauvreté.

Qu'était devenue la carbonnade habituelle qui frissonnait sur les charbons et répandait dans la chambre des odeurs si appétissantes ? Il n'y avait plus au plafond de ces jambons qui semblent plantés là rien que pour exciter le pinceau d'un maître flamand. Le boudin noir n'aurait servi qu'à mieux faire déplorer l'absence du vin blanc.

Aussi, ce jour-là, Cancoin était-il réellement abattu.

« Femme, dit-il, où sont les enfants ?

— Je les ai envoyés voir les boutiques avec Alizon.

— Et qu'est-ce que tu vas leur donner à manger après la messe?

— Nous les coucherons.

— Diable, c'est que les enfants ont de la mémoire, et qu'ils se souviendront bien de l'année dernière.

— Nous n'étions pas des *maupiteux* alors, dit la Cancoin.

— Les enfants auraient été si heureux de manger une saucisse. Voyons, est-ce que, pour aujourd'hui, tu ne pourrais pas leur acheter à chacun une petite crépinette?

— Non, dit la tonnelière, je ne veux plus de crédit nulle part. Nous mangerons, en revenant, un bon morceau de fouace.

— La fouace, dit Cancoin, ce n'est pas très-gras. »

A la Noël, les plus pauvres ne manquent pas d'acheter du pain blanc qu'on appelle la *fouace.*

« C'est pourtant moi, dit la Grelu, qui jusque-là s'était tue, qui vous gêne.

— Oh! madame Grelu, répondit Cancoin, peut-on dire des choses pareilles!

— Maintenant que je suis rétablie, dit la fermière, je vais vous quitter. Demain je ferai des démarches pour entrer en condition.

— Est-ce que vous y songez? s'écria la tonnelière. Vous en condition, vous qui sortez d'être fermière! N'êtes-vous pas à votre aise chez nous?

— Au contraire, j'y suis trop bien; mais il ne faut pas que ça dure longtemps. Le cœur me manque de manger le pain de gens qui en ont à peine pour eux.

— Allez donc! madame Grelu, dit le tonnelier; pour un moment que tout va *de guingoi* (de travers), ça ne peut pas durer. C'est de ma faute, aussi, d'être accablé pour une misère. Eh bien! si nous ne mangeons pas, nous chanterons. Guenillon viendra avec sa vielle, et nous danserons. Voyons, préparons la fête pour ce soir. Femme, il ne s'agit pas de penser à l'année passée. Le Noël d'il y a un an est vieux; qu'il aille se promener. Il s'agit du Noël d'aujourd'hui. Il faut d'abord une suche; nous n'avons pas de bois.... Un noël sans suche est un triste Noël!.... Bon! s'écria-t-il, je vois une suche en l'air. »

Aussitôt il saisit une scie et une hache, grimpa à l'échelle qui conduisait à l'ouverture où jadis était la châsse du saint. Près de la charpente était une poutre qui consolidait la voûte de la chapelle; Cancoin jugea cette charpente trop compliquée, et se mit en mesure d'en abattre quelques parties indifférentes sans compromettre l'existence de la voûte.

La *suche* est connue partout en France sous le nom de bûche de Noël. Aussi choisit-on une de ces bûches massives et imposantes qui ont autant de ventre qu'un bourgmestre.

La coutume, à Dijon, est de cacher derrière la suche mille friandises qui varient suivant la fortune des gens. Généralement on y met des marrons, des pruneaux, des petits chiens en sucre. L'idée reçue chez les enfants est « que la suche les a pissés, » car ils veulent voir du surnaturel dans ces gourmandises.

La poutre, sciée en deux, figura une suche imposante.

« Bah! dit Cancoin après avoir réfléchi, nous avons encore un demi-sac de noix; on cachera des noix. Ce ne sera pas une suche bien généreuse, qu'importe! Une fois que les enfants cherchent, ils sont heureux, et bien plus heureux quand ils trouvent.

— Avez-vous ici un peu de graisse? demanda la Grelu.

— Je m'en sers habituellement dans mon état, dit le tonnelier.

— C'est que, dans mon village, dit la fermière, on amuse les enfants avec de petites clartés qu'on allume dans des coquilles de noix pleines de graisse.

— Fameux! dit Cancoin; nous allons illuminer ce soir comme si le pape entrait à Dijon. A l'ouvrage, femme! Remplis une trentaine de coquilles de noix de graisse; au milieu tu mettras un peu de coton. Nous aurons un Noël superbe. Après ça, bonsoir, il n'y aura plus qu'à jeter nos sabots pour danser la tricotée. »

La Cancoin se hâta de faire les préparatifs de la fête, afin que les enfants, lorsqu'ils arriveraient, ne pussent soupçonner la surprise qu'on leur ménageait.

On entendit sonner à la cathédrale minuit moins un quart.

« Madame Grelu, dit le tonnelier, il est temps de partir si nous voulons arriver au commencement de la messe.

— Est-ce que nous n'attendons pas Alizon et les enfants?

— Ils seront allés tout droit à l'église, dit le tonnelier. »

La Grelu, Cancoin et sa femme sortirent. A peine avaient-ils tourné l'angle de la rue de Brosses, qu'un homme sembla se détacher du mur. Comme la rue était noire, il était perdu dans l'ombre. Il regarda de côté et d'autre, sembla écouter si personne ne venait, et se dirigea vers la porte de la chapelle où demeurait Cancoin. L'homme ouvrit sans difficulté cette porte fermée par un simple loquet et disparut dans l'intérieur.

On entendit alors des bruits d'enfants dans la rue voisine. Alizon venait avec ses frères et sœurs chercher ses parents pour aller à la messe de minuit; tout à coup elle poussa un cri perçant que répéta toute la bande de marmots. Au moment où elle allait entrer chez elle, la porte s'était ouverte et un homme en sortait. Celui-ci parut aussi effrayé que la jeune fille, et ne songea pas à fuir.

« Ah ! que vous m'avez fait peur, François, s'écria Alizon....

— Et moi donc ! dit le clerc qui ne pouvait plus respirer.

— Je vous ai pris pour un voleur.... Eh bien ! qu'est-ce qui vous prend maintenant ? »

François s'était laissé tomber dans une niche vide, aussi immobile que la statue qu'il remplaçait.

« Mon Dieu, dit Alizon, il se trouve mal.... François ? »

Le clerc ne répondit pas. Tous les enfants, étonnés de cette scène, s'étaient groupés en silence autour de François.

« Si j'avais de l'eau encore.... Jean, dit Alizon à l'aîné de ses frères, rentre vite et apporte la cruche.

— S'il vous plaît, non, dit le clerc qui venait d'ouvrir les yeux.

— Ah ! vous voilà revenu à vous, mon pauvre François ; c'est égal, je vais vous chercher un peu d'eau.

— Non, oh ! non, s'écria le clerc, qui paraissait jouir encore moins que de coutume de son sang-froid.

— Vous aviez quelque chose à dire à mon père ? demanda Alizon.

— Non.... oui.... précisément.

— La Noël vous tourne la tête, dit Alizon, qui pensa que François avait festoyé contre son habitude.

— Je n'ai pas trouvé M. Cancoin.... Il n'y a personne.... C'est inutile d'entrer.

— Ils seront partis sans nous ; je m'y attendais, dit Alizon. Les enfants ne voulaient pas quitter les boutiques ; mais, monsieur François, nous causerons en chemin, si vous vous sentez mieux.

— Oui, nous causerons en chemin, dit le clerc qui se leva sur ses longues jambes ; c'est une idée. »

En ce moment, les cloches sonnaient à toute volée. Les rues étaient noires ; mais on voyait errer au loin des feux follets verts et rouges, qui n'étaient autres que des lanternes enveloppées de papiers de couleurs.

« Comme vous êtes pâle, François ! dit Alizon, qui put le regarder à la lueur d'un double falot porté par un domestique accompagnant une famille de riches bourgeois.

— Vous trouvez, Mademoiselle ?.... C'est que.... dit François.

— C'est que ?.... demanda Alizon, qui attendait inutilement la fin de la phrase.

— Rien, dit le clerc ; je pensais....

— Savez-vous, François, que vous m'intriguez beaucoup ?

— Moi ?.... je vous en demande bien pardon, Mademoiselle.

— Vous êtes tout pardonné d'avance ; mais je voudrais vous voir causer plus clairement. Vous commencez toujours des phrases sans les achever ; ce n'est pas poli.

— Ah ! si j'avais su.... Quel malheur ! dit François.

— Tenez, je vous y prends encore. *Quel malheur* y a-t-il ?.... Vous ne me répondez pas maintenant.... Comme vous êtes galant !

— Est-il possible, Mademoiselle ?

— Très-possible.... François, voulez-vous que je vous dise ? je crois que vous êtes peureux, n'est-ce pas, un petit peu ?

— Vraiment ?.... je ne le savais pas.

— Vous vous êtes trouvé mal d'être entré dans notre logement désert, tandis que vous croyiez y rencontrer quelqu'un.

— Peut-être bien.... dit François ; j'aurai eu peur.... Non, cependant.... c'est vous, Mademoiselle, qui m'avez troublé quand je n'y songeais pas.

— Je vous fais autant d'effet ? dit Alizon.

— Je te cherche, Alizon, s'écria tout à coup M. Paindavoine, qui semblait attendre devant la porte de la cathédrale...

— Je n'ai pas encore osé en parler à papa, dit Alizon.

— Oh ! dit M. Paindavoine, le père Cancoin ne peut pas empêcher ça. Un bal, c'est de ton âge ! D'ailleurs, tu as payé ta part du Noël, il faut que tu le manges. Écoute, va entendre la messe ; moi, je me charge du consentement de ton père. François, veux-tu venir avec moi ?

— Oui, dit le clerc, heureux d'échapper aux interrogatoires d'Alizon. »

M. Paindavoine fit plusieurs fois le tour de l'église, accompagné de François ; il remarqua le banc où s'étaient placés Cancoin et sa femme, et il attendit la fin de la messe, qu'annonça bientôt Jacquemart en frappant de son marteau sur la cloche. Madame Paindavoine rejoignit son mari, et avec elle la sœur de François et toutes les ouvrières en couture.

Depuis deux mois, grâce aux amendes payées dans la *Maison au Chat*, une petite somme avait été mise de côté par les jeunes couturières pour faire le *rossignou*, qui est le repas à la suite de la messe de minuit.

Le maître à danser s'était chargé des frais du bal, auquel avaient été invités les frères, amis et amoureux des couturières de la maison Paindavoine. Cancoin fit d'abord la grimace quand le maître de danse lui demanda d'emmener Alizon à cette fête.

« Y penses-tu ? Cancoin, lui dit tout bas la tonnelière. Notre fille n'a déjà pas trop de joie. Nous nous privons de faire Noël ; mais tu ne peux l'empêcher de s'amuser un peu. »

Cancoin céda, en recommandant à Françoise et à François de veiller sur Alizon et de ne pas la ramener trop tard.

C'est au sortir de la messe que Dijon prend une physionomie chantante. A partir d'une heure du matin, les cabarets redoublent de joie ; les noëls deviennent bachiques, comme celui que chantait à tue-tête une bande d'hommes au sortir de la cathédrale :

Messire Jean Guillot,
Curé de Saint-Denis,
Apporta plein un pot
Du vin de son logis.
Prêtres et écoliers,
Toute cette nuitée,
Se sont mis à chanter :
Ut, ré, mi, fa, sol,
La gorge déployée.

Ces noëls à boire qui se chantent sur des motifs graves, depuis quinze jours Guenillon en avait vendu plus de dix rames, malgré les nombreux volumes qui restent dans les familles, les cahiers crasseux copiés à la main et les souvenirs de ceux qui en ont un répertoire au bout de la langue. Les jours de marché, pour mieux faire valoir sa marchandise, Guenillon chantait des noëls, entouré d'auditeurs attentifs qui suivaient sur le cahier en accompagnant à voix basse la forte voix du maître. Aussi ce cours musical en plein vent exerçait-il une influence qu'il était impossible de nier à la sortie de la messe de minuit.

« Pourquoi mon pauvre mari n'est-il pas là pour entendre ces chansons ? dit la Grelu que cette joie attristait.

Le tonnelier cherchait un moyen de détourner la conversation.

— Si nous entrions, dit-il, acheter un peu de pain briô chez le boulanger ?

— Oh ! oui, du pain briô ! » cria la bande d'enfants.

Le *pain briô* est une sorte de gâteau fait avec de la farine broyée, dont les boulangers de Dijon ont le monopole.

On arriva à la porte du tonnelier.

« Où as-tu mis le briquet, femme ? demanda Cancoin.

— C'est toi qui l'as rangé.

— Diable ! dit Cancoin, je ne le trouve pas.... Ah ! sur quoi donc ai-je mis la patte ?

— Qu'est-ce qu'il y a ? demanda la tonnelière.

— Il y a, il y a.... Tiens, regarde ! dit Cancoin en faisant flamber une allumette. »

Sur un tonneau, dans une feuille de papier, se tenait étendue, les pattes croisées, une oie rôtie, d'une couleur dorée à faire plaisir à un avare. Le tonnelier regarda sa femme ; la tonnelière regarda son mari. L'étonnement les empêchait de parler. Les enfants riaient et formaient le rond autour de l'oie, se montrant la bête du doigt. Sans connaître les causes de la misère, les enfants la comprennent. Ils ne s'attendaient guère à trouver une oie à leur retour, et leur plus vif désir était de la toucher, pour s'assurer qu'elle n'était pas en carton.

« Ma foi, dit la Cancoin, c'est un vrai miracle.

— Je ne crois guère aux miracles de ces temps-ci, dit le tonnelier. En tout cas, nous mangerons le miracle, pas vrai, madame Grelu ? »

La fermière, qui connaissait le bon cœur de Guenillon, pour l'avoir entendu parler la veille de la position précaire de Cancoin, laissa entendre que le marchand d'images ne devait pas être étranger à la venue de cette oie.

« Il est fou, dit le tonnelier, de dépenser son argent ainsi. Est-ce que nous avons besoin de pareilles nourritures ? Tout à l'heure, quand il va venir, je lui dirai ce que je pense.... »

La Cancoin dit aux enfants de chercher dans la chambre ; la suche ayant envoyé une oie, il était présumable qu'elle n'avait oublié personne. Et pendant qu'ils cherchaient en se chamaillant, en criant, en se jetant par terre, les fameuses lampes en coquilles de noix furent éclairées. Quoique les gourmandises fussent uniquement représentées par des noix, les enfants, à mesure qu'ils les découvraient n'en étaient pas moins joyeux.

A deux heures du matin, Guenillon arriva ; il était fatigué et se laissa tomber dans un des tonneaux-fauteuils. On lui montra l'oie en souriant : il ne comprenait rien aux reproches amicaux qui lui étaient adressés ; et il fut très-étonné quand le tonnelier lui dit qu'on l'avait attendu pour faire les honneurs de *son* oie.

« Je n'ai qu'un chagrin, dit Guenillon, c'est de ne pas y avoir pensé.... Ma parole d'honneur si je suis entré ici pendant votre absence ! J'étais trop occupé et j'en ai le gosier enroué. Aussi vous me permettrez que je ne vous chante rien pour le quart d'heure. »

Cancoin et sa femme cherchèrent inutilement l'origine de l'oie mystérieuse ; leurs recherches les ramenaient toujours à Guenillon, qu'ils accusaient d'avoir fait un coup en dessous. Malgré l'obscurité de la provenance de l'oie, elle fut mangée avec grand appétit et assaisonnée de joyeux propos.

Vers les trois heures, Cancoin s'étant plaint de ce qu'Alizon ne revenait pas, Guenillon s'offrit à aller la chercher, et il partit après avoir vu tous les enfants du tonnelier déjà endormis dans leurs tonneaux.

La soirée de Paindavoine fut une de ces fêtes qui laissent trace dans l'esprit des jeunes filles. Quand le *rossignou* fut mangé, il y eut d'interminables rondes de Noël dont quelques-unes ne manquent pas de poésie. Toutes les couturières dirent le fameux chœur :

Chantons Noël, Jeanneton,
Chantons, je te prie ;

Entonnons une chanson
Au doux fruit de vie.
Chantons Noël autant de fois
Qu'il y a de feuilles aux bois
Et d'herbes fleuries
Dedans les prairies.

François, pendant ce chœur, était dans le rond; toutes ces jeunes filles qui tournaient autour de lui, et qui avaient la malice de lui crier dans les oreilles, le mettaient dans un pire état que si elles eussent dansé dans son cerveau. Au milieu de toutes ces voix fraîches, il distinguait la voix d'Alizon qui lui semblait plus pure que le cristal. Le pauvre François s'était paré pour le bal, et ses habits le rendaient plus timide que d'habitude; non pas qu'il fût à la gêne; mais il était tombé dans un excès contraire. Mécontent de porter les habits de Tête, qui était petit et gros, et dont les vêtements étaient par conséquent trop courts et trop larges pour le second endosseur, François avait fait part de ses désirs à un tailleur sans idées, qui lui coupa, par opposition à l'ancien, un habit très-long, mais très-étroit.

Aussi comprenait-on maintenant la véritable longueur de ce corps qui, les jours du travail, flottait dans les vastes et vieux habits de Tête. François était emprisonné par l'étroitesse de ce vêtement maladroit, qui le faisait paraître encore plus guindé.

Pour le clerc, la femme était un être tellement au-dessus de l'homme, qu'il en faisait un objet de dévotion mystérieuse, d'adoration respectueuse, et que *lui parler* constituait aux yeux de François un acte d'audace à peine pardonnable.

Cet état, nommé à tort timidité, prouvait chez le clerc d'huissier une délicatesse de sentiments qu'on ne rencontre d'habitude que chez les natures exquises. A ces natures que blesse une feuille de rose pliée, les réunions nombreuses et bruyantes sont fâcheuses. Il faut l'amour à deux, l'amitié à trois. Ces hommes ne se retrouvent plus dans des conversations de huit personnes; ils sont blessés à chaque instant, et la moindre contradiction leur est brutalité.

Aussi François devait-il servir de victime à la réunion Paindavoine: naturellement il était destiné, le premier, à tomber dans le rond formé par les jeunes ouvrières rieuses.

Les jeux innocents ne manquèrent pas à la fête. François se laissa entraîner à faire partie du jeu du *Chevalier gentil*, que venait de proposer madame Paindavoine.

« Bonjour, lui dit la maîtresse couturière, chevalier gentil, toujours gentil; moi chevalier gentil, toujours gentil, je viens de la part du chevalier gentil, toujours gentil, vous dire que son aigle a un bec d'or.

François frémit à ce discours; il devait répéter exactement ce même texte et s'adresser à son voisin de droite. Il se trompa, perdit son grade de *chevalier gentil* pour passer *chevalier cornard*, c'est-à-dire qu'on lui mit une corne en papier dans les cheveux; au bout d'un quart d'heure le clerc d'huissier avait plus de vingt cornes sur la tête. Malgré les enseignements de Mme Paindavoine, il était impossible à François d'inventer que *l'aigle au bec d'or* devait avoir à sa disposition *des griffes d'airain, des yeux de diamants, un cœur d'acier*.

M. Paindavoine était une encyclopédie vivante des jeux de société; il avait réussi à faire partager cette manie à sa femme. Plus d'une fois, quand tout repose, il arrivait aux deux époux de répéter, à eux deux, au lit, ces exercices subtils de mémoire, d'esprit et d'attrape.

En plein hiver, M. Paindavoine fut obligé de sortir de sa couche en caleçon, et d'aller attendre en grelottant, dans la pièce voisine, que Mme Paintendre voulût bien l'appeler. Ainsi le voulaient les règlements du *Loup et de la Biche*.

Mais ces duos enfantins ne satisfaisaient pas les deux époux, qui, aux grandes fêtes de l'année, se livraient en grand à leurs passions. Aussi, M. Paindavoine proposa-t-il le jeu du *Jardin de ma tante*, qu'il mit immédiatement en action.

« Je viens du jardin de ma tante. Peste! le beau jardin que le jardin de ma tante! Dans le jardin de ma tante il y a quatre coins. »

François répéta avec succès cette phrase, qui fut redite par toutes les couturières.

Mme Paindavoine continua :

Dans le premier coin
Se trouve un jasmin ;
Je vous aime sans fin.

Puis le maître à danser dit le second couplet :

Dans le second coin
Se trouve une rose ;
Je voudrais bien vous embrasser,
Mais je n'ose.

« Attention, dit M. Paindavoine à ce qui va suivre :

Dans le troisième coin
Se trouve un bel œillet :
Dites-moi votre secret.

— Allons! que chacun dise à chacune son petit secret tout bas. »

François se trouvait près de madame Paindavoine, qui le poussait à des confidences; mais le clerc d'huissier ne comprenait rien à toutes ces finesses. Il balbutia quelques paroles à l'oreille de la maîtresse couturière, qui rit aux éclats en récitant le dernier quatrain :

Dans le quatrième coin
Se trouve un beau pavot.

Ce que vous m'avez dit tout bas,
Répétez-le tout haut.

Malheureusement il fallait répéter toutes les confidences particulières. Il se trouva que M. Paindavoine désirait être papillon en compagnie de sa femme, devenue rose.

François avait répondu qu'il ne savait pas, ce qui mit l'assemblée en belle humeur. Mme Paindavoine *avait donné son cœur au moineau*, donation que le maître à danser s'attribua.

Malgré le vif intérêt qui s'attachait à ces jeux, les jeunes filles ayant voulu danser, M. Paindavoine déplia le sac en serge verte, dans lequel était incluse la pochette.

« Nous reprendrons plus tard les jeux, dit-il à Mme Paindavoine.

— C'est fort agréable, dit celle-ci; mais il faut en avoir l'intelligence. »

La danse commença aux sons vinaigrés de la pochette, que les oreilles des ouvrières trouvaient préférables au meilleur orchestre allemand. Seul, François avait froidement écouté la ritournelle; cependant il fut victime de Mme Paindavoine, qui lui prit la main et le lança dans le quadrille. Le clerc d'huissier était aussi ignorant en chorégraphie qu'en jeux innocents; il troubla plus d'une fois pendant cette contredanse les mélodies du petit maître à danser, qui essayait de lui indiquer les pas et les figures, et qui ne réussissait qu'à jeter du noir dans l'âme de François.

« Ah! le barbare! s'écria M. Paindavoine. Si Lefèvre t'avait vu, il aurait brisé son violon plutôt que de le faire servir à des exercices pareils. On dirait, François, que tu as tes jambes dans tes poches. Et la mesure, qu'est-ce que tu en fais? Tu as des oreilles cependant.... »

François, effrayé d'une telle mercuriale, alla se réfugier près de sa sœur.

« As-tu invité Alizon? demanda Françoise.

— Oh! non, dit le clerc.

— Ce n'est pas bien; il faut la faire danser.

— Je n'oserais, je ne m'y connais pas.... M. Paindavoine vient de me faire des reproches, il a raison.... Ce n'est pas ma place ici.... Je suis bien malheureux.

— Mon Dieu! dit Françoise, s'il est possible de se monter la tête parce qu'on ne sait pas danser! On saute, on s'amuse, ça n'est pas difficile.... Allons, va inviter Alizon.

— Non, dit le clerc, je ne peux pas....

— Eh bien! reprit Françoise, je vais l'inviter pour toi. »

Sans attendre la réponse de son frère, elle courut vers Alizon, qui se tenait assise, et revint dire à François qu'il eût à se préparer pour la prochaine contredanse. A cette nouvelle, le clerc d'huissier se passa son mouchoir sur le front et le retira mouillé de sueur. Il ouvrit la bouche comme s'il eût cherché à attirer tout l'air qui était dans la chambre.

« N'aie pas peur, dit Françoise, qui avait compris par cette pantomine de machine pneumatique combien son frère était craintif des suites de la contredanse. N'aie pas peur, je te ferai vis-à-vis ; regarde moi en dansant, je te ferai signe avec mes yeux. »

En ce moment la pochette fit entendre un *appel* guilleret, qui était un compromis de musique de menuet et de contredanse moderne. François, pour échapper aux yeux d'Argus de M. Paindavoine, alla se placer à son opposé; mais quand il tint dans sa main la main d'Alizon, il crut qu'il allait tomber, tant sa tête bourdonnait, tant son sang bouillait.

Un autre ennemi était ses mains, dont il se montrait aussi embarrassé que d'une paire de rames. Il tâchait de s'en débarrasser en les envoyant dans les poches de son habit faire quelque commission; mais les mains revenaient immédiatement apportant le mouchoir, le seul objet qui emplît les poches, et elles retournaient le reporter. Quand François eut fait accomplir à ses mains sept ou huit voyages inutiles, il lui prit une envie frénétique de priser qui eût nécessité une tabatière, sorte de meuble qui va et vient, pirouette, tournoie dans les doigts, et donne une occupation factice à des membres gênés par leur inaction.

Ces réflexions modéraient tellement la conversation de François qu'Alizon, dans les intervalles de la contredanse, essaya divers moyens de rappeler le clerc aux choses présentes. Elle s'informa s'il était remis de son émotion de la soirée, lorsqu'elle le rencontra à la porte de son père.

« Je vous en prie, dit François, si vous.... Ne parlez jamais de ça!

— Mais on dirait que vous avez commis un crime dit Alizon. Qu'y a-t-il?

— Me promettez-vous le secret, Mademoiselle?

— Oui, dit Alizon.

— Eh bien, vous le saurez trop tôt encore.... Jurez-moi que vous ne direz à personne m'avoir rencontré.

— Voilà qui est trop mystérieux, dit Alizon; mais j'aurais voulu savoir le fond.

— Non, Mademoiselle, ne me forcez pas, reprit François.... Je suis un indigne d'avoir aidé à saisir M. Cancoin, il ne me le pardonnera jamais.

— Vous êtes singulier, François.... Jamais le père n'a eu mot de reproche, même pour M. Tête. Comment voulez-vous qu'il vous en veuille, lui qui a de l'affection pour vous.

— Vraiment! s'écria François. Si je le croyais j'irais tout lui dire, quoique.... peut-être.... serait-il mieux d'en parler d'abord avec vous. »

Alizon attendit vainement la confidence du secret; elle alla se plaindre à Françoise qui rompit la glace.

« Je t'ai déjà fait entendre, ma chère Alizon, que mon frère t'aimait.

— Il n'y a pas de mal.

— Et toi, l'aimes-tu un peu?

— Je ne déteste pas ton frère, quoiqu'il soit un peu embarrassé de ses paroles.

— Il faut le lui dire, reprit Françoise.

— Je ne peux pourtant pas me jeter à son cou, ce n'est pas dans l'habitude. François pourrait bien parler un peu....

— C'est qu'il craint que tu ne le repousses en te moquant de lui. Vois-tu, Alizon, mon frère a un cœur d'or, au fond. Je le vois souvent triste; alors il pense à toi. Il est un peu sot en compagnie, mais ne crois pas que ce soit son habitude. François est savant, et il ne faut que ta présence pour lui faire perdre contenance.

— Je le sais, dit Alizon; mais je n'y peux rien....

— Veux-tu, dit Françoise, que je me charge d'une parole aimable pour lui?

— Qu'est-ce que tu lui diras? demanda Alizon. Je ne peux pas m'avancer et aller faire la cour à un garçon.

— Bon, dit Françoise, j'y songerai cette nuit.

— Ah! voilà M. Guenillon, s'écria Alizon; bien sûr il vient pour moi. »

Le marchand de chansons salua Paindavoine et demanda la fille de Cancoin, qu'il était chargé de ramener chez son père. La soirée continua jusqu'au moment où les sons éteints de la pochette annoncèrent aux couturières que les bras du maître à danser se fatiguaient plus vite que leurs jambes.

XV

Conséquences de la première oie.

Après le dîner, Blaizot fit un tour de promenade avec son notaire. Il rentra chez lui et attendit, en se chauffant, que la Rubeigne revînt de la messe de minuit, car il s'agissait de faire un rossignou particulier, préparé expressément pour le reneuvier et sa servante.

Quand il avait du monde à sa table, Blaizot sauvait les apparences en se faisant servir par la Rubeigne; mais, la plupart du temps, ils mangeaient ensemble.

Quoique l'avoué maigre eût englouti une partie du repas, il était assez abondant pour que chacun des convives en eût une bonne part. Blaizot n'était satisfait ni de son dîner, ni de ses invités; l'huissier Tête l'avait mis en colère, l'avoué lui avait paru d'une gourmandise scandaleuse.

« Je n'ai pas grand appétit, dit Blaizot à sa servante; j'ai presque envie de me coucher.

— Ah! Monsieur, dit la Rubeigne, ce serait une honte, un jour de Noël.... Si vous preniez le coup du milieu. »

Le *coup du milieu* est une habitude passée de mode et tombée avec la restauration. C'était une liqueur excitante qui réveillait l'estomac et que les gros mangeurs ne manquaient jamais d'employer, afin de précipiter la digestion et de faire place à la queue du festin. Blaizot but un verre de vieux rhum qui lui amena quelque bien-être; et il se mit à table heureux d'avoir recouvré l'appétit.

Le rossignou qu'avait préparé la Rubeigne était plus délicat que le dîner d'avant la messe.

« Je prendrais bien un peu de café, dit Blaizot, qui n'en usait qu'avec précaution. Je crois, dit-il, que je dormirai fort aujourd'hui, j'ai la tête lourde. »

La Rubeigne alla préparer le lit de son maître. Cette opération ne demanda qu'une minute; aussitôt Blaizot fit sa toilette de nuit et se coucha. Vers les trois heures du matin, le bonhomme poussa un cri terrible. Il avait le cauchemar et parlait tout haut.

« Rubeigne! s'écriait-il, chasse-moi tous ces brigands-là! ils me détroussent, ils me détroussent, ils me pillent!... Au voleur! Ah! la maudite oie! elle m'étouffe, ôte-la de mon estomac!... En voilà un troupeau sur ma poitrine!... c'est Cancoin qui les conduit avec une gaule.... Je t'en prie, Rubeigne, chasse-les, toutes ces oies qui sortent de la ferme des Grelu.... elles sont enflammées et m'entrent toutes chaudes dans le ventre.... Ah! je brûle.... Rubeigne, éteins-moi! Ah! Seigneur! Et l'huissier qui me rit au nez, la plume dans l'oreille; il excite les oies! Elles ne finiront donc pas!... il y en a plus que de grains de sable. Toujours des oies, toujours c'est une abomination! Qu'est-ce que je leur ai fait à ces bêtes? Rubeigne! Rubeigne? cours chercher les gendarmes! Il y en a déjà plus de trois cents dans moi; elles me mangent en dedans. Je sens leurs pattes froides; elles me fouillent avec le bec.... »

En ce moment Blaizot poussa un tel cri que sa servante accourut.

« Qu'est-ce qu'il y a, Monsieur?

— J'étouffe, dit le bonhomme. De l'eau! »

La Rubeigne apporta vivement une carafe et en versa dans un verre.

« Autre chose! demanda d'une voix faible Blaizot.

— Quoi! Monsieur? dit la Rubeigne.

Elle se livra immédiatement au pillage. (Page 49, col. 2.)

— Vite, ouvre la fenêtre..., de l'air.... beaucoup ... cours.... médecin.... »

Blaizot essaya de se lever et retomba sur son lit. La Rubeigne, effrayée de voir le bonhomme sans mouvement, courut dans la rue éveiller un médecin.

Blaizot réussit à se lever, et cherchait sur la cheminée avec des doigts inquiets. En apercevant dans la glace un vieillard en chemise qui avait la figure violette et les yeux en dehors; le bonhomme eut peur de cette figure et ne se reconnut pas.

Il s'embarrassa dans une chaise et tomba dessus, car ses jambes ne le portaient plus. Il criait encore, mais la moitié de ses paroles restaient accrochées dans son gosier.

« Ah! je meurs!... Elle ne reviendra pas.... Vite.... de l'air. Je donne mon argent.... tout, pour.... »

Sans pouvoir achever sa phrase, Blaizot tomba de sa chaise comme un paquet.

La Rubeigne ne revint qu'au bout d'un quart d'heure avec le médecin.

« Il est bien mort, dit-il ; c'est une apoplexie. »

Cependant il se servit de sa lancette et employa tous les moyens connus en pareil cas, sans pouvoir tirer un souffle de vie du reneuvier étendu sur le lit. Après deux heures de médications inutiles, le médecin se retira, laissa la Rubeigne qui pleurait d'un œil et qui riait de l'autre, car elle se livra immédiatement au pillage de différents objets d'or et d'argent faciles à enlever ou à cacher, de ceux que les héritiers ne retrouvent jamais à la mort d'un célibataire.

Deux jours après eut lieu le convoi du bonhomme Blaizot, auquel assistait une grande partie de la ville : plus de curieux que de pleureurs. Les gens d'affaires se consolaient de la mort d'un si bon client, en pensant que les embarras d'une grosse succession leur vaudraient des procès sans fin, dont le plus clair entrerait dans leur bourse.

On remarqua avec étonnement que l'imprimeur assistait à l'enterrement de M. Blaizot. Les héritiers n'ayant pas voulu continuer l'opposition du bonhomme, M. Fromentin fut mis en liberté. François était avec lui et semblait aussi heureux de la libération de l'imprimeur que si lui-même avait été enfermé au secret pendant un an.

En revenant du cimetière, le clerc fut rencontré par le tonnelier, qui lui secoua l'oreille familièrement.

« Je t'y prends enfin, s'écria Cancoin.

— Qu'avez-vous ? demanda l'imprimeur, qui voyait François changer de couleur.

— Il y a que François s'introduit la nuit chez les gens.

— Oh ! pardon, monsieur Cancoin, s'écria le pauvre clerc, qui avait la mine d'un voleur saisi au collet.

— Oui, monsieur Fromentin.... il apporte en secret une oie.... Ah ! si j'avais su, je ne l'aurais pas mangée.... Qui est-ce qui te prie de nous faire des présents ? Est-ce que ta mère en a déjà de trop ! A quoi rime ton oie ? »

François était dans une telle confusion, que l'imprimeur eut pitié de lui. Il avait reçu toutes les confidences du pauvre clerc ; ou plutôt, il les avait tirées à grand'peine une à une.

« Voyons, Cancoin, dit-il, si cette oie menaçait de vous faire grand-père ?

— Hein ! dit le tonnelier, je ne suis pas encore d'âge, ni Mme Cancoin. Est-ce que tu penserais à quelque chose, François ?

— Il pense à Alizon, dit l'imprimeur. »

Cancoin réfléchissait.

« Je ne sais, dit-il, si ma femme serait contente de ce ménage-là. Alizon, je ne l'ai jamais interrogée sur ton compte.... Mais tu es un brave et digne garçon, François, je t'aime comme mon enfant ; tu feras un bon mari. Avec tout ça tu n'auras pas ma fille ! »

François eut un éblouissement ; cette réponse lui donna mille violents soufflets.

« Vous ne parlez pas sérieusement, Cancoin, demanda l'imprimeur.

— Aussi vrai qu'il fait soleil à cette heure.

— Mais, puisque vous reconnaissez à Francois toutes ces qualités, pourquoi le refusez-vous si brutalement ?

— Ne me forcez pas trop, monsieur Fromentin, dit Cancoin, qui semblait se livrer un pénible combat. Donne-moi la main, mon garçon, dit-il à François. »

Le clerc se laissa prendre la main : le tonnelier la prit, comme s'il eût pris son marteau. Cancoin avait envie de pleurer et d'embrasser François.

« Je te demande pardon, mon garçon, de te faire tant de chagrin, mais c'est impossible autrement..... Je te dirais bien d'attendre ; ce serait mal, parce que tu t'habituerais à ton idée. J'aime mieux couper net ; tâche d'oublier Alizon, tu m'en remercieras plus tard. »

Cancoin s'éloigna plein d'émotions ; mais l'imprimeur voulait plus de détails : il pria François de venir le retrouver dans une heure, et rejoignit le tonnelier.

« Maintenant, dit-il, nous sommes seuls. Je comprends que vous n'ayez pas voulu dire devant François des choses que je ne m'explique pas ; mais à moi....

— Oui, monsieur Fromentin, je vous les dirai. Dans d'autres circonstances, François aurait épousé ma fille quand même Alizon ne s'en serait pas souciée, même malgré ma femme ; mais dans sa position !

— Quelle position ? demanda l'imprimeur.

— Est-ce que vous croyez, s'écria Cancoin, que je donnerai ma fille à un huissier, ou à un homme qui travaille à devenir huissier ?

— N'est-ce que cela ? dit l'imprimeur en riant.

— Dame, ça suffit.

— Si François prenait un autre état ?

— Il ne le peut pas, le pauvre garçon ; il n'est pas riche. Il faut qu'il gagne sa vie. Lui se passerait encore bien de manger, mais sa mère ? Et tenez ! il a autant horreur que moi de son état de *saisisseur*, mais il comprend bien qu'il ne peut pas le quitter.

— Alors, à partir d'aujourd'hui, dit l'imprimeur, je prends François dans ma maison, je l'emploie, et je lui donne mille francs par an pour commencer.

— Ah ! que c'est beau de votre part, s'écria Cancoin.... Je vais courir après François.... Oui, qu'il épouse ma fille, demain, s'il le veut.

— Remarquez, Cancoin, combien vous tombez dans un autre extrême. J'ai été saisi, je peux l'être encore.

— Jamais, dit le tonnelier.

— Je peux faire de mauvaises affaires.

— Allons donc ! s'écriait Cancoin.

— François ne serait pas payé....

— Bah ! bah ! je vous comprends, monsieur Fromentin ; vous voulez vous moquer de moi pour vous avoir fait languir tout à l'heure.

— Je serai plus sage que vous, Cancoin. Mettons le mariage à six mois. Mon imprimerie marchera alors ; vous verrez votre gendre à l'œuvre. François rencontrera votre fille tous les jours d'ici là, ils se connaîtront mieux.

— Oui, vous avez raison, dit Cancoin ; je cours chez nous, je veux le dire à ma femme, à tout le monde ! Ah ! que je suis heureux ! moi qui me déchirais le cœur pour refuser ce pauvre garçon.... Adieu, monsieur Fromentin. »

Trois mois après ces événements, on vit Guenillon sur toutes les places de Dijon, qui vendait le « Curieux récit de ce qui était arrivé au hameau de la Mal-Fichue; la condamnation du coupable Picou, et la mise en liberté de l'innocent Grelu. Comment le tribunal lui avait rendu pleine justice. »

Le tout était accompagné d'une vignette taillée à coup de serpe dans du poirier, et qui représentait Picou en costume de forçat. Guenillon, qui n'avait jamais voulu prêter sa voix aux procès criminels, fit une exception, en cette circonstance, pour son ami Grelu. Non content d'avoir prouvé son innocence par sa déposition devant le tribunal, il courut tout le Dijonnais pendant six mois, heureux de chanter sur l'air de : *Approchez, chrétiens fidèles*, l'honnêteté des fermiers de la Mal-Bâtie. Par un caprice qui rappelle ceux des vieux maîtres qui peignaient leur famille et leurs animaux, dans les tableaux religieux, Guenillon avait fait entrer dans les vers de sa complainte :

> La belle et pure Alizon,

et son mari François,

> De cette chanson le prudent correcteur.

On y voyait aussi

> La famille du tonnelier,
> Meilleure que du bon blé.

Guenillon n'avait pas oublié

> L'usurier avaricieux
> Justement puni par Dieu.

LÉGENDE DE SAINT CRÉPIN

LE CORDONNIER

La petite maison de saint Crépin n'était jamais si gaie qu'à huit heures du soir, dans l'hiver.

Le poêle, bourré jusqu'à la gueule, gronde, les légumes trémoussent dans la marmite, le merle siffle encore une fois avant de s'endormir, l'apprenti chante une chanson aussi vieille que sa grand'mère, les marteaux font *toc* et *tac* sur les clous.

« Les amis, dit saint Crépin, tendez les verres, qu'on boive un coup de cidre. »

Les compagnons ne se firent pas tirer l'oreille; ils déroulèrent leurs sacs à outils, où un verre en cuir se promenait avec le fil et la poix.

Il n'y eut qu'un cri dans la salle :

« A la santé de saint Crépin ! »

Voilà un brave patron qui ne regardait pas à quelques cruches de cidre dans la soirée. L'ouvrage n'en va que mieux : un coup à boire à propos donne du courage aux compagnons.

Ce n'est pas comme le chaussetier d'en face, qui fait travailler quinze heures par jour des pauvres filles de dix ans, pâles, maigres, longues comme un jour sans pain. Pour économiser, le chaussetier n'allumerait pas une broussaille. Mais au bout de dix ans le chaussetier aura fait fortune et sera un gros bourgeois.

Lui, saint Crépin, il s'en soucie peu d'être bourgeois. Il ne demande qu'à être heureux, et la joie de ses compagnons lui suffit. Il ne veut seulement pas gagner plus qu'eux.

Cependant il y a dans un coin de la cheminée une grosse bourse en cuir cachée dans le sabot aux allumettes, plus grosse de liards que de louis d'or. Qu'importe? Le compagnon a-t-il besoin d'une semaine d'avance, aussitôt les cordons de la bourse sont déliés, et la bourse retourne un peu plus maigre dormir dans le sabot aux allumettes.

Quand un compagnon tombe malade, saint Crépin, la bonté même, envoie la paye entière. Ce jour-là il met exprès le pot-au-feu avec un morceau de viande de plus qu'il ne faut. Mais le bouillon est meilleur, on ne compte plus les yeux tant il y en a. Le malade avale le bouillon bien chaud, et ça lui fait dans l'estomac plus doux que la flanelle au ventre.

Saint Crépin s'était aperçu depuis longtemps que quelques compagnons arrivaient le matin en hiver les yeux rouges, et qu'ils se plaignaient que la vue leur *piquait*. Il y a dans les souliers des parties qui demandent autant d'application que la gravure ; surtout pour enfermer l'*âme* entre les deux semelles il faut de grands soins et de la prudence. Le petit morceau de cuir mince qu'on appelle l'*âme*, parce qu'il est mystérieux et ne voit jamais le jour, ne demande pas à être mouillé. L'âme craint la pluie autant que la neige; si elle est mouillée, elle se venge en mouillant la semelle supérieure, qui, à son tour, mouille celui qui est dans les souliers.

Soulier mouillé vaut rhume.

Or, saint Crépin, qui savait le danger des rhumes, avait recommandé à ses compagnons de s'appliquer particulièrement à cet endroit de la chaussure; là, on devait employer le fil le plus solide, l'alène la plus mince, la poix de première qualité. Les points se pressaient serrés aussi habilement que par une brodeuse de dentelles, et emprisonnaient entre les deux lèvres de cuir l'âme, qui était la langue.

Mais ce travail, délicat, à la chandelle, exigeait une grande application des yeux. Saint Crépin sentait que la courbature du dos était déjà assez fâcheuse sans y ajouter la fatigue de la vue. La cause du mal n'est guère utile si le remède ne vient faire contre-poids.

Depuis cinq ans saint Crépin raisonnait là-dessus, réfléchissait et se donnait des coups sur le front sans en rien faire sortir.

Il y a un remède souverain, qui est le remède des saisons. Quand arrive le printemps, les jours grandissent, le lilas envoie dans l'air de douces odeurs, on ne travaille plus le soir. Bientôt les yeux des compagnons cordonniers reprenaient leur tranquillité aux floraisons de la nature.

Mais sitôt que les vendangeurs entrent dans les cuves pour presser le raisin, c'est le signal des grandes soirées d'automne. La maladie reprenait cours.

Un 31 décembre, les cordonniers avaient veillé plus tard que de coutume; la besogne pressait, et ils voulaient les premiers souhaiter la bonne année à leur patron.

Quand on entendit le long craquement qui se fait dans la boîte du coucou, et qui annonce que l'heure va sonner, toutes les têtes se levèrent, les aiguilles s'arrêtèrent, les tranchets furent mis de côté, le fil resta à moitié engraissé de poix.

« Saint Crépin, voilà la bonne année. »

Les compagnons embrassèrent, tous, le patron comme leur père, le patron embrassa tous les compagnons comme ses fils. Il se fit dans la chambrée un certain tumulte. Saint Crépin était entouré d'un groupe d'ouvriers, tandis que d'autres allaient chercher un objet mystérieusement enveloppé dans une serge verte, et déposaient sur la cheminée le chef-d'œuvre.

Une petite botte, luisante comme un miroir, où un compagnon industrieux avait dessiné la Passion en creux.

« Le bel ouvrage ! s'écria saint Crépin. Mais combien vous vous êtes donné de mal pour ce chef-d'œuvre ! »

Le saint se disait au fond que de patience il avait fallu dépenser pour créer un meuble inutile. Seulement le saint se trompait. Cette petite botte, avec les apparences d'une chaussure de nain, était un verre à boire. Diverses préparations pharmaceutiques avaient chassé la forte odeur qui s'attache habituellement au cuir.

« Nous allons, dit saint Crépin quand il eut l'explication de cette merveille, boire le cidre, et trinquer un bon coup avant de nous remettre à la besogne. »

Comme l'ouvrage pressait, les trinquements se firent avec agilité, et chacun se remit gaiement à l'ouvrage, saint Crépin en tête.

Il avait réservé deux bouteilles pour le coup du départ.

Le merle, réveillé par ces rumeurs, sifflait comme pour prendre part à la réjouissance du nouvel an.

Saint Crépin poussa tout d'un coup un grand cri, en se levant aussi brusquement de son tabouret que s'il se fût assis sur une alène.

« Quest-ce qu'il y a, saint Crépin ? s'écrièrent les compagnons. Vous sentez-vous mal ?

— Non, mes amis, c'est la joie.... Ah ! je n'y tiens plus ! regardez la bouteille de cidre ! »

Les compagnons levèrent les yeux vers la bouteille, qui ressemblait à toutes les autres bouteilles. Ainsi que d'habitude, de petits points brillants partaient du cul pour monter au goulot, ce qui est la marque du bon cidre mousseux.

« Ah ! Seigneur ! dit saint Crépin, que je vous remercie ! »

Il s'assit sur un tabouret de cuir, prit un soulier en train et l'approcha de la bouteille de cidre. Alors les compagnons s'aperçurent avec surprise que des flancs de la bouteille sortaient des rayons lumineux qui s'étendaient sur toutes les parties du soulier, suivant qu'on le changeait de place.

« Mes bons amis, dit saint Crépin, voilà les étrennes que Dieu nous a envoyées. Voilà ce qui vous sauvera la vue. »

Là-dessus les cordonniers se mirent à genoux. Et depuis cet hiver, ils employèrent la bouteille qui, plus tard, devint cette grosse boule d'eau, aux larges flancs, qui apporte une si vive lumière sur les ouvrages des braves savetiers d'aujourd'hui.

UN DRAME JUDICIAIRE

La petite ville de L.... était pleine d'émotion le 6 août 185., jour du jugement d'une fermière des environs, accusée d'avoir voulu faire assassiner son amant pour rentrer en possession de sa correspondance.

Les acteurs du drame étaient vulgaires; toutefois il n'était bruit dans les salons de la ville que de lettres passionnées écrite par une femme de campagne à un homme qui s'était fait une arme de cette correspondance et en avait donné communication au parquet.

Les procès d'adultère et de séparation de corps sont le meilleur livre où puisse être étudié le cœur humain.

On le voit battre, on en compte les pulsations.

Dans ces procès, sont livrés au public des billets spirituels comme ceux de Mme de Sévigné, tendres comme les lettres de Mlle Lespinasse, enflammés comme celles de sainte Thérèse, quelques lettres sans orthographe, presque toutes pleines de sentiment.

Aussi ne manquai-je pas à l'audience du tribunal correctionnel de L.... le jour des débats.

Une foule considérable s'était emparée de la salle, composée plus spécialement des habitants du village où avait eu lieu le drame.

L'accusée entra, escortée de deux gendarmes, et le silence se fit tout d'abord. Un mouchoir sur la figure, la fermière semblait accablée de sa situation. Vêtue d'habits noirs, la pauvre femme paraissait affaissée sous la douleur : le désespoir se faisait jour dans chacun de ses mouvements.

J'ai une médiocre sympathie pour les dames idéales un peu voleuses, beaucoup empoisonneuses, qui écrivent des Mémoires remplis d'aspirations poétiques, et je n'irai certainement pas faire résonner les cordes d'un luth harmonieux sous les fenêtres de leur prison. Pourtant quoique le mariage ne me paraisse pas mériter les gros volumes d'attaques dont les bas-bleus ont abusé, je fus pris de pitié pour la fermière.

Le crime dont elle était accusée ne portait pas sur l'adultère, mais sur un guet-apens où, d'accord avec un garçon de ferme, cette femme avait voulu faire tomber son amant.

Sur le même banc, à ses côtés, était assis le paysan, son complice, une figure sans intérêt.

La lecture de l'acte d'accusation fit connaître les relations qui existaient entre la paysanne et un garçon, dont la profession était de faire danser aux fêtes la jeunesse des environs. La liaison fut courte, les lettres de la fermière nombreuses.

Un jour, comprenant sans doute la faute de s'être donnée à un être vulgaire, la fermière pria son amant de lui rendre ses lettres. L'amant fit d'abord la sourde oreille, et enfin, pressé, promit d'échanger la correspondance contre cinq cents francs.

Homme pratique que ce ménétrier !

Cinq cents francs sont rares aux villages, les paysans enfouissant plutôt l'argent en semailles qu'au fond d'une armoire. Le ménage était aisé; mais le mari faisait fructifier sa terre, et, d'un autre côté, la fermière n'avait pas les clefs de la caisse. La femme supplia, se jeta aux genoux de son amant, qui tint bon.

L'homme ne voulait pas avoir perdu son temps !

L'affaire parut en rester là jusqu'au jour où la fermière offrit à son amant le tiers de la somme, qu'il refusa. De même pour la moitié. Le ménétrier tenait à ses cinq cents francs !

Un homme qui vend à sa maîtresse les lettres qu'il tient d'elle ne saurait être classé dans le petit troupeau des honnêtes gens. La fermière redoutait les indiscrétions du ménétrier, répandu dans le canton par sa profession. Toute liaison avait cessé, premier motif de vengeance. De vagues menaces étaient allées au cœur de la pauvre femme, qui craignait autant les propos de l'homme que le colportage de sa correspondance. Le mari pouvait être instruit de la faute de sa femme; des preuves existaient, un complice qui ne reculait devant aucun moyen. Ce sont là de cruels châtiments qui sans excuser une faute la pallient.

Éperdue, se sentant sous la domination d'un homme méprisable, la fermière lui fit savoir que, tel jour, à telle heure, dans un certain endroit, la somme demandée serait comptée en échange des lettres.

L'amant accepta le rendez-vous et s'y rendit au jour et à l'heure convenus. Il avait à traverser, avant d'arriver, un chemin creux entre deux monticules couronnés de buissons épais. C'était à la nuit tombante. L'homme sifflait. Tout à coup il entend un menaçant : *halte-là !* Il s'arrête, lève les yeux et, effrayé, aperçoit entre les buissons le canon d'un fusil.

Au même instant, un paysan descend vivement dans le chemin creux et, armé du fusil, tient en joue le ménétrier qui, malgré son effroi, reconnaît le garçon de labour de la ferme.

« Les lettres, s'écrie celui-ci, ou tu es mort! »

Une lutte s'engage entre les deux hommes. Le ménétrier, après quelques coups, est jeté à terre, fouillé par toutes les poches. Peine inutile!

Défiant comme tous les paysans, le musicien était allé au rendez-vous pour s'assurer de la couleur de l'argent; mais, de crainte de quelque machination, la correspondance était en un endroit sûr.

Le garçon de labour, qui n'avait pour mission que de s'emparer des lettres, lâche le séducteur après l'avoir bourré de coups de poing; mais à partir de cette aventure, le ménétrier, n'ayant plus de ménagement à garder, raconta dans le village le guet-apens auquel il avait échappé et les causes du guet-apens.

Naturellement la justice eut vent de l'affaire; une instruction s'ensuivit, qui amena la fermière sur le banc de la police correctionnelle. C'est ce qui expliquait l'empressement des paysans du canton et des dames de la ville, curieuses de voir de près la criminelle.

Pendant la lecture de l'acte d'accusation, la fermière ne poussa qu'un long sanglot qu'elle étouffait en mordant son mouchoir. Au-dessous d'elle son avocat, à grandes oreilles qui s'aplatissaient sur le velours de la toque, écoutait avec indifférence l'acte d'accusation.

L'interrogatoire força la fermière de montrer son visage, auquel les yeux rougis par les larmes n'enlevaient pas une distinction naturelle; mais quand l'audiencier appela le principal témoin, un murmure particulier annonça que la curiosité de l'assemblée allait enfin être satisfaite.

Ce don Juan de village, qui en voulait autant à la bourse qu'au cœur de ses amoureuses, était un garçon de vingt ans, content de sa personne, et ne paraissant pas se douter du triste rôle qu'il jouait en cette affaire. Une touffe de cheveux portait sur sa tempe droite, à la manière des *farauds* de campagne, et, quand il parlait de la fermière, c'était avec le sourire du renard qui regarde de loin un piége.

Il parla sans gêne de ses amours, dit que, voulant venir à Paris, il avait besoin d'argent, et expliqua comment la fermière devait subvenir à ses frais d'installation dans la capitale.

Le ménétrier parla librement, avec une sorte de sincérité cynique, et je fus étonné que le président ne lui adressât pas quelques sévères paroles sur sa honteuse spéculation.

La victime était l'accusée, le témoin le coupable.

Coupable le misérable de ne pas avoir rendu les lettres à la fermière qui les lui demandait;

Coupable d'en avoir fait marché;

Coupable d'avoir donné de la publicité au déshonneur d'une femme;

Coupable d'avoir porté le trouble dans un ménage.

La fermière, qui perdait la tête, s'était confiée à un brave valet de ferme et lui avait mis entre les mains une mauvaise arme hors d'état de servir.

Il fut même démontré que le fusil n'avait pas de batterie. Et le crime pour lequel étaient accusés la fermière et le garçon de labour était énoncé : — *Attaque à main armée sur un chemin public!*

Singulier procès! Je n'ai pas l'intention de reviser le Code; mais quand j'entendis l'avocat, j'aurais voulu plaider l'affaire. Cet homme aux larges et plates oreilles semblait n'avoir rien retenu des débats. Il ôta sa toque, et son crâne apparut aussi nu que son éloquence. Il fit une longue péroraison sur sa toge, comme s'il avait voulu l'innocenter; en effet, elle était complice de vulgarités qui, pendant une heure, s'échappèrent d'une bouche sans accents.

Quel enseignement fût résulté d'un tel procès si l'avocat, changeant les rôles et devenant accusateur, eût pris à parti le dénonciateur, l'homme qui avait perdu de réputation une femme coupable seulement d'un moment d'oubli!

Les premières lettres de la fermière étaient pleines de passion. Peu à peu le repentir s'y glissait. Une tentative de suicide, provoquée par la honte et le remords, n'avait manqué que par l'assistance imprévue du garçon de ferme, qui par là fut initié au drame. L'avocat n'en sut rien tirer. Cet être aux oreilles plates me faisait pitié.

Le bruit courait parmi le public que le mari était dans la cour du tribunal, attendant la décision des juges avec anxiété. La vulgaire robe noire omit ce détail.

Chacun dans l'audience avait été ému de la contenance de l'accusée, de ses remords, de la honte qui coulait avec ses larmes. L'avocat aux plates oreilles fut le seul à ne pas s'en inquiéter.

Quoi de plus facile que de montrer la femme séparée de ses enfants, abandonnée de son mari, pour un moment d'oubli de ses devoirs!

Et quel enseignement fût résulté d'un tel procès, si l'avocat, s'adressant au séducteur, se fût écrié : « Vous avez perdu une pauvre femme. Misérable, c'est à vous de monter sur le banc des accusés! »

Pendant que le tribunal délibérait, je suivis les paysans qui se formaient en groupes dans la cour et discutaient l'affaire.

A son tour descendit le principal acteur du drame, le ménétrier.

Sans doute cet homme sans pudeur allait être chassé, conspué comme il le méritait. Aucun village des environs ne voudrait le recevoir. L'homme était désormais voué au mépris. Chacun devait faire des vœux pour l'acquittement de la fermière; la malheureuse repoussée du foyer domestique, ne méritait-elle pas la pitié?

Plein d'assurance, le ménétrier vint se mêler aux groupes et reçut les félicitations des paysans.

On parlait avec chaleur de la conclusion de l'affaire. Tous opinaient pour la condamnation de la pauvre femme, tandis que, souriant, le musicien était complimenté sur son astuce.

O paysans, qu'on vous a faussement dépeints!

Le ménétrier leur semblait supérieur parce qu'il avait triomphé de la femme, et qu'à leur sens la force doit toujours rester à l'homme. Les paysans ne se disaient pas que le musicien était un malhonnête homme. Ils l'admiraient pour sa subtilité de n'avoir pas porté les lettres au rendez-vous.

Pour complicité dans une attaque à main armée sur la voie publique, la fermière fut condamnée à six mois de prison.

Tristement je sortais avec la foule lorsque la fermière apparut dans la cour, reconduite à la prison.

Un homme se précipita tout à coup sur son passage, et la tint serrée dans ses bras.

C'était le mari, les yeux pleins de larmes.

« Pauvre Thérèse, s'écria-t-il, ne m'oublie pas! Je sais bien que tu n'es pas coupable! »

LA CHANSON
DU BEURRE DANS LA MARMITE

Il faisait grand soleil dans la prairie. Caché par l'ombre d'une cabane, un pauvre fourneau de terre était brûlé jusqu'à la moelle par les charbons allumés.

Pour plus de fatigue, une lourde marmite de fonte, noire comme la poix, s'était installée sur le fourneau. Encore si ç'avait été une gaie marmite de cuivre qui rit au soleil!

Mais les individus de lourde apparence sont souvent les plus joyeux compagnons. Une petite voix grésillante sortit tout d'un coup des entrailles de la marmite, et chanta la chanson suivante :

« J'ai été brin d'herbe, vert et frais; j'avais pour camarades d'autres brins d'herbe, verts et frais comme moi.

« Tous les matins nous buvions un grand coup de rosée, qui est la plus douce des liqueurs.

« A neuf heures, le soleil venait nous réchauffer et hâter la digestion.

« Et puis, c'était le vent qui nous baissait la tête en mesure; sitôt qu'il était parti nous relevions la tête.

« Quelle joie!

« Le soir, venaient les amoureux bras dessus bras dessous; et nous nous réunissions tous les compagnons brins d'herbe, afin que les amoureux pussent marcher avec plus de douceur.

« Quand ils avaient longuement soupiré, les amoureux rentraient au logis; nous buvions encore un grand coup de rosée pour nous refaire l'estomac.

« Un matin, il est arrivé dans la prairie des bêtes énormes, qui nous cassaient la tête de leurs cris.

« La femme qui les menait a crié : « Eh! garçon, « fais attention que les vaches ne s'écartent point « du pré! »

« Une vache s'avança vers un ressemblement de brins d'herbe qui se tenaient à part. C'étaient nos seigneurs à cause de leur grande taille.

« La vieille ne fit ni une ni deux; elle ouvrit une grande gueule et avala nos seigneurs.

« Plus mort que vif, je tremblais de tous mes membres. Dans d'autres occasions j'aurais versé une larme sur le sort de nos seigneurs.

« Mais je ne pensai qu'à moi. « Si cette bête « avale ainsi, me dis-je, les puissants brins d'herbe, « quel sort nous est réservé à nous autres miséra« bles! »

« Ce fut ma dernière pensée. La vache vint à moi avec ses grands yeux. Je ne sais plus ce qui arriva; moulu, broyé, je disparus dans de longs corridors chauds et obscurs, où je retrouvai nos seigneurs prisonniers.

« Dans quel état, hélas! Aucun d'eux n'avait forme de brin d'herbe; nous étions tous mouillés et serrés comme des harengs.

« Malgré ce déplorable événement, je tâchai de conserver ma présence d'esprit.

« Au bout d'une demi-heure, ce fut un voyage sans fin, un roulis à rendre l'âme.

« Nous entendions dans l'ouverture de la bête un tapage effroyable, comme quand elle nous broyait.

« Il n'arrivait cependant pas de nouveaux brins d'herbe, mais des bouffées d'air à renverser des maisons.

« Notre compagnie diminuait à vue d'œil. L'animal avait sans doute plusieurs cachots à sa disposition, et il faisait son choix parmi les brins d'herbe.

« Ainsi nous vîmes diparaître près d'un quart de nos compagnons; ils partaient pâles et défaits, comme s'ils eussent deviné leur sort.

« Une seconde bande les suivit de près et s'engloutit dans des souterrains dont la pensée me fait frémir.

« Je fus assez heureux pour loger, avec nos seigneurs, dans de petits canaux pleins de rouge liqueur assez semblable au vin vieux.

« Rien ne nous indiquait l'heure dans cette obscurité ; le temps nous parut bien long.

« Beaucoup plus tard, la vache recommença ses hurlements; et il me sembla démêler qu'un étranger se livrait sur sa personne à des attouchements singuliers.

« Tout d'un coup, par un miracle, nous voyageons dans cette rouge mer qui nous servait de prison, et, tous ensemble, nous tombons dans un vase plein d'une liqueur blanche.

« Que de mystères!

« La femme qui nous avait délivrés emporta le vase qui nous servait d'asile.

« A partir de ce moment, je n'entendis plus parler de la vache.

« Eh! Marianne, dit la fermière, écrème le « lait.... si tu ne te dépêches pas, nous serons en « retard pour le marché. »

« La servante apporta des vases de fer-blanc; nos seigneurs et quelques-uns des compagnons brins d'herbe, nous étions épaissis et légèrement colorés.

« Le fouet claque, les roues grincent, les coqs chantent, les poules fuient, la voiture marche.

« Nous voilà transportés dans une nouvelle prison pleine de bonnes odeurs qui sentaient bon comme l'air du matin.

« La servante arriva, un foulon à la main, et se mit à nous battre, à nous fracasser les membres avec une ardeur sans égale.

« Que de coups! Et pour couvrir nos plaintes et nos gémissements, la cruelle femme chantait à tue-tête des poésies sans valeur :

« J'ai couru dans les bois, Coulinette,
« J'ai couru dans les bois, Coulinau;
« La branche accroche ma sarpinette,
« Sarpineau! »

« Pendant une heure, elle nous rompit les membres de ses coups et les oreilles de sa chanson.

« Quand elle eut le gosier aussi fatigué que les bras, elle s'arrêta.

« La fermière décrocha des boîtes en bois sculpté, et nous enferma dedans.

« Enfin on nous permit de sortir de ce nouveau cachot. Eh bien! en se regardant, les compagnons brins d'herbe n'ont pas été trop fâchés de se voir dans ce nouvel équipage.

« Nous étions jaunes comme du nankin, fermes et tendres à la fois ; sur notre dos était un petit dessin qui représentait un berger embrassant une bergère.

« Puis la fermière nous a enleveloppés de jolies feuilles vertes qui sentaient les bois.

« Cette après-midi on m'a coupé par le milieu du corps pour me jeter dans la marmite. Et, ma foi! je ne me plains pas. Vive la joie! »

Ainsi finit la chanson du brin d'herbe, qui se remit à chanter de plus belle quand la fermière lui envoya, pour lui tenir compagnie dans la marmite, de petits oignons.

Les oignons pleuraient, car ils ne sont pas philosophes.

www.ingramcontent.com/pod-product-compliance
Lightning Source LLC
Chambersburg PA
CBHW072037090426
42733CB00032B/1835

* 9 7 8 2 0 1 2 1 7 5 0 5 1 *